文化遗产保护与文化产业发展论丛

ZHONGGUO CHUANTONG WENHUA DE XIANDAI CHANSHI

中国传统文化的现代阐释

黄永林 / 著

湖北省公益学术著作出版专项资金

Hubei Special Funds for Academic and Public-interest Publications

CCNU

Discipline of Chinese Language & Literature

中国语言文学

一流学科建设文库

華中師範大學出版社

新出图证(鄂)字10号

图书在版编目(CIP)数据

中国传统文化的现代阐释/黄永林著. —武汉:华中师范大学出版社,2023.6(2025.6重印)

(文化遗产保护与文化产业发展论丛)

ISBN 978-7-5769-0089-7

Ⅰ.①中… Ⅱ.①黄… Ⅲ.①中华文化—研究 Ⅳ.①K203

中国国家版本馆CIP数据核字(2023)第045317号

中国传统文化的现代阐释

责任编辑:曾 艳 **责任校对**:肖绪旭 **封面设计**:胡 灿

编 辑 室:学术出版中心 **电话**:027-67863280/7792

出版发行:华中师范大学出版社有限责任公司

社址:湖北省武汉市洪山区珞喻路152号 **邮编**:430079

电话:027-67863426(发行部) **传真**:027-67863291

网址:http://press.ccnu.edu.cn **电子邮箱**:press@mail.ccnu.edu.cn

印刷:湖北新华印务有限公司 **督印**:刘 敏

字数:300千字

开本:710mm×1000mm 1/16 **印张**:21

版次:2023年6月第1版 **印次**:2025年6月第2次印刷

定价:98.00元

欢迎上网查询、购书

总　　序

浩瀚苍穹，斗转星移；苍茫大地，沧海桑田，文化照亮人类文明的前行之路。人类迄今已走过长达数百万年的历程，文明的出现所占不过6000年，文明是人类文化发展到较高阶段的产物。人类在漫长的历史长河中，从茹毛饮血到田园农耕，从工业革命到信息社会，创造了多姿多彩的文化瑰宝，书写了波澜壮阔的文明华章。传统文化是人类文明孕育诞生与演化发展的历史见证，是一个国家和民族的历史血脉、集体记忆和精神标识。我国地域辽阔，物产丰富，民族众多，历史悠久，是拥有五千年不间断文明史的古国，创造了博大精深、异彩纷呈的中华文化，为人类文明进步作出了不可磨灭的贡献。中华文化是中华民族集体智慧的结晶，积淀着中华民族最深沉的精神追求，凝聚着中华民族最根本的精神基因，体现着中华民族旺盛的生命力和伟大的创造力，是中华民族生生不息、发展壮大的丰厚滋养。中华文化既是中华民族的宝贵财富，也是全人类文明的瑰宝。

革命推动社会前进，科技铸就现代文明，传统文化在现代化进程中面临挑战。18世纪工业革命的爆发，彻底改变了延续数千年的手工劳动的绝对支配地位，推动延续了数千年传统的自给自足的自然经济逐步解体，使得建立在农业经济基础上的小生产共同体向以机械化大规模生产为条件的工业企业转变，以农业为主的农村社会逐渐向工业化和城市化社会转轨。自20世纪40年代中期计算机问世以来，在全世界范围内兴起的现代信息革命对人类社会产生了空前的影响，信息产业应运而生，人类迈向信息社会，人类文明正在由工业文明向信息文明转型。当今，互联网、大数据、云计算、人工智能、虚拟现实、区块链等新技术的新进展，为人类创造了生活新空间，带来了信息交流的新方式，使信息的传递突破了时间和空间的限制，让人与人之间的距离骤然缩短，整个地球变成了一个“地球村”，实现了信息资源的共享，人类单位时间中认识世界、改造世界的能力和效率极大提高。然而，产生于自然经济和农业文明基础之上的传统文化的传承却正遭受着严峻考验，一些十分珍贵的物质文化遗产频遭破坏，许多极为宝贵的非物质文化遗产正濒临消亡的危机。

面对来自自然和社会破坏的威胁，加强文化遗产保护已成为国际共识。为加强世界文化遗产的保护，1972 年 11 月联合国教科文组织通过了《保护世界文化和自然遗产公约》，为文化遗产保护提供了制度化保障。该公约开宗明义地指出：

> 注意到文化遗产和自然遗产越来越受到破坏的威胁，一方面因年久腐变所致，同时变化中的社会和经济条件使情况恶化，造成更加难以对付的损害和破坏现象，考虑到任何文化或自然遗产的坏变或丢失都有使全世界遗产枯竭的有害影响，考虑到国家一级保护这类遗产的工作往往不很完善，原因在于这项工作需要大量投入，而列为保护对象的财产的所在国却不具备充足的经济、科学和技术力量。本组织《组织法》规定，本组织将通过保存和维护世界遗产和建议有关国家订立必要的国际公约来维护、增进和传播知识。而现有的关于文化和自然遗产的国际公约、建议和决议表明：保护不论属于哪国人民的这类罕见且无法替代的财产，对全世界人民都很重要。考虑到部分文化或自然遗产具有突出的重要性，因而须作为全人类世界遗产的一部分加以保护；考虑到威胁这类遗产的新危险的规模和严重性，整个国际社会有责任通过提供集体性援助来参与保

> 护具有突出的普遍价值的文化和自然遗产，这种援助尽管不能代替有关国家采取的行动，但将成为它的有效补充；考虑到为此有必要通过采用公约形式的新规定，以便为集体保护具有突出的普遍价值的文化和自然遗产建立一个根据现代科学方法制定的永久性的有效制度。①

2003年9月，联合国教科文组织又通过了《保护非物质文化遗产公约》，将作为人类文化遗产重要组成部分的非物质文化遗产纳入保护的范围。该公约指出：

> 本公约的宗旨如下：（一）保护非物质文化遗产；（二）尊重有关社区、群体和个人的非物质文化遗产；（三）在地方、国家和国际一级提高对非物质文化遗产及其相互欣赏的重要性的意识；（四）开展国际合作及提供国际援助。②

经过半个世纪的努力，保护人类文化遗产已成为国际社会广泛的共识，世界各国积极行动，有效地保护了人类宝贵的文化遗产，促进了世界文化多样性的发展。

保护中华优秀传统文化，中国在积极行动，成就辉煌，经验宝贵，引领世界。中国是一个文化遗产大国，保护好文化遗产，事关中华文明的传承和中华民族的振兴，在保护中华优秀文化遗产方面我国作出了不懈努力，也取得了许多独特的中国经验。为加强文化遗产的保护，1982年11月，我国公布实施《中华人民共和国文物保护法》，我国文化遗产保护纳入法制化轨道。1985年12月12日，我国正式加入《保护世界文

---

① 联合国教科文组织：《保护世界文化和自然遗产公约（1972）》，https://www.ihchina.cn/zhengce_details/15725。

② 联合国教科文组织：《保护非物质文化遗产公约（2003）》，https://www.ihchina.cn/zhengce_details/11668。

化和自然遗产公约》，成为缔约国之一，这标志着我国文化遗产保护事业正式加入世界文化遗产保护事业中，是我国文化遗产保护事业国际化的里程碑。2002 年 10 月新修订的《中华人民共和国文物保护法》确立了“保护为主、抢救第一、合理利用、加强管理”的工作方针，至今成为我国文化遗产保护事业的基本出发点和法律依据。2004 年，我国加入联合国教科文组织的《保护非物质文化遗产公约》，成为缔约国之一。2005 年 12 月，国务院发布了《关于加强文化遗产保护的通知》，这是我国第一个以文化遗产保护为对象的政策性文件，它明确指出：物质文化遗产保护要贯彻“保护为主、抢救第一、合理利用、加强管理”的方针；非物质文化遗产保护要贯彻“保护为主、抢救第一、合理利用、传承发展”的方针。2011 年 2 月，第十一届全国人大常委会第十九次会议表决通过了《中华人民共和国非物质文化遗产法》，该法于 2011 年 6 月 1 日起施行。中国文化遗产保护的内容从物质文化遗产拓展到非物质文化遗产，即从对物的保护上升到对人的保护，从对物件的保护过渡到对物件制作技艺的保护。《中华人民共和国非物质文化遗产法》以国家立法的形式对非遗进行保护、传承，明确了保护与弘扬非遗的社会责任，这为非遗保护、传承提供了有效的法制保障，对非遗保护、传承、发展起到了巨大的促进作用。

党的十八大以来，以习近平同志为核心的党中央认识到文化遗产的传承、保护、利用在建设社会主义文化强国中的重要作用，高度重视弘扬中华优秀传统文化，推动中华优秀传统文化创造性转化、创新性发展。2013 年 8 月 9 日，习近平在全国宣传思想工作会议上的讲话中指出：在建设社会主义文化强国中，“中华优秀传统文化是中华民族的突出优势，是我们最深厚的文化软实力”①。2013 年 12 月 30 日，习近平在主持中共中央政治局第十二次集体学习时特别指出，“在 5000 多年文明发展进程

① 习近平：《把宣传思想工作做得更好》，《习近平谈治国理政》（第一卷），北京：外文出版社 2018 年版，第 155 页。

中，中华民族创造了博大精深的灿烂文化”，“要系统梳理传统文化资源，让收藏在禁宫里的文物、陈列在广阔大地上的遗产、书写在古籍里的文字都活起来”[①]。2016 年，习近平总书记对文物工作做出重要指示，强调要“切实加大文物保护力度，推进文物合理适度利用，使文物保护成果更多惠及人民群众……努力走出一条符合国情的文物保护利用之路”[②]。2017 年 1 月，中共中央办公厅、国务院办公厅印发《关于实施中华优秀传统文化传承发展工程的意见》，强调要“不断增强中华优秀传统文化的生命力和影响力，创造中华文化新辉煌”[③]。2021 年8 月，中共中央办公厅，国务院办公厅印发《关于进一步加强非物质文化遗产保护工作的意见》[④]，强调非遗保护工作要“贯彻‘保护为主、抢救第一、合理利用、传承发展’的工作方针，深入实施非物质文化遗产传承发展工程，切实提升非物质文化遗产系统性保护水平，为全面建设社会主义现代化国家提供精神力量”。党的二十大报告再次提出，“繁荣发展文化事业和文化产业”，“加大文物和文化遗产保护力度”，“推进文化和旅游深度融合发展”，“坚守中华文化立场，提炼展示中华文明的精神标识和文化精髓，加快构建中国话语和中国叙事体系”[⑤]。2022 年12 月，习近平对非物质文化遗产保护工作作出重要指示：“要扎实做好非物质文化遗产的系统性保护，更好满足人民日益增长的精神文化需求，推进文化自信自强。要推动中华优秀传统文化创造性转化、创新性发展，不断增强中华民族凝聚力和中华文化影响力，深化文明交流互鉴，讲好中华优秀

---

① 习近平：《提高国家文化软实力》，《习近平谈治国理政》（第一卷），北京：外文出版社 2018 年版，第 161 页。

② 中共中央文献研究室：《习近平关于社会主义文化建设论述摘编》，北京：中央文献出版社 2017 年版，第 190 页。

③《中共中央办公厅　国务院办公厅印发〈关于实施中华优秀传统文化传承发展工程的意见〉》，2017 年 1 月 25 日，http：//www. gov. cn/gongbao/content/2017/content_5171322. htm。

④ 中共中央办公厅、国务院办公厅：《关于进一步加强非物质文化遗产保护工作的意见》，《中华人民共和国国务院公报》2021 年 8 月 30 日。

⑤ 习近平：《高举中国特色社会主义伟大旗帜　为全面建设社会主义现代化国家而团结奋斗——在中国共产党第二十次全国代表大会上的报告》，本书编写组编著：《党的二十大报告辅导读本》，北京：人民出版社 2022 年版，第 40—41 页。

传统文化故事，推动中华文化更好走向世界。”①

新中国成立以来，我国文化遗产保护事业从艰难起步、快速发展到高质量发展，从抢救性保护到保护与利用并重，保护理念深刻变革，体制机制不断创新，不断优化调整工作思路和主要任务，在攻坚克难中开拓进取，取得了辉煌成就。目前，中国已有56项世界文化和自然遗产列入《世界遗产名录》，其中世界文化遗产33项、世界文化景观遗产5项、世界文化与自然双重遗产4项、世界自然遗产14项；共有43个项目列入联合国教科文组织非物质文化遗产名录、名册，居世界第一。

当今时代，中国社会正在悄然发生着一场继承和发扬中华优秀传统文化的“二次革命”，中华优秀传统文化的保护利用已进入高质量发展新阶段。在传统与现代交融的文化发展新背景下，我们应如何对这些优秀传统文化的价值进行充分发掘和弘扬？如何让这些博大精深的文化遗产为新时代中国特色社会主义文化建设发挥更大作用？这是我们必须迫切回答的问题。我们要以习近平总书记提出的“文化两创”为引领，深化对中华优秀传统文化重要性的认识，加强对中华优秀传统文化的历史价值、社会价值、文化价值、艺术价值、科技价值、经济价值等进行深入挖掘，为推动中华优秀传统文化创造性转化和创新性发展提供理论支撑与实践方案，让中华优秀传统文化在当代生活中迸发出发展新动力。

研究中国传统文化，推动文化产业发展，华中师范大学师生身先士卒，成绩显著。华中师范大学十分重视作为中华优秀传统文化重要组成部分的中国民间文化的学术研究和人才培养，早在20世纪50年代，即紧跟北京师范大学钟敬文先生，在中文系开设民间文学课程，1985年开始招收民间文学硕士研究生。经国家学位委员会批准，学校于1987年建立民间文学硕士点，2003年建立民间文学博士点。1996年，我主编的

①《习近平对非物质文化遗产保护工作作出重要指示强调　扎实做好非物质文化遗产的系统性保护　推动中华文化更好走向世界》，2022年12月12日，http：//cpc. people. com. cn/shipin/n1/2022/1213/c243247-32586031. html。

《民间文学导论》获国家教委高校优秀教材一等奖。1997 年，“民间文学教学改革研究”获湖北省政府教学成果一等奖。2006 年，学校整合学科资源成立全国高校第一个非物质文化遗产研究中心，并于 2007 年获得“文化部非物质文化遗产保护工作先进集体”称号。2006 年，以黄永林教授为主任的华中师范大学国家文化产业研究中心被文化部命名为国家级文化产业研究中心。2011 年，经教育部批准，我校国家文化产业研究中心以中国语言文学、中国史、公共管理、管理科学与工程四个一级学科为支撑，成立了新兴交叉学科“文化资源与文化产业”，成为国内首个在该交叉学科招收硕士、博士研究生以及博士后研究人员的单位。2012 年，由黄永林教授主持的国家“211 工程”三期建设项目“中华民族文化保护、创意与数字化工程”荣获第四届文化部创新奖；由华中师范大学国家文化产业研究中心和湖北九通电子音像出版社合作拍摄制作的《荆楚国家级非物质文化遗产精粹》，2020 年获湖北省政府出版奖，2023 年获第八届中华优秀出版物提名奖。

勇于探索，不断创新，出版丛书，展示成果，推动中华优秀传统文化创新发展。这套由黄永林教授主编的“文化遗产保护与文化产业发展论丛”，是华中师范大学“中国语言文学一流学科建设”“中华文化传承创新项目”具有开拓性、代表性成果的展现，是我校师生在党和国家实施中华优秀传统文化传承发展工程，推动中华优秀传统文化创造性转化、创新性发展，扎实推进文化事业和文化产业繁荣发展，实施国家文化数字化战略，建设社会主义文化强国的背景下，开展的以文化遗产保护与文化产业发展为主题研究的重要成果展示。这一丛书的出版，体现了高校的学术功能、学者的时代担当和出版社的社会责任。

本丛书第一批推出的成果包括《中国传统文化的现代阐释》《中国文化产业的现代发展》《中国非物质文化遗产的保护利用》《数字技术时代的非遗保护与经济文化发展》《文化与文化产业发展研究报告——基于湖北的调研》，是作者近几年围绕中国文化遗产保护传承利用、文化产业高质量发展、数字技术与文化发展以及区域文化发展等重要领域进行研究的重要成果。丛书五卷一体，每卷自成体系，各有重点，独具特色。《中国传统文化的现代阐释》聚焦历史文物、民间文学、民俗文化、城市建筑文化和乡村地域文化等的产生发展、功能价值、传承保护和资源转化等进行现代阐释，力图通过一些个案，梳理中国传统文化的历史脉络，探索中华文化基因、文化特征和特殊价值，该研究为当今开展的中华优秀传统文化保护弘扬和利用发展提供了一定的理论支撑。《中国文化产业的现代发展》聚焦中国文化产业的发展历史、基本理论和资源利用、科技创新与产业发展等重大问题，探讨了我国现代文化产业发展的历史脉络、成绩与经验、问题与成因，分析了文化资源、文化创意、科技创新与文化产业发展的相互关系等，为推动我国文化产业高质量发展提供了一些理论思考和实践方案。《中国非物质文化遗产的保护利用》聚焦中国非物质文化遗产保护利用的重大理论与实践问题进行系统研究，利用文化经济学理论研究非物质文化遗产资源的经济价值，利用文化生态学理论分析非物质文化遗产保护利用的文化生态意义，利用文化传承理论分析非物质文化遗产传承人保护路径，并对非物质文化遗产学科建设和学派建构，以及加强非物质文化遗产教育提出了建设性意见，书中关于非物质文化遗产保护的中国经验的总结和非物质文化遗产“创造性转化和创新性发展”实现路径的深入探索，具有很强的理论价值和现实意义。《数字技术时代的非遗保护与经济文化发展》聚焦数字技术对非物质文化遗产传承和文化产业发展的巨大影响问题，重点论述了数字化与非遗保护传播、产业经济发展、新媒体建设等方面的问题，并关注数字技术、数字经济和数字文化等热点问题，进行了许多具有前沿性和前瞻性的理论思考和实践探讨，对提升我国非物质文化遗产保护传播水平和推动文化产业高质量发展具有建设性意义。《文化与文化产业发展研究报告——基于湖北的调研》选录了 2019 年至 2021 年间作者主持开展的湖北文化与文化产业调研项目的代表性成果。这些调研报告包括加强基层文化建设（“两个中心”建设），打造新媒体平台，基于现代科技提升文化产业竞争力，应对新冠肺炎疫情对文化产业的巨大冲击，大力发展区域文化产业等内容。这些报告通过实地调研、问卷访谈、纵向历史分析和横向区域比较研究，既总结成绩经验，又分析问题及原因，同时提出了具体的改革发展建议。有的调研报告内容已被湖北省委、省政府和武汉市委、市政府及有关部门采纳，有的还被省市主要领导肯定和被全国重要媒体报道转发，对湖北省和武汉市文化建设与文化产业发展起到了积极的推动作用。总体来看，这些研究成果以保护和弘扬中华优秀传统文化与推动创造性转化和创新性发展为宗旨，深入探讨文化遗产保护的理论与方法，大力挖掘文化遗产资源的内涵与价值，积极探索文化遗产资源利用应遵循的文化保护原则、现代产业理念和市场经济法则等，大胆提出加强文化与现代生活、现代经济、现代科技深度融合，通过创造性转化和创新性发展，实现文化保护与经济发展的相互促进。

本丛书首批五本集结的主要是作者主持的国家文化科技提升计划项目、国家社科基金重点项目、教育部人文社会科学重点研究基地重大项目等国家与省部级重大和重点项目的研究成果，其研究坚持理论与实践相结合的原则，既注重理论探讨，也重视实践研究，力求通过系统的理论研究为实践提供指导，通过深入的实践调查为理论建构奠定基础。其中绝大多数成果曾在国内外重要报刊上发表，有些还被《新华文摘》、《中国社会科学文摘》、人大复印报刊资料、人民智库等媒体全文转载，得到学界广泛关注和好评。出版该丛书对于加深对中华优秀传统文化保护传承与利用发展重要意义的理解，增强文化遗产作为战略性资源重要性的认识，对于持续推动文化遗产主动服务国家战略，融入现代生活，融合现代科技、文化创意、文化产业发展，切实发挥文化遗产在促进经济发展、社会治理、满足人民群众美好生活需要等方面的积极作用，推进社会主义文化强国建设具有一定的理论意义和积极的实践价值。

新时代、新征程、新起点，以新的成绩为推进中华民族伟大复兴作出新贡献。党的二十大报告提出，从现在起，中国共产党的中心任务就是团结带领全国各族人民全面建成社会主义现代化强国、实现第二个百年奋斗目标，以中国式现代化全面推进中华民族伟大复兴。中国式现代化深深植根于中华优秀传统文化，是对中华文明价值理念和智慧的继承创新，是以鲜明的中国特色创造的人类文明新形态。在新的历史时期，我们希望通过出版这类以“文化遗产和文化产业”为主题研究的丛书，来动员更多的人关心、支持和投入文化遗产保护利用事业，激发更多的文化工作者深入研究中华优秀传统文化的积极性，从中华优秀传统文化中寻找源头活水，把蕴含其中的价值充分挖掘出来并发扬光大，为坚持以中国式现代化全面推进中华民族伟大复兴提供强大的价值引导力、文化凝聚力、精神推动力。

探索无止境，创新没尽头。希望作者在未来的学术研究中沿着这条探索创新之路继续前行，以更多更高质量的优秀成果为中华优秀传统文化的保护利用和中国文化产业发展作出新贡献。

是为序。

刘守华

2023 年 3 月 18 日于中国科学技术大学

（刘守华教授是“中国文联终身成就民间文艺家”荣誉称号获得者，现任华中师范大学非物质文化遗产研究中心主任、博士生导师。）

中华优秀传统文化是文化强国建设的重要支撑（前言）

文化是一个国家、一个民族的灵魂。文化兴国运兴，文化强民族强。一个民族的根基在于文明，一个国家的根基在于文化。党的十九届五中全会明确提出到2035年建成文化强国的远景目标。深厚丰富的中华优秀传统文化，是中国文化强国建设中坚定文化自信的强大底气、精神文明建设的重要根基、发展文化产业的独特资源、国际文化竞争的重要优势、创造社会主义文化发展新辉煌的重要支撑。

一、中华优秀传统文化是坚定文化自信的强大底气

习近平总书记指出，文化自信是一个国家、一个民族发展中更基本、更深沉、更持久的力量。高度的文化自信，决定着文化自身的繁荣发展，关系到国运兴衰、民族沉浮；只有坚定文化自信，才能增强我们对自身文化的自觉意识，让建设社会主义文化强国的战略目标发挥更大的感召力和吸引力。中华民族拥有五千多年的灿烂文明，是世界上唯一没有中断并发展至今的文明，曾开创了百家争鸣的春秋文化、文化远播世界的大唐盛世、文化繁荣的大宋王朝等历史辉煌；创作了《诗经》、楚辞、汉赋、唐诗、宋词、元曲和明清小说等文学经典；产生了青铜器、陶瓷、茶文化、中医、中国功夫等特色文化……这些文化灿若星河，熠熠生辉，博大精深，影响广泛，铸就了我们坚定文化自信的强大底气。正是因为有这种文化底气和自信，社会主义文化强国建设才获得了坚守正道的定

力、砥砺前行的动力、变革创新的活力。我们要通过中华优秀传统文化传承发展工程的建设，如长城、大运河、长征、黄河、长江国家文化公园建设等重点项目，打造传承中华文明的历史文化标识，贯通中华文脉，进一步彰显中国文化自信。

二、中华优秀传统文化是精神文明建设的重要根基

中国大地上五千多年孕育出来的中华优秀传统文化源远流长、博大精深，积淀着中华民族丰富的哲学思想、崇高的道德理想、深层的人文精神。这些已经成为中华民族最根本的精神基因，代表着中华民族独特的精神标识，既为过去中华民族生生不息、发展壮大提供了深厚滋养，也为现在文化强国建设提供了重要文化根基和强大精神动力。在新的历史阶段，只有始终继承和弘扬中华优秀传统文化，社会主义文化建设才能在不失根本中迸发出磅礴生命力。我们要保护好、传承好、发展好这些宝贵的精神遗产，深入挖掘中华优秀传统文化历久弥新的价值，把握时代需求、适应时代变化、赋予时代内涵，在继承中华优秀传统文化精髓的基础上，提升现代性阐释能力，在与当代条件相结合的现代性转换和创新性发展中提炼出具有现代精神文明和社会主义核心价值的思想观念，让中华优秀传统文化在社会主义文化强国建设中绽放光彩。

三、中华优秀传统文化是发展文化产业的独特资源

在推动文化产业高质量发展、更好地满足人民群众日益增长的精神文化生活需要的新的历史时期，习近平总书记强调，要推动中华优秀传统文化创造性转化、创新性发展，以时代精神激活中华优秀传统文化的生命力。立足中国实际建设文化强国，必须有效开发和利用中国优秀文化资源发展文化产业，既要通过创造性转化使之呈现富有时代气息的价值内涵和表达形式，激活其生命力，又要通过创新性发展使之拓宽内涵与外延，增强其感召力。要激发中华优秀传统文化活力，推动收藏在博物馆里的文物、陈列在广阔大地上的文化遗产、书写在古籍里的文字活起来，丰富全社会历史文化滋养；要以马克思主义引领中华优秀传统文

化资源利用发展文化产业，为其民族形式附上更高价值的科学内涵；要依靠现代科学技术手段，加快转变中华优秀传统文化的表现形式，以更加贴近民众欣赏习惯的多元化表现方式，增强文化产品和服务的吸引力和竞争力。

四、中华优秀传统文化是开展文明互鉴的重要优势

文化之“强”，绝不意味着文化霸权，而是和而不同、海纳百川。中国文化强国建设，要以自信的姿态和宽广的胸怀与世界不同文化交流互鉴，在相互尊重、共同学习中共同发展。习近平总书记强调：“中华文明是在中国大地上产生的文明，也是同其他文明不断交流互鉴而形成的文明。”中国文化强国建设是在赓续中华优秀传统文化的基础上借鉴世界先进文明，在与世界各国文明交流互动中构建人类命运共同体的一种文明新形态。在世界文化交流交锋更加频繁的大变革背景下，必须把中华优秀传统文化中具有当代价值、世界意义的精神标识与文化符号提炼出来、展示出来，为人类文明的发展提供中国智慧。在历史上我国曾经是一个文化强国，我国的价值观念、制度文明和艺术文化等对周边国家乃至全世界产生了强大的吸引力和影响力。古老的丝绸之路曾为我们示范了文明对话和合作共赢带来的辉煌，同时更向我们示范了让古老文明的智慧照鉴未来，共同构建人类命运共同体的希望。中国文化强国建设，只有既植根于中国大地，同时又借鉴世界先进文明，与世界同频、与时代同步，才能提高和拓展中国在世界文明格局中的地位和作用。

在几千年的历史演进中，中华民族之所以能够历经磨难、百折不挠、生生不息，始终屹立于世界民族之林，正是因为有博大精深、历久弥新的中华文化的有力支撑。在推进文化强国建设的今天，我们要坚持从中国特色社会主义文化出发，大力推动中华优秀传统文化创造性转化、创新性发展，继承革命文化，发展社会主义先进文化，构筑中国精神、中国价值、中国力量，增强全民族的凝聚力、向心力、创造力，不断铸就中华民族发展的新辉煌。

目　录

第一章　文化遗产

第一节　文化强国战略背景下文化遗产的保护利用*

没有文化崛起的国家发展是缺乏灵魂不可持续的发展，没有精神追求的民族难以立于世界民族之林。为实现中华民族的伟大复兴，全面建设社会主义现代化强国，我国提出了文化强国战略。作为中华优秀传统文化重要组成部分的中国文化遗产，蕴含着中华民族特有的精神价值、思维方式、想象力，体现着中华民族的生命力和创造力，在新时期的文化强国战略中发挥着愈来愈重要的作用。本节结合我国文化强国战略实施，回顾党的十八大以来我国在加强文化遗产保护利用方面的重大举措和取得的成绩，立足文化遗产功能价值实现的意义，着眼于未来文化的发展，探索文化遗产保护利用的创新路径，以期为中国特色社会主义文化强国建设和中华文明的传承发展提供智力支持。

一、文化强国战略对文化遗产保护利用的推动

中国是世界上历史悠久且文明从来没有断裂过的文明古国，是文化资源大国，但还算不上文化强国，需要加快建设与我国深厚文化底蕴和

---

* 本节原题为《文化强国战略与文化遗产保护利用》（与李媛媛合作），原载《理论月刊》2022年第3期。

丰富文化资源相匹配、与中国特色社会主义事业总体布局相适应、与建设富强民主文明和谐的社会主义现代化国家目标相承接的社会主义文化强国。为此，党的十七届六中全会审议通过《中共中央关于深化文化体制改革推动社会主义文化大发展大繁荣若干重大问题的决定》，首次从国家层面提出了建设社会主义文化强国战略，体现了党和国家对文化的意义与作用的更加重视。文化遗产是民族历史的见证和民族智慧的结晶，是民族文化和民族精神的重要载体。我国文化遗产是中华民族悠久历史和灿烂文化的重要组成部分，大力保护和综合利用文化遗产，是推进文化强国建设的必然选择。

（一）高度重视文化遗产在文化强国中的重要作用

党的十八大以来，以习近平同志为核心的党中央以高瞻远瞩的战略眼光、清醒勇毅的历史自觉、深沉坚定的文化自信，高度重视弘扬光大中华优秀传统文化，推动中华优秀传统文化创造性转化、创新性发展，十分重视文化遗产的传承保护利用在建设社会主义文化强国中的重要作用。

2012 年 11 月，党的十八大报告第六部分“扎实推进社会主义文化强国建设”，科学系统地阐述了我国文化发展的总体部署。2013 年 8 月 9 日，习近平在全国宣传思想工作会议上的讲话中指出，在建设社会主义文化强国中，“中华优秀传统文化是中华民族的突出优势，是我们最深厚的文化软实力”①。2013 年 12 月 30 日，习近平在主持中共中央政治局第十二次集体学习时讲话中特别指出：“在 5000 多年文明发展进程中，中华民族创造了博大精深的灿烂文化。”“要系统梳理传统文化资源，让收藏在禁宫里的文物、陈列在广阔大地上的遗产、书写在古籍里的文字都活起来。”② 2017 年 5 月，习近平在“一带一路”国际合作高峰论坛上

① 习近平：《把宣传思想工作做得更好（2013 年 8 月 19 日）》，《习近平谈治国理政》，北京：外文出版社 2014 年版，第 153—156 页。

② 习近平：《提高国家文化软实力（2013 年 12 月 30 日）》，《习近平谈治国理政》，北京：外文出版社 2014 年版，第 160—162 页。

提出："要将'一带一路'建成文明之路，用好历史文化遗产……打造具有丝绸之路特色的旅游产品和遗产保护。"① 2017年11月8日，习近平在中国共产党第十九次全国代表大会的报告中指出："文化是一个国家、一个民族的灵魂。文化兴国运兴，文化强民族强。没有高度的文化自信，没有文化的繁荣兴盛，就没有中华民族伟大复兴。要坚持中国特色社会主义文化发展道路，激发全民族文化创新创造活力，建设社会主义文化强国。"并提出"深入挖掘中华优秀传统文化蕴含的思想观念、人文精神、道德规范，结合时代要求继承创新，让中华文化展现出永久魅力和时代风采"②，并将"加强文物保护利用和文化遗产保护传承"作为坚定文化自信的内容写进报告中。

2021年11月，党的十九届六中全会通过的《中共中央关于党的百年奋斗重大成就和历史经验的决议》指出："中华优秀传统文化是中华民族的突出优势，是我们在世界文化激荡中站稳脚跟的根基，必须结合新的时代条件传承和弘扬好。我们实施中华优秀传统文化传承发展工程，推动中华优秀传统文化创造性转化、创新性发展，增强全社会文物保护意识，加大文化遗产保护力度。加快国际传播能力建设，向世界讲好中国故事、中国共产党故事，传播好中国声音，促进人类文明交流互鉴，国家文化软实力、中华文化影响力明显提升。"③

在以习近平同志为核心的党中央高度重视下，加强文化遗产保护利用已成为中国坚定文化自信，增强中华民族的文化认同，建设社会主义文化强国的重要举措。

（二）积极出台文化遗产保护和利用政策

在习近平文化强国思想的指导下，党和国家出台了一系列关于文化遗产保护和利用的政策和措施。

① 习近平：《携手推进"一带一路"建设》，《人民日报》2017年5月15日。

② 习近平：《决胜全面建成小康社会，夺取新时代中国特色社会主义伟大胜利（2017年10月18日）》，《习近平谈治国理政》（第三卷），北京：外文出版社2020年版，第32—33页。

③ 人民出版社编：《中共中央关于党的百年奋斗重大成就和历史经验的决议》，北京：人民出版社2021年版，第46页。

1. 中央国家层面出台的主要文件

2015年2月9日国务院发布《博物馆条例》。2016年3月，国务院印发《关于进一步加强文物工作的指导意见》。2017年1月25日，中共中央办公厅、国务院办公厅印发《关于实施中华优秀传统文化传承发展工程的意见》，强调要“坚持创造性转化和创新性发展……不断增强中华优秀传统文化的生命力和影响力，创造中华文化新辉煌”，提出了“保护传承文化遗产。坚持保护为主、抢救第一、合理利用、加强管理的方针”①，并提出了一系列具体的重点保护工程。2021年4月，中央宣传部印发《中华优秀传统文化传承发展工程“十四五”重点项目规划》，对原有重点工程项目进行调整、补充和完善，并新设农耕文化、中医药、古文字、城市文化生态修复、历史文化名城名镇名村街区和历史建筑保护利用等项目，推动优秀传统文化更好融入经济社会发展和人们日常生活，焕发永恒魅力和当代价值。2021年3月发布十三届全国人大四次会议通过的《中华人民共和国国民经济和社会发展第十四个五年规划和2035年远景目标纲要》提出，到2035年“建成文化强国”，通过“深入实施中华优秀传统文化传承发展工程，强化重要文化和自然遗产、非物质文化遗产系统性保护，推动中华优秀传统文化创造性转化、创新性发展”等措施，“推进社会主义文化强国建设”②。

2021年8月，中共中央办公厅、国务院办公厅印发《关于进一步加强非物质文化遗产保护工作的意见》指出，“保护好、传承好、利用好非物质文化遗产，对于延续历史文脉、坚定文化自信、推动文明交流互鉴、建设社会主义文化强国具有重要意义”③，并提出加强非物质文化遗产保护工作的具体意见。2021年11月，国务院办公厅印发关于《“十四五”文物保护和科技创新规划》（国办发〔2021〕43号），提出贯

① 中共中央办公厅、国务院办公厅：《关于实施中华优秀传统文化传承发展工程的意见（2017）》，https://www.ihchina.cn/zhengce_details/11567。

② 《中华人民共和国国民经济和社会发展第十四个五年规划和2035年远景目标纲要》，北京：人民出版社2021年版。

③ 中共中央办公厅、国务院办公厅：《关于进一步加强非物质文化遗产保护工作的意见（2021）》，https://www.ihchina.cn/zhengce_details/23400。

彻“保护为主、抢救第一、合理利用、加强管理”的文物工作方针，以推动文物事业高质量发展为主题，以深化文物保护利用改革为主线，以强化文物科技创新和人才队伍建设为动力，全面加强文物保护研究利用，全面深化对中华文明的认知，全面提升中华文化影响力，全面推进文物治理体系和治理能力现代化，稳中求进、守正创新，走出一条符合国情的文物保护利用之路，为实现中华民族伟大复兴的中国梦作出更大贡献。

2. 国家有关部委出台的主要文件

在文物保护利用方面。2013 年的中央城镇化工作会议文件提出在新型城镇化中要“提高历史文物保护水平”。2014 年 3 月发布的《国家新型城镇化规划（2014—2020 年）》中明确指出：“发掘城市文化资源，强化文化传承创新，把城市建设成为历史底蕴厚重、时代特色鲜明的人文魅力空间。”2014 年 9 月，国家文物局发布《关于进一步做好全国重点文物保护单位和省级文物保护单位集中成片传统村落整体保护利用工作的通知》，启动全国重点文物保护单位和省级文物保护单位集中成片传统村落整体保护利用工作。2016 年 12 月，科技部、文化部、国家文物局印发《国家“十三五”文化遗产保护与公共文化服务科技创新规划》，提出到 2020 年基本建成我国文化遗产保护与公共文化服务的科技创新体系，致力于整体提升文化遗产保护利用，推动中国从文化遗产保护大国向强国转变。2017 年 2 月，国家文物局印发的《国家文物事业发展“十三五”规划》，提出了“十三五”时期文物事业的发展目标、主要任务、重大工程和重大举措，从总体要求、切实加大文物保护力度、全面提升博物馆发展质量、多措并举让文物活起来、加强文物科技创新、加强文物法治建设、完善规划保障措施、形成规划实施合力等八个方面进行了阐述。2021 年 8 月，文化和旅游部、中央宣传部等八部委联合发布的《关于进一步推动文化文物单位文化创意产品开发的若干措施》强调，要深入挖掘文化文物资源的精神内涵，使文化创意产品成为广大人民群众感悟中华文化、增强文化自信的重要载体，并出台了进一步推动文化文物单位文化创意产品开发的政策和措施。

在非物质文化遗产保护利用方面。在认真贯彻《中华人民共和国非物质文化遗产法》的基础上，为加强文化生态保护，2018 年 12 月，文化和旅游部发布《国家级文化生态保护区管理办法》，设立“国家级文化生态保护区”，建设应坚持保护优先、整体保护、见人见物见生活的理念，既保护非物质文化遗产，也保护孕育发展非物质文化遗产的人文环境和自然环境，实现“遗产丰富、氛围浓厚、特色鲜明、民众受益”的目标。2019 年 7 月，文化和旅游部关于印发《曲艺传承发展计划》，对曲艺类非物质文化遗产传承发展工作进行专项部署。为加强非物质文化遗产代表性传承人的保护，2019 年 11 月文化和旅游部发布《国家级非物质文化遗产代表性传承人认定与管理办法》。进入“十四五”时期，国家着眼于社会主义文化强国建设战略，从延续历史文脉、保护文化遗产和推动文化产业高质量发展高度出台了一系列文件。2021 年，文化和旅游部先后发布了《“十四五”文化产业发展规划》《“十四五”文化和旅游科技创新规划》《“十四五”非物质文化遗产保护规划》等。

特别值得注意的是，这一时期，国家有关部门还将非物质文化遗产与减贫扶贫工作结合，连续出台文件大力推进文化扶贫，如 2018 年 6 月文化和旅游部办公厅发布了《关于大力振兴贫困地区传统工艺助力精准扶贫的通知》、2018 年 7 月文化和旅游部办公厅、国务院扶贫办综合司发布了《关于支持设立非遗扶贫就业工坊的通知》，这些文件将非物质文化遗产作为助力精准扶贫、促进就业增收的重要抓手。

（三）文化遗产保护利用的历史性成就

党的十八大以来，由于党和国家对非物质文化遗产的高度重视，出台了一系列政策，大力推动文化遗产的保护和利用，使整个社会对文化遗产的尊重、保护、传承和利用意识有了质的提升。特别是我国中华优秀传统文化传承发展重大工程项目的实施，让一些濒危的传统艺术得到抢救，一些古老的手艺技艺得到传承，一些沉睡在历史中、陈列在大地上的文物重现光彩，一些被破坏的文化生态系统逐步得到修复和优化提升，文化遗产保护上了一个大台阶。

在物质文化遗产保护方面。据统计，全国现有不可移动文物 76.67

万处，国有可移动文物藏品 1.08 亿件（套）。全国累计完成古籍普查登记数据 270 余万部，累计发布古籍数字资源达 7.2 万部。有 5058 处全国重点文物保护单位，56 项世界遗产，其中世界文化遗产 38 项、世界自然遗产 14 项、文化和自然双重遗产 4 项，居世界第二。

在非物质文化遗产保护方面。全国现有非物质文化遗产资源 87 万项，已建立了国家、省、市、县四级非物质文化遗产代表性项目名录体系，认定非遗代表性项目 10 万余项，认定各级代表性传承人 9 万多人。共有1557 个国家级非物质文化遗产代表性项目，按照申报地区或单位进行逐一统计，共计 3610 个子项；3063 名国家级代表性传承人。设立国家级文化生态保护区 7 个，国家级文化生态保护实验区 17 个。列入联合国教科文组织非物质文化遗产名录（名册）项目共计 42 项，总数位居世界第一，其中人类非物质文化遗产代表作 34 项、物质文化遗产名录 7 项、优秀实践名册 1 项①。

二、文化遗产保护利用对文化强国建成的重要意义

丰富多样的中华文化遗产既见证了国家和民族的历史，是民族凝聚力的重要源泉，又蕴藏着深厚的历史文化底蕴，是国家文化自信的底气来源。在建设社会主义文化强国中，中华文化遗产对筑牢中华民族共同体，提高国家文化软实力，提升当代中国文化竞争力，增强中华文化国际影响力，具有十分重要的作用。

（一）增强文化认同，铸牢中华民族共同体意识

文化记忆是每种文化所特有的“凝聚性结构”，它将一些应该被铭刻于心的经验和回忆，以一定形式固定下来，并且使其保持现实意义的文化遗留物②。如民俗节日里的固定仪式或习俗、纪念日的纪念活动、对某些历史场景的展现和追忆等，都是一种特定的文化记忆。

① 《中国入选联合国教科文组织非物质文化遗产名录（名册）项目》，http://www.ihchina.cn/chinadirectory.html#target1。

② ［德］扬·阿斯曼：《文化记忆：早期高级文化中的文字，回忆和政治身份》，金寿福、黄晓晨译，北京：北京大学出版社 2015 年版，第 15 页。

文化遗产是文化记忆的产物，是一个民族文化记忆保存和身份认同的基石，其在历史长河中不断吸收不同历史时期的社会文化特质，伴随着国家民族的延续不断发展，可以说每一项文化遗产自诞生伊始就是一个不断更新的社会文化记忆储存系统。这种对历史的记录使得文化遗产形成一种特殊的文化记忆机制，在文本表达上具有作为“延伸的场景”[①]的本质特征，传承其文化记忆的族群内成员不仅可以获得对已消逝世界的场景延伸，也可以借由文化的存续将现时世界的价值和意义图景导向未来世界。这种通向过去、导向未来场景的延伸，与对文化的生产、实践整合在一起时，人们对自我的认同、对社会的认同等多层次的认同就有了共时性建构的基础，族群内成员构成了主体性的意义认同，文化遗产对于民族国家文化身份认同的纽带作用便凸显了出来。

民族认同（ethnic identity）是一种群体层面的集体认同（collective identity），尽管民族认同涉及族群情感、态度、知识和行为等多个维度，但是，民族认同主要是一种文化认同，是个人对一个民族群体的文化特性的接纳、承诺及其文化实践[②]。中国是一个拥有56个民族14亿多人口的大国，“一部中国史，就是一部各民族交融汇聚成多元一体中华民族的历史，就是各民族共同缔造、发展、巩固统一的伟大祖国的历史”，数千年来中原和边疆人民不断往来互动，形成中华民族这个大家庭。各民族文化上的交流互融、兼收并蓄是多民族团结融合为一体的前提，经过数千年时间淬炼，中华民族的文化记忆已经深深融入各族人民的血脉。2014年9月28日至29日召开的中央民族工作会议强调：“加强中华民族大团结，长远和根本的是增强文化认同，建设各民族共有精神家园，积极培养中华民族共同体意识。”[③] 2019年9月27日，在全国民族团结进步表彰大会上，习近平强调“要以铸牢中华民族共同体意识为主线……

① 冯亚琳、［德］阿斯特莉特·埃尔主编：《文化记忆理论读本》，北京：北京大学出版社2012年版，第9页。

② 杨鹍飞：《中华民族共同体认同的理论与实践》，《新疆师范大学学报（哲学社会科学版）》2016年第1期，第83—94页。

③ 《中央民族工作会议暨国务院第六次全国民族团结进步表彰大会在北京举行》，2014年9月30日，https://tv.chinacourt.org/3365.html。

推动中华民族走向包容性更强、凝聚力更大的命运共同体”①。

随着我们面临的国际环境日趋复杂，境外敌对分子破坏民族团结、挑起民族矛盾的手段更甚，增强中华民族文化认同，增强各族人民的凝聚力，既是建成社会主义文化强国实现中华民族伟大复兴的力量源泉，也是应对风险挑战的战略性抓手。铸牢中华民族共同体意识的核心在于深化中华民族共同体认同。从性质上讲，中华民族共同体认同既是民族认同，也是国家认同。国家可借助文化遗产资源和历史文化空间，补全边疆民族地区部分民众缺失的真实历史记忆，重建边疆民族地区对中华民族的集体记忆和文化认同，帮助民众意识到中华文化的多元及背后的国家统一，厘清中华文化与少数民族文化之间“多元一体”的关系，使人们认识到，边疆民族地区虽因其地理特色和民族特点形成了具有差异性的文化体系，但这种差异性正是中华民族文化多元特征的体现。各民族保有的文化遗产是中华民族文化共同体的重要组成部分，国家支持坚守本民族优秀文化、吸收其他民族文化精华，形成你中有我、我中有你的民族文化融合发展态势，重视民族文化认同，从而形成各民族从对本民族文化的内部认同，到对各民族文化的整体认同，再到对中华文化的最高认同的“中华民族共同体”认同。

（二）坚定文化自信，提升国家文化竞争力

文化自信是一个民族、一个国家的人民对本民族文化的自我意识、崇敬与热爱，是对其社会价值和发展生命力的坚定信心和信念。“如果没有自己的精神独立性，那政治、思想、文化、制度等方面的独立性就会被釜底抽薪”，因此中国人民只有坚定文化自信，方能保住来之不易的奋斗成果，并走好复兴道路。从中华优秀传统文化中汲取足够的养分，将优秀文化基因传递下去，是中国人民坚定文化自信的根本。文化遗产是文化基因的重要载体，习近平在向第44届世界遗产大会所致贺信中指出：“世界文化和自然遗产是人类文明发展和自然演进的重要成果，也

① 《以铸牢中华民族共同体意识为主线，推动新时代党的民族工作高质量发展》，《人民日报》2021年8月29日。

是促进不同文明交流互鉴的重要载体。”

丰厚的中国文化遗产蕴含着中华民族祖祖辈辈积累的卓越智慧和认知经验，以及世代持续的自强不息、厚德载物等传统文化精神内涵，这既是中国人强大的凝聚力和不竭的创造力的源泉，更是中国人民坚定文化自信的深厚底蕴与充足底气。作为历史悠久的四大文明古国之一，中华文化璀璨绚烂，文化积淀丰富，莫高窟、明清故宫、苏州古典园林、昆曲、篆刻、书法……这些文化遗产见证了一个民族文明的发展道路，凝聚了中国人几千年来累积的知识和智慧，承载着中华民族的文化基因，折射出中华民族的精神特质，承载着中国人民对中华文化的归属感和自豪感。文化遗产的影响是一个长期的、潜移默化的过程，从空间、风俗、礼仪、生产方式、审美等方面无声地向人们传递着信息，由此帮助人们形成思想观念、价值标准、审美情趣等，使人们在得到精神享受的同时获得自身的全面发展。“抛弃传统、丢掉根本，就等于割断了自己的精神命脉。”[①] 我们必须“振叶以寻根，观澜而索源”，加大对中国文化遗产的保护与利用力度，在高度认同其时代价值的前提下深入挖掘文化遗产的内涵特质，深刻认识和把握中华优秀传统文化的深厚底蕴，坚定中华民族的文化自信，在蕴含其中的中华文化的引导下，使中华民族的道路越来越宽广，越来越自信。

文化自信是实现文化竞争力提升的理念基础，文化遗产的利用则是提升文化竞争力的关键手段。文化竞争力已成为国家综合国力与国际竞争力的重要内容，阿尔文·托夫勒（Alvin Toffler）曾预言：“我们正进入一个文化比任何时候更重要的时期。”[②] 亨廷顿提出：“全世界的人在更大程度上根据文化界线来区分自己，意味着文化集团之间的冲突越来越重要；文明是最广泛的文化实体。”[③]美、日、德、英等经济强国亦是

① 习近平：《培育和弘扬社会主义核心价值观（2014 年 2 月 24 日）》，《习近平谈治国理政》（第一卷），北京：外文出版社 2014 年版，第 164 页。

② ［美］阿尔文·托夫勒：《预测与前提——托夫勒未来对话录》，粟旺译，北京：国际文化出版公司 1984 年版，第 163 页。

③ ［美］塞缪尔·亨廷顿：《文明的冲突与世界秩序的重建》，周琪等译，北京：新华出版社 1998 年版，第 133 页。

文化大国，从本国文化资源中获取智力支撑与精神动力，将本国文化资源与本国经济产业配套融入国家、地区发展战略，是西方发达国家在全球实现文化霸权的不二法门。我国虽有无与伦比的文化资源，但很长一段时间内，我国与西方的文化交流极不对等，存在着严重的文化“逆差”。近年来，国际关系紧张，全球舆论场上充斥着“大国竞争”话语，国际文化冲突日趋激烈。在此背景下，作为国家软实力的重要来源和基础的文化遗产，其价值早已超越原本功能。文化遗产由于具有资源丰富性、形态多样性、底蕴深厚性、影响广泛性的特征，是最适宜提升国家文化竞争力的形态之一。只有立体、鲜活、充满历史底蕴且与时代同步的中华文化输出，方可成为现实的国际支持力量，从而增强本民族文化的竞争力；只有满载国家文化极具吸引力的文化产品，才能在更深、更广、更迅速的国际文化交流中赢得人们的青睐，进而占领国际文化市场，发挥巨大的国际文化影响力。唯有将我国丰富的文化遗产资源转化为极富竞争力的文化产品输送出去，才能让中华优秀文化真正走向国际，使我国从文化资源大国转向文化强国。这既是建设文化强国的现实表达，也是确定国家文化竞争力的关键指标。

（三）助力文化外交，塑造良好的国际形象

文化外交（cultural diplomacy）是通过思想、信息、价值观、制度、传统、信仰以及文化其他方面的交流，旨在培养国家之间相互理解的外交方式①。文化外交有助于争取国际舆论话语权，营造有利于本国国际形象的国际舆论环境②。西方大国在构建传播本国形象时，皆选择了本国最具特色的文化资源，如美国以迪士尼、好莱坞为代表的大众文化向世人展现了美利坚精神和美国梦；英国以英伦贵族、莎士比亚、指环王、哈利波特等既古典又现代的文化输出向世人展现老牌资本主义国家的余晖；日本以动漫文化独树一帜，并将之用于多个国际场合，如“东京八

① H. K, Finn, “The case for cultural diplomacy: engaging foreign audiences”, *Foreign Affairs*, 2003 (6): 15-20.

② 胡文涛、招春袖：《文化外交与国家国际形象：一种文化维度的建构》，《国际新闻界》2013年第8期，第6—15页。

分钟”，以塑造其国际形象。

自鸦片战争我国被西方以坚船利炮轰开国门起，中华传统文化被西方工业科技文明逼入节节败退之境，很长一段时间内，中华文化在中西方文化交流对话中处于弱势地位，国际形象塑造权旁落，西方强势发声。改革开放以来综合国力虽得到显著提升，但西方对中国的主观印象和中国真实形象仍有差距，用文化遗产讲出并讲好中国故事，将成为中国式文化外交和树立良好国际形象的有效抓手。中华文化五千年不断绝，融历史与时代于一体，最具中华文化特色的中华文化遗产，包含和平、包容、合作、共赢的外交精神，将之用于文化外交，能展现我国历史底蕴深厚、文化多样和谐的大国形象，顺利完成国际形象由“他塑”到“自塑”的转变，达到“润物细无声”的效果。同时，我国文化遗产种类之多，内涵之丰富，避免了塑造国家形象的单一化倾向，苏州园林之温婉秀丽、明清故宫之气势浩大、蒙古长调之苍茫辽阔、侗族大歌之情远意长，都为国家形象构建提供丰富素材，有助于国家形象的多样化、多元化和分众化表达，能为我国在国际社会中营造良好的公众舆论环境。

文化遗产可助力建构区域文化共同体“美美与共”。世界百年未有之大变局的一个重要特征是，东亚国家正在重新走向世界政治舞台中央，新格局和新形势对中国对外交流合作提出了新要求。合作需要信任，信任的基础是相似的文化背景或高度的文化认同，“共同的文化促进了共有那种文化的国家或集团的合作”①。中国是古代东亚文化共同体的核心国，对周边邻国影响深远，在东亚文化共同体建设中处于领导地位，一些作为历史上东亚国家文明互鉴见证和结果的文化遗产，具有增强国家间文化认同、强化信任基础的作用，如东亚国家具有历史互动中形成的以儒学思想为内核的相似价值观，这就为东亚国家间共同解决现代性问题提供思想基础。同时，利用符合东亚文化共同体价值观的文化遗产打造的文化产品和服务，对东亚各国人民具备吸引力，为新时期区域文化产业合作平台的形成提供可能，更有助于向这些国家和人民传递中国友

① ［美］塞缪尔·亨廷顿：《文明的冲突与世界秩序的重建》，周琪等译，北京：新华出版社1998年版，第135页。

好亲善的大国形象。

文化遗产是国家身份的象征，代表着国家形象和文化成就，无论是物质抑或非物质形式的文化遗产，都以各自的方式在国际交往中助力中国打造多层次、宽领域、全方位的文化交流、沟通渠道。文化遗产帮助世界听到并听懂中国声音，对提高中国对外文化传播交流的有效性，提升中华文化在国际上的感召力和影响力具有十分重要的作用。

三、文化强国战略背景下文化遗产保护利用的创新

文化遗产作为历史遗存、文化积淀和文化基因载体，需要积极保护、充分利用和广泛传播。对中华优秀传统文化进行创造性转化、创新性发展，是建设文化强国的重要举措。对于中国文化遗产来说，首先，积极保护好文化遗产，让中华优秀文化传承下去；其次，充分利用好文化遗产，让中华优秀文化在当代活起来；再次，广泛传播好文化遗产，让中华优秀文化更多走向世界，在中国文化强国建设中，为增强文化自信、提高文化软实力和扩大国际影响力作出新的贡献。

（一）构建文化遗产保护体系，展现中华文化生命力

继往方能开来，只有继承好中华民族博大精深的文化财富，才能在新的时代创造多元活力的新中华文化。习近平说："我们要学习中华民族优秀的传统文化和高尚的精神追求。历经磨难而不衰的中华文明，蕴涵着丰富而宝贵的思想文化遗产。"[①] 保护文化遗产就是保护历史、才能更好地走向未来。我国正处于形成良好社会价值取向、铸牢国家民族观念、构建全新国际形象的关键时期，文化遗产保有量和保存度直接关系到一个国家和民族能否长久且有效地汲取自身文化中的养分，进而关系到优秀文化传统的维护、文化可持续发展和国家文化战略创新的重要举措。在我国文化遗产保护是自上而下推进的，文化遗产保护管理属于社会公益性事业，是政府的职责，要树立保护文化遗产也是政绩的科学理念，保护政策法规的制定和执行是关键，实现文化遗产有效保护和利用，

① 习近平：《领导干部要读点历史》，《学习时报》2011 年 9 月 5 日。

由政府主导从制度、体制、机制层面进行顶层设计，构建文化遗产保护体系，推进文化遗产保护能力和水平现代化是关键。

1. 完善文化遗产保护法规制度

文化遗产保护制度的不断创新和相关配套体系的不断完善，是推动文化遗产保护不断发展的前提。文化遗产保护制度建设是我国文化法治建设的重要内容，是推进我国文化事业和文化产业发展的重要环节，事关我国文化事业发展前景和文化产业发展方向。我国应当多层面推动文化遗产法律制度的建设，国家要根据新形势，修订《文物保护法》和《非物质文化遗产法》等文化法规，抓紧制订和起草与文化遗产保护法相配套的部门规章制度，地方政府要根据本地的具体情况，制订和完善文化遗产保护的地方性法规和管理规章，明确保护管理工作的具体制度要求、保护标准和目标及相关的法律责任，并通过相应法规的细化对文化遗产保护制度进行具体建构。比如建立健全文化遗产普查和保护状况披露制度、文化遗产收储制度、文化遗产产权登记制度、文化遗产生态发展代偿制度、历史文化名城名镇名村保护的管理实施制度、公众参与的历史文化名城名镇名村保护的制度、非物质文化遗产传承人团体认定制度、非物质文化遗产传承人培养制度等。要通过文化遗产保护法律法规建设，推进文化遗产保护的法制化、制度化和规范化，维护公民、法人及其他组织的文化权，保护文化遗产利用和享有的代际公平，保障文化遗产传承与发展的秩序与安全。

2. 改革文化遗产保护管理体制

文化遗产的有效保护和合理利用主要依赖管理体制和制度的力量，建立起一套适合我国国情的行之有效的文化遗产管理体制，这是加强和改善我国文化遗产保护管理的必由之路。目前，我国文化遗产保护存在条块分割、职能重叠、纵向分离等诸多弊端，导致文化遗产保护责任难以落实。现行的管理体制是：从国家层面看，物质文化遗产涉及文物和建筑类遗产，由国家文物局和住建部分管，非物质文化遗产则由文旅部管理，导致物质和非物质文化遗产在管理上处于割裂状态；从地方层面看，市县级文化行政管理部门实行属地管理，由于人事和财务全部掌握在地方，导致地方文化部门有可能无法按法规和要求开展文化遗产保护工作。因此，改革文化遗产保护管理体制势在必行。文化遗产保护应该做好权责划分，既要重新定义政府的权责，又要充分调动社会力量。第一，整合文化遗产保护管理行政职能，从文化属性着手建立大的文化遗产部门，强化管理权威，统一确定各级文化遗产行政部门机构性质，突破管理瓶颈，尝试垂直管理。第二，建立以政府管理为主，行业自律、外部监督相结合的管理机制，发挥政府宏观调控、市场监管、质量监管、公共服务等方面的职能和作用，形成政府、市场、社会和人民群众共建共享共管共治文化遗产保护的格局。第三，我国当前文化遗产保护机构绝大部分为事业单位，而“不以营利为目的”即“不能盈利”导致社会对文化遗产保护参与度不高①。因而有必要贯通体制内外，破除非营利性和营利性壁垒，适度扩大民间资本准入的文化行业范围，支持、引导和规范非公有资本投资文化遗产保护。总之，要协调好中央、地方、传承社区、民众、企业、学校、文化事业单位、行业协会及其他社会力量的关系，形成文化遗产保护管理协同机制，推动我国文化遗产事业更好更快发展。

3. 构建文化遗产保护标准体系

发达国家将标准化作为国家战略，以标准抢占经济领域和科技竞争制高点。推动我国文化遗产保护标准体系建设，有助于我国在世界范围内抢占文化竞争制高点。我国拥有众多不同种类不同形态的文化遗产，在国际文化遗产领域占有绝对优势，结合本国文化遗产形态出台符合国情的文化遗产保护标准，一方面有利于国内文化遗产保护工作向纵深开展，另一方面有利于在国际上强化对本国文化遗产的阐释权，进一步明确文化主权。在文化遗产保护标准体系构建过程中，要遵循协商一致的原则，广泛征求社会公众和利益相关方意见，使标准内容达到普遍性与具体性的统一。对于那些与国外类似的项目，可以参照国际上成熟的保护理念、保护程序、保护方法，适当采用国际标准和其他国家的标准进行标准化构建；在中国独有的类目上，则鼓励传承人、行业协会、文博

① 单霁翔：《什么阻碍了博物馆文创的发展》，《光明日报》2016 年 5 月 6 日。

文保单位等制定团体标准和单位标准，采取先地区试点后全面推广的方式，在实践中不断修正，循序渐进自下而上地建立全国标准。在完善标准的基础上还要发挥各级文化主管部门在标准实施中的推广作用，扩大文化遗产保护标准实施力度，确保其被广泛应用于文化遗产保护实践中，推动中国文化遗产保护工作高质量、标准化发展。

（二）提升文化遗产利用能力，增强国家文化软实力

实施文化强国战略要坚持以人为本的理念，积极寻找文化遗产与人民生活的最佳融合点，充分调动广大人民发展文化的主动性和积极性，让文化为民所创造、为民所享用、为民而服务，令文化遗产在新的时代下焕发生机。

1. 以文化遗产化民众，助力中华文化伟大复兴

首先，利用文化遗产加强思想道德建设。通过讲清楚中华优秀传统文化的历史渊源、发展脉络、基本走向，讲清楚其独特创造、价值理念、鲜明特色，增强文化自信和价值观自信[①]，吸收文化遗产中民族精神、道德引领的部分使理想道德信念教育更贴近人民群众，如以历史事件为素材进行新时代文明宣讲，不断提高社会文明水平。其次，将文化遗产融入社会教育和基础教育，加大文化遗产与公众接触面：一是以“普及、教育”为目标，制定相关文化遗产开放方案，为公众提供优质社会教育。如除国家“文化遗产日”外，各级文化部门可每年与地方宣传部门、电视台等合作，定期举办为期 1 周到 1 月不等的文化遗产展览和讲座，以本地文化遗产为主体，向本地公众普及传统文化。二是将文化遗产融入中小学校校园文化建设，形成包括智识文化、道德文化、个性文化在内的文化体验项目及校园文化；根据文化遗产项目内容在中小学校试点示范建设传承教育基地；在义务教育教学目标和教学范围内，编制文化遗产相关校本教材，最大限度地激发学生对文化遗产的兴趣。最后，利用文化遗产提升公共文化服务质量：一方面，推动公共文化服务供给特色化发展。公共文化建设的目标是丰富群众的精神文化生活，保障

---

① 鲍展斌、李包庚：《习近平文化遗产观及其时代价值》，《马克思主义研究》2019 年第 8 期，第 65—74 页。

和实现公民的基本文化权益，在城乡公共文化服务体系一体建设的基础上，依据城乡文化差异供给不同种类和形式的文化遗产资源，优化城乡文化资源配置的同时推动公共文化服务供给向特色化、个性化发展。另一方面，健全群众性文化活动机制，将文化遗产相关内容融入其中，如群众表演、群艺交流等，实现更充分的文化遗产利用的社会参与和公众参与。

2. 以文化资源化经济，推动社会经济高质发展

首先，利用文化遗产促进现代城市建设。文化遗产具有地域性，地区历史和人文风貌浓缩其中，带给当地民众自豪感和认同感，文化遗产的地域性和历史性在地方城市建设中起着很大的作用。在立足现有功能类型和每种功能的基础上，将历史建筑、历史村落、历史街区、遗址遗迹、非物质文化遗产元素等作为城市建设的“特色原材料”，打造特色文化城市。其次，利用文化遗产促进区域特色文化产业发展。整合利用地方优秀文化遗产，因地制宜发展特色产业，在文化遗产资源丰富但经济有待发展地区开展具有地方特色和实效的产业革命，以文化遗产催生品牌，以品牌带动产业、通过产业反哺文化遗产的方式增加居民收入，激活内部发展动力，促进区域特色产业发展。最后，利用文化遗产促进文化产业新业态的发展。完善现代文化产业体系，根据现代产品研发的规则，发掘文化遗产所蕴含的经济价值，创新文化遗产利用方式，让文化遗产活起来，培育更多文化产业新业态，研发更好的产品和作品，使之在高质量地满足消费者文化需求的同时，为发展文化经济作贡献。

3. 以现代科技化文化，推动文化生活化现代化

文化强国战略的实施必须坚持面向现代生活，充分利用现代科技，不断对中华优秀传统文化进行创造性转化和创新性发展，为民众提供更多高质量的文化产品和服务。要结合当前新兴技术的特点，有针对性、有目的性地与文化遗产融合，重点从呈现可视化、传播互动化、体验沉浸化、共享便捷化、消费多元化等方向着手。第一，结合虚拟现实技术（VR）发展云上游览和数字修复。VR 具有多感知性、沉浸性、交互

性和构想性的特点①。一是利用其沉浸性和多感知性，还原文化遗产所在历史时期的社会场景，建成以该项文化遗产为主题的虚拟文化空间，给予防疫常态化下减少异地出游的公众云上沉浸式游览的体验，可重点呈现游客在场也难以获得的信息如文化遗产具体呈现细节、形成的原因及流变等，增加线上游览趣味的同时，扩大历史文化知识传播力度；二是利用其交互性和构想性，模拟文化遗产修复可能达到的成果，根据不同预设方案生产相应模型并进行比较评估，从而择出最佳修复方案，强化文化遗产修复工作的风险控制，减少修复中的不利因素。第二，利用区块链技术完善文化遗产数字化资源的储存和共享。区块链技术具有去中心化、不可篡改、全程留痕、可以追溯、集体维护、公开透明等特点，一是利用其公有链存储、鉴真和共享的特性，完善文化遗产数字化资源的储存和异地备份工作，为相关主体知识产权的保护及溯源提供便利，为公众供给配备项目检索和辨别真伪功能的高质量文化遗产知识；二是利用其联盟链的甄别、共享特性，以文化遗产专业人士和研究者制定的标准为共识机制，小范围共享文化遗产研究深度信息，降低信息收集成本；政府部门还可将之用于项目申报，简化线性工作流程，提高工作效率。第三，结合5G打造全民参与的文化遗产共享和消费场景。5G时代，短视频的高清、沉浸、互动等特点和趋势使“视频+文化”在创作、生产、传播、消费等环节拥有更大的想象空间②。大带宽、低时延和海量链接的技术支撑使得短视频成为介入性伴随式媒介，以个人视角介入生活场景，能较好展现个体的人生体验引起观看者共情。一是利用5G短视频加速文化遗产相关内容和技艺的传播共享，利用最大程度实现活态传承和动态传播，给予视频观看者身体不在场而情绪在场的体验，从而加入二次传播；二是利用5G短视频链接文化遗产IP化打造，促进公众文化遗产类文化消费，可采用“视频内容付费+视频广告位+视频+产品一体化”等模式，在与现代文明的对接中走进大众尤其是年轻群体的生

① 李旭健、李皓、熊玖朋：《虚拟现实技术在文化遗产领域的应用》，《科技导报》2020年第22期，第50—58页。

② 喻国明：《5G时代的传播发展：拐点、挑战、机遇与使命》，《传媒观察》2019年第7期，第5—7页。

活中。

（三）提高文化遗产传播水平，扩大文化国际影响力

习近平指出："要努力提高国际话语权，加强国际传播能力建设，精心构建对外话语体系，发挥好新兴媒体作用，增强对外话语的创造力、感召力、公信力，讲好中国故事，传播好中国声音，阐释好中国特色；要加大对中国人民、中华民族的优秀文化和光荣历史的正面宣传力度。"① "文明因多样而交流，因交流而互鉴，因互鉴而发展。"② 2022 年北京冬奥会开幕式上，无论是二十四节气倒计时开场，抑或滚滚"黄河之水"天上来凝成冰后奥运五环从中浮现，从文化遗产中获得的灵感，打造成独属于中华文化的浪漫场景，中国向世界再次展现了泱泱大国气象，获得无数好评。中国要建设文化强国，必须秉持开放包容、天下大同的理念，积极参与文化遗产保护利用的国际合作事业，持续而深入地运用文化遗产加强国际间文明交流互鉴，倡导人类文化命运共同体意识，弘扬富有永恒魅力且具有当代价值的文化精神。

1. 加强与周边国家文明对话，搭建国际交流合作新平台

多层次机制性的国际合作平台是国家间进行文化遗产保护利用合作的有效载体和渠道。对接"一带一路"倡议，在东亚地区构建以文化领域为主的高级别人文交流磋商机制，从文化遗产的可持续发展目标、保护与维修、建构数据库和科技运用、培养专门人才、疫后世界遗产可持续恢复方面，推动构建有关文化遗产的国际合作体制机制，优先在区域范围内实现文化遗产国际合作新秩序的局部突破，强化"文化包容的利益共同体"。第一，要率先与文化遗产保护事业发展程度较高的国家形成合作共识，达成双边或小范围多边协定，采取多元化、渐进式合作路径，逐步扩大和深入地区交流合作。第二，要本着

---

① 习近平：《提高国家文化软实力（2013 年 12 月 30 日）》，《习近平谈治国理政》（第一卷），北京：外文出版社 2014 年版，第 160—162 页。

② 中央宣传部编：《习近平新时代中国特色社会主义思想学习纲要》，北京：学习出版社、人民出版社 2019 年版，第 148 页。

平等友好、共赢共享的态度，努力消除合作发展的体制和机制障碍，如面对跨国界文化遗产申报工作，要主动沟通，消除不必要的误解冲突。第三，要注重创新国际合作范式，在影视、游戏、出版、设计等文化行业深度合作，在倡导文化遗产知识产权的国际保护的基础上，为活用文化遗产、丰富可持续发展目标拓展国际渠道。

2. 倡导学术交流合作深入，主持开展多项国际协作项目

我国作为文化遗产资源丰富且社会经济上升势头保持良好的大国，具有文化遗产重视度高、文化遗产保护利用事业内生动力强、相关法制保障和物质保障充足的优势，能秉持互学互鉴、互利共赢的理念推动国际文化遗产学术交流事业深入发展。第一，要定期举办有影响有分量的文化遗产学术交流系列活动，如主题研讨会、高级别论坛、国际性专家会议等；第二，主持开展以文化遗产保护和利用为核心的国际协作项目和专项计划，如向有关国家派遣专家和技术人员支持遗产事业发展；第三，就文化遗产保护标准化制定进行国际合作，不断提升发展中国家在全球文化治理中的话语权；第四，常态化建立国家间文化遗产专家和技术人员参访讲学、研讨研修机制等，为全人类的文化财富作出重要贡献。

3. 以中国风格、中国话语推动国家间民间文化交流活起来

国家间的文化遗产交流仅靠政府的力量不足以形成全方位立体化的深度交流，文化遗产大部分生于民间、传于民间，广泛的社会组织参与有助于以较官方叙事更生动的姿态、更具原真性和地方性地向海外展示中国话语和中华文明。第一，要重视来自基层、来自民间的交流意愿和具体创意，盘活困囿于一隅的优质文化遗产，通过政策指导、资金扶持和外联服务，加大对民间力量的组织统合力度，更好地体现文化交流的“人民主体性”特色及优势。第二，要以探索官民并举模式为重要手段，鼓励民间力量在文化遗产交流合作事业中发挥更大作用。第三，要以经贸合作为依托，发挥文化企业和文化能人在文化交流过程中的重要作用；发挥各类文化团体、社会组织、华侨华人在专业领域的实践或组织协调优势，推动区域间、城市间文化遗产交流，通过文化互动拉近距离友好相处。

第二节　三星堆青铜直目人面像的历史文化意义*

在四川广汉三星堆遗址二号坑出土的青铜人面像中，有三件体型庞大的直目人面像，他们有一双明显凸出眼眶的眼睛，一对向斜上方伸出的大耳，一副高高的鹰钩鼻，一张上翘接近耳根的大嘴，整个面部给人一种神秘而又亲切的感觉。其中，最大的一件通宽138厘米，通高65厘米，眉宽近7厘米，眼球呈柱状，凸出眼眶达16.5厘米，眼球的前端略呈菱形，中部还有一圈镯似的箍，宽2.8厘米。关于这类直目青铜人面像的历史文化意义，学界有不少解释，主要有以下几种：一种认为这是古代民间传说中“千里眼顺风耳”神灵的再现，用凸出的眼球和伸长的大耳表示有超常的视力和听力；一种则认为这是传说中古蜀国国王蚕丛氏“纵目”的写照；还有一种认为这是古代蜀国图腾崇拜的象征。笔者通过研究认为，三星堆出土的青铜直目人面像，是人类远古时期特殊历史阶段的记忆，是神话、历史和宗教的混合物，既是对烛龙和蜀王传说的历史记忆，也是原始宗教祭祀和图腾崇拜的遗存。

一、古代神话中的直目人：烛龙部族的图腾描摹——图腾崇拜

据古代典籍记载，上古有一个“直目”之神烛龙。《山海经·大荒北经》记载：“西北海之外，赤水之北，有章尾山。有神，人面蛇身而赤，直目正乘，其瞑乃晦，其视乃明。不食、不寝、不息，风雨是谒。是烛九阴，是谓烛龙。”《山海经·海外北经》亦说：“钟山之神，名曰烛阴。视为昼，瞑为夜，吹为冬，呼为夏，不饮，不食，不息；息为风，身长千里，在无𦞠之东。其为物，人面、蛇身、赤色，居钟山下。”“烛阴”，晋代郭璞注：“烛龙也，是烛九阴，故名云。”烛龙的形貌十分奇特，即人面、蛇身、赤色，最引人注目的是他的眼睛生得特别——“直目”。郭璞注云：“直目，目纵也。”所谓“目纵”，就是眼睛凸出于眼

* 本节原题《三星堆青铜直目人面像的历史文化意义研究》，原载《武汉大学学报（哲学社会科学版）》2004年第5期，《新华文摘》2004年第24期转载。

眶。在《山海经·海外北经》中，纵目的种族生活在一目国，它位于烛龙的东面，“一目国在其东，一目中其面而居。一曰有手足”。所谓“一目中其面而居”，“中”者“纵”也；也就是说同烛龙一样，面额上纵着一只眼。纵目人姓威，《大荒北经》云：“有人一目，当面中生，一曰是威姓，少昊之子，食黍。”威、鬼音近相通，其部落又称为鬼国。《海内北经》载：“鬼国在贰负之尸北，为物人面而一目。”鬼国人系龙蛇之种，《论衡·订鬼篇》引《山海经》（今本无）说：“北方有鬼国，说螭者谓之龙物也。”所谓“龙物”，就是说鬼国人系龙蛇之种。龙种、纵目，这两个鲜明的特征说明鬼国人属于烛龙的后代。

烛龙居住在何处？《大荒北经》中是赤水之北的章尾山，《海外北经》为居钟山下。“章尾山”，清代郝懿行笺疏：“《海外北经》作钟山，此作章尾山，章、钟声近而转也。”这就是说章尾山系钟山的异名。因此，可以判断烛龙居在赤水之北的钟山。《海内西经》说：“赤水出（昆仑）东南隅，以行其东北。”《海内西经》对昆仑的地理位置作了这样的描述：“海内昆仑之虚，在西北，帝之下都。昆仑之虚，方八百里，高万仞。上有木禾，长五寻，大五围。面有九井，以王为槛。门有开明兽守之，百神之所在。在八隅之岩，赤水之际，非仁羿莫能上冈之岩。”蒙文通说：“考《海内西经》说：‘河水出（昆仑）东北隅，以行其北。’这说明昆仑当在黄河之南。又考《大荒北经》说：‘若木生昆仑西。’（据《水经注·若水注》引）《海内经》说：‘黑水、清水之间，有木名曰若木，若水出焉。’这说明了昆仑不仅是在黄河之南，而且是在若水上源之东。若水即今雅砻江，雅砻江上源之东、黄河之南的大山——昆仑，当然就舍岷山莫属了。”① 由此可知，《山海经》中的“海内昆仑之虚”就是今四川西部的岷山。

从地理上看，岷山绵亘于四川、甘肃两省边境，为长江、黄河的分水岭，是岷江、嘉陵江的发源地。它的北面、东北面是甘肃的岷县、文县、武都及四川平武县；东南面与四川平武、北川、安县紧连；西面、西北面与四川松潘、若尔盖相依；西南面则为四川茂汶、汶川、灌县。

① 蒙文通：《巴蜀古史论述》，成都：四川人民出版社1983年版，第161页。

这一广大地区，称为岷山区域。它坐落在我国的西部高原，正是上古时期烛龙鬼族的发祥地。相柳、共工、后土、烛龙、鬼国、魃、槐鬼、有穷鬼等部落聚居在岷山北部、东部地区；少昊、炎帝、羌、氐人国等部落生活在岷山西部和南部的岷江流域。他们围绕岷山而居，形成了上古时期西北、西南的一大强族。以上这些部族以烛龙为中心，分散在今甘肃的岷县、文县、武都及四川平武、北川、安县等地区。

由上述考证可以看出，上古时期的烛龙鬼族主要居住在昆仑（岷山）地区。他们有共同的风俗习惯、宗教信仰、文化传统。随着历史的发展，鬼族由部落到部落联盟，至殷商时成为西北、西南地区的强大种族。其中一部分向今河南、山西、陕西等地发展，成为商周政权的劲敌，这就是《易·即济》九三“高宗伐鬼方，三年克之”中的“鬼方”，《古本竹书纪年》“武乙三十五年，周王季伐西落鬼戎，俘二十翟王”的“鬼戎”。另一部分族人则沿岷江而下，进取川西平原，在西蜀建立了一个独立的国家——蜀国。从原始“蜀”字的考证来看，“蜀”是一个象形字。它的上部为“皿”，即纵目，也就是竖目。《荀子·赋篇》“以能合纵”，注：“纵，竖也。”则竖目即纵目。蜀的下部为虫。《说文》云：“虫，一名蝮，博三寸，首大如擘指，象其卧形。”段注：“今本虫作蝮虺……郭云，此自一种蛇，人自名为蝮虺。”综合而言，蜀字上为人首，面中纵一目，下为蛇身。蛇（龙）身人首纵目，这正是烛龙的形象特征。烛龙是蜀人的始祖，是人神的混合体，是半人半动物的神，也是蜀族信奉的祖宗神图腾。

三星堆出土的直目人像，正是对烛龙部族图腾的一种描绘，表现了蜀人的始祖图腾崇拜心理。在古代各民族中，由于祖先神灵的崇拜，他们认为祖先神既能保佑赐福，也能降灾于子孙后代，具有无上的法力。古祖先的形象在人们的心目中往往被神化，并表现为具有人兽合一特征的图腾。神奇的青铜直目人面像，既有人的特点，更有神与鬼的夸张，显示出浓郁的图腾神灵意味，是古代蜀人图腾的象征物。

二、历史传说中的直目人：蜀王蚕丛的形象记忆——祖先崇拜

《史记》中讲到蜀山氏与黄帝联姻。《史记·五帝本纪》说：“黄帝

居轩辕之丘，而娶于西陵之女，是为嫘祖。嫘祖为黄帝正妃，生二子，其后皆有天下：其一曰玄嚣，是为青阳，青阳降居江水；其二曰昌意，降居若水。”司马贞案：“皇甫谧及宋衷皆云玄嚣即少昊也。”江水即岷江，若水即雅砻江。魄氏少昊部落生活在这里。祝融、共工等部落的一些族人也居住在岷江流域（据《海内经》）。黄帝与西陵女（嫘祖）的后代按顺序是玄嚣—昌意—高阳（颛顼），后来又由颛顼“封其支庶于蜀，世为侯伯”。最早的蜀王蚕丛主要活动在岷江上游。《蜀王本纪》云：“蚕丛始居岷山石室中。”《华阳国志·蜀志》记载：“有蜀侯蚕丛，其目纵，始称王。死，作石棺、石椁。国人从之，故俗以石棺椁为纵目人冢也。”罗泌《路史前纪》卷四说：“蚕丛纵目，王瞿上。”章樵注《蜀都赋》引《蜀王本纪》说：“蚕丛始居岷山石室中。”陈一津注《蜀水考》也说：“（岷江）又南过蚕陵山，古蚕丛氏之国也。”蚕陵，在今茂县境内。在汶川、灌县境内尚有许多以蚕为名的古地名遗迹，如蚕崖关、蚕崖石、蚕崖市之类，这些地区似皆为蚕丛氏活动的区域。现代在这一地区发现的石棺葬，以茂、汶、理三县为中心，分布在北至黑水，西至金川、巴塘，南至西昌雅砻江流域，实际上就是古蜀人“石棺石椁”的遗迹。可见这一地区确为蜀人的祖地。蚕丛氏在称侯立国的时候，承用了“蜀”之名，称作蜀侯蚕丛，由此可以依稀连接起他们与蜀山氏的继承发展脉络。养蚕业的发展兴盛，使蚕丛氏因此而闻名遐迩，并被后人敬奉为图腾。蚕和蚕丝在羌—蜀族团的形成发展中功勋卓著，蚕作为图腾崇拜将古羌蜀族的集团心理凝聚整合起来，起到巩固联盟维系四方的作用，最终成为维系和发展本集团力量的一种精神纽带。蚕丛氏也因此得到迅速发展壮大，并开始向周边扩张。降及鱼凫时代，蜀族逐渐向东南方向的成都平原发展。

由于蚕丛氏为开创蜀国的第一代蜀王，所以也就成为后世历代蜀人共宗之祖先神，并受到祭祀。宋代《太平寰宇记》有“成都圣寿寺有青衣神祠，神即蚕丛氏”的记载。《三教搜神大全》卷七上记：

青衣神即蚕丛氏也。按传蚕丛氏初为蜀侯，后称蜀王，尝服青衣巡行郊野，教民蚕事。乡人感其德，因为立祠祀之。祠也遍于西土，罔不灵验。俗概呼之曰青衣神。青衣县也以此得名云。

《邛崃县志》卷三记载以前“蜀中古庙多有蓝面神像，面上魄瑰如蚕，金色，头上额中纵目，当即沿蚕丛之像”。人像纵目突出双眼，其含义与中原甲骨文的“蜀”字突出“目”字的意义相同，反映了“蜀”字的字根之所在，古“蜀”字的上部象征纵目，纵目人像与《华阳国志·蜀志》有关蚕丛纵目的记载正相吻合。“纵目”，应该是氐、羌古蜀人的面貌特征。

三星堆发现的青铜直目人面像，是将蜀人始祖“蚕丛”塑造成祖先神的具体形象，其崇拜的对象即为古蜀居民的始祖神——蚕丛。三星堆青铜直目人面像的发现，不仅为蚕丛的形象提供了珍贵的实物资料，而且证实了古蜀人对祖先神的崇拜是当时极为重要的一种信仰。

三、宗教仪式中的直目人：原始祭祀的神灵载体——神灵崇拜

在巴蜀、甘肃南部以及西藏地区，直目神受到民间广泛的信仰。《华阳国志·蜀志》说：“九世有开明帝，始立宗庙，以酒为醴，乐曰荆，人尚赤。”据王家佑先生言，成都红石柱街旧有“炎帝炳灵祠”。有明建石坊，坊之东面题额曰“第一灵祠”，有联曰“庙名推甲省；威燔仰通天”。坊之西面题额曰“光华帝庙”，有联曰“帝德被全蜀；神妙通两间”。其炎帝炳灵为纵目神。这种崇拜炎帝的习俗在巴蜀有着悠久的历史，时至近代，乐山正月十五日祀火神，以至于“万巷人空，举城若狂”。古蜀族后裔如彝、白马氐等，亦皆以极隆重的祭典祀炎帝。

对直目神的崇拜在川、甘、藏地区的氐羌等民族中十分盛行。蚕丛、川主、土伯、马王（凉山彝族神）、青衣神（青羌神）、斗姥（五斗夷神）、摩利支天神（西藏佛教神）、灵官（道教护法神）等都是直目三眼。乐山乌尤寺中的唐代铁铸乌尤神（民间谓之鬼王），青城山隋代石雕张陵以及炳灵（炎帝），他们的额上也直立着第三只眼。甘肃文县、武都地区，到汉时发展为广汉羌、武都羌。《汉书·地理志》说：“武都

杂氐羌，……民俗略与巴蜀同。”他们亦信仰三眼神。唐宋以来，巴蜀、甘南民间信仰势力最大的灌口二郎神杨戬，实则就是文县、武都白马氐族的狩猎神。时至现在，这一地区以白马氐称呼的少数民族，仍然保存着这种宗教习俗。如在年终祀祖时，所祀大神即“直目三眼天王”。天王额上有一纵目，头顶着道教五梁冠。巴蜀氐羌族的这种宗教信仰，后来被张陵道教吸收，大量的直目三眼神被纳入早期道教的神系中。仅《清微玄降大法》中就有20余位直目三眼神。道教典籍称他们原是烁罗鬼国的六天鬼王、五部鬼帅，后被张陵降伏，皈依正道，由鬼成仙，成为道教中驱鬼降邪的神将。

据卫聚贤先生言：“纵目人现在西藏及不丹尚有。在光绪三十年左右，成都有人看见有二十几个三只眼人，从西藏到北京去朝贡，路过成都，被人围观。详察正中额上的一只眼，并非真的眼睛。系年幼时以刀划其额为一直孔，含以黑珠。长大了，珠合肉内，肉缝裂开，恰似纵立着一只眼睛。”据邓廷良调查，现代巴郎山麓的嘉绒人（古蜀人后裔）还较普遍地承袭“纵目”的遗制，“只不过以艾香灸疤痕代替了‘雕题’，并且愈入深山僻野，居于交通不便地方的部落中，其俗愈浓。就是在州治马尔康，也随处可见额尖眉心处烧有大小不一，或长或圆的一个‘眼疤’的人，尤以青少年男女为明显。深沟如草敦七部落等，大儿烧艾疤的仪式仍相当庄重，必须由原始巫教的巫师纳巴作法咒颂而后施行”①。在川滇一带的彝族中，我们还可以发现类似三星堆直目人像的面具。例如在罗婺支系的许多村寨中，都有一对由每户人家轮流供奉的始祖面具，各户又有家族面具。始祖面具基本属于人造面具，其显著特点是：凸目、阔嘴、露齿，有些始祖面具底色为墨黑色，凸出的眼球为黄色，眼圈、口唇、鼻子都涂成朱红色，脸上有朱红色横条②。这与三星堆的直目人面像极为相似。许多学者考证认为，川滇彝族与古蜀人有深厚绵远的族源关系，彝族始祖面具似乎是沿袭了纵目蚕丛始祖传说的形

---

① 李远国：《试论〈山海经〉中的鬼族——兼及蜀族的起源》，中国《山海经》学术讨论会：《〈山海经〉新探》，成都：四川社会科学院出版社1986年版，第197页。

② 鹿忆鹿：《眼睛的神话——从彝族的一目神话、直目神话谈起》，《民俗研究》2003年第2期，第76—94页。

象而制作的[1]。由此可见，在民间对直目神的崇拜之风相当盛行。

如前所述，从烛龙到蚕丛，延及现在，纵目作为蜀族种人的种族特征世代相承。对直目神的崇拜，是以民族信仰为背景的，它是巴蜀氐羌族人祖先与图腾崇拜的体现。这种特殊的宗教信仰，起源于蜀族的图腾崇拜。作为蜀人的始祖烛龙直眼，蜀人即以“纵目神”为图腾。一方面崇拜祭祀纵目神，另一方面也设法把自己打扮成图腾物的样子。以祖先崇拜、神灵崇拜为主要内容的大型祭祀活动，也成为团结和凝聚古蜀国各部族阶层的重要形式和手段。执掌神权和王权的古蜀国统治阶层，正是依靠这种富有地域特色的宗教号召力、等级结构和凝聚方式，从而有效地统治着古蜀国各部族的臣民。以上两个方面的原因，就是蜀人纵目崇拜千年相袭的真实含义和根本原因。

四、口头神话中的直目人：天神造人的历史想象——自然崇拜

古蜀族及其后裔如彝、白马氐等族口头流传的神话中都出现过直目神的形象。

在蜀族及其彝族洪水神话中，洪水之前的人类大都是独眼、斜眼、直眼或竖眼，而洪水后，横眼人取代了所谓的独眼、斜眼、直眼或竖眼人[2]。

四川白马人创世神话叙述，天老爷罗拉甲午四次派人到地上来。第一次派的是“一寸人”，太小，尽受老鹰、乌鸦、耗子等欺侮，慢慢死绝；第二次派的是“立目人”，太懒，又饿死了；第三次派的是“八尺人”食量太大，也灭亡了。第四次派的才是正常的人[3]。

在流传于云南哀牢山双柏县新街一带的彝族原始性史诗《查姆·衣德莫拉都》（《万物起源歌·洪水篇》）中，直目人是作为人类发展过程中的一种形式出现的。《查姆》序诗说：

---

① 屈小强、李殿元、段渝：《三星堆文化》，成都：四川人民出版社 1993 年版，第 183、184 页。

② 鹿忆鹿：《眼睛的神话——从彝族的一目神话、直目神话谈起》，《民俗研究》2003 年第 2 期，第 76—94 页。

③ 张福三、傅光宇：《原始人心目中的世界》，昆明：云南民族出版社 1986 年版，第 133、134 页。

人类最早那一代，他们的名字叫“拉爹”；他们只有一只眼，独眼生在脑门心。

“拉爹”下一代，名字叫“拉拖”；他们有两只直眼睛，两只直眼朝上生。

“拉拖”下一代，名字叫“拉文”；他们有两只横眼睛，两眼平平朝前生。

神话中有独眼人、直眼人、横眼人的区别，独眼人、直眼人全被神降的洪水淹死，剩下阿普笃慕兄妹，“洪水过后，群神撮合兄妹成亲繁衍人烟，生下三十六个小娃娃，取名叫拉文。他们有两只横眼睛，两眼平平朝前生，从此各人成一族，三十六族分天下，三十六族常来往，和睦相处是一家。他们学会栽桑种麻，纺绸织缎，冶炼金银铜铁锡；他们创造了文字，发明了纸和笔，写成了书，找到了‘长生不老药’……开创了历史”①。

流传于姚安、大姚一带彝族原始性史诗《梅葛》则说，格兹天神三次撒雪造人，第一把雪变成“独脚人”，只有“一尺二寸长”，全被太阳晒死了；第二把雪变成“一丈三尺长”的巨人，也在“九个太阳”的大旱之年被晒死了；第三把雪变成“直眼人”，“心不好”，不耕田不种地，还糟蹋粮食，被天神发洪水灭绝。留下的两兄妹传人种，第四代才是正常的“横眼睛”的人。这些神话表现的是天神造人的历程，是自然崇拜的产物。

彝族《阿埃拉迭查》（独眼人时代的歌）中也说：

“直眼人”时代，天地没有形成，还没有飞禽走兽，没有日月星辰，没有江河海洋；“横眼人”拉文时代，才有了人类的祖先独摩兄妹。②

① 张文勋：《滇文化与民族审美》，昆明：云南大学出版社 1992 年版，第 262、263 页。

② 李力：《彝族文学史》，成都：四川民族出版社 1994 年版，第 17 页。

原始性史诗是融汇原始初民原始神话、传说等而构成的，其中很多资料要比史诗形成早得多。彝族先民包括从西北迁徙而来的羌族群，故他们关于“独眼人”的说法当也曾在北方地区流传。虽无法判断《山海经》里的“一目国”就是彝族的独眼人，但彼此作为此类神话流传链上的某一环还是有可能的。

流传于滇东南的史诗《阿细的先基》中更是纯粹用眼睛来象征文化发展的：

> 天地初开，天神用白泥做了女性野娃，用黄泥做成男人阿达米，他们生下比山头茅草还要多的人，这一代人被称为蚂蚁瞎子代；后来天上出了七个太阳，把蚂蚁瞎子代人晒死了，只剩下迟多阿力列和迟多阿力勒两人，从此人类发展到蚂蚱直眼睛代人。后来水牛与山羊打架，溅起火星，燃起大火，烧死蚂蚱直眼睛代人，只剩下吉罗涅底泼和吉罗涅底摩两人，从此人类又进入了蟋蟀横眼睛时代；后因得罪了天神，被降洪水淹死，仅剩下最小的兄妹俩，才又繁衍出了现代的筷子横眼睛人。

弥勒县西山区阿细人口头上流传的古歌还有另一种异文，说是人分五代，天神造第一代“蚂蚱层”，1500年后人太多，被天神换掉了；又造第二代的“蟋蟀层”，会盘庄稼，又因上述缘由被换掉；再造第三代“独眼人”，也同样被换掉；第四代是天神造的西尾家夫妇，因其子女盘庄稼而惹来洪水之灾；第五代人为洪水遗民兄妹所生葫芦中走出来的各民族祖先，1500年后因发展起来的人太多，天神也换不掉①。在上述异文中明显地是以蚂蚱、蟋蟀眼睛来比拟人的眼睛。

川滇彝族与古蜀人有十分密切的族源关系。根据彝族传说和有关资料推测，远古时代，我国居住在西北地区的羌部落的一支自西北地区南下，到了相当于今四川甘孜藏族自治州一带居住下来。可能在殷周之际，

① 中国作家协会昆明分会民族文学工作部：《云南民族文学资料（第十八集）》，中国作家协会昆明分会民间文工作部编印，1963年版，第223—232页。

又经邛都（今西昌一带）之西，迁到了滇西洱海地区。后来其中的一支又由洱海地区渐次向东迁徙。到公元前三世纪前后，发展到滇北、滇东北、滇池地区，后又及黔西北地区。其后又逐渐散布到云南红河和滇东南地区，以及广西隆林一带。四川凉山地区的彝族是自战国以至明清长达2000多年的时间里从各处迁入的。今天的彝族就是古代南下的羌族部落中的一部分和迁居地区的土著居民及其他民族长期融合而成的①。彝族神话中关于直目人的描述有可能是在蜀族关于纵目神话的基础上产生和发展起来的。这是人类处于原始时期，在社会生产力极为低下情况下，对自然界和人类社会进行天真想象的结果，体现了原始人类对自然畏惧与崇拜的复杂心理，及其勇于探索的精神。从一定意义上来说，这一形象是一个人神合一的艺术再现，更是一个民族群的重要标志。

考察巴蜀古史和古蜀族群的神话，结合三星堆发现的眼球外凸的青铜人面像，通过上述研究，我们可以说，纵目，就是直目，就是眼球外凸。直目人形象就是一个种族的图腾，其实质就是对“纵目”神的崇拜。青铜直目人像本身与上古蜀族的烛龙、蜀王蚕丛，以及与蜀有密切族源的有关民族如彝族有着必然联系，因此，纵目的青铜人面像包含了关于蜀国始祖的若干个神话，也表现了对“蜀”的崇拜。总之，作为传说中的古蜀各部族图腾的这些“纵目人”是一类“被神话”了的事物的集合体。直目人的形象，显示了其在象征意义文化上的复杂性和丰富性，融合了图腾崇拜、祖先崇拜、神灵崇拜和自然崇拜的多重内涵，在以祖先崇拜和神灵崇拜为主的同时，又保留了自然崇拜和图腾崇拜的某些原始意味，可以说直目人像展示了人类从自然崇拜向拟人形态的社会神过渡的中间形态所应有的特点。

① 刘少匆：《三星堆文化探秘及〈山海经〉断想》，北京：昆仑出版社2001年版，第18—21页。

第二章　民间文学

第一节　故事的起源

讲故事是人类最古老最基本的话语方式，是人类生活中一项不可缺少的文化活动。故事是语言的艺术化表达，语言是故事的传播媒介；研究故事的起源，必须弄清人的起源、语言的产生与故事发展之间的关系，研究人从动物进化到人的动力机制、语言产生的历史背景、形象思维与故事叙事之间内在的逻辑联系以及故事叙事的独特功能，只有这样才有可能深入理解人与故事的关系，故事与文化的渊源。

一、人类进化与语言起源

（一）劳动创造了人类，创造了故事创作主体

1859 年，英国博物学家达尔文在做了五年环球旅行，对动植物进行了大量考察和采集后，发表了《物种起源》，以自然选择为基础系统地提出了自己的生物进化论理论。1871 年，他又发表了《人类的由来》，在这部巨著中他认为：物种起源的一般原理也适用作为自然物种的人类，人体的结构、人类的心理和智力的发展，也都经历过低级动物的阶段。人类是由已灭绝的古猿进化而来，人类与猿类有着共同的祖先。进化论证实了人和其他动物的亲缘关系，自然选择在人类从半人半兽的状态向近代野蛮人的状态进化阶段中起到了重要作用。但达

尔文也充分认识到，“在心理方面，最低级的人和最高级的动物之间，存在着极其巨大的差别”①。

马克思主义第一次把科学的实践观引入社会和历史领域，指出了人类之所以能从动物进化而来这主要是人会劳动，在劳动过程中改变了与自然的关系，由单纯地适应自然界变化变成改造自然、支配自然，迫使自然服务于人类的目的，这是人与动物发展过程的本质区别。马克思认为，“这全部所谓世界历史不外是人类经过人的劳动创造了人类”②。恩格斯在《劳动在从猿到人转变过程中的作用》中开宗明义指出：“政治经济学家说：劳动是一切财富的源泉，其实劳动和自然界一起才是一切财富的源泉，自然界为劳动提供材料，劳动把材料变成财富。但是劳动还远不止如此。它是整个人类生活的第一个基本条件，而且达到这样的程度，以致我们在某种意义上不得不说：劳动创造了人本身。”③ 由于劳动的需要人类实现了手脚的分工，头脑也发达起来。正如恩格斯所说：“经过多少万年之久的努力，手和脚的分化，直立行走，最后确定下来了，于是人就和猿区别开来，于是音节分明的语言的发展和头脑的巨大发展的基础就奠定了，这就使得人和猿之间的鸿沟从此成为不可逾越的了。”④

人类进化史告诉我们，人类从“攀树的猿群”到“正在形成的人”，再到“完全形成的人”经过了几千万年，但是不管这段时间多么久，人类最后毕竟出现了。正是劳动创造了人类自身，也是劳动使自然界的事物变成了为人类服务的对象。也正是在创造人类物质生活资料方式的社会劳动实践的基础上，产生了人类特殊的思维能力和意识现象，产生了人类自觉的能动性特点。有了人的产生，才可能有故事的产生，人是故事的主体，故事是人主观对客观的艺术表达。

---

① ［英］达尔文：《人类的由来》，北京：商务印书馆 1983 年版，第 189 页。

② ［德］马克思：《经济学—哲学手稿》，北京：人民出版社 1963 年版，第 94 页。

③ ［德］恩格斯：《劳动在从猿到人转变过程中的作用》，《马克思恩格斯选集》第 3 卷，北京：人民出版社 1972 年版，第 508 页。

④ ［德］恩格斯：《自然辩证法》，《马克思恩格斯选集》第 3 卷，北京：人民出版社 1972 年版，第 456 页。

（二）劳动促进人脑进化，语言奠定故事基础

恩格斯在《自然辩证法》中指出："首先是劳动，然后是语言和劳动一起，成了两个最主要的推动力。在它的影响下，猿的脑髓就逐渐地变成了人的脑髓。"[①] 据考古发现，远在第三纪的中世纪和上新世（距今2500万年—1200万年）时候，印巴交界以及希腊、土耳其及我国的云南等地腊玛古猿和非洲的南方古猿就已经开始使用自然的工具（石器），并且会说话，有了简单的语言，同时产生了思维和表达这种思维的语言。据尤瓦尔·赫拉利的《人类简史：从动物到上帝》中介绍："人类的大脑明显大于其他动物。对于60公斤的哺乳类来说，平均脑容量是200立方厘米，但早在250万年前最早的男男女女，脑容量就已有600立方厘米。至于现代的智人，平均脑容量更高达1200—1400立方厘米。"[②] 大约在100万年前，虽然人类已经有了容量较大的大脑和锋利的石器（工具），但却因为害怕肉食动物的威胁，他们很少猎杀大型猎物，主要靠采集植物、挖找昆虫、追杀小猎物为生。因此人类很长时间一直只是稳定位于食物链的中间位置，直到40万年前，才有几种人种开始固定追捕大型猎物。而到10万年前，智人的崛起，人类才居于食物链顶端。

科学研究表明，所有动物都有它们传递信息的方式，而且大都是通过语音呼叫系统来进行信息传递，比如虎的吼声、狗的叫声、鸡的鸣声等，都是通过语音系统向他者表达自己的生存状态和现实需求。尽管如此，动物也能使用某些音节，也能理解某些声音的意义，但动物的呼叫声音并没有发展起语音，所表达的意义是极其有限的，仅仅是对现实状况的一种直接反应，而不能用声音将自己的感受和经验传授给后代。人类最初传递信息的方式大体也是如此——以一种简单的语音呼叫声音表达各种不同情况，或是个体对自然环境和生存处境做出的本能反应，或是与同类间相互传递信息，如原始人类因为激动而发出的呐喊，追逐猎

① ［德］恩格斯：《自然辩证法》，《马克思恩格斯选集》第3卷，北京：人民出版社1972年版，第512页。

② ［以色列］尤瓦尔·赫拉利：《人类简史：从动物到上帝》，林俊宏译，北京：中信出版社2017年版，第8页。

物时发出的叫声就是如此。因此，此时的语音系统无论是动物的还是人类的都仅仅是一种最本能、最基本、最原始、最直接、最现实的反应。

人类与动物的根本不同主要在于他们在以集体活动的方式应对环境的长期实践中创造出了语言。当人类祖先在获取食物方面有了巨大的变化，由单个采集植物食品到有规律地以集体为基础食用肉食品、植物食品。共同狩猎或采集的新的生活方式需要集体合作，这对早期人类来说由简单的语音呼叫系统进化成语言符号系统不仅十分必要，而且是不得不为的事。但系统的语言符号表达必须有其物质机制，如大脑的结构必须发展到能使人们将听到的信息和从他感觉途径所记住的信息，并能同表达思想的词汇联系起来，即运用发音器官的活动来发出更多更复杂意义的声音。自从人具有了人的脑髓之后，他的思维方式就慢慢由原始思维逐渐演进，最终进入形象思维和逻辑思维，思维的符号形式也由主体动作、心理表象逐渐演变为语言意向，最后则是语言概念。

从语言生理发生学来看，“正确的推断是从发声系统到语言的转变大约开始于400万年以前，后来逐步完善”①。语言的产生一方面是人类调适与自然关系自身不断发展的结果，另一方面又是调适人与人关系即社会发展的产物。人和动物的不同之处就在于人的意识代替了本能，或者说人的本能是被意识到了的本能。人类语言符号系统和动物的呼叫系统的不同体现在：动物的语音呼叫系统是对现实事件的直接反应，它不能表示非真实的东西，在动物语音呼叫系统中不可能有时间范畴和非现实的意义。人类语言符号系统信息传递具有无刺激性、开放性、无限性的特征，人可以任意使用语言，既可以是现实刺激的直接表达，也可以是过去曾经历过事情的表达，还可以是将来可能发生的，甚至不真实和不现实的事情的表达。人不仅能用复杂的语言传达清晰明白的意义，而且能够用语言做工具，交流思想和感情，传授经验和知识。语言的产生为故事的产生提供了创作和传承的基础。

---

① ［美］F. 普罗格、D. G. 贝茨：《文化演进与人类行为》，吴爱明、邓勇译，黄坤坊审校，沈阳：辽宁人民出版社1988年版，第303页。

（三）语言符号主体化，推动故事思维形成

卡西尔认为人是符号的动物，符号化的思维是人类生活中最具代表性的特征，语言作为人的符号活动的产物，成为人类与动物分道扬镳的最后也是最重要、最本质的标志。正如中国古代哲人所说的，“人之所以为人者，言也，人而不能言，何以为人”①。人类故事讲述正是依赖发音清晰运用灵便的语言符号而形成、发展和永存。

如上所述，不仅人有丰富的语音表达系统，而且在动物世界中也有着十分的类似语音和情感表达系统。就黑猩猩而言，它靠手势已经达到了相当高的表达程度，用这种方式可以轻而易举地表达愤怒、恐惧、绝望、悲伤、恳求、愿望、玩笑和喜悦等情感。然而尽管如此，黑猩猩并不具备人类语言符号表达系统中的客观的指称或意义。苛勒说：

> 可以肯定地证明，猿的语言学的全部音阶是完全“主观的”，它们只能表达情感，而绝不能指示或描述任何对象。但是它们具有这么多人类语言中所共有的语音成分，以致不能把它们无法说出字音清晰的语言的原因归结为第二性的（舌-唇的）限制。它们面部和身体的各种姿态也像它们在声音上表达了一样，从不指示和“描述”对象。②

马克思在《关于费尔巴哈的提纲》中指出：“人的本质并不是单个人所固有的抽象物。在其现实性上，它是一切社会关系的总和。”③ 人的本质的基础是一定的生产力和生产关系的统一，人与人之间不仅互相实现各自的本质，而且互相完善和丰富各自的本质。交际是形成人的社会性即人的本质属性的一个前提，人的交际活动的主要方式是通过语言活动进行，因此，语言是人类最重要的交际工具。有了丰富的语言人们就

---

① 出自《穀梁传·僖公二十二年》。

② ［德］苛勒：《黑猩猩心理》，《心理学研究》1921年第1期，第27页；转引自卡西尔：《人论》，甘阳译，上海：上海译文出版社1985年版，第38页。

③ ［德］马克思：《关于费尔巴哈的提纲》，《马克思恩格斯选集》第1卷，北京：人民出版社1972年版，第18页。

能与亲人和群体成员之间进行交流。在打猎时，就能更迅速聚集和协同，能使用更加复杂的工具和更多的围猎战术，从而取得更多的收获；在修筑建筑时，就能更容易找到更坚固的隐蔽处，找到更恰当的方法防止对手的侵犯；在发生矛盾时，就可以迅速解决他们之间的纠纷。随着人类生产生活的不断发展，人类交际范围的不断扩大，在交际需求的促逼下，人在创造简单的交际语言后，又创造出不计其数的新的词汇、短语或语段，并将这些词汇符号按一定的语法规则不断地重新组合，构成以前不曾述说过的具有新鲜意义的话语体系——句子。由发音组成词，由词按照一系列的复杂规则组成的句子，更能接受、加工、组织和传递无穷的信息，表达无限多的事物和意思。句子的产生能实现从微妙的哲学抽象到复杂的技术信息，再到细腻的情感等全方位的表情达意，从而使人的语言可以做到随心所欲，自由灵活性使用成为可能。

语言符号的发展，促进了语言符号化思维方式的产生，有了思维人就可以逐渐将自己作为生产主体而与外界客体区别开来，形成人的主体意识。人类语言符号最为重要的表现力量是其指称的间接性——指称对于说者和听者都不是在现场和当时的事物，人类通过运用语言对有关事物的联想思维超越单纯的指向，从观念上再现出作为客体的事物，从而开展以语言符号为直接起点的认识和思维活动。因此，有学者指出，“正是语言使得人在社会团体中的存在成为可能；而只有在社会中，在与‘你’的关系之中，人的主体性才能称自己为‘我’”[①]。人的语言主体性地位的确立和语言思维能力的提升为故事的产生与发展提供了最后的也是最关键的保障。

二、语言叙事与故事价值

语言学分析认为，事实陈述的是话语之外世界发生过的事件，是对事实的客观再现，其特点是真实性；而故事叙述的是对话语之中世界的主观呈现，它不必受话语之外世界的客观真实性的验证，其特点是虚构

① ［德］卡西尔：《语言与神话》，于晓等译，北京：生活·读书·新知三联书店1988年版，第82页。

性。两者叙事之间的差别在于：前者描述的是已经发生的事，后者描写的是可能发生的事。故事叙述同非故事陈述相比，最重要的特点是通过虚构而呈现某种可能事件，而不是已然事件。因此，这种不受客观事实限制的虚拟故事，具有某种超事实陈述的力量。

（一）故事赋予人类制胜法宝

故事是用语言建构的虚构叙事性作品，会讲故事是人类社会的一种特殊现象，是其他动物所不具备的特有功能，也是人类战胜其他动物的法宝。有关研究表明，早在250万年前，地球上就已经出现了非常类似现代人类的动物，但他们与其他生物相比并没有太大的差别。大约在15万年以前，人类对地球的整体生态来说仍属于边缘性生物，把当时地球上所有人种全部加在一起仍然不足百万。尽管这时智人已经出现，但他们不过是偏安于东非一个小角落的人类物种。到10万年前，地球上发展出至少有6个不同的人类物种，除了智人，还有尼安德特人、直立人、梭罗人、弗洛里斯人、丹尼索瓦人。然而大约10万年至7万年前，一直偏安于东非的智人突然迅速崛起，很快征服了阿拉伯半岛，并席卷了整个欧亚大陆，造成了当地的原生人类族群的灭绝。史学家们一直在探讨智人胜出的秘诀。尤瓦尔·赫拉利在《人类简史》认为："目前最可能的解答，正是让人得以辩论的原因：智人之所以征服世界，是因为有独特的语言。"[①] 如前所述，人类语言与其他动物语言最大的不同，在于他的符号性、主体性、指称性，而智人的独特性在于运用语言虚构故事。

如前所述，每种动物都有自己独特的沟通交流方式，在当时智人的语言并非世界上第一种沟通系统。其实，从考古学研究来看，此前智人在进化的路上并不占优势，欧洲的尼安德特人是最厉害的，他们不仅个子高大有力量，而且脑容量大、聪明，在当时最占优势，但他们"不会讲故事"，因此，最终被智人战胜。智人成功的秘密主要在于，由于智人有了用语言表达抽象思维形成虚构故事的能力，对于那些大批即便是

---

① ［以色列］尤瓦尔·赫拉利：《人类简史：从动物到上帝》，林俊宏译，北京：中信出版社2017年版，第19页。

互相不认识的人，只要同样相信某个故事，就能进行大规模有效共同合作，获得更多人的支持；而且效果还不止如此，只要改变所讲的故事，就能改变人类合作的方式，能应对快速改变的挑战，调整集体行为，通过集体力量战胜其他原始人类族群，成为地球的主宰者。对此，尤瓦尔·赫拉利认为，在智人从一种不起眼的动物到地球主宰者的漫长演化史上，发生了三次关键性的革命——认知革命、农业革命和科学革命，其中最初的“认知革命”成为智人征服世界的关键因素。而讲故事是人类的第一次认知革命，人正是从讲故事开始才成为人，故事是人类历史的起点。他认为：“那些虚构的故事，它像胶水一样把千千万万的个人、家庭和群体结合在一起。这种胶水，让我们成为万物的主宰。”①

（二）故事赋予人类生存意义

在“无故事”的生存状态中，没有虚构的、生动的过去，没有想象中的未来，也没有与自己共存的想象世界。这样的生存状态只是具有狭义的、消极的“生存”意义——活下去。这就是叔本华在论及人的生存活动时，简单地归纳为抵抗死亡的活动：每一次呼吸不过是对窒息而死的一次阻挡，每一下心跳不过是对心脏停止跳动的一次克服。叔本华是从人的本能“意志”的无理性冲动出发理解生存的，它所理解的正是一种无故事、无意义的生存状态，是直接与死亡必然对应的。当生存活动仅仅是为了阻挡死亡时，人只不过是一般意义上的生物。

故事不仅是关于非现实的虚构，而且还是关于人自身命运关怀的叙述。当人们在讲述过去的事时，是在将过去的世界通过话语同现实联系起来；当人们在讲述他人的故事时，则是通过话语把他人同自己联系起来。讲故事与听故事的行为表现出对过去和他人的好奇，实际上这种行为的意义在于提供过去与现在、他人与自己的一种联系。一个人的自身的、现实的状况是通过与他人、与过去的联系呈现出来的。一个人就是通过这种联系而产生了“命运”的观念和对“命运”的关怀。如果没有

---

① ［以色列］尤瓦尔·赫拉利：《人类简史：从动物到上帝》，林俊宏译，北京：中信出版社2017年版，第38页。

过去和他人的参照，个人的一切都会变得无法评价、无法预测、无法应对偶然。由于故事提供了这种参照，从而使人们借此来领会自身的存在状况的可能，这就是故事中人本意蕴的真正含义①。当人类生存活动被插入的故事所延宕时，人便不再同于生物，他就具有了其他生物所没有的东西——“形象”②。故事的过去时态、虚构性和人本意蕴相关的叙事更能激起人们的好奇心，使人类生存活动从阻挡死亡的“活着”状态宕开，变成了接受和创造“形象”活动，故事的产生让人直接的生存活动被延宕的同时获得了新的意义。

（三）故事赋予人类联想想象

故事是以语言有关联的形象思维为基础的一种表达方式。按语言学的观点，故事作为一种话语表达形式，应当包含语言形式“能指”和形式所指称的对象“所指”。故事是虚构的，这意味着故事中语言的所指仅仅存在于该故事的话语中，与话语之外的人和世界无关，因而也就不产生“意义”。讲述故事的活动与其他人类活动共同属于一个更大的符号系统，即社会文化。从这更高级看来，整个故事（连同讲述行为）又构成了一个“能指”，它的“所指”存在于整个社会文化之中③。严格意义来说，故事并不指称世界上的任何事物，而只是提供了事物的含义。事实上，一般人在听故事时，也在无意识中带有某种需要：通过故事的指称而使自己的世界获得可表达的意义。当人们认为某个故事“有意义”的时候，其实指的是故事对接受者而言的“意义”。

原始人类的故事讲的一般不是他本身，而是关于天地自然起源的神话和人类祖先的传说故事，是与人类现实生活不同的另一种空间和时间，这是人类想象的结果。无论是神话还是传说，都是人类通过虚构的故事对某种事物和精神的诠释，这种诠释具有一种将现实领域和虚构领域相

① 高小康：《人与故事》，北京：东方出版社 1993 年版，第 8—9 页。

② 高小康：《人与故事》，北京：东方出版社 1993 年版，第 20—21 页。

③ 黄萍：《〈百年孤独〉与魔幻现实主义小说的艺术特征》，《广东教育学院学报》1998 年第 3 期，第 4 页。高小康：《人与故事》，北京：东方出版社 1993 年版，第 15—16 页。

互交织起来的隐喻意义。在隐喻意义上故事赋予我们在故事人物身上看到了自己，感受到了故事中人物所遭受的痛苦。故事叙事为了达到它的效果，将自己扎根于人们所熟知的领域，却把熟知的事物重新变得奇特，把公理变为虚构。这是人类最初从其他灵长类动物中区分出来时，使我们能够相互读懂意图和精神状态的持久能力——我们主体间的能力，或“心灵阅读”的能力，它是我们在故事中集体生活的前提。

三、故事起源与文化发展

英国著名历史学家汤因比认为，文明既非起源于种族优越的天赋人权，也非种族所处地理环境特别安逸所致，而是源于“挑战与应战”二者相互作用的动力。“挑战”包括自然环境和人为环境两种模式。前者是因为困难与新环境的刺激，后者来自打击、压力、惩罚或不幸等人为因素刺激[①]。远古时代，恶劣的自然环境向先民们提出了严峻的挑战，在生产力水平极为低下的历史条件下，他们希望通过自身努力不断征服自然和改造自然，以掌控自己的命运。原始故事就是原始人同严峻的自然环境作斗争过程中的产物，是人类最早的艺术形式之一，体现人类对社会生活的原始感知，对美的最初追寻。

（一）故事是人类最古老的文化活动

讲故事是人类最古老最基本的话语方式，是人类生活中一项不可少的文化活动。英国研究人员在分析了至今仍在世界各地流传的 275 个印欧童话故事之间的联系后，发现这些童话故事的起源比我们想象的还要悠久，有些可以追溯到文字记载之前，有些甚至比经典的神话故事都要悠久。比如，童话故事《杰克与豌豆》来源于一系列关于“偷了巨人宝藏的男孩”故事，可追踪到 5000 年前印欧语系向东西方分裂的时期；《美女与野兽》和《精灵小矮人》可追踪到 4000 年前；故事《铁匠和恶魔》甚至可以追踪溯源到 6000 年前的青铜器时代[②]。英国著

① ［英］汤因比：《历史研究》，曹未风等译，上海：上海人民出版社 1986 年版。

② 徐璐明：《英国一项研究表明　童话故事起源可追溯到几千年前》，《文汇报》2016 年 1 月 29 日。

名小说家爱德华·摩根·福斯特在《小说面面观》中追溯了故事的起源，他认为：

> 故事在远古时代就已经出现，可以追溯到新石器时代，以至旧石器时代。从当时尼安得塔尔人的头骨形状，便可判断他已听讲故事了。当时的听众是一群围着篝火在听得入神、连打呵欠的原始人。这些被大毛象或犀牛弄得精疲力竭的人，只有故事的悬宕才能使他们不致入睡。因为讲故事者老在用深沉的声调提出：以后又发生了什么事呢？一旦听众能猜到以后会发生什么事时，他们不是昏昏入睡，便是将讲故事的人杀掉。①

故事是造化给人类安排的基因，对故事的依赖，是人类逃不掉的宿命，人类精神消费最多的是数也数不清的故事。从懵懂开智的一刹那，人类接续不断的生活靠故事来维系。施爱东指出：故事的土壤永远都在，因为讲故事和听故事是人类永恒的心理需求。我们每个人都是听着故事长大的，然后再把故事讲给其他的人听，就这样故事被不断地传播，有些故事甚至成为经典，在全世界范围流传下来。

（二）故事起源于人类最初的语言表达

语言反映文化，人们选择对他们很重要的促进因素来作出反应；文化是语言的模式，不同的说话方式产生不同的思维方式。如前所述，语言是故事产生的基本前提，因为没有语言人类就不可能有复杂的思维过程，没有语言人类就不可能相互交流复杂的思想感情。人们通过语言思想和交流的结果形成了作为文化重要组成部分的故事。原始故事就是在原始人群语言习惯基础上不知不觉发展起来的文化。随着语言功能的不断拓展，反过来促进了更复杂的大脑的产生，推动了更加复杂的语言和文化的发展。在语言系统比较完善、语言符号化思维比较成熟之后，人就能够通过语言交流活动，把某种共同认识到的属性，从被认识的客体

① ［英］福斯特：《小说面面观》，广州：花城出版社1984年版，第23页。

中抽象出来，形成意象和概念，并以约定俗成的方式用专门的词语凝固下来，记载下来，储存起来，并不断加深，不断积累形成文化观念系统和价值系统。故事就是产生在这样一个语言、文化和大脑联系在一起的反馈循环系统中。

人们通过语词符号来反映和解释已知的事物，捕捉和认知未知的事物，把各种事物符号化、系列化，从而编进自己的文化世界，给他们规定各自的位置，赋予他们不同的价值。人类先用故事讲出自己的世界，把自己特有的人格魅力和价值的故事讲出来，影响自己生活世界中的人。故事的主题决定人们的生活方式和主要关心的事物，而故事的结构则描绘着这一切。人们还可以凭借语言，逐步对现实现象加以分析和综合，认识他们之间的相互联系、相互对立、不断变化的种种规律，于是人们就有可能把没有用自己直接感受和认知的东西，当作仿佛是现在的东西对待，把不可能的东西当作仿佛是可能东西对待，也就因此可以超越自己、超越现实，向着“必要性”和“可能性”行进，去认识世界、改造世界，创造文化、创造未来。因此，美国童话学者珍妮·约伦认为：“动物的‘语言’都只能涉及‘此时此刻’，而无法表述过去和未来，唯有人类创造的故事才能够组合和改变他们生活于其中的世界。由于故事具有组合和改变的能力，词语具有某种掌握过去、现在与未来的魔力，因此讲故事者在世界各地的口头文化中普遍受到尊重。”“在全世界许多地方，讲故事至今仍是日常生活的一部分。”①

（三）故事产生的基础是生产和休闲

马林诺夫斯基在《文化论》中指出：“文化是包括一套工具及一套风俗——人体的或心灵的习惯，它们都是直接的或间接的满足人类的需要。一切文化要素，若是我们的看法是对的，一定都是在活动着，发生作用，而且是有效的。文化要素的动态性质指示了人类学的重要工作就

① ［美］珍妮·约伦：《世界著名民间故事大观·前言》，转引自刘守华：《比较故事学引言》，《民间文学论坛》1994年第2期，第20页。

在研究文化的功能。”[①] 客观事物的发展是由一定客观因素造成的，故事的产生除语言和思维的形成等基本条件之外，还因为它在生产生活、沟通交流、休闲娱乐等方面具有一定的功能。

1. 生产生活的需要

马林诺夫斯基在《文化论》中强调：“人因为要生活，永远地在改变他的四周。在所有和外界重要接触的交点上，他创造器具，构成一人工的环境。他建筑房屋或构造帐幕；他用了武器和工具去获取食料，不论繁简，还要加以烹饪。他开辟道路，并且应用交通工具。若是人只靠了他的肉体，一切很快地会因冻饿而死亡了。御敌，充饥，运动，及其他一切生理上的，精神上的需要，即在人类生活最原始的方式中，都是靠了工具间接地去满足的。世界上是没有‘自然人’的。”[②] 人是历史的产物，原始人由于生存条件的限制和自然环境的险恶，人们为了生存，他们不得不与险恶的自然环境抗衡，不得不为寻求生活资料而终日奔波，他们必须有从生活的环境中辨认出有用资源的办法，为某种特殊的需要对这些资源进行详细的描述，再到结成群体去采集，这些都需要通过虚构的故事来沟通、聚集、协调，形成集体力量。好的故事有着理想化的精神，具有克服那些阻碍达到目标障碍和塑造我们日常经验的力量。最初的故事往往表现人类在古老之时就勇于挑战困难，用智慧打败困难。这说明故事释放出来的生活意义既是日常的，更是神奇的。由于形象思维构成的虚构故事的产生，这促进了人类更广泛的交流，形成了人的集体共同意志，协调了人的生产生活行为，成为人类共同战胜自然界各种威胁、保种生存、繁衍生息和不断发展的法宝。

2. 沟通交流的需要

心理学家认为，人类的交流也总是以互相提醒的讲“故事”方式进行。一个人讲一个“故事”，就会激发另一个人想起相关的“故事”，而这个“故事”又会使对方想起另一个“故事”。如此不断提醒，形成很

---

① ［英］马林诺夫斯基：《文化论》，费孝通等译，北京：中国民间文艺出版社 1987 年版，第 14 页。
② ［英］马林诺夫斯基：《文化论》，费孝通等译，北京：中国民间文艺出版社 1987 年版，第 4 页。

长的反馈序列，使交流得以顺利进行。用故事来表达奇思妙想，从故事中获得知识经验，这是人类与生俱来的能力。人们之所以喜欢听故事，是因为用故事与人进行沟通，会更容易被接受，也更容易被记住想要表达的内容。好的故事还能够走入人的内心，触动人的灵魂。这就是为什么即使人老了仍然记得小时候听过的经典童话，也是这些童话历经悠长岁月而仍在流传的原因所在。

3. 休闲享乐的需要

人的生存活动不同于一般动物之处就在于除了物质的需求，还有精神的追求，哪怕是最微不足道的休闲享乐。不管人们有多么强烈的享乐冲动，如果他的时间完全用于取得最基本的生活资料，任何享乐冲动都是无法实现的。旧石器时代狩猎者之所以有休闲娱乐，是因为他们在取得了足够食物后，可以腾出时间开展休闲享乐活动，如他们会通过讲述自己追逐猎物的过程而从中获得快乐。人的生活离不开故事，故事可以排解痛苦，可以增添和传播快乐。恩格斯在《德国民间故事书》中说："民间故事书的使命是在一个农人晚间从辛苦的劳动中疲乏地回来的时候，使他得到安慰，感到快乐，使他恢复精神，忘掉繁重的劳动，把他那石砾的田地变为馥郁的花园。民间故事书的使命是使一个手工业者的作坊和一个疲惫不堪的学徒的可怜的楼顶小屋变成诗的世界和黄金的宫殿，而把他的矫健的情人形容成美丽的公主。民间故事书还有这样的使命：同圣经一样地阐明他的精神品质，使他们认清自己的力量、自己的权利、自己的自由，激起他的勇气，唤起他对祖国的热爱。"[①]《中国民间故事选》（二集）序言有一段话讲道："对于劳动人民，闲暇时讲民间故事，一般是为了娱乐，有时也是为了教育人才讲的，而娱乐之中自然也就起了教育作用，培养人的高尚情趣，或者竟使人笑破肚皮，有益于休息。说民间故事是一种娱乐品……这并不会因而降低文艺的武器的作用。一般文艺作品都具有消愁解闷、潜移默化的作用，这正是文艺作品

① ［德］恩格斯：《德国的民间故事书》，《马克思恩格斯论艺术》第4卷，北京：人民出版社1982年版，第401页。

的特点，民间故事似乎尤其是这样。”[①]

（四）不同民族故事有不同文化传统

马林诺夫斯基指出：“文本是非常重要的。但是它保留下来的是一种缺乏环境的非生活的东西……我们还必须记住个体所处的社会环境、娱乐传奇的社会功能和文化作用，所有这些因素都是相当明显的，故事是起源于原始生活之中而并非纸上。”[②] 故事是用语言、情节对各种自然现象和社会现象作出各种各样解释，不同社会组成的世界是不同的，生活在不同社会的人对现实有不同的看法，他们说不同的语言，从而形成不同的故事传统。

1. 原始故事是承载着民族精神的历史

故事是人类对历史的记忆，记叙和传播着社会的文化传统和价值观念。讲故事对一个民族文化传统与精神的生存、积累与发展起着十分重要的作用。故事是人类对历史的记忆，记叙和传播着社会的文化传统和价值观念。德国哲学家瓦尔特·本雅明说过：“通过聆听故事，人们知道了现在的生活是对过去的延续，更加理解当下生活的意义和合理性。”尽管故事不是历史，属于虚构，但其生成的环境确是真实的，是民众社会生活和历史观念的反映。与远古的生活和历史有密切关系。处于蒙昧时代的远古人类在争取生存、与挫折和厄运斗争的活动中，表现出的对自然力的抗争和对提高人类自身能力的渴望。人类最原初的故事当推神话，神话故事就是讲述一个民族的历史，是一个民族的历史记忆、集体记忆。人类学大师马林诺夫斯基曾指出，神话原生性地表达着民族精神中最稳固最恒定的部分，承载一个民族一脉相承的文化基因。在作为族群意志的民族精神、民族传统之外，神话还与“人类内心底层的问题，人类内在的奥秘”相关[③]。讲故事是人类对于事实要点的记忆，没有故

① 中国社会科学院文学研究所当代文学研究室编：《中国民间故事选（二集）》，北京：人民文学出版社1958年版，序言。

② ［美］阿兰·邓迪斯：《世界民俗学》，上海：上海文艺出版社1990年版，第278页。

③ 转引自闵艳芸：《中国上古神话　我们的文化基因——读严优〈诸神纪〉》，《光明日报》2018年2月11日。

事也就无法将历史保存在记忆中。而我们之所以能够回忆起走过的路，也得益于经历的一个个“故事”构成路标，引导我们“回到”独特的成长历程。假如说世间有一部什么光刻机的话，那就是故事了；假如说究竟是什么在编辑人类的精神基因，那就是故事了；假如说影响我们生命历程最大的力量是什么，那就是故事了。

2. 不同时代不同民族有着不同的故事

故事与整个文化背景密不可分，不同民族不同时代有着不同的故事。一个部落可以有一些复杂的故事，这些故事虽然情节零散，却有完整的结构；有些故事对细节描写得淋漓尽致；有些则仅仅交代情节，这方面的例子有很多，因纽特人的长篇故事和一些动物童话，前者讲述的是人间的一些事件，大多是描写远游英雄的各种业绩，英雄人物遇到妖魔的经过以及萨满的业绩，这些属于长篇性质。动物童话则大多非常简单。在同一民族中，同一个主题反复出现，但发展到一定的阶段在主题不变的情形下，形式表达略有变化。在不同的民族文化背景下，同一故事在不同的部落中的讲述则完全不同，不仅故事的背景有所改变，而且故事中的许多重要情节的强调程度也有不同程度的差异。如许多印第安部落的传统故事所描写的生活和现代印第安人的情况是完全一致的，现实生活中的信念和习惯都与童话故事里的基本相符，不仅当地的传统故事如此，从外部传入的故事也是如此。外来的故事传入后，其内容很快与当地生活相契合。

综上所述，人类通过劳动实现了从动物到人的进化，故事因虚构成为人与动物区别的重要标志。虚构故事的产生，促进了人类更广泛的交流，逐步形成了人最初的群体意识，成为人类共同战胜自然界各种威胁、保种生存、繁衍生息和不断发展的法宝。在故事作用不断得到彰显的历史进程中，故事适应社会生活的变化不断创新，成为推动人类历史的发展进步的重要力量，这就是故事产生和发展且具有永久魅力的秘诀所在。

第二节　神话“元叙事”与中华文化“元基因”*

习近平总书记指出：“中华文明绵延数千年，有其独特的价值体系。中华优秀传统文化已经成为中华民族的基因，植根在中国人内心，潜移默化影响着中国人的思想方式和行为方式。”① 这深刻揭示了中华民族文化基因对确立民族根性、灵魂与标识的内在关系。神话作为一种原始文化的“元叙事”现象，对人类文化基因的形成与发展具有基础性和导向性意义，研究中华神话“元叙事”与中华历史“元背景”和文化“元基因”的关系，对于破解中华文化“元基因”的“元编码”具有重要的意义。

一、从中国神话“元叙事”中寻找中华文化“元基因”

> 触发深层创造中心的特殊力量，就在极短的枕边童话故事中——好似一滴小水珠包含了大海的风味，一粒跳蚤蛋浓缩了生命整体的奥妙。因为神话的象征不是制造出来的；它们无法被使唤、发明或永远受到压抑。它们是心灵自然流露的产物，各自带有其源头完整的潜力。②
>
> ——约瑟夫·坎伯《千面英雄》

“文化基因”由生物遗传学中“基因”一词移植而来，对于人类来说，生物基因是人的自然属性，文化基因是人的社会属性。在人类发展历程图谱上，文化基因是人类在特定时空形成的文化系统中最具传承力和创新力的基本文化品格或文化精神，以及独特表达方式或风格，是决定该文化系统传承与变化的最本源、最核心的要素，是人类文化系统的

---

* 本节原题《中国神话“元叙事”的“元背景”与中华文化“元基因”》，原载《广西民族大学学报（哲学社会科学版）》2022 年第 4 期；本节略有修改。

① 习近平：《青年要自觉践行社会主义核心价值观（2014 年 5 月 4 日）》，《习近平谈治国理政》第一卷，北京：外文出版社 2014 年版，第 166 页。

② 约瑟夫·坎伯：《千面英雄》，朱侃如译，北京：立绪文化出版社 1997 年版，第 3 页。

遗传密码。基于汉语“元”之“首位的”“本原的”“初始的”等含义，这里的“元基因”是指最初的、最原始的基因，它既是基因构成的核心要素，更是基因形成的最初基础。

（一）中华文化“元基因”是中华文明形成的最早元素

文明形成的过程是文化不断建构的过程，即文化基因不断积累的过程，只有文化基因积累到一定程度，从量变达到质变，才形成真正意义的文明，而在文明形成过程中最初产生的各种文化基因，属于“元基因”。文明形成的过程，其实质是人不断认识自己与自然和社会关系，发现自身价值的过程，是人形塑文化的过程。就文明形成的过程来看，应该是先创造语言，继而产生思维和想象，在此基础上形成原始神话、宗教、信仰、文学、艺术等文化形态，这些原始文化形态的核心内容构成了文化最早的元素，也就是文化元基因，这些最早的文化元基因，就是文明形成的基础。

中华文化“元基因”是中华文明的源头，其丰富灿烂、源远流长，至今不绝。中华文化是世界上最为稳定性、连续性最强的文化，在新石器时代至今的一万多年的历史长河中，中华文化脉络绵延不断、民族主体前后相承，从未中断，文化基因起到了极其重要的作用。韩建业教授在《中华文明的起源》一书中认为，距今一万年左右的新石器时代早期，根据陶器形态等的不同，中国文化可以划分为五大文化区；后来各文化区不断互动交融，至距今八千多年的时候已经减少到四大文化区，而且这些文化区以中原地区为核心，彼此有了较多联系和共性，有了文化上早期中国的萌芽；距今六千年以后中国大部地区交融联系成一个超级的文化圈，正式形成文化上的早期中国或者“最初的中国”；到距今五千多年早期中国文明形成，距今四千年以后早期中国文明走向成熟。黄河流域和长江流域构成的文明走廊是中华文明重要的源头和载体。在长达数千年的历史长河中，早期中华先民在与独特的自然环境抗争、发展农业经济和应对特殊的人文社会的挑战中，经历了跌宕起伏的连续发展过程，锤炼出了有别于世界上其他文明的特质，形成了独特中华文化基因[①]。中华文明来源于中国的祖先在漫长的人类历史上曾经创造的辉煌历史和灿烂文化，当代中国人的文化自信也正是建立在五千多年的中华文明传承基础上。

（二）中国神话“元叙事”是中华文化基因的“元编码”

本书使用的“元叙事”概念，与文艺批判理论中“元叙事”（meta narration）——无所不包的叙述，具有主题性、目的性、连贯性和统一性[②]——有着本质的区别。本书的“元叙事”是指最初始的叙事内容和形态，突出其对后世叙事的本原性。“神话元叙事”是指原始人关于宇宙万物和人类社会起源的最初叙事，即形成神话的原始叙事。本书中所用的中国神话是狭义神话概念，它的产生、发展、演变与原始氏族部落的产生、发展紧密相连。神话产生于原始社会，是人类早期用“原始思维方式”“不自觉的艺术创作”，通过把自然力神化、人格化，在幻想中创造出的关于神祇、信仰、英雄和祖先的故事，是原始社会最早的艺术形式之一。它是人类童年的写照，是初民生活经验和思想智慧的结晶，是原始时期特定族群的集体记忆在传承演进过程中形成的连续、系统的文化记忆。因此，我们见到的神话是原始文化的遗存，原始集体记忆的体现。人类学大师马林诺夫斯基曾指出，神话原生性地表达着民族精神中最稳固最恒定的部分，承载一个民族一脉相承的文化基因。在作为族群意志的民族精神、民族传统之外，神话还与“人类内心底层的问题，人类内在的奥秘”相关[③]。作为人类精神本源的神话，对于一个民族而言，对于传承、巩固和增强其传统文化有着重要的意义。卡西尔指出：“从历史上看，任何一种伟大的文化都无不充满了神话的因素，并为这些因素所左右。”[④] 在前科学时代，人类初民把对于这个世界的想象与认

① 韩建业：《中华文明的起源》，北京：中国社会科学出版社 2021 年版。

② ［法］让-弗朗索瓦·利奥塔尔：《后现代状况：关于知识的报告》，车槿山译，南京：南京大学出版社 2011 年版。

③ 转引自闵艳芸：《中国上古神话　我们的文化基因——读严优〈诸神纪〉》，《光明日报》2018 年 2 月 11 日。

④ ［德］恩斯特·卡西尔：《国家的神话》，张国忠译，杭州：浙江人民出版社 1988 年版，第 4 页。

识融入神话故事之中，这些神话形成了他们关于世界的最初记忆，是其对万物生成以及人类起源的浪漫而又严肃的思考，表达人们对宇宙的探索、对自身的认识、对精神的追求。神话在看似天真、幼稚，在随心所欲的、充满想象的、非功利的叙事中，无意完成了对一个民族文化基因与传统的建构。

中国神话是中华优秀传统文化最重要的组成部分，它承载着宇宙发生、人类起源、文明建立等原始意象，是中华民族文化精神的载体，反映了中华先民的世界观、道德观和审美观，形塑了中华民族的精神风貌和性格气质，是孕育中华民族文化的元基因，对中华文化的形成与发展产生了根本性的影响。关于中国神话的起源，田兆元指出："早在新石器时期，各地各族群的图腾崇拜和自然崇拜就普遍地发生了。神话与原始宗教交织在一起，催生了原始艺术。我们在岩画、彩陶以及玉器与青铜纹饰上能够看到这些影子。许多后期广泛传说的神话，如日月神话、月兔日鸟，在新石器时期的绘画中清晰地表现出来。六七千年的神话和后来一直传诵至今的神话有着一脉相承之处。关于龙凤、关于天地祖先、关于昊天上帝，许多根本的神话范畴在这一时期都诞生出来。西周时期建立起来的天神、地祇和人鬼的神灵体系，是中国古代神话的第一次系统整理，也是一次大的文化统一。"① 由此可见，中国神话的形成期正是中华文化形成的历史初期。因此，中国神话体现的文化基因是中华传统文化的原型编码，即元基因，成为中华民族生生不息、长盛不衰的文化基因的源头。

中国神话是原始人对自然和社会的一种认识形式，与远古的生活和历史有密切关系。处于蒙昧时代的远古人民在争取生存、与挫折和厄运斗争的活动中，表现出在对自然力的抗争时提高人类自身能力的渴望，以及体现出来的精神品格，是中华文明形成的重要精神来源。中国神话通过不同神话人物的叙事主题，对形成中华民族文化精神和品格产生了

---

① 田兆元：《中国神话史研究的若干问题》，叶舒宪、李家宝主编：《中国神话学术前沿》，西安：陕西师范大学出版社 2018 年版，第 44 页。

根本性的影响，从远古流传下来的诸多中国神话中，我们可以寻觅到许多中国文化的元基因。通过对神话的深入研究，我们发现，中国神话叙事形成的个体或群体形象在长期流传发展的过程中，逐步形成了某种特定的文化主题，体现着中华民族的某种独特的文化精神。这一个体或群体形象甚至成为中华文化某种精神代表或象征物，如盘古女娲创世神话之于“天人合一”哲学思想、灾难神话之于“自强不息”进取精神、发明神话之于“勇于开拓”创新品格、始祖神话之于“崇德向善”伦理文化，这些都是中华文化的元基因。

二、创世神话：在探索万物起源中形成的“天人合一”哲学思想

> 在原始思维里，人和物之间存在着一种“原逻辑”的“互渗”关系。客体、存在物、现象能够以我们不可思议的方式同时是它们自身，又是其他什么东西。它们也以差不多同样不可思议的方式发出和接受哪些在他们之外，被感觉的、继续留在他们里面的神秘的力量、能力、性质、作用。
>
> ——列维·布留尔《原始思维》

创世神话讲述的是关于天地形成、万物产生和人类起源的神话故事。人类在有了自我意识之后，他们面对变幻莫测的大自然和充满灵性的自我，不禁要追寻世界和人类起源的真相。原始人以自己特有的想象和思维方式解释宇宙是怎么形成的、万物是如何产生的、我是从哪里来的，这些关于自然与人关系的宏大叙事形成了创世神话。在中国有两位被人们崇拜的超级创世神——盘古和女娲，在关于他们的创世神话中，天、地、人同源、同构、同体。

（一）元叙事：盘古开天辟地和化生万物、女娲造人神话

1. 盘古开天辟地和化生万物

盘古的主要业绩有“开天辟地”和“化生万物”。“开天辟地”神话叙事见于《三五历纪》《五运历年记》《述异记》等。最早由三国时期吴

国徐整追记：

> 天地浑沌如鸡子，盘古生其中。万八千岁，天地开辟，阳清为天，阴浊为地。盘古在其中，一日九变，神于天，圣于地。天日高一丈，地日厚一丈，盘古日长一丈，如此万八千岁。天数极高，地数极深，盘古极长。后乃有三皇。数起于一，立于三，成于五，盛于七，处于九，故天去地九万里。
>
> ——《艺文类聚》卷一引徐整《三五历纪》[①]

盘古“化生万物”在徐整已佚的《五运历年纪》、南朝梁的任昉《述异记》、东晋郭璞《玄中记》都有记载。明董斯张《广博物志》卷九引《五运历年纪》云：“盘古之君，龙首蛇身，嘘为风雨，吹为雷电，开目为昼，闭目为夜。死后骨节为山林，体为江海，血为淮渎，毛发为草木。”[②]更为详细的描述还有：

> 首生盘古，垂死化身：气成风云，声为雷霆。左眼为日，右眼为月，四肢五体为四极五岳，血液为江河，筋脉为地里（理），肌肉为田土，发髭为星辰，皮肤为草木，齿骨为金石，精髓为珠玉，汗流为雨泽，身之诸虫，因风所感，化为黎甿。
>
> ——马骕《绎史》卷一引《五运历年纪》[③]

盘古神话中保留了一些关于“天地浑（混）沌”的描述，他先在混沌虚空中开天辟地，后用自己血肉之躯化生万物，创造了多彩多姿、生机盎然的自然世界，是宇宙万物起源之神。从盘古神话中可以看出，天地由人开辟、万物由人创造，自然是人类的产物。

2. 女娲造人

女娲的创世业绩主要有“造人”。关于女娲造人的神话见诸《风俗

---

① 袁珂、周明编：《中国神话资料萃编》，成都：四川省社会科学院出版社 1985 年版，第 6 页。

② 袁珂、周明编：《中国神话资料萃编》，成都：四川省社会科学院出版社 1985 年版，第 7 页。

③ 袁珂、周明编：《中国神话资料萃编》，成都：四川省社会科学院出版社 1985 年版，第6—7页。

通》：

> 俗说开天辟地，未有人民。女娲抟黄土作人，剧务，力不暇供，乃引绳于絙泥中，举以为人。故富贵者，黄土人也；贫贱凡庸者，絙人也。
>
> ——《太平御览》卷七八引《风俗通》①

女娲用大自然的黄土仿照自己的模样造成了人，创造了充满灵性、洋溢激情的人类社会，是创造人类之神。从女娲神话中可以看出，人类来源于自然的黄土，人是自然的产物，大地养育恩泽人类。

（二）元背景：宇宙、地球及人类起源的历史

1. 宇宙和地球的形成

关于宇宙和地球形成的历史，自 18 世纪中叶开始系统研究以来，至今已经提出多种学说，较流行的是星云说。该学说认为，宇宙大约起源于 200 亿年以前，银河系起源于 130 亿年前。地球作为一个行星，源于 46 亿年前的原始太阳星云。在星云演化初期，首先在中心部分形成太阳，其余残留部分变成环绕太阳的星云盘，星云盘中的尘粒相互碰撞而吸积成为星子。在引力作用下，大星子吞并附近的小星子，进而成为行星的核心，逐步演化成行星，地球就是其中的一颗。刚形成的地球基本是各种石质物的混合体，平均温度不超过 1000 ℃，随着放射性元素衰变和引力势能的释放，内部逐渐升温，局部熔融。在重力作用下，物质分异开始，最后地球就形成地核、地幔和地壳的分层结构，此后又逐渐演化形成地球的水圈和大气圈。这与中国神话中描述的天地形成之前的混沌状态十分相似。

2. 人类的起源

根据考古化石年龄的研究，生命早在 35 亿年前已经存在，地球已有蓝绿藻类的微生物云集。生物进化从那时起，一直延续到人类的出现。

---

① 袁珂、周明编：《中国神话资料萃编》，成都：四川省社会科学院出版社 1985 年版，第 11—12 页。

近代以来，古人类学、考古学的研究表明，古人类的起源由猿到人，经历了直立人、早期智人、晚期智人的过程。就中国而言，已知的“直立人”有：元谋人、蓝田人、北京人、和县人等；已知的“早期智人”有：大荔人、金牛山人、丁村人、许家窑人、马坝人等；已知的“晚期智人”（现代人类）有：柳江人、资阳人、山顶洞人等。这些构成了完整的中国古人类进化链。考古发现于云南元谋县的“元谋人”距今约170万年，是我国境内目前确认的最早的人类，他们能够使用粗陋的石器工具。发现于陕西省蓝田县的“蓝田人”距今80万年，可以打制比较简单的石器工具。发现于北京西南周口店龙骨山上的“北京人”距今约50万年—40万年，也被称为“北京直立人”，他们学会使用火，还会保存火种。发现于南京汤山葫芦洞的“南京猿人”距今约35万年，发现于广西柳江县通天岩洞穴的“柳江人”生活在距今约13万年—7万年之间，发现于周口店龙骨山顶部的“山顶洞人”距今约3万年,他们使用打制石器，懂得人工取火，会制作衣服，有爱美意识，会埋葬逝者①。

3. 盘古女娲神话的历史背景

考古发现证明，最早的人类一般都生活在洞穴中。《中国原始社会史》一书中指出：“我国旧石器时代初期人类和文化遗址有二十余处。北起辽宁，南及云南，西至陕西，东到安徽。沿黄河、长江两大流域分布较为密集。从已知的遗址看，他们利用天然山洞作为防护所，正如《春秋命历年》所讲的：‘合雒纪世，民始穴居，衣皮毛’，‘古之民，未知为宫室时，就陵阜而居，穴而处。……’以洞居之。”② 这从一个侧面说明了盘古神话和女娲神话产生的现实基础——“晚期智人”时代。盘古用斧头把混沌如鸡蛋的天地劈开，显然是生活在洞穴里的原始人想在山顶开辟洞穴的一种曲折反映。那时候原始人使用的工具很有限，要打

---

① 杜石然、范楚玉等编著：《中国科学技术史（上册）》，北京：科学出版社1985年版，第2—3页。

② 宋兆麟、黎家芳、杜耀西：《中国原始社会史》，北京：文物出版社1983年版，第35页。

开洞穴很难，而且就算打开了洞穴，洞穴也很容易垮塌。所以，人们就希望有一位神力之人，能够把洞穴撑起来，不至于垮塌。女娲神话产生于女性氏族崇拜流行时期，这一时期大约相当于从旧石器时代晚期到新石器时代中期。《吕氏春秋·恃君览》记载："昔太古尝无君矣，其民聚生群处，知母不知父，无亲戚兄弟夫妻男女之别，无上下长幼之道，无退进揖让之礼。"在历代考古发现中，都证明了女娲形象的真实存在。比如甘肃省天水市秦安县陇城镇有女娲洞、女娲庙。据《水经注》记载：秦安县城北面，山上有女娲祠。这也说明女娲神话的原始性，其产生在母系制时期的可能性很大。

（三）元基因："天人合一"哲学思想

原始人类在与自然作长期的斗争中逐渐认识了一些自然现象，他们试图对自然和自身的来源做出的简单解释中包含着十分深邃的哲理。盘古女娲创世神话以丰富的想象形式，不仅回答了人类从哪里来、人类生存环境是怎样形成的重大元问题，为我们理解人与自然、人与人、人与精神世界三大根本关系提供了思考。这些神话表明，在中华先祖那里最初天地是融合为一的，人与天地万物之间有一种与生俱来的"亲情关系"。天地万物源自人类，自然养育人类，自然因人类才变得有意义，人类因自然才得以生存，人类和自然是命运共同体，相互依存，和谐共处，才是可持续发展之道。这些创世神话成为中华民族文明起源与人类起源的远古记忆，也是中华传统文化的基因。

恩格斯指出："思维对存在、精神对自然界的关系问题，全部哲学的最高问题，像一切宗教一样，其根源在于蒙昧时代的狭隘而愚昧的观念。"① 中国创世神话中所体现的宇宙观、自然观和生命观，成为中国"天人合一，物我一体"哲学思想的最早源头。中国始终秉持一种整体性、连续性的宇宙观，这包含了整体思维、天人合一的文化基因。在屈

① ［德］恩格斯：《路德维希·费尔巴哈和德国古典哲学的终结》，《马克思恩格斯选集》第4卷，北京：人民出版社1972年版，第220页。

原的《天问》中，阐释混沌意象的文化意义，分析混沌的气态、雾态、水体与卵形等诸多形态存在，帮助我们全方位理解混沌基因的神话原型与原初意义，帮助我们唤醒中华民族关于宇宙起源的文化记忆，甚至重新认知中华民族关于人类起源和民族起源的原初理解，具有十分重要的意义。

在中国创世神话这种宇宙观的支配下，我们的祖先对天地自然始终抱有敬畏之心，发展到《周易》《道德经》所代表的尊重自然、顺应自然、适时而为的世界观，阴阳互补、对立统一、变动不居的辩证思维，再到庄子的“天地与我并生，万物与我为一”①，张载的“乾称父，坤称母；予兹藐焉，乃混然中处。故天地之塞，吾其体；天地之帅，吾其性。民，吾同胞；物，吾与也”②，皆是对“天人合一”的阐发。中国古代哲学家在体悟天道的基础上，深入揭示了“万物一体”的思想。“天”是认识的客体，“人”是认识的主体，“天人合一”观是指认识主客体之间相互依存、相互贯通的关系。“天人合一”最终发展成为中国哲学的重要命题，并渗透到每一个中国人的血脉中，奠定了中国古典哲学的基石，引领了中国文明的发展方向。正如钱穆所说，“天人合一”是“整个中国传统文化思想之归宿处”③。从某种意义上说，中国创世神话不仅启迪了中国人的哲学思维，也确立了中国哲学和中国文化的内核。

三、灾难神话：在与自然作斗争中形成的“自强不息”进取精神

英国著名历史学家汤因比认为，文明既非起源于种族优越的天赋人权，也非种族所处地理环境特别安逸所致，而是源于“挑战与应战”二者相互作用的动力。“挑战”包括自然环境和人为环境两种模式。前者是因为困难与新环境的刺激，后者来自打击、压力、

① 出自《庄子·齐物论》。

② 张载：《西铭》，转引自冯友兰：《中国哲学史》，上海：华东师范大学出版社 2011 年版，第 5 页。

③ 钱穆：《中国文化对人类未来可有的贡献》，《中国文化》1991 年第 4 期，第 93—96 页。

惩罚或不幸等人为因素刺激。

——汤因比《历史研究》

灾难神话讲述的是原始人同严峻的自然环境和气候条件造成的灾难作斗争的神话故事。远古时代，恶劣的自然灾难向先民们提出了严峻的挑战，在生产力水平极为低下的历史条件下，他们顽强斗争，希望通过自身努力不断征服自然和改造自然，以掌控自己的命运。在中国原始人与自然灾难作斗争的神话中，既有洪水灾难神话，也有干旱灾难神话，这些都是人类与自然抗争的体现。

（一）元叙事：女娲补天、鲧禹治水、夸父逐日、后羿射日神话

1. 洪水灾难神话——女娲补天、鲧禹治水

我国的“洪水灾难神话”，大体包含共工怒触不周山、女娲补天、鲧禹治水等几个部分，其中治理洪水灾难的神话“女娲补天”和“鲧禹治水”最具代表性。

（1）女娲补天

在女娲时代，原始人类诞生之初，就面临许多大的灾难，几乎将人类逼到无法生存的灭绝境地，特别是破天大洪水几乎吞噬所有人类。《淮南子·天文训》云：“昔者共工与颛顼争为帝，怒而触不周之山，天柱折，地维绝，天倾西北，故日月星辰移焉；地不满东南，故水潦尘埃归焉。”面对人类被灭绝的危机，曾经用黄土造人的女娲勇于承担起保护人类的使命。“女娲补天”的记录最早见于战国时魏国史书《竹书纪年》：“东海外有山曰天台，有登天之梯，有登仙之台，羽人所居。天台者，神鳌背负之山也，浮游海内，不纪经年。惟女娲斩鳌足而立四极，见仙山无着，乃移于琅琊之滨。”后来，西汉时期淮南王刘安的《淮南子》对“女娲斩鳌足而立四极”做了较为详尽的描述：

往古之时，四极废，九州裂，天不兼覆，地不周载；火爁焱而不灭，水浩洋而不息；猛兽食颛民，鸷鸟攫老弱。于是，女娲炼五色石

以补苍天，断鳌足以立四极。杀黑龙以济冀州，积芦灰以止淫水。苍天补，四极正；淫水涸，冀州平；狡虫死，颛民生；背方州，抱圆天。

——《淮南子·览冥训》①

女娲以顽强的毅力和大无畏的精神，经过不懈的努力终于战胜了灭绝人类的自然灾难，保护了人类赖以生存的最基本的自然环境。

（2）鲧禹治水

三皇五帝时期，黄河泛滥。作为黄帝的后代，鲧、禹父子二人受命于唐尧、虞舜二帝，负责治水事宜。《山海经·海内经》记载了鲧禹治水的故事：

洪水滔天，鲧窃帝之息壤以堙洪水，不待帝命。帝令祝融杀鲧于羽郊。鲧复（腹）生禹。帝乃命禹卒布土以定九州。

——《山海经·海内经》②

禹娶涂山氏女，不以私害公，自辛至甲四日，复往治水。禹治洪水，通轘辕山，化为熊。谓涂山氏曰："欲饷，闻鼓声乃来。"禹跳石，误中鼓，涂山氏往，见禹方坐熊，惭而去。至嵩高山下，化为石，方生启。禹曰："归我子！"石破北方而启生。

——《汉书·五帝纪》颜师古引《淮南子》

面对滔滔洪水，鲧盗取天帝的息壤，来治理洪水，由于冒犯了天帝，被杀死在羽山。鲧的儿子大禹，继承父亲的遗志，继续率领民众治水，通过一代又一代人艰苦奋斗、前赴后继的努力，最终战胜了洪水大灾。

---

① 袁珂、周明编：《中国神话资料萃编》，成都：四川省社会科学院出版社1985年版，第12页。
② 袁珂：《山海经校注》，上海：上海古籍出版社1980年版，第427页。

2. 干旱灾难神话——夸父逐日、后羿射日

在中国古代有关于大旱的描写，《诗经·大雅·云汉》是一篇描写大旱求雨的诗歌，诗歌对周宣王时期这次持久难弭的灾祸从旱象、旱情、造成的惨重损失及所引起的心理恐慌等方面作了充分的描写。中国古代神话中也有旱魃制造旱灾的描写，《诗经》孔疏引《神异经》云："南方有人，长二三尺，袒身而目在顶上，走行如风，名曰魃。所见之国大旱，赤地千里。一名旱母，遇者得之，投溷中乃死，旱灾消。"《山海经·大荒北经》有更为详尽的记载：

> 有系昆之山者，有共工之台，射者不敢北乡。有人衣青衣，名曰黄帝女（妭）［魃］。蚩尤作兵伐黄帝，黄帝乃令应龙攻之冀州之野。应龙畜水，蚩尤请风伯雨师，纵大风雨。黄帝乃下天女曰（妭）［魃］，雨止，遂杀蚩尤。（妭）［魃］不得复上，所居不雨。叔均言之帝，后置之赤水之北。叔均乃为田祖。（妭）［魃］时亡之，所欲逐之者，令曰："神北行！"先除水道，决通沟渎。
>
> ——《山海经·大荒北经》

由此可见，"旱灾"是中国古代先民面临的十分普遍的灾难，也是危及人类生产和生活的极为重要灾难。我国的抗击干旱灾难神话，主要以"夸父逐日"和"后羿射日"最具代表性。

夸父，又名博父、举父。据《山海经》记载，夸父具有兽、人、神三种形态，关于他"逐日"的神话如下：

> 大荒之中，有山名曰成都载天。有人珥两黄蛇，把两黄蛇，名曰夸父。后土生信，信生夸父。夸父不量力，欲追日景，逮之于禺谷。将饮河而不足也，将走大泽，未至，死于此。
>
> ——《山海经·大荒北经》[1]

---

① 袁珂：《山海经校注》，上海：上海古籍出版社 1980 年版，第 427 页。

有学者推断，夸父逐日这个看似离奇的神话背后是上古时期发生的长时间极夜现象和大干旱灾害的真相。夸父逐日这则神话实质上是我们上古祖先与无情大自然灾害奋力抗争的故事。

关于后羿的身世，汉代文献《括地图》云："羿年五岁，父母与入山。其母处木下，以待蝉鸣，还，欲取之。而群蝉俱鸣，遂而捐去。羿为山间所养，年二十，习于弓矢。仰天叹曰：'我将射四方，矢至吾门止。'因捍即射，矢靡地，截草径，至羿之门，乃随矢去。"先秦文献中，《山海经》多次出现羿射杀怪兽的事迹，《山海经·海内经》载："帝俊赐羿彤弓素矰，以扶下国，羿是始去恤下地之百艰。"① 而记载比较详细的是：

> 尧之时，十日并出，焦禾稼，杀草木，而民无所食。猰貐、凿齿、九婴、大风、封豨、修蛇，皆为民害。尧乃使羿诛凿齿于畴华之野，杀九婴于凶水之上，缴大风于青丘之泽，上射十日而下杀猰貐，断修蛇于洞庭，擒封豨于桑林。万民皆喜，置尧以为天子。
>
> ——《淮南子·本经训》②

其实，在《淮南子》之前，《楚辞·天问》中就有羿射日的典故："羿焉弹日？乌焉解羽？……帝降夷羿，革孽夏民。胡射夫河伯，而妻彼雒嫔？冯珧利决，封豨是射。何献蒸肉之膏，而后帝不若？浞娶纯狐，眩妻爰谋。何羿之射革，而交吞揆之？"③ 东汉人王逸根据《淮南子》将其解释为，"尧时十日并出，草木焦枯，尧命羿射十日，中其九日，日中九乌皆死，堕其羽翼，故留其一日也"④。

纵观中国历史，旱灾就是死亡之神的降临，可以摧毁一切，消灭人

① 袁珂：《山海经校注》，上海：上海古籍出版社1980年版，第466页。

② 袁珂：《神话选译百题》，上海：上海古籍出版社1980年版，第154页。

③ 出自《楚辞·天问》。

④ 袁珂、周明编：《中国神话资料萃编》，成都：四川省社会科学院出版社1985年版，第208页。

类。旱灾给中国人民带来的灾难，给中华文明造成的破坏，要远比其他灾害严重得多。美籍华裔学者何炳棣在其关于中国人口历史的研究中即曾断言："旱灾是最厉害的天灾。"在原始社会那个生产力水平还很低的时代，旱灾造成的人间灾难之重是不难想象的。

（二）元背景：恶劣的水灾和旱灾环境

黄河是中华儿女的母亲河，黄河流域是古代中国文明的摇篮。从土壤条件而言，黄河流域有其优越性，但从气候条件来看，由于变化性太大，以致水灾、旱灾频繁，而且一般都不是局部性的。现代著名科学家竺可桢研究黄河流域即华北地区历史上的气候变迁，得出结论说："按诸气候上的通例，凡雨量愈稀少者，其每年之变率愈大。……一地方雨量之变率，视其平均雨量差之大小而定。所谓雨量差者即将各年雨量与当地之平均雨量相比而得之较差也。……中国雨量之平均变率……长江中部为10%，至华北则约有35%。因一地方农作物之选择须以当地之标准雨量为依归，若雨量之增减达25%则作物已受伤害，若达40%则将无收获可言。……据中国历史上所载，自公元初以至十九世纪，其间在华北境内发生之旱灾980次，水灾650次，此皆历史上著名之天灾也。……世界上人口稠密之区并无一地，其雨量变化性之大有如华北者。此外人之所以称中国为灾荒国也。"①

如鲧禹治水神话讲述的就是中华民族区域性的特大洪水灾难的历史故事。2016年8月12日新华每日电讯《科学新证据：大禹治水可能真不仅仅是传说》报道：一个中美科研团队在美国《科学》杂志上宣布，他们在黄河流域发现了古代一场超级大洪水的科学证据，这一洪水很可能就是"大禹治水"故事中提到的灾难性大洪水。这项研究的负责人、南京师范大学聘用人员吴庆龙对新华社记者说，尽管很多人认为大禹治水的故事有一定事实基础，但此前一直没有发现这场大洪水存在的科学证据。2007年，他参加黄河上游积石峡地质考察时偶然看到了一些特殊

① 竺可桢：《竺可桢文集》，北京：科学出版社1979年版，第181页。

的碎屑，后确认为是上古一场巨大溃决洪水的沉积物。由于这一洪水规模巨大，他们推测，这很可能就是中国大洪水传说的源头①。在面临“水”之旱涝灾害造成的直接威胁时，人们需要动员社会集体的力量灌溉抗旱、筑堤防洪。因此，在这样的历史背景下，中国古代神话中既有“治水”神话也有“射日”神话。黄河流域严峻的自然环境和气候条件，向生于斯长于斯的人们提出了挑战，这里的人们世世代代为了生活而顽强斗争，回应了环境的挑战，从而也创造了中华文明。

（三）元基因：“自强不息”进取精神

中华民族的祖先们经历了多次特大的洪水灾难，女娲补天和鲧禹治水神话描写的是古代人类与洪水的抗争历史，在与“洪水滔天”“水浩洋而不息”的洪水灾难作艰苦卓绝斗争过程中，他们所表现出来的那种执着的信念和前赴后继、不屈不挠、自强不息的伟大斗争精神，集中体现了中华民族抗击自然灾害的集体智慧和集体精神，成为华夏精神至为宝贵的精神财富，至今依然闪烁着灿烂的光芒。夸父追日和后羿射日神话则描写的是人类与干旱的斗争历史，在与“十日并出，焦禾稼，杀草木，而民无所食”干旱灾难作坚韧不拔的抗争中，他们所表现出来的那种自强不息、坚持不懈、锲而不舍、勇往直前的勇气和傲骨，至今依然是人们学习的楷模。这种精神基因体现着中华民族最深沉的精神追求，是中华民族生存、不断发展的生机和活力所在，也是区别于其他民族的独特精神标识。

由今溯古，可以发现中华民族“天行健，君子以自强不息”的精神，正是源于中国古代灾难神话中英雄精神的文化基因。这种文化基因在几千年的文明历程中传承，造就着中国人的精神品质，激励一代又一代中华儿女永不松懈、艰苦奋斗、奋发图强，成为中华民族昂扬奋进的精神力量。正是凭借不畏艰险的生存意志和不屈不挠的抗争精神，中华民族才能延续几千年不绝，并昂然屹立于世界民族之林。中华民族的祖

---

① 林小春：《科学新证据：大禹治水可能真不仅仅是传说》，2016 年 8 月 12 日，http://www.xinhuanet.com//mrdx/2016-08/12/c_135588695.htm。

先们经历了多次特大的自然灾害，他们在民族英雄的带领下，想尽办法，集中民族智慧，一次又一次取得了抗灾的重大胜利，延续了民族的命脉。也正是这种艰苦卓绝的抗灾事业和伟大的抗灾精神，让华夏先民很早就意识到“神是靠不住的，想要生存，还得靠我们自己”，这也是最早“人定胜天”观念的萌芽，这也成为中华民族至为宝贵的精神财富。

四、发明神话：在开创农业文明中形成“勇于创新”创新品格

> 普通的神话，并非关于事物和制度的起源的幻想，亦非瞎猜自然，妄解自然的结果。神话的功能，既不是解释的，也不是象征的。它乃是一种非常事件的叙述，这事件的发生，即从此建立了一部落的社会秩序，经济组织，技术工艺，或宗教巫术的信仰和仪式。神话的继续存在，并不专靠本身故事的叙述所引起的文学兴趣，它乃是一种原始现实的描述，而发生作用于社区的现行制度和活动中。
>
> ——马林诺夫斯基《文化论》①

“三皇五帝时代”又称“上古时代”“远古时代”或“神话时代”。普遍认为燧人氏、伏羲氏、神农氏，代表了天地人“三皇”。《绎史》卷二引《尚书大传》云：“燧人为燧皇，伏羲为羲皇，神农为农皇也。燧人以火纪，火，太阳也，日也。阳尊，故托燧皇于天。伏羲以人事纪，故托羲皇于人。神农悉地力，种谷疏，故托农皇于地。天、地、人道备而三五之运兴也。”司马迁《史记》中的“五帝”是指上古时代汉族传说中的五位部落首领，即黄帝、颛顼、帝喾、尧、舜。三皇五帝时代是一个发明创造最多的时代，这些部落联盟首领凭借着卓越的智慧和领导能力，为人类的发展作出贡献。我国神话记载了许多这些先民创新创造发明的故事，从这些故事中可以看出人类摆脱愚昧和野蛮向文明迈进的

① ［英］马林诺夫斯基：《文化论》，费孝通等译，北京：中国民间文艺出版社 1987 年版，第 72—73 页。

不断探索的历史过程。最主要的有燧人氏钻木取火、伏羲发明畜牧业、神农发明五谷农业和医药、黄帝发明农业工具和冶铜技术等，这些发明创造确立了中国农耕文化的基础。

（一）元叙事：燧人氏、伏羲、神农、黄帝发明创造神话

1. 燧人氏钻木取火

燧人氏，又号燧皇，燧人氏为燧明国国君，为有巢氏之子、华胥氏之夫。《韩非子·五蠹》曰：

> 古之初，人吮露精，食草木实。穴居野处。山居则食鸟兽，衣其羽皮，饮血茹毛。近水则食鱼鳖螺蛤。未有火化，腥臊多害肠胃。于是有圣人，以火德王。钻燧出火，教人熟食，铸金作刃。民人大说，号曰燧人。
>
> ——《韩非子·五蠹》①

在距今一万年以前的旧石器时代，燧人氏在今河南商丘一带钻木取火，成为华夏人工取火的发明者。他教人熟食，结束了远古人类茹毛饮血的历史，开创了华夏文明。火代表着阳，阳代表天，他被尊为“三皇”之首，奉为“火祖”。燧人氏是中国迄今为止有史可考的第一位个体部落首领（非部落联盟首领）。燧皇陵位于河南省商丘市睢阳区境内，是中国历史上年代最为久远的帝王陵墓。

2. 伏羲发明畜牧业

伏羲氏，又称“宓羲”“庖牺”“包牺”“伏戏”“伏牺”“皇羲”“羲皇”“牺皇”、太昊、青帝等。《史记·补三皇本纪》关于伏羲有如下记载：

> 太皞庖牺氏，风姓，代燧人氏继天而王。母曰华胥，履大人迹于雷泽，而生庖牺于成纪。蛇身人首。……有圣德。仰则观象于天，

---

① 袁珂、周明编：《中国神话资料萃编》，成都：四川省社会科学院出版社1985年版，第29页。

俯则观法于地；旁观鸟兽之文，与地之宜，近取诸身，远取诸物，始画八卦，以通神明之德，以类万物之情。造书契，以代结绳之政。于是始制嫁娶，以俪皮为礼。结网罟，以教佃渔，故曰宓牺氏。养牺牲，以充庖厨，故曰庖牺。有龙瑞，以龙纪官，号曰龙师。作三十五弦之瑟。木德王，注春令。

——《史记·补三皇本纪》[①]

伏羲的这些发明创造使人类从洪荒时代走向一个崭新的时代，所以伏羲被后世奉为“人文初祖”。

3. 神农发明五谷农业和医药

神农，也称炎帝，是中国上古时期姜姓部落的首领，号神农氏，又号魁隗氏、连山氏、列山氏。关于炎帝《史记·补三皇本纪》记载如下：

炎帝神农氏，姜姓。母曰女登，有娲氏之女，为少典妃，感神龙而生炎帝，人身牛首。长于姜水，因以为姓。火德王，故曰炎帝，以火名官。斫木为耜，揉木为耒，耒耨之用，以教万人。始教耕，故号神农氏。于是作蜡祭，以赭鞭鞭草木。始尝百草，始有医药。又作五弦之瑟，教人日中为市，交易而退，各得其所。

——《史记·补三皇本纪》[②]

《周易·系辞下第八》：“包牺氏没，神农氏作，斲木为耜，揉木为耒，耒耨之利，以教天下，盖取诸益。”[③]《淮南子·修务篇》亦谓：神农“尝百草之滋味，水泉之甘苦，令民知所辟就。当此之时，一日而遇七十毒”[④]。由于他有以上发明创造，被世人尊称为“药王”“五谷王”“五谷先帝”“神农大帝”等，为掌管医药及农业的神祇，不但能保佑农

---

① 袁珂、周明编：《中国神话资料萃编》，成都：四川省社会科学院出版社 1985 年版，第 16 页。

② 袁珂、周明编：《中国神话资料萃编》，成都：四川省社会科学院出版社 1985 年版，第 33—34 页。

③ 袁珂、周明编：《中国神话资料萃编》，成都：四川省社会科学院出版社 1985 年版，第 38 页。

④ 袁珂、周明编：《中国神话资料萃编》，成都：四川省社会科学院出版社 1985 年版，第 35 页。

业收成、人民健康，更被医馆、药行视为守护神。

4. 黄帝发明农业工具和冶铜技术

黄帝是中国古代部落联盟首领，五帝之首。后改姓姬，号轩辕氏、有熊氏，少典之子。相传尧、舜、禹、皋陶、伯益、汤等均是他的后裔，因此黄帝被奉为中华民族的共同始祖。传说他的发明创造很多，比较著名的有发明井田，规定实行耕作制，及时播种百谷，发明杵臼，开辟园、圃，种植果木蔬菜，种桑养蚕；缝织方面，发明机杼，制作衣裳、鞋帽、帐幄、毡、盔甲、旗等；日常生活方面，制造碗、碟、釜、规矩、几案等；建筑方面，发明宫室、銮殿、庭、明堂、门、蚕室等；交通方面，制造舟楫；兵械方面，制造刀、长矛、弓矢等。我国古文献多有黄帝创造发明之记载。

据大量资料介绍，黄帝及他指导下的发明创造几乎囊括了原始人的衣、食、住、行、用、战等方面。主要记载有《春秋内事》记载："轩辕氏以土德王天下，始有堂室，高栋深宇，以避风雨。"《新语》说："天下人民野居穴处，未有室屋，则与鸟兽同域。于是黄帝乃伐木构材，筑作宫室，上栋下宇，以避风雨。"《帝王世纪》记载：黄帝"使岐伯尝味百草，典主医疗疾，今经方、本草之书咸出焉。其史仓颉，又取像鸟迹，始作文字。史官之作，盖自此始。记其言行，策而藏之，名曰书契"。《世本辑补·作篇》说：黄帝之臣"沮诵、仓颉作书"，"伯余作衣裳"，"化益作井"等。《汉书》说："黄帝作舟车，以济不通，旁行天下，方制万里，画野分州，得百里之国万区。"《管子》一书载伯高对黄帝说："上有丹沙者，下有黄金；上有慈石者，下有铜金；上有陵石者，下有铅锡赤铜；上有赭者，下有铁。此山之见荣者也。"《拾遗记》说："昆吾山下多赤金，色如火。昔黄帝伐蚩尤，陈兵于此。……炼石为铜，铜色青而利。"《史记·封禅书》记载："黄帝采首山铜，铸鼎于荆山下。"

（二）元背景：中国早期重大发明的历史

1. 火的发明

人类从能够保存火到人工取火，经历了一个相当长的历史过程。最初的火是自然火，如自然界的雷电导致树木起火、枯干植物的自燃等，人们将自然火保存下来。通过观察，人们发现可以通过摩擦、打击等手段发热取火，于是就有了钻木取火的传说。如前所述，大约生活在一百七十万年前的云南元谋人，是迄今为止所知的世界上最早使用火的猿人。考古工作者在元谋人遗址发现了大量炭屑，小的如芝麻，大的如黄豆。含炭层三层，上下达三米厚。距今四五十万年的周口店北京人遗址内不仅有用火的遗迹，还有足以说明当时猿人已能控制火的痕迹。周口店鸽子堂西侧的第三层下面有一块巨大的石灰岩块，长十二米，厚五米，横跨在南北两个洞壁之间。这块巨石上有两大堆灰烬，中有紫荆木炭和被烧过的野兽骨骼的化石，很像当时猿人的天然“厨房”①。人们只有学会取火、用火，才得以保证经常的熟食，才能彻底改变几百万年形成的“茹毛饮血”的习惯。这样不仅扩大了食物的种类和来源，同时也加强了人类的体魄，引起了人类的生理变化，造就了人为万物灵长的地位。火的发明堪称是人和动物彻底分离、人和自然界彻底分离的标志。没有火就不可能有人类文明的出现。恩格斯对摩擦取火的发明给予了极高的评价：“就世界性的解放作用而言，摩擦生火还是超过了蒸汽机，因为摩擦生火第一次使人支配了一种自然力，从而最终把人同动物分开。”②

2. 农作物的发明

我国是世界上农业出现最早的国家之一，也是世界农作物起源中心之一。人类大约在一万年前就开始了农业生产，但是长期以来由于生产工具简单原始，农业耕作只能限于土质松软的冲积平原地区，因而，在黄河、长江两大流域产生了中国最早的农耕文化。中国的水稻栽培一万多年前出现于长江中下游地区，万年仙人洞遗址是距今 14000 年前新石器时代的古文化遗址，这里出土的栽培稻植硅石是现今已知世界上年代最早的栽培稻遗存之一。距今 9000 年前水稻栽培扩展到淮河流域和黄河下游地区。距今7000年前的河姆渡遗址也保存有古人种植的稻谷。黄河流域地区以种植耐干旱的粟为主，在距今 7300 多年前的河北武安县磁山

① 杜石然、范楚玉等编著：《中国科学技术史（上册）》，北京：科学出版社 1985 年版，第 8—9 页；宋兆麟、黎家芳、杜耀西：《中国原始社会史》，北京：文物出版社 1983 年版，第 48—57 页。

② ［德］恩格斯：《反杜林论》，《马克思恩格斯选集》第 3 卷，北京：人民出版社 1972 年版，第 154 页。

文化遗址，发现“一个遗址中就有300多个长方形的窖穴”，其中的80个窖穴“均有大量朽炭，经分析为粟，估计有10万斤以上”；距今6500年前的西安半坡遗址保存有古人种植的粟子。距今6000年前水稻栽培已经向华南、台湾甚至更远的地方扩散，距今5000多年前西进干旱的河西走廊、西南踏上高耸的青藏高原，距今4000多年前已经到达新疆地区。距今4000多年前水稻栽培扩展到四川盆地。早期中国地理空间广大，自然环境复杂，同时拥有南北两个农业起源中心，有着稻作和旱作两大农业体系，每个体系内部的文化多种多样①。农业的发展使人类在一定程度上可以摆脱对自然界的依赖，开始冲破自然界的某些限制，生产日益丰富的产品，促进生产率的提高，进而促进社会向前发展。

恩格斯在《家庭、私有制和国家的起源》一书中指出：“野蛮时代特有的标志，是动物的驯养、繁殖和植物的种植。”所谓“野蛮时代”相当于新石器时代。中国的新石器时代是原始社会氏族公社制由全盛到衰落的一个历史阶段，它以农耕和畜牧的出现进入史载文明时代。伏羲所处时代约为新石器时代中晚期，轩辕黄帝约当距今6000多年前的仰韶文化时期，炎帝生活在距今4000多年前中国原始社会后期。伏羲、神农和黄帝神话反映了中国原始时代从由依赖自然的采集渔猎经济跃进到农业生产经济阶段的情况，为我们传载了初民们与农耕立国的原始信息。中国历朝以农立国，重本抑末，以农耕为主的、与自然作物质交换的特殊方式，在中华民族的全部经济生活中占统治地位。中华文明正是因为有极其深厚与宽广的农业根基，才保证了后来五千多年绵延不绝。

（三）元基因："勇于开拓"创新品格

三皇五帝是根据史书以及相关传说故事整理出的人物，其可能有原型但是无法考证。尽管如此三皇五帝神话中所发明创造的事件是存在的，这些发明创造及其所体现的文化精神却对中国文化产生了巨大

---

① 杜石然、范楚玉等编著：《中国科学技术史（上册）》，北京：科学出版社1985年版，第11—13页。

影响。创新是一个民族的灵魂，是一个民族进步的不懈动力，燧人氏火的发明，使人脱离了自然原始的生活状态，彻底改变几百万年形成的“茹毛饮血”的习惯，开创了华夏文明。火种神话展示了中华民族的创造精神。火是人类初民最重要的发明，也是人类迈向文明的重要标志物。初民极为珍重传世的光明火种，也极为崇拜发明火种的英雄。伏羲教人结网捕鱼、捕鸟、捕野兽，发明畜牧业，开始用工具解决自己的饥饿问题；教导人们用石块割兽皮制作衣服，解决了原始时代的衣食问题；发明了八卦，掌握了八卦，使人能了解天地的变化，可以更加从容应对自然环境的改变。炎帝神农氏发明刀耕火种，教人们垦荒种植，把自然作物植物，转变成可食用的粮食，发明了五谷农业，开启农业大时代；黄帝播百谷草木，嫘祖发明丝织养蚕，极大地促进了农业的发展，使中国真正进入农耕文明时代。伏羲、神农和黄帝神话反映了中国原始时代从由依赖自然的采集渔猎经济跃进到农业生产经济阶段的情况。这些创作发明是人类创造力的象征，这些神话中所体现的中华民族先祖伟大的创造精神和敢为人先精神也成中华民族创造创新精神的滥觞。“苟日新，日日新，又日新”的锐意进取、革故鼎新精神是中华民族蓬勃向上的具体展现；发明创造勇于创新精神得到后世的继承，因此中华民族对古代世界提供了人类最重要的四大发明，中国的科技和经济领先于世界三千年。纵观人类发展历史，创新始终是推动一个国家、一个民族向前发展的重要力量，是一个国家兴旺发达的不竭动力。回顾中国五千年发展历史，创新是中华民族最为深沉的民族禀赋，深刻影响着中国发展的脚步。发明创造的创新文化精神，有利于推动中华民族的创新发展，不断进步。

五、社会神话：在构建社会秩序中形成“崇德向善”伦理文化

西方人看重美，中国人看重品。西方人喜欢玫瑰，因为它看起来美，中国人喜欢兰竹，并不是因为它们看起来美，而是因为它们有品。它们是人格的象征，是某种精神的表现。这种看重品的美学

思想，是中国精神价值的表现，这样的精神价值是高贵的。

——［日］岩山三郎①

考古界通常认为，距今五千多年前，人类还处于比较蒙昧的状态。根据达尔文的进化理论，原始人在长期与自然作斗争的过程中学会群居，并推举首领。原始部落首领的应运而生，标志着人类社会发展到有组织的社会共同体形态，在这一形态中原始部落首领以何种方式治理这个初级的社会形态，事关这个民族治理的基本理念。中华民族初期的尧舜禅让、大禹治水奠定了中国德治的基本传统。

（一）元叙事：尧舜禅让、大禹治水神话

1. 尧舜禅让

千百年来，古人谈及理想社会，必定会提起尧舜禅让。“禅”意为“在祖宗面前大力推荐”，“让”指“让出帝位”，禅让就是把王位让给有德有才的人。这种制度似乎已经成为古代仁义道德的典范。尧舜禅让神话讲的就是尧将帝位让给舜，即伊祁（伊耆）姓的尧让位给姚姓的舜。最早记尧舜禅让的是被儒家列为十三经之一的《尚书》。

> 昔在帝尧，聪明文思，光宅天下。将逊于位，让于虞舜，作《尧典》。曰若稽古，帝尧曰放勋，钦明文思安安，允恭克让，光被四表，格于上下。克明俊德，以亲九族。九族既睦，平章百姓。百姓昭明，协和万邦。黎民于变时雍……虞舜侧微，尧闻之聪明，历试诸难……帝舜曰重华，协于帝。浚哲文明，温恭允塞，玄德升闻，乃命以位。
>
> …… ……
>
> 帝曰：“咨！四岳。朕在位七十载，汝能庸命，巽朕位？”
>
> 岳曰：“否德忝帝位。”
>
> 曰：“明明扬侧陋。”

① 转引自季羡林：《谈国学》，北京：华艺出版社2007年版，第16页。

师锡帝曰："有鳏在下，曰虞舜。"

帝曰："俞？予闻，如何？"

岳曰："瞽子，父顽，母嚚，象傲，克谐。以孝烝烝，乂不格奸。"

帝曰："我其试哉！女于时，观厥刑于二女。"厘降二女于妫汭，嫔于虞。

帝曰："钦哉！"

…… ……

慎徽五典，五典克从。纳于百揆，百揆时叙。宾于四门，四门穆穆。纳于大麓，烈风雷雨弗迷。

帝曰："格！汝舜。询事考言，乃言厎可绩，三载。汝陟帝位。"

舜让于德，弗嗣。

——《尚书·尧典》①

《史记·五帝本纪》依据诸多典籍记载，作如下描述："帝尧者，放勋。其仁如天，其知如神。就之如日，望之如云。富而不骄，贵而不舒。黄收纯衣，彤车乘白马。能明驯德，以亲九族。九族既睦，便章百姓。百姓昭明，合和万国。"② "舜父瞽叟顽，母嚚，弟象傲，皆欲杀舜。舜顺适，不失子道，兄弟孝慈。欲杀，不可得；即求，尝在侧。舜年二十，以孝闻。三十，而帝尧问可用者，四岳成荐虞舜，曰可。……舜复事瞽叟，爱弟弥谨。于是尧乃试舜五典百官，皆治。"③ 1993 年 10 月出土于湖北省荆门市沙洋区（现为沙洋县）四方乡郭店村的楚墓竹简《唐虞之道》云："古者尧之与舜也：闻舜孝，知其能养天下之老也；闻舜弟，知其能事天下之长也；闻舜慈乎弟（象□□，知其能）为民主也。故其为瞽盲子也，甚孝；及其为尧臣也，甚忠；尧禅天下而授之，南面而王

① 《古今文尚书全译》，江灏、钱宗武译注，周秉钧审校，贵阳：贵州人民出版社 1990 年版，第 13—23 页。

② 《二十五史·史记》，上海：上海古籍出版社、上海书店 1986 年版，第 7 页。

③ 《二十五史·史记》，上海：上海古籍出版社、上海书店 1986 年版，第 9 页。

天下，而甚君。故尧之禅乎舜也，如此也。”这就是说，尧之所以禅让于舜，是因为舜具有孝、弟、忠、信等优秀的道德品格。尧舜被塑造成品德高尚的楷模，他们不以天下为己有，而是举贤授能，通过“禅让”把帝位传递下去，这种禅让制在中国儒家学说里，被推崇为最为美好的政治制度。

2. 大禹治水

前面已经介绍了鲧禹治水神话故事，其中大禹为了治理洪水，长年在外与民众一起奋战，置个人利益而不顾，“三过家门而不入”的神话更是脍炙人口。

《史记·夏本纪》记载“予娶涂山”，“禹伤先人父鲧功之不成受诛，乃劳身焦思，居外十三年，过家门不敢入”。《尚书·虞书·益稷》篇云：“予创若时，娶于涂山，辛壬癸甲，启呱呱而泣。予弗子，惟荒度土功。”[①] 《孟子·滕文公上》载：“禹八年于外，三过其门而不入。”《吕氏春秋》曰：“禹娶涂山氏女，不以私害公，自辛至甲四日，复往治水。”禹“披九山，通九泽，决九河，定九州，各以其职来贡，不失厥宜。方五千里，至于荒服”。西周时期大禹治水事迹被专门铸刻在铭文上，青铜器遂公盨上面明确记载了大禹治水故事，可见他在当时的影响。《说苑》载：“禹曰：尧舜之人皆以尧舜之心为心，今寡人为君也，百姓各自以其心为心。”《庄子》载子高对禹说：“昔尧治天下，不赏而民劝，不罚而民畏，今子赏罚而民且不仁，德自此衰，刑自此立，后世之乱自此始矣。”这大体反映了古代私有制产生、国家机器初备时的情形。

（二）元背景：“中原逐鹿”与“协和万邦”

原始社会末，在黄河流域和长江流域，已形成的民族共同体公认的有炎帝、黄帝、东夷、苗蛮、华夏等。司马迁《史记·五帝本纪》说：“轩辕之时，神农氏世衰。诸侯相侵伐，暴虐百姓，而神农氏弗能征。于是轩辕乃习用干戈，以征不享，诸侯咸来宾从。而蚩尤最为暴，莫能伐。炎帝欲侵陵诸侯，诸侯咸归轩辕。轩辕乃修德振兵，治五气，艺五

---

① 《古今文尚书全译》，江灏、钱宗武译注，周秉钧审校，贵阳：贵州人民出版社1990年版，第63页。

种，抚万民，度四方，教熊罴貔貅貙虎，以与炎帝战于阪泉之野。三战，然后得其志。”①《史记》同篇又说黄帝一生曾东至海岱，西至空桐，南至江淮，北逐荤粥。从中国古代文献资料看，中国在尧舜禹三代以前，部落众多，较早的古籍《尚书·尧典》讲“协和万邦”。《左传·哀公七年》说：“禹合诸侯于涂山，执玉帛者万国。”《战国策·齐策四》云：“古大禹之时，诸侯万国……及汤之时，诸侯三千。”《新书》说：“大禹之治天下也，诸侯万人。”

从公元前六千年伏羲黄帝炎帝时代开始至公元前二三千年的尧舜禹时代，城池和居民聚落及祭坛建筑遍及黄河、长江两岸的广大地区，形成了以长江为轴心的南方文化和以黄河为轴心的北方（即中原）文化的两大文化区。司马迁作《史记》曾到黄帝所至之处考察，“至长老皆各往往称黄帝、尧、舜之处，风教固殊焉，总之不离古文者近是”。由此可见，距今六七千年前后，中华大地已日渐繁荣起来，以黄帝为代表的中心氏族所管理的地区幅员已相当广大，并已经形成了较完备的政治、经济、文化、礼义、宗教等等的社会治理形态。在其后漫长的历史过程中，尽管也包含着无数的冲突，但是通过这一时期形成的道德文化传统，维护了中华民族的团结和统一，使中华民族生生不息，兴旺发达。

（三）元基因：“崇德向善”伦理文化

中国神话中的帝王，如伏羲、神农、黄帝、炎帝、尧、舜、禹等，他们都是“德”的化身，尤其以“尧舜禅让”“禹三过家门而不入”的神话最具尚德授贤、以德居位的典范，由此而形成中华民族“德治”传统。尧舜重视德行，具有孝养父母、尊敬兄长、忠于君主，尊重贤能、崇德政、爱护黎民、为天下谋福利等优秀道德品质，堪称品行高尚的楷模；他们不以天下为己有，而是举贤授能，通过“禅让”把帝位传递下去，这种禅让制在中国儒家学说里，被推崇为最为美好的政治制度。尧舜禅让神话所代表的道德文化在很大程度上影响着中国文化的发展趋势，使中国文化最终成为重视心性的道德伦理型文化。

---

① 《二十五史·史记》，上海：上海古籍出版社、上海书店 1986 年版，第 7 页。

中华民族的这种德行德政精神一直被推崇。孔子盛赞“大哉尧之为君也！巍巍乎，唯天为大，唯尧则之；荡荡乎，民无能名焉。巍巍乎！其有成功也，焕乎！其有文章”[①]。从仲尼祖述尧舜，宪章文武，到孟子道信善，言必称尧舜，再到杜甫的著名诗句“致君尧舜上，再使风俗淳”，再到毛泽东的“六亿神州尽舜尧”，尧舜“德行”文化以强劲的生命力和号召力一以贯之地滋养着中国人的人生观、价值观、审美观，塑造着中国人的历史意识、天下情怀和人格气象，成为中华民族有别于其他民族的独特标识。尧舜禅让神话所代表的道德文化在很大程度上影响着中国文化的发展趋势，使中国文化最终成为重视心性的道德伦理型文化。

大禹为天下万民兴利除害，与下民一起栉风沐雨，同洪水搏斗，不怕辛苦，不畏艰险，三过家门而不入，由此形成了以公而忘私、民族至上、民为邦本、舍己为人、自我牺牲等为内涵的大禹治水精神。大禹治水精神同样是中华民族道德精神的源头和象征。这些经典神话故事历史地见证了中华民族一贯的“厚德载物”高尚品质和崇德向善伦理精神基因。中华民族文化的演进历程可以说是一部以人生和心性为观照、以崇德向善为特征的伦理文化发展史，始终承载着持之以恒的向善基因。“地势坤，君子以厚德载物”是这种精神基因的完美体现和高度概括。

老子的《道德经》云：“生之畜之，生而不有，为而不恃，长而不宰，是为玄德。”这是对原始时代圣王品德的颂赞，生养了万物而不据为己有，作万物的首长而不对它们宰制。这是一种崇高的美德——“玄德”，所谓“玄德”是不显扬于外的美德。庄子说，“物得以生谓之德”（《庄子·天地篇》）、“帝王之德配天地”（《庄子·天道篇》）。中国先哲们从“万物一体”的观念出发，以为无论是人，还是动物、植物，作为生命都有其生存权，而能生养万物便被视为有德，天地生养了万物，这可以说是天地的“大德”，而帝王以其权力在广大的区域中推行保护众生的制度（王制），可以说是代天行权，所以说“帝王之德配天地”。

① 《论语·泰伯》，引自袁珂，周明编：《中国古代神话资料萃编》，成都：四川社会科学出版社1985年版，第172页。

黑格尔等西方哲学家感叹中华民族是具有严格德行的民族，“孔子的教训”是“一种道德哲学”，认为“道德在中国人看来，是一种很高的修养”“道德义务的本身就是法律、规律、命令的规定”“这道德包含有臣对君的义务，子对父、父对子的义务以及兄弟姊妹间的义务”①。

综上所述，通过阐释中国古籍文本中的神话元叙事，探讨中国神话元叙事与中华文明形成的历史关联，深挖神话元叙事中蕴含的文化元基因，我们发现神话积淀着人类早期的文化信息，是人类文明的源头活水。它为我们揭示世界的起源，洞悉生命的奥秘，以及探讨人生的意义与文化的价值提供了最深层的文化记忆。由此可以看出，中国神话尽管是由古代先民的想象、幻想构成，但它都是以现实生活作基础，是先民们探索自然、挑战自然、征服自然的体现。透射出原始社会的原貌，体现出原始初民的价值观念与内在精神，表达出人类初期的某些精神形态。这些精神形态在漫长的演化过程中不断发扬光大，并积淀于民族的精神深处，最终成为中华民族的文明之根和文化之魂。

第三节　民间荤故事的功能价值与文化意义*

《孟子》云：“食色，性也。”②《礼记》有“饮食男女，人之大欲存焉”③。这都肯定了作为人之本性的食和色两事，强调了男女性生活的重要性。人是具有生命力的性爱本能的人，性既是人的本能的一部分，也是人的意识的一部分；性、性行为、性欲和性爱既然能给人带来肉体本能的快感，也就必然导致人的意识中有追求同样快感的需求。民间文学自从诞生的那天开始，便与性结下了不解之缘，性作为它的审美和表现的对象而存在。本节站在民间审美的立场，论述民间荤故事的功能价值和文化意义。

---

* 本节《民间荤故事的功能价值与文化意义》，原载《华中师范大学学报（人文社会科学版）》2003 年第 3 期。

① ［德］黑格尔：《哲学史讲演录》，贺麟译，北京：商务印书馆 1959 年版，第 129、36 页。

②《中华传世名著精华丛书·孟子》，太原：山西古籍出版社 1999 年版，第 168 页。

③ 《礼记·礼运·十三经·注疏（上）》，北京：中华书局 1979 年版，第 1413 页。

一、民间荤故事的功能价值

性、性欲对人类不仅有自然的生理价值，也是审美意识的源泉，这是由它在人类文化存在中的地位所规定的。出于描摹生活和审美的需要，民间故事中描写和表现性、性意识乃至性行为具有其合理性。“民间荤故事”主要是指民间以讲述性本能、性行为、性关系或性联想等为主要内容的故事。这类故事在民间口耳相传，喜闻乐道，盛行不衰，其主要功能价值体现在以下几个方面。

（一）消磨闲暇时间，满足感官快乐

当今，人们的闲暇时间越来越多，如果闲暇时间充裕到担忧不知道如何度过的时候，“闲得无聊”无形中构成了巨大的心理“空无”的压力。人们一旦感到这种时间的压力，便会寻求各种消遣的方式以求摆脱这种压力，填充这种“空无”。拥有闲暇时间的人们需要充分放松和享受，这需要文化生活，需要精神安慰。民间故事通过生动有趣的故事情节，让听众得到娱乐，让欲望得到满足。恩格斯当年分析家庭、私有制和国家的起源时曾表达过这样一种观点：家庭和婚姻之所以产生，是为了生育合法子嗣以继承家庭的私有财产。由于世界人口的急剧增加，许多国家实行了人口控制政策，避孕技术得到普遍运用，生育与性的分离已经成为世界上大多数人的实践。当今由于生殖与性活动的疏离已成不可扭转之势，以性为单纯的感官快乐的观点在现代越来越流行。

精神心理学派有一个著名的论点就是：文明越进步，性本能所受的压抑就越沉重，性快乐就会减少。这些被压抑的性欲在无意识深层凝结为某种情结，常升华为诗人的白日梦。因此，性是文学永恒的主题，在现实中不能实现的，可以在文学中以想象代替性地获得满足。在重庆，围桌讲荤故事的场景称为“摆性龙门阵”，讲荤故事水平较高的人则被尊为表现“库区文化水平高”。当地还流传着这样的话：真话不能讲，讲了领导不高兴；假话不能讲，讲了老百姓不高兴；只好讲骚（荤）话，大家都爱听，都高兴。乔治·桑塔耶纳指出：“若不是感官首先被吸引，性的吸引力就不能起作用。”[①] 民间荤故事围绕老百姓宣泄情欲和娱乐情趣而创作，轻松幽默和诙谐刺激的“感性文化”，表现出特殊的文学智慧，成为现代民众消磨闲暇时间最重要的方式之一。

（二）传播性爱知识，提高性生活质量

世界上的各种文化都把生殖作为性活动的目的之一，传统的性道德尤其强调生殖。先民社会生存条件匮乏，保种是当务之急，性的生殖繁衍功能自然而然被摆在重要地位，但是在全世界人口爆炸的今天，仍把生殖视作性的首要功能，那就不合时宜了。尽管如此，性经验的传播和性生活质量的提高，仍是现代人极为关注的问题。长期以来，中国人避讳性，羞于性教育，人们的性知识大多来源于长辈的言传身教，来自民间荤故事。民间荤故事是中国民间几千年来普及性知识的教科书，它传授性知识直接、形象，且具有趣味性，其传播性知识的作用是别的载体不可代替的。台湾学者陈益源指出“这类故事对一个性知识匮乏、性压抑严重的社会而言，往往是百姓娱乐宣泄、进行两性教育的重要媒介”，“当在特定环境里讲述过后，还可能随着气氛的轻松快乐，引发听众的大胆追问，或讲者的深入解释，进而展开相互讨论或经验交流，使现场成为性教育的天然教室”[②]。

据有关人士研究，夫妻性生活要走上和谐之道，健康地百年偕老，性文化可少不了，荤故事成为提高性生活质量的一种手段。从医学角度看，夫妻间和谐美满的性生活可增强机体的调节功能，使内分泌相对平衡，生理功能正常运营，从而避免过早衰老。反之，就可能削弱正常的生理功能，引起中枢神经、消化、循环、泌尿、免疫等系统的机能过早衰退。从心理学角度看，美国著名心理学家罗哈斯·马科斯认为，夫妻俩结婚后的头些年里，往往很幸福，因为在这段时期性生活一般都较为和谐，但到了50岁后，性生活开始受损，致使人的情绪低落、失眠、食欲降低、酗酒等等，进而导致机体疾病，如胃溃疡、腹泻、出血、皮疹、

---

① ［美］乔治·桑塔耶纳：《美感》，缪灵珠译，北京：中国社会科学出版社1982年版，第39页。

② 陈益源：《长牙·成精·水里摸——民间荤故事的三种类型及其性教育功能》，《民间文学论坛》1996年第1期，第56—61页。

脱发等现象。罗哈斯·马科斯对患梗塞性疾病的夫妻家庭情况调查表明，其中35%的患者是因性生活丧失而分居甚或离异。有关研究还表明，男人是靠感官刺激来产生性亢奋的动物。有学者认为，“人类生物进化和社会演化过程中积淀下来的性美潜质和性审美能力，都是假以视觉、听觉和综合心理感受的途径予以外化的。这种人性化的性爱—情爱境界使得人类在性行为上也彻底地与动物区别开来。……一般来说，一个人的文明素养越高，他的视觉和听觉的人性化特征就越明显，在性美的鉴赏领域和性美的自我展现上就越显得雅致和富有‘性趣’”[1]。因此，民间荤故事投其所好，满足男性的这种“性趣”和性心理。男人喜欢荤故事，是因为他们都经常渴望得到一种非日常性的性生活，荤故事可以把他们引诱到他们所祈求的奇妙的境界中去，于是情不自禁地产生一种性交的愿望，这样可以使性生活更加和谐美满。民间荤故事还可以成为代偿性行为，可以使本身的性冲动暂时得到一种代替性的满足。

（三）表达性爱感情，和谐人际关系

中国古代性与爱的关系极少引起人们的注意，人们在谈性时很少谈到爱，配偶双方往往只是把对方视为性的对象。直到近现代，爱才成为性的一个重要原因。有学者还提出，性并不是仅仅为了肉体快乐的活动，而是人的交流感情的活动，它在某种情况下甚至可以起到缓解群体内冲突、维持群体团结的作用。有调查表明，在许多部落民族社会中，用妇女做交换是谈判中常有的内容，性活动在防止仇恨和平息社会冲突，降低社会群体间的紧张关系，以保持协调一致方面能起到重要的作用。李银河在《性的问题》一书中指出：“在我看来，性的意义至少可以被概括为以下七种：第一，为了繁衍后代；第二，为了表达感情；第三，为了肉体快乐；第四，为了延年益寿；第五，为了维持生计；第六，为了建立或保持某种人际关系；第七，为了表达权力关系。”[2] 她认为，上述七种性的意义有些会随着时空的改变而有所侧重，有的是一些社会存在。性作为一种社会存在在表达情感和建立或保持某种人际关系方面的作用

① 彭晓辉主编：《性科学概论》，北京：科学出版社2002年版，第228—265页。

② 李银河：《性的问题》，北京：中国青年出版社1999年版，第10页。

在当今社会中越来越明显。

苏联著名的美学家莫伊谢伊·萨莫伊洛维奇·卡冈认为，“口头文学是以情绪、精神状态、感情趋向和思想趋向的一致性联合人们、团结人们的更有效的手段，是克服每个个性精神世界的孤立性、个体闭锁性的更有效的手段”①。作为人类性生活反映的民间荤故事的讲述活动，是以对另一人表示信赖的方式，拉近人际距离，建立亲密关系的重要途径。荤故事格外能激起众人集体叛逆般的快感，让人产生一种类似共谋的亲密。现在人们将荤故事视为“成年人圈子里的默契”，当大家聚在一起，坐下无聊时就会问最近听到什么笑话。于是大家抢着说，说得停不住，如果一个人能讲出大家没有听过的笑话，大家就觉得这个人见多识广。只要是一个开放式的聊天环境，几个人又不是很陌生，有过所谓传统的、正式的交流，荤故事就可以端上场了。于是，整个气氛极为自然、融洽，人与人之间的关系显得极为亲密、友好。获得过诺贝尔文学奖的日本作家大江健三郎曾从“政治的人”和“性的人”角度，揭示了其深层原因：“政治的人以他人为对立面，才得以开始成立。其终极目的在于把他人做为对立面，或让对立面灭亡。围绕着政治的人的这个宇宙，充满他人，只有异己。与其相反，对性的人而言，这个宇宙没有异己，没有他人。性的人不相互对立，只是同化。”② 政治让人走向对立面，而性让人走到一起，两者作用截然相反。民间荤故事是一种很强的心理黏合剂，无论是干部群众、上级下级，在围坐一起讲起荤故事时，都会不由自主地放下人格面具，无形间变得亲近起来。

二、民间荤故事的文化意义

马克思指出：“男女之间的关系，是人与人之间最自然的关系”，“这种关系可以表现出人的自然的行为在何种程度上成了人的行为，或

---

① ［苏］莫·卡冈：《艺术形态学》，凌继尧、金亚娜译，北京：生活·读书·新知三联书店1986年版，第347页。

② 大江健三郎：《严肃的走钢丝——我们的性的世界》，《文学与治疗》，北京：中国社会科学文献出版社1999年版，第240页。

者人的本质在何种程度上对人来说成了自然界……”① 一个社会两性关系处于何种形态，在一定意义上是这个社会人性所能达到的程度的标志，是反映这个社会本质的重要标志。作为社会人的男女之性关系反映的民间荤故事是一种特殊的文化现象，它的文化意义体现在以下方面：

（一）民间荤故事是一种反传统性观念的文化现象

性观念是特定的人群在特定的历史时期内对性的自然方面和社会方面的认识和态度的总和，性观念是经过社会文化锻造的性意识和心理，因此，它体现出特定社会文化对性问题的看法和态度。荤故事作为具有一种普遍意义的特殊文化现象，反映出一定历史时期和社会环境中人们的性文化心态。以汉文化为核心的中国传统社会，在性方面充满病态的矛盾：一方面是性压抑，实行全面的“男女之大防”；另一方面又鼓励纵欲，如皇帝的三宫六院、道教的房中术等，宣扬性交可以健身甚至成神仙。这种矛盾实质上是阶级压迫在性权力上的表现，即对统治阶级与老百姓实行双重标准。民间荤故事表现的是人“性”，而不是兽性，这是与文学是人学，文学表现“完整的人”的要求是相一致的。民间荤故事的产生有其历史原因：一方面来自处于统治地位的剥削阶级为满足自己的需要，使本来体现人的发展的文化与它的创造者处于对抗的形式之中；另一方面来自中、下层阶级对于上层统治阶级自己骄奢淫逸，却严厉压制人民对幸福美好生活的渴望的一种反抗。因此，民间荤故事也如同其他性文化发展一样受到社会阶级存在的限制，受到社会生产力发展的限制，这来自上、下两方面的民间荤故事是对传统性文化的异化，是一种反传统的文化现象。

中国的儒学伦理崇尚有节制性的释放情感，所谓“发乎情、止乎礼仪”，认为人们的情感和欲望是不能压抑的，但也不能无节制地纵情纵欲，放纵于己于人，于身于心都是不利的。封建社会的伦理更是束缚人的个性，窒息人的情感，甚至发展到以礼抑情、以礼禁欲的地步。在封

① ［德］马克思：《1844年经济学哲学手稿》，刘丕坤译，北京：人民出版社1979年版，第72页。

建社会中，性生活被彻底异化，它只是人类上承祖宗、下延子嗣的一种需要，是男女协作生产“人”的联合体。为了种族的健康繁衍，也为了维护依照一定文化观念建立起来的社会秩序，必须纯洁性关系，一切不是以生育为目的的性行为，包括夫妻之间的性享乐，都被看作一种罪恶。因此，性爱作为人的一种生理和心理的需要和欲望，一直被压抑而未能得到满足。

民间荤故事充分肯定性的享乐为天赋人权，这实质上是对传统的性道德与人生价值的观念的直接背叛。民间荤故事的创作者和传播者认为，性是家庭生活的一个基本内容，夫妻之间通过和谐的性生活以获得最大限度的肉体和精神的享受，不仅是人正当的权利，而且会为人类社会增添一种永不衰竭的活力。从背叛传统的性道德与人生价值观念的意义上讲，民间荤故事具有人的意识觉醒的意义。民间荤故事以性为描写对象，在描写性心理、性行为、性关系的过程中传播性知识，体现民众对性问题的道德观和审美观，它是对封建专制伴生的禁欲主义、纵欲主义的反动和批判。有些荤故事还是对当时社会问题的揭露，乃至对贪官污吏、社会丑恶现象的抨击，往往也是在男女之情和性的基础上展开的。荤故事的思想性和艺术性以及与社会生活的关系，由于是通过特殊的方式曲折表达的，这在一定程度上起到了帮助人们追求性爱作用，顺应了人类要顺利地生存、不断地繁衍和健康地发展的终极目的和根本规律。

（二）民间荤故事是一种反传统性道德的文化现象

在一个时代的社会中，性的规范与该文化中的道德观念、价值观念密不可分。道德主义是一种强调道德行为的宗教或哲学态度，往往设有严格的标准，视其为人类生活的最高目标，主张用严厉的规范来对待人类的行为，以提高人们的德行，因此在性问题上强调禁欲，主张克制和控制冲动。在中国封建社会，把节欲、禁欲作为唯一的道德律，主张摒弃一切世俗的物质享受，认为这才具有最高的、纯洁的属天的美德，而一切享乐都是不道德的。因此，体现两性关系的道德秩序是“男尊女卑”；性道德核心的是“性即罪恶”“性即淫秽”，甚至视性为极恶，即“万恶淫为首”，这些即是这种道德观念的历史承积性的概括和表述。封建社会极端禁欲主义的性道德严重扭曲了人性，制造了无数惨绝人寰的人间悲剧，充分显示了其本质的反动性。

在民间文学中，每个人自然都有一个道德法庭和道德良心。在老百姓看来，做自己喜欢做和愿意做的事，便是合乎良心、合乎道德的。这种基于个性发展和意志自由的道德观念，性关系即是人的个性的要求促进了两性关系的自由。民间荤故事是当代一种反传统性道德的文化现象，它的思想倾向集中表现在两个方面：一是提倡性解放。长期以来，受传统道德观念的束缚，人们生活在谈性色变的年代，视性为不洁甚至是罪恶，以性冷漠为正道，以无性的生活为高尚品质。随着改革开放和人民物质文化生活条件的提高，传统的文化道德体系开始瓦解，新的道德价值观念开始出现。民间荤故事中否定性禁锢（主要是性习俗和性观念）与肯定性解放的题材占了大多数。二是体现道德利益与传统道德的冲突。这里所说的道德，不仅是指社会的风俗习惯、行为规范，以及人们的道德意识和道德实践等范畴，而且包括了伦理学上最一般意义的道德，即包括能增进某一社会或阶级利益的一切东西。在荤故事所表现的本能的冲动和情欲的宣泄中，民众再现了对生命的自然法则的渴望，也再现了背离传统的价值和虚幻理想、虚伪道德的愿望。它是一种“反文化”式的冲动，即对那种压抑个性、愚盲的服从与遵命、麻木不仁、封闭自守、怨而不怒式的文化准则和人格模式的反叛。荤故事所反映的道德内容与传统道德和社会利益有着冲突。

民间荤故事在流传过程中民众广泛参与，我们假设主体（听者或读者）事先已形成一定的道德观念，这种观念使他有可能对对象（荤故事）进行道德评价；这种评价会使他产生羞耻或满足之类的道德情感，同时带来赞同或反感之类的道德体验。对主体来说，重要的不是这些情感或体验，而是由此形成的道德意识，这种道德意识积累到一定程度就会改变主体的内心信念。按照伦理学的观念，内心信念即所谓道德良心，它是人们对自己行为进行善恶评价的内在力量，又是人们对道德行为进行选择的内在动机和道德品质形成的基本要素。康德指出：“快乐的基础在于认识机能的和谐。这些机能在消遣时的自发性使自然的合目的性概念成了概念的自然领域与自由领域之间的中间环节……而与此同时，这种自发性还促进了道德感对心灵的影响。”① 所以，感性的宣泄就意味着反抗理性的暴虐，最终取得文明的进步；这也就是席勒所讲的，要把人从非人的生存状态中解放出来，感性冲动（或曰消遣冲动）则是这种解放的工具。本能冲动的满足消除和抵御了外物对个体的束缚，从而展示出一种自然和谐的状态，现实人格和理想人格的分裂在审美时间的呈现中得到内在的统一。当民间荤故事广泛传播，形成一种反对传统道德的文化思潮，就会改变人们内心信念和人生态度，进而起到移风易俗的作用。

（三）民间荤故事是一种现代性享受的乐感文化

在不同的社会、不同的文化和不同的时代背景下，性有不同的意义，而不同的性规范会因性的意义不同而不同。即使是在同一种文化传统背景下，不同的人可能对某种性活动持尊重态度，而对另一种性活动加以限制。当今社会，享乐主义泛滥，享乐主义是一种以最大限度追求快感避免痛感为基础的道德体系，是要把人类享乐的可能性扩大到最大限度。在商品时代，性不仅与爱情分离，而且也与婚姻分离，真正成为个体的事。人们对性的理解既割断了与政治的联系，也割断了与精神、未来的联系，性被依据弗洛伊德的“快乐原则”② 予以解释，使个人满足肉体的欲望，成为一种享受行为，享受来自肉体享乐本身，享乐本身就是目的，而不是被迫服从功利。性活动的愉悦目的是人类首先自觉或不自觉寻求的目的，它从人类社会形成之初即被人类作为性活动的内容加以推崇，原始人基本上不认为男女的性交与生殖具有因果关系，他们从事性是为了获得生理的快感。即使是现代人也极为重视性的精神价值。美国斯坦福大学档案中有内科女医生克莱利·迪尤尔·莫舍博士的论文，这是她对45名已婚妇女的健康和性习惯做过调查后所撰写的。在论文中她引述了一位结婚才1年的30岁妇女的体会，该女子说：“我对性交理由的看法在婚后有了实质性的转变。在婚前认为，生育是唯一的目的，一旦生育就不应该再性交。但是，在体验到性爱之后，我认为性生活可以影响夫妻的精神生活，

---

① ［美］赫伯特·马尔库斯：《爱欲与文明》，上海：上海译文出版社1987年版，第131页。
② ［美］赫伯特·马尔库斯：《爱欲与文明》，上海：上海译文出版社1987年版，第21页。

使之更加完善。也就是说，爱情可以使婚姻更加持久。”①

“宣情泄欲”的性娱乐状态在审美这一层面便包含了精神与肉体两重内涵。伟大的德国诗人席勒在他著名的《美育书简》中认为：“只有当人在充分意义上是人的时候，他才游戏；只有当人游戏的时候，他才是完整的人。”② 在此意义上，“性”便作为一种审美活动而解除对自己的一切束缚，从而真正达到一种高度的生命自由，“性”也因此成为自己全部人性价值的证明。个体性能力和性满足的程度表明他们在商品时代社会结构中居于何种位置和享受人生的程度，以及体现自我价值的程度。人们在追求性满足的各种消费活动中，文学的性禁区也被彻底冲破，性不仅成为基本的表现对象，而且成为消费对象，成为生活追求的本身，成为解释一切文化现象的基点，甚至成为文学和艺术的信仰。荤故事的讲述者一般性爱都比较贫乏，这恰恰决定了他们积淀在大脑皮层中的这种性爱压抑的意识心理比一般人更加强烈，因此当他们通过艺术的方式做感情上的宣泄时，使得部分得不到真正性爱幸福的人们从中得到心理上的暂时安慰。荤故事能广泛流传，也同样与听众的性压抑的潜意识相关，因此荤故事在民间颇受欢迎。法国社会学家罗歇·苏在阐释文学的消闲功能时指出：“消闲的文字意义是：使人散心。投入一项游戏活动，以找到暂时忘记烦恼的方法，也是消遣最接近休闲的定义。休闲和消遣意味着寻找欢乐、惬意。感到舒服，给自己的生活提供方便，自我协调，这就是享乐主义的道德。在现代休闲和与之有关的一切消闲形式中，人们重新发现这种伦理。目前休闲实践的发展导致这种享乐道德观的再现。”③ 在消闲游戏中，民众可以卸下沉重的历史责任而自由地活动，由此进入一个自由的境界，这是民众摆脱被完全规则化了的社会所控制和掠夺的最好出路。

值得注意的是，如果说性仅仅是为了快乐，仅仅以其自身为目的，

---

① ［美］Z. 拉里亚、M. D. 罗斯：《人类性心理》，张丛元等译，北京：光明日报出版社 1989 年版，第 50 页。

② ［德］席勒：《美育书简》，北京：中国文联出版社 1984 年版，第 90 页。

③ ［法］罗歇·苏：《休闲》，北京：商务印书馆 1996 年版，第 28—29 页。

那么不但生殖目的不复存在，就连爱的目的也没有绝对的必要了。爱会导致长期关系，性却可能只是短期的，甚至是一次性的，它可以是一种游戏，是对身体快乐的单纯享受，是一种单纯的感官经验。因此，民间荤故事如果流于一种欲望的宣泄和单纯感官的刺激，这就违背了人类性的终极目的和根本规律——顺利地生存，不断地繁衍和健康地发展，其结果必然是受到社会的惩罚，当然性的快乐与享受也就不存在了。

（四）民间荤故事是一种民间性狂欢的喜剧文化

“狂欢化”是产生于中世纪众多的狂欢节上的一种喜剧形式。巴赫金指出：“在文艺复兴时期所有的伟大作品里都能感受到渗透其中的那种狂欢化氛围，民间节日广场的自由旋风。而在这些作品的结构里，在它们最独特的形象逻辑里，我们能揭示出狂欢化基础。”“狂欢化”作为喜剧范畴，它最重要、最根本的特点在于：日常的语禁被打破，在插科打诨和嬉笑讥讽中，骂人的脏话和狠毒语言可以自由发挥，由此导致了“降格”和“贬低化”倾向。所谓“降格”和“贬低化”就是“把一切高级的、精神性的、理想的和抽象的东西转移到整个不可分割的物质——肉体层面、大地和身体的层面”。就是说，把所讨论的问题转移到强调粗野的物质——肉体（饮食男女）的领域。“民间诙谐历来都与物质肉体下部相联系，它构成怪诞现实主义的一切形式。”诙谐就是贬低化和物质化。值得注意的是，降格或贬低化不是与精神性的、理想的、抽象的东西对立，更不是对它们的否定，而是把这些正统文化的因素下降到或转换到物质——肉体的层面来表现、来嘲笑。也就是说，把“一切神圣和崇高的事物都从物质——肉体下部角度重新理解，或者都与其下部形象相结合，相混淆了”。对此，巴赫金解释说：“贬低化，这里就意味着世俗化，就是靠拢作为吸纳因素而同时又是生育因素的大地：贬低化同时既是埋葬，又是播种，置于死地，就是为了更好更多地重新生育。贬低化还意味着靠拢人体下身的生活，靠拢肚子和生殖器官的生活，因而，也就是靠拢诸如交媾、受胎、怀孕、分娩、消化、排泄这类行为。贬低化为新的诞生掘开肉体的坟墓。因此它不仅具有毁灭、否定的意义，而且也具有肯定的、再生的意义：它是双重的，它同时既否定又肯定。”①

巴赫金的理论为我们深入探讨民间荤故事提供了理论借鉴。民间荤故事是一种狂欢化的喜剧文化。它是以狂欢化的方式表达出来，首先，民间荤故事的讲述是在一个同狂欢节相似的、非官方化、非教会化和非国家化的自由的文化环境和社会的具体环境中进行的。只有在这个自由的狂欢化的环境中，它的“降格”和“贬低化”的语言及人物形象才能够以这个方式得以表现。其次，民间荤故事的讲述中讲述者与听众是互动的，他们往往既是表演者—讲故事者，又是受众—听众，而且讲述的故事—表演的内容又是与他们自己的生活密切相关的，因此，民间荤故事的讲述活动是带有全民狂欢的性质，而这一点也正是狂欢化的特点之一。最重要的是，他们讲述的故事从语言到情节，具有把精神性的高尚的情趣降格到物质的肉欲的层面，把关注人的思维内容转移到人体的“性”情趣方面，都具有“降格”和“贬低化”的性质。民间荤故事的情节都具有以“性”趣味为特征，以表现人的本能欲望（性）为主要内容，以消遣快乐为主要目的，情节和语言中都带有俚俗或猥亵的成分。因此，民间荤故事既是一种“快乐原则”的文化，也是一种“欲望的文化”。快乐原则与本我的欲望紧密联系，为了追求一种解除个体化束缚，复归原始自然的体验，获得与世界本体融合的最高的欢乐，打破一切禁忌，放纵性欲，实现性的狂欢。这种降格和贬低化既有人类活动领域的降格，又有对具体事物的贬低。就抽象的东西转换为物质的层面而言，例如，天、地是抽象的概念，民间文化往往把这种观念降格为、贬低为肉体比喻来加以表现：天、上即头；地、下即人的下体，指明生殖器、腹部、脚。就精神的东西转换为物质——肉体层面来说，神圣的教堂的钟楼被约翰修士暗喻为、转换为男性生殖器，以至于女人从钟楼的阴影下走过也会怀孕。这些事例都说明了这种降格和贬低化的特征：把一切正常的生活秩序和事物的功能都加以颠倒，以至违背一切正常的思想和行为准则，而且颠倒的基本朝向都是指向人体下部及其功能。正是这种离奇的颠倒和正常秩序被破坏而产生新奇感和可笑性，并且在笑声中融

① ［俄］巴赫金：《拉伯雷研究》，石家庄：河北教育出版社 1998 年版，第 24—30 页。

入了讽刺和嘲弄。巴赫金所总结的中世纪文学中的这种喜剧性特征在民间荤故事中也同样得到了鲜明的凸现①。

第四节　荆河戏的文化渊源与传承发展*

荆楚大地，物华天宝，人杰地灵，历史悠久，文化璀璨，勤劳智慧、勇于开拓的楚先民创造了堪与古希腊雅典文化相媲美的楚文化。荆州出土的战国丝绸、越王勾践剑和整套石磬编钟，无不折射出楚文化的熠熠光辉。荆江文化作为荆楚文化的重要组成部分，文化沉淀丰富，底蕴深厚，特色鲜明，影响很大，流传于荆江流域的戏曲——荆河戏，就是荆江特色文化的优秀代表之一。2006 年 5 月 20 日，经中华人民共和国国务院批准荆河戏被列入第一批国家级非物质文化遗产名录。荆河戏有着数百年的发展历史，丰富的文化内涵，鲜明的地方特色，是历史留给我们的一笔宝贵的精神财富。回望荆河戏的发展历程，600 年，栉风沐雨，春华秋实，艺人辈出，光彩夺目。笔者被荆河戏强大的艺术魅力所感染：它源于一条河流——荆河，盛于一座城市——沙市，兴于一批艺人——名师，传于一所学校——长江大学。值得融入字里行间，镌刻在历史的丰碑上。

一、荆河：孕育了荆河戏文化

河流是地球生命的重要组成部分，是人类生存和发展的基础。河流与人类文明的相互作用，不仅产生生命，也孕育和产生人类文化。人类社会文明源起于河流文化，人类社会发展积淀河流文化，河流文化生命推动社会发展。河流文化作为一种人类的文化、文明类型，人们对其的认知经历了很长的历史时期，人们把其称为“大河文明”。如尼罗河孕育了古埃及文明；幼发拉底河和底格里斯河孕育了两河流域文明，即古

---

* 本节原文《荆河戏的文化渊源与传承发展——〈荆河戏研究〉序》，原载《贵州民族大学学报（哲学社会科学版）》2019 年第 4 期；本节略有修改。

① 邱紫华、陈素娥：《〈十日谈〉中的喜剧精神与悲剧精神》，《四川大学学报》2003 年第 2 期，第 72—79 页。

代美索不达米亚文明；黄河长江孕育了华夏文明。这些大河文明与人类文明息息相关，是人类文明的源泉和发祥地。

文化是流淌的文明，文明是活着的文化。中华文明从五千年前的三皇五帝时期开始，一脉相承，源远流长，是世界上时间最久、从未间断的人类文明，中国是典型的大河文明型国家。中国历史上有两条著名的河流：黄河和长江，对中华文明发展进程起到巨大作用。黄河流域是黄帝文明的发源地，长江流域是炎帝文明的发源地，中华文明是传承炎黄文明而来，我们是炎黄子孙。

长江，从雪山走来是一首歌，向东海奔去是一幅画。长江浩浩西来，汇细流，纳巨川，逶迤万里，亘古不息。长江出三峡，在宜昌枝城进入中游后，穿过夹江对峙的虎牙山、荆门山河谷，突然变得开阔起来，两岸不再是“猿声啼不住”了，而是进入“楚地阔无边，苍茫万顷连”的大平原。由于长江进入平原后流经古荆州地区，因此这段河道通称荆江。荆江原长404千米，后来缩短为331千米，有上荆江和下荆江之分。湖北省枝城至藕池为上荆江，河道比较稳定；藕池口至湖南省岳阳城陵矶为下荆江，河道蜿蜒曲折，素有“九曲回肠”之称。荆江以北是古云梦大泽范围，有富饶的江汉平原；以南是洞庭湖，是洞庭湖平原。其北岸有沮漳河、玛瑙河入汇；南岸有松滋、虎渡、藕池、调弦（已封堵）四口分泄荆江洪水南注洞庭湖，与湘、资、沅、澧四水汇合后于城陵矶复注长江。荆江流域孕育了丰富多彩的荆江文化，在这里人类创造了大溪文化等原始文化，是楚文化的发祥地，三国文化的核心区，更有着地域特色鲜明的民间文化。荆河戏就是荆河流域的民间艺人在长期的艺术实践中，传承、积累、吸纳、流变而形成的传统剧种之一，是荆河文化的一朵奇葩，是长江文明激流中的一朵美丽的浪花。

相传荆河戏原是汉剧荆河、襄河、府河、汉河四大支流中的荆河派，因流传于长江荆河而得名。过去荆河又称上河，包括荆州、襄阳、郧阳、宜昌、施南在内，一般说是上五府，故流行于荆河上游的荆河戏也有上河戏之称。府河又称下河，包括武昌、汉阳、黄州、德安、安陆在内，一般说是下五府，称府河戏为下河戏。常德戏和荆河戏，本是同根发脉，荆河戏对常德戏而言则叫北河戏，常德戏为南河戏。沙市人过去把襄河和府河来的戏都叫府河戏。荆河戏发源于荆州与府河，是亲兄弟，因为它们的唱腔和剧目基本上相同的。荆河戏是一个汉族戏曲声腔剧种，因不同的地方风俗习惯有所不同，因此荆河又叫上河路子、大班子、大台戏、高台班或汉班子等。抗战期间又曾被叫作楚剧、汉剧、湘剧。

荆河戏发源于湖北荆州、沙市一带，从沙市老郎庙石碑记载的永乐二年间荆河戏班活动的踪迹，可以推断出荆河戏大致发端于明初洪武、永乐年间，现流传于此地的荆河戏，为尚保留着诸多原生形态的“单钹路子”的荆河戏（湖南的荆河戏为“双钹路子”）。到清代初年基本完成了楚调与秦腔的“南北结合”，形成荆河戏弹腔的“南北路”，荆河戏基本成型。荆河戏形成初期，主要在沿长江的宜昌、沙市一带活动，以后逐渐向湖南的澧水流域转移，后来流行区域遍及湖北的石首、松滋、公安、监利、恩施和湖南的澧县、津市、临澧、石门、大庸、岳阳等地。清嘉道以后，荆河戏日趋昌盛，当时在湖北沙市演出的四大名班，就有荆河戏的三元班和太寿班。湖南的澧州（包括慈利、临澧、津市）也有老同福、老同乐、老文华、长寿、双胜、松香等十多个荆河戏班，常年从事演出活动。清光绪至辛亥革命的三十余年，湖北荆州和湖南澧州所属诸县，又相继成立了清和、文华、彩庆、仁寿、云乐、宝衡、春台、新舞台、公和园、翠和、瑞云、福林、同乐、同福、华胜等六十多个荆河戏班，直到20世纪30年代，其间虽时起时落，但仍还有三十多个荆河戏班常年从事专业演出。抗日战争爆发后，特别是由于国民党政府的长期统治，荆河戏受到极大的摧残，戏班被破坏殆尽。

中华人民共和国成立后，荆河戏获得新生。因其长期流行于荆河两岸，于1954年始定名为“荆河戏”，并根据新中国成立前夕幸存的永乐、翊武、松秀、同福、新华五个戏班进行了定点安排，分别于湖南的澧县、石门、津市、临澧，湖北的石首等五县，成立了专业荆河戏剧团。1955年，经过调整，建立了沙市市业余荆河戏剧团，活动至今。近年来，湖南省艺术学校设有荆河戏科，湖北省石首县也办起了荆河戏剧学校，先后共培养了新生力量五百多名，从业人员由新中国成立前夕的二百来人增加到六百多人。

荆河戏发端于明洪武、永乐年间，距今六百余年，其间虽历经王朝兴衰、政权更迭，但荆河戏艺人们通过不断融合创新与艺术坚持，使得荆河戏得以一脉相承。荆河作为长江的重要组成部分，是一条永远奔流不息的河，它在惊涛骇浪中前行，也在舒缓细流中流淌。荆河戏将与荆河同在，在艺术家的传承创新中不断发展，在人民的喜爱中走向更大的繁荣。

二、沙市：铸造了荆河戏辉煌

城市是文化的载体，文化是城市的灵魂。城市是国家或地区经济社会发展的中心和文化的集中体现，城市在其形成和发展过程中，缔造了自己的城市文化，成为人类文化的重要组成部分和其中最积极、最辉煌、最具有创造力的成分以及智慧的结晶。每一座城市都以自己独特的城市形态风貌、历史和文化等鲜明的个性，造就着未曾中断的文化传统和展示着自己的文化光辉。荆河戏在湖北沙市曾创造过昔日的辉煌。

沙市，这个楚文化发源地之一的古郢名镇，这个曾镌刻着长袖细腰、婆娑舞姿、翩翩倩影，流传了高山流水，知音佳话的文化古城；明代以来，又呈现出一派丝竹喧哗，百戏杂陈的繁兴景象，她哺育了戏曲这朵艺苑鲜花，更造就了数以千计的名优巧伶。荆河戏、汉剧早期的“四大名班”曾名噪荆沙，誉满湘鄂。昔日两剧戏班若标明“从荆沙归来”观众当刮目相看，演员若冠以“荆沙驰名”便身价倍增。沙市因而赢得了“戏剧城”的桂冠。这里曾经商贸发达、文化繁荣、戏曲盛行，这为荆河戏的辉煌奠定了良好的基础。

1. 商贸经贸中心

沙市地处湖北省中部，是一座历史文化悠久的古城，早在五六千年前，这里就有“江汉川泽山林之饶”，有“大溪文化”“龙山文化”遗存，沙市的先民据此繁衍生息。春秋战国时期，沙市曾是楚国都城郢的外港，初称“津”，意即长江渡口。至唐代，始称沙头市，简称沙市，意为古长江与沮漳河、夏水之间三角洲顶端的市镇，是著名的鱼米市场。

明中后期，沙市商业、手工业渐趋发达。清人刘献廷在《广阳杂记》中写道："沙市明末极盛……列巷九十九条，每行占一巷，舟车辐凑繁荣甲宇内，即今之京师、姑苏，皆不及也。"号称"三楚名镇"，是当时长江沿岸著名的商业和手工业城市、全国十二大商业都会之一。《沙市地志》中说："……清光绪二十一年，中日马关条约开沙市、苏州、杭州为商埠后，此处更见兴盛耳。乡人谚云：'天下口，算汉口；天下市，算沙市。'"咸丰年间，沙市为湖北中西部货物和粮、盐总汇，全国十余省、市的商人在沙市组织的行会有十五六个之多。"商路即戏路"，凭着四通八达的交通、繁荣的商贸往来和深厚的文化底蕴，沙市已成为当时戏曲流布交汇的中心。

2. 荆楚文化根基

荆沙一带，是楚文化的发源地之一，楚地自古"信巫鬼，重淫祀"，古楚歌、舞、乐高度综合，戏曲演出盛行。早在战国时期，楚大夫屈原曾写下了作为南楚巫鬼文化结晶的《九歌》，直至唐代，仍为"荆、楚鼓舞之"[①]。明隆庆《岳州府志》引《隋志》说："荆州风俗……大抵敬鬼重祠祀，竞渡之戏，诸郡率然，又有牵钩戏。"唐宪宗时，澧州幕僚李宣古诗中，有"觱栗调清银象管，琵琶声亮紫檀槽。能歌姹女颜如玉……舞来挼去使人劳"[②]之句。明时期，袁宏道更是在《午日沙市观竞渡歌》中写道："宫自昔称繁盛，二十一万肩相摩。"明万历年间（1573—1620），荆沙乐户、伶人遍布，时有外地优伶来荆沙演出"高腔""昆腔"及本地的"楚调"，诸腔杂陈于戏曲舞台。明代，荆州都是藩王封地。洪熙元年（1425），徙蜀献王子悦耀由武冈迁澧州，仍旧号华阳王，历十一王至崇祯十六年（1643）李自成攻破澧州为止，共二百一十八年。按明代诸王封藩通例："亲王之国，必以词曲一千七百本赐之。"[③]王府的娱乐活动、民间歌舞对荆河戏的发展都有重大影响。

---

① 唐·刘禹锡：《竹枝词》序。

② 清同治十三年《直隶澧州志·丛谈》。

③ 李开先：《张小令小传》。

3. 民俗文化浸润

明清时期的沙市，经济繁荣，商旅云集，各种行帮组织甚多、寺、庙、宫、馆林立。据清同治五年（1866）《沙市志略》载：明末以来，沙市有寺、庙、观、宫、堂、庵四十一座，其中可供戏班演出的有“九宫”“十八庙”。“九宫”是赤地宫、帝主宫、老天后宫、禹王宫、老文昌宫、万寿宫、川主宫、江渎宫、玉清宫（三清观）；“十八庙”有址可查者有老杨泗庙、老郎庙、东岳庙、南岳庙、城隍庙、灵官庙、泰山庙、三义庙等八庙。清代末叶至民国初期，沙市行会兴起，成立了许多行帮组织，有汉阳、武昌、黄州、四川、湖南、河南、江西、江苏（南京）、浙江、福建、徽州、山陕（山西、陕西）、太平（安徽泾州、太平府）等十三帮。多数行帮组织都修建了会馆，以便进行生意经营的联络或举行庆典活动。上述寺、庙、会馆，一般都建有戏台（有的有内、外两个戏台），可供戏班演出。每逢寺庙酬神、礼佛，做会、祭祖、开张、贺岁，寺庙行帮均会请戏班演“庙戏”“会戏”。荆河戏在这里演出“会戏”“庙戏”，曾盛极一时。明清时期，沙市老郎庙是戏曲优伶祭祀戏剧祖师和业内聚会议事之所，由戏曲艺人集资明初修建，曾于清顺治八年（1651）和清道光二十四年（1844）两次重修。据《中国文学珍本·袁小修日记》载：明万历四十三年（1615），公安人袁小修在沙市时，“晚赴……诸王孙之饯……时优伶二部间作，一为吴歈，一为楚调，吴演《幽闺》，楚演《金钗》”[①]。文中的“吴歈”是江浙一带的昆山腔，“楚调”不知为何腔，但系本地声腔无疑。由此可见，最迟在明代后期，沙市已有演唱本地声腔的戏班和老郎庙建筑。清末沙市文人刘竹荪于光绪三年（1877）写成的《沙津竹枝词》曰：“酬神名庙常多戏，唯有忌辰锣不开，今日有无台演戏，老君庙首看牌来。”由此可见老君庙在当时的地位[②]。光绪以后，荆河戏班蓬勃兴起，更向乡村发展，临时搭台演出“草台戏”。根据农事季节和旧俗，旧历正月尾和二月间唱“土地

① 出自《中国文学珍本·袁小修日记》。

② 赵玉春、李启斌、王文华主编：《荆河戏史料集》，武汉：湖北人民出版社 2013 年版，第 45—56 页。

戏”，三月唱“财神戏”，四月唱“单刀会”，五月唱“青苗戏”，六月唱“雷祖”“观音”会，七月唱“盂兰会”，八月至年底唱“丰收戏”，形成了“沙市天天有戏，荆州月月有戏”的局面。

4. 民间戏曲土壤

劳动群众不仅爱戏成癖，且自唱自乐，于是就形成了古沙市繁花似锦，星罗棋布的业余荆河戏队伍，从开始的“挑鼓架”到“围鼓堂”十分活跃。挑鼓架是类似围鼓堂的演唱班子，有一副专门陈设乐器的架子，演唱时可置挂各种乐器，演员坐在架子周围边唱边奏乐器，转移时，架子可由一人挑走，十分方便。荆河戏围鼓班（或称为“堂”，或称为“包”）是指这些荆河戏的爱好者往往以街巷、村镇为片组班（称为“扎包”），班名多以街巷名名之。围鼓班由一位有一定艺术造诣、颇具声望、具备一定组织能力的荆河戏艺人掌班，其成员为相对固定的荆河戏玩友（票友），也有一些专业戏班出身的荆河戏艺人参与其中。沙市有名的围鼓班有“过街楼”“大赛巷”“张家台”“宝塔河”“便河西”“龙门巷”等。清末民初，沙市的围鼓堂有二三十个之多。清末沙市文人刘竹荪的《沙津竹枝词》亦有描述此盛况的篇章：“一年两度各为乐，赴会归来作醉翁。挤满大街听坐唱，家家门口点灯笼。”“惹得游人逐队来，品项题足聚成堆。布棚下面听围鼓，贪看佳人不走开。”时至今日，每逢喜庆之日，即有邀约荆河戏围鼓演唱，荆河之调赏心悦耳，乡音俗调绵延不绝。老人们每每谈及仍眉飞色舞，双眸生辉①。

一方水土养活一方人，一座名城成就一门艺术，沙市过去良好的经济社会文化环境成就了荆河戏曾经的辉煌！但愿沙市曾有的荆河戏辉煌不是落日的余晖，而是喷薄而出的朝霞，给人以希望，给荆河戏以生机与活力！

三、艺人：传承了荆河戏血脉

文化传承人是非物质文化遗产的重要承载者、传递者和守护神，他

---

① 赵玉春、李启斌、王文华主编：《荆河戏史料集》，武汉：湖北人民出版社 2013 年版，第 16—17 页。

们用自己记忆和聪明才智，对非物质文化遗产的文化传统和技艺进行继承发扬，在非物质文化遗产的传承保护、延续发展中，起着决定性的重大作用。

荆河戏作为一个古老剧种，已有六百多年的历史。其剧目、曲牌、锣鼓经等资源丰富，声腔融高腔、昆腔、弹腔、杂腔小调于一体，变化多样，运用灵活，表演大气直率，贴近生活。无论是剧目、音乐、表演还是舞美，无不凝聚着中国戏曲的美学精神，具有摄人心魄的艺术魅力。荆河戏历经四百余年的沧桑冷暖，这颗沧海遗珠能够流传至今，得益一代又一代民间艺人们的执着坚守和护养。

仅就荆河戏旦行的艺术流派讲，从20世纪20年代起，就有童（童乐秀）派、瞿（瞿翠菊）派、谢（谢福香）派之分，在观众中享有很高的声誉。现将这三派的代表性人物及艺术特点简介[①]如下：

童派艺术的代表性人物童乐秀出生于1900年，桃源县人。民国元年（1912）入澧县牛奶湖乐字科班习艺，师宗谢安凤。童乐秀自幼聪颖好学，刻苦钻研，甚得老师器重。出科后到沙市泰寿班唱戏初露头角，令沙市观众刮目相看。他功底扎实，嗓音圆润，以武旦戏见长，演《飞熊山》中翠环，踩晓子，跳“掩脚方”“双蹦子”动作利落，姿态优美，塑造了女中豪杰的形象。摇旦、花旦戏也很拿手，在《牧羊山》《赶春桃》等戏中扮演大娘泼妇，动作夸张，神情狠毒，恰到好处，为观众所称道。20世纪30年代初，童乐秀离开沙市舞台到津市松秀班演出、授徒，后起之秀松庹霞等均受其教益。

瞿派艺术的代表性人物瞿翠菊，出生于1898年，1912年入安乡翠和科班向胡恒翠学艺，出科后，在湖南津市松秀班拜邓金秀为师，后在湖北沙市三元班、湖南澧县新华班、临澧县同福班做戏。凡唱、做、念、打、跷功、发功、水袖、翎子等功俱各尽其妙。特别是他的跷功，能使身材变矮。青年时期即名噪荆、澧。他的戏路宽，尤擅长闺门戏。《樵子口》的王金爱、《祭江》的孙夫人、《祭塔》的白素贞、《二度梅》的

---

① 赵玉春、李启斌、王文华主编：《荆河戏史料集》，武汉：湖北人民出版社2013年版，第25—41页。

陈杏元，都演得很好。花旦戏《百花亭》《梅龙镇》，武旦戏《盗旗马》《寒江关》，也是他的拿手好戏。他的唱腔多花腔，唱得声媚音柔，又会偷腔换气，行腔时袅袅余音，连绵不断，能收到回肠荡气的效果。晚年致力于培养青年一代，鲁小翠、张淑容、李惠云等皆出其门下。

谢派艺术的代表性人物谢福香，出生于 1899 年，1913 年在本地福兴科班学观，出科后随班演出。1918 年到沙市三元班，从岳父王金凤参师。因而场底厚实，文武兼备。前期多演“弓马”戏，以《盗旗马》《斩三妖》《两狼关》等跷功戏见长。后演青衣，又以《祭江》《樵子口》《武家坡》《三击掌》等唱功戏拿手。他的花旦戏也有特色，在《耍凤冠》中，把荷珠丫头淳朴天真而又矫揉造作的双重性格，刻画得准确细致、丝丝入扣。在《活捉三郎》中饰阎惜姣的鬼魂，碎云步飘若浮云，甚是优美动人。先后在同福、新华、宝垣、水乐等班唱戏。1933 年在临澧县新安新舞台料班当教师。王新凤、谢新娥、董新菊（女）等，皆出其门，成为后秀。

在非物质文化遗产荆河戏传承人中，湖北省的刘厚云和谭复秀、湖南省的萧耀庭和王与佑为国家级传承人，他们为当代荆河戏的传承发展做出了突出贡献。

刘厚云（1928—2009）系沙市荆河戏刘氏第五代传人，从小受家庭熏陶，12 岁开始，先后拜沙市荆河戏名师杨文宣、李友本为师学习荆河戏，以司鼓为主。由于师父传授得法，自己刻苦努力，硬记曲牌、锣鼓经、唱词，因此入门很快。在打鼓的同时，还特别留意丑行、净行，生行一些角色的唱腔、道白和表演，学会了不少戏，因此，他不单能司鼓，还能上台演出。新中国成立后，曾参与沙市专业戏班演出，为汉剧名伶徐万春、王子林、刘玉楼、江金钟、荆河戏名伶筱精培、杨华福等司过鼓。1952 年加入荆河戏新华剧团，1953 年，该团落籍石首，成为石首县荆河戏剧团。刘厚云在该团曾任业务团长、艺委会主任、工会主席等职。同时担任司鼓、导演兼演员。除了担任传统的司鼓，参与一些演出外，他曾导演过《血债血还》《王贵与李香香》《望娘滩》《宝莲灯》等戏，在《血债血还》中饰蒯金镖、《枪毙张友三》中饰张友三、《王三保回头》中饰三保、《王贵与李香香》中饰连长等。1974年，从石首回沙市棉织二厂工作，担任荆州市业余荆河戏剧团业务团长，长年坚持为演员说戏、排戏，参加演出，排练演出了大量荆河戏剧目。多年来带徒授艺，培养了不少乐手和演员。

谭复秀（1932— ）自幼热爱荆河戏，1952年她先后拜荆河戏名师李有本、徐元富、李方元为师学戏，主攻生行兼习老旦、小生，有时也串演丑角。那时，学戏演戏都是业余的，每天上完班，不管有多累，她照样回来学戏。在台上，她甘当小角色，跑龙套。有时她演丑角，刚刚挨板子，又要当替身，被拖出去斩首……不管演多么小的角色，她都精益求精，深受大家赞誉。她很快就成了剧团的“柱子”，登台演出了《莲台山》《禅台报》等。1964年，她担任沙市业余荆河戏剧团团长。除上演传统剧目外，她还组织排演了《查账》《小虎参军》等新剧目，受到文化部门表扬。“文革”结束后剧团重新恢复，谭复秀继任团长。1999年在荆州市业余戏曲大赛上，谭复秀以《三元会》荣获一等奖，其《郭子仪封王》唱段被录音记谱载入《中国戏曲音乐集成·湖北卷》。为使荆河戏后继有人，她热心培养年轻人，使她们成长为荆河戏的骨干力量。谭复秀和老艺人将20多箱荆河戏服饰、道具、剧本手抄本500余件，无偿地捐赠给长大荆河戏基地。

萧耀庭（1935— ），1960年毕业于北京师范大学历史系，分配在内蒙古教书，后因病退职返乡。1962年进临澧县荆河剧团，师从著名乐师黄绩三学习荆河戏音乐。1963年起任临澧剧团的专职音乐设计，先后有100多首戏曲音乐作品问世（包括现代戏，新编历史剧和“文革”时期的移植样板戏），在澧水流域颇负盛名。除此之外，他还曾改编、新创《孟良一家》《双合印》《程咬金娶亲》《和氏璧》等剧本，其中《程咬金娶亲》剧本1982年获省文联颁发的湖南省文学艺术创作奖。后主要从事荆河戏音乐的整理与研究工作，并有相关的创作与研究成果，代表作有主编《荆河戏音乐研究》，编撰《荆河戏音乐集粹》，创作剧本《程咬金招亲》等。

王与佑（1952— ），他的祖父是荆河戏戏班文场师傅，父亲是原永乐剧团（现荆河剧团前身）的鼓师，姐夫、姐姐曾是荆河剧团的台柱子。1971 年，王与佑进澧县荆河剧团，拜荆河戏音乐泰斗黄绩三的得意门生许安和为师，学习荆河戏的传统曲牌与演奏技法，挖掘整理出传统唱腔、曲牌近百首。20 世纪 80 年代初，他开始担任剧团音乐设计的主笔，前后为近百出日常演出与调（汇）演剧目设计唱腔，多次获省、市音乐设计奖。其中，《郑宫恩怨》《桓公拜相》《夫人令》等戏在中央电视台、湖南省电视台播放，部分作品收录于《湖南新时期 10 年优秀文艺作品选 · 音乐卷》《中国戏曲音乐集成 · 常德卷》《荆河戏音乐集粹》中。

著名的荆河戏老艺人有许天喜、王赛喜、田育远、张春喜、张多宝、朱三元、李楚祥、伍云春、罗炳寿、徐宝楚、王金凤、杨彩洪、傅庆寿、郑金秀、谢升和、欧清喜、刘金玉、许宏海、潘化林、王席香、彭化万、黄乐元、邵春霞、滕和英、杨化富、蒯同荣、孙瑞全、周精培、马福金、张觉华、王天柱、孙春云、张申华、杨宏枝、孙香华、任和猛、孙升福、蒋玉和、胡醉趣、黄绩三、徐国才、李友本、陈登亮、吴生荣、徐泽秀、李正栋等。现代著名的荆河戏传承人还有湖北的陈顺珍、胡兴春、徐方贵、刘怀春等；湖南的方觉东、张又军、张兴、周乃国、胡红、张蓉蓉、胡小元、陈大华、杨翠均、攀明全、黄生峰等①。

荆河戏技艺传承的路径既有家族传承，也有师徒相传，但以师徒传承为主，因此谱系错综复杂。荆河戏形成之后，代代有创新，流派纷呈，呈现出“多师”的格局。荆河戏苑因名家荟萃、大师如云、百花齐发、异彩纷呈而精美绝伦！

四、学校：延续了荆河戏薪火

习近平指出：“优秀传统文化是一个国家、一个民族传承和发展的根本，如果丢掉了，就割断了精神命脉。”“中华优秀传统文化是中华民族的精神命脉，是涵养社会主义核心价值观的重要源泉，也是我们在世

① 赵训科、周光庆、周绍楚、王文柏、萧耀庭等编：《湖南荆河戏名艺人小传》，湖南常德汉剧荆河戏教学演出大会、湖南省戏曲研究所编：《常德汉剧荆河戏教学演出纪念册》，1982 年版。

界文化激荡中站稳脚跟的坚实根基。”高校是文化传承创新的重要阵地，推进中华优秀传统文化创造性转化、创新性发展是高校的重要功能。坐落于荆江之滨、荆州城内的长江大学勇立时代潮头，以身边的国家级非物质文化遗产荆河戏的传承与保护为重点，积极肩负起传承和弘扬中华民族优秀传统文化的重任，为荆河戏的薪火相传做出了突出的贡献①。

长江大学是湖北省属高校中规模最大、学科门类较全的综合性大学，为湖北省重点建设的骨干高校。早在它的前身江汉石油学院时期，学校就同荆河戏的社会剧团进行了多次交流。2006 年，长江大学协同地方政府推进荆河戏申遗，荆河戏经国务院批准列入第一批国家级非物质文化遗产名录。同年，与荆州市群众艺术馆配合中央电视台“走遍中国”栏目，在《荆州篇》中，重点介绍了荆沙的古老剧种荆河戏，推动荆河戏的抢救保护。2009 年，成立长江非物质文化遗产传承与发展学社，并同荆州市群众艺术馆下属荆州市荆河戏剧团建立了长期的交流合作机制，共同加强对荆河戏的传承保护，并于 2010 年 6 月合作拍摄完成荆河戏专题纪录片《十年的守望》。同年，还与荆州市群众艺术馆共同承担了中国艺术研究院国家珍稀剧种的抢救保护工程中荆河戏《望儿楼》《斩于吉》的录制工作。2012 年，秉承“荆河戏进校园，传承荆楚文化”的理念，初步建立荆河戏校园演出机制、校内荆河戏学员培训机制。2013 年，长江大学非遗研究中心成立，这对推动长江大学荆河戏传承的专业化、科研化、组织化建设，打造“荆河楚韵”文化品牌具有里程碑意义。2016 年，在长江大学非遗研究中心的支持下，荆河戏专题纪录片《荆河魂》完成拍摄，该片播放后吸引了国内外数十家媒体的关注。2017 年 3 月 9 日，在荆州市群众艺术馆、长江大学非遗研究中心的共同支持下，群众业余戏曲保护与传承组织——长江大学业余荆河戏剧团成立，在全省乃至全国戏曲校园保护方面起到了示范效应。多年来，长江大学先后举办“荆河戏走进长江大学专场晚会”“荆楚戏曲长大行晚会”“荆河戏小品剧之夜专场晚会”“橘颂荆河情戏曲专场晚会”等活动，培

① 本部分参见桑俊、李建军：《荆河戏的发展困境与校园保护传承对策——以长江大学十年保护历程为例》，《长江大学学报（社科版）》2017 年第 5 期，第 11—14 页。

育了一大批校园荆河戏传承人，吸引了荆河戏非遗传承人的进驻，输送了一批有一定戏曲表演能力的学生，奠定了长江大学业余荆河戏剧团“老中青、传帮带”的传承组织基础。2017 年，在荆州市文化新闻出版广电局主办的“戏曲进校园”荆州城区团队竞演活动中，长江大学业余荆河戏剧团与荆州市荆河戏剧团联袂出演，拉开了在荆州城区十所学校巡演的序幕，受到广泛好评。2017 年 6 月 10 日，为响应国家“文化遗产日”号召，长江大学业余荆河戏剧团邀请美国纪录片大师大卫·布鲁曼克鲁兹开展“荆河戏”跨文化之旅活动，一展剧团的国际化能力和专业化素养。在积极进行荆河戏传承保护的同时，长江大学的学者们致力于荆河戏的研究，取得了丰硕的成果，积累了许多可贵的经验①。

1. 学术研究与表演传承相结合

在荆河戏保护方面，长江大学一直坚持研究与传承相结合，先后成立了长江非物质文化遗产传承与发展学社和湖北省非物质文化遗产研究中心（长江大学）开展荆河戏的搜集整理和研究工作，发表了《荆河戏调查报告》《地方戏校园传承反思》《荆河戏的历史源流与表演艺术》等论文数十篇，收录了传承人生活照、演出剧照、教学照等珍贵影像资料数万张，提升了荆河戏的艺术价值和文化价值。2017 年还成立了长江大学业余荆河戏剧团，该剧团拥有一支集高校教师、博硕本等不同层次学生、非遗传承人的专业化团队，包括组织策划团队、拍摄团队、宣传团队和演员团队等，积极开展校内外巡回演出，为荆河戏的传承与发展做出了重要贡献。

2. 专业艺人与青年学子相结合

长江大学在荆河戏人才培养和科学研究模式探索中，创造性地利用荆河戏原有组织框架和互联网平台，积极建立了学校平台与荆河戏艺人的互动共享机制，加强老一辈荆河戏艺人同师生间的情感联系和艺术共鸣，调动了师生参加荆河戏保护传承的积极性，形成一种学荆河戏的良

---

① 荆州市群众艺术馆、湖北省非物质文化遗产研究中心（长江大学）、长江非物质文化遗产传承与发展学社编：《图说荆河戏》（内部资料），2018 年版。桑俊、李建军：《国家级非遗项目“荆河戏”的高校传承模式研究》，《广西师范学院学报（哲学社会科学版）》2018 年第 5 期，第 100—104 页。

好氛围。通过学校平台也逐步聚集了大量荆河戏爱好者，展现了本土戏剧文化生命力，扩大了荆河戏的影响力。

3. 政府机构与高校社会相结合

多年来，长江大学荆河戏的校园保护与传承得到了荆州市各级政府的大力支持，荆州市文化局、市群艺馆多次提供扶植资金，用于荆河戏的演出、研究和人才培养。长江大学积极发挥高校人才和平台优势，确立以高校教职工为传承中坚力量，国家、省级、市级荆河戏传承人为教导教师，以高校学子为主要培训对象的荆河戏人才培养模式，推动荆河戏成果理论化、科学化、影像化、数据化。长江大学业余荆河戏剧团也积极引进社会资源，致力于构建以高校、中学、社会为中心的荆河戏巡演体系。目前，长江大学已形成政府、高校、社会相结合的荆河戏保护传承体系。

4. 原味传承与不断创新相结合

长江大学积极推进“戏曲进校园”活动，学校业余荆河戏剧团在演出实践中，在保持戏曲原味的基础上，在内容上着力推动荆河戏贴近生活、贴近群众、贴近市场；在艺术上精益求精，不断提升艺术创新能力和审美趣味。在近年来的演出中秉持“生旦净丑同台演绎，用荆河戏讲民族历史”的理念，推出了《挑担围观唱荆河》《八百八年》《双驸马》《寒江关——樊梨花》《大回荆州》《莲台收妃》等一批精品，不仅向观众普及了荆楚历史文化知识，而且集中展现了荆楚传统文化和民族精神，显示出了荆河戏强劲的生命力。

5. 传统传承与现代传播相结合

随着互联网和新媒体的发展，长江大学积极利用互联网平台和新媒体技术，记录荆河戏演出过程，建立荆河戏影像资料库，加强对宝贵的荆河戏资料的保护；积极探索荆河戏传统口头传承与现代化媒体传承相结合的方法，创建了荆河戏规模化、市场化、层次化的现代传媒传播平台，建立了大型荆河戏同好论坛和群组等。这不仅让热爱荆河戏的青年学子能随时随地学习、传承和研究荆河戏，而且也能让广大荆河戏爱好者能及时欣赏和传承荆河，增强了荆河戏的传承传播能力。

党的十九大报告指出，文化是一个国家、一个民族的灵魂。文化兴国运兴，文化强民族强。没有高度的文化自信，没有文化的繁荣兴盛，就没有中华民族伟大复兴。中华优秀传统文化是中华民族凝聚力和创造力的源泉，我们要坚定文化自信，勇于创造创新，推动中华优秀传统文化创造性转化、创新性发展。长江后浪推前浪，一代更比一代强，文化的兴盛离不开一代又一代人的付出，文化的传承靠一代又一代人来担当，让我们接过薪火相传的火炬，不忘本来、吸收外来、面向未来，为荆河戏这一中华文化奇葩绽放出更加绚丽的光彩做出应有的贡献。

第三章 民俗文化

第一节 中秋节的创新与动力*

传统节日习俗不是一成不变的“死水”，而是活态的，具有动态性、变化性和时代性的特点。随着社会的发展，传统节日习俗也处在不断变化发展中，或不适应时代发展而被淘汰走向消亡，或能顺应时代发展趋势，在传统与现代的交融中传承与创新，进一步延续发展。随着当代社会的急剧转型和信息时代的深度显现，中秋节的文化内涵与表达方式正在发生深刻变化，如何认识和利用中秋节习俗的当代功能，成为人们关注传统节俗传承与发展命运的重要问题。笔者曾主持国家哲学社会科学基金特别委托项目“中国节日志·中秋节”的研究和编撰，组织对全国包括北京、上海、香港和澳门等25个城市或地区中秋节现状的深入调研。本节基于这些中秋节习俗的调研报告，从文化社会学角度分析了传统节日习俗与人的需求、文化传统、社会变迁、经济发展、科技进步和政府行为等方面的关系，及其各种因素对中秋节的影响，并以此管窥中国传统节日习俗的发展趋势。

一、人的需求是推动传统节俗产生的内在动力

需求是人类的主要意志，也是社会文化发展变化的原始动力。马斯

---

* 本节原题《博弈与坚守：在传承与创新中发展——关于中国传统节日中秋节命运的多维思考》(与孙佳合作)，原载《民俗研究》2018年第1期。

洛将人的需求分为五个层次，依次由较低层次到较高层次排列。第一层次生理上的需要，包括呼吸、水、食物、睡眠、生理平衡、分泌和性等个人生存的基本需求；第二层次安全上的需要，包括人身安全、健康保障、资源所有性、财产所有性、道德保障、工作职位保障和家庭安全等心理上与物质上的安全保障；第三层次情感和归属的需要，包括友情、爱情、性亲密等友谊和群体归属感的社交需求；第四层次尊重的需要，包括自我尊重、信心、成就、对他人尊重和被他人尊重等，尊重需要得到满足，能使人对自己充满信心，对社会满腔热情，体验到自己活着的用处价值；第五层次自我实现的需要，包括道德、创造力、自觉性、问题解决能力、公正度和接受现实能力等，即指通过自己的努力，实现自己对生活的期望，从而对生活和工作真正感到很有意义①。

文化是社会发展的产物，是人在社会化过程中的一种创造。文化是人类为满足自己的需要而创造出来的，人类的不断发展使自己的文化创造处于一种不断变化的过程中。人类在满足自己的需要中不断创造新的需要，这是人类文化最大的创造力与人类进步的关键。钟敬文先生指出："节日随着人民的能力、智力等的发达和经历时间的长久，这种传统文化，越来越显得丰富多姿。它不仅满足了人民的一定生活要求，也推进和巩固了社会秩序。它独特地尽着一种文化功能。"② 广大民众是传统节日文化活动的践行者，是节日产生、演变、发展、消亡的直接驱动力。他们是传统节日的主人，是传承与保护传统节日的主体力量，是传统节日文化的守护者。传统节日之所以能产生并传承发展，取决于民众对这一节日的需求，表现为人的参与和感受外部世界价值和意义的心理机制的需求。中秋节习俗产生的主要原因有：

1. 由于人类生存的需要，产生了祭月拜月习俗，感激上苍赐予丰收

关于中秋节的由来，一说起源于我国古代的秋祀——敬土地神。在古老的农耕社会，农业的发展与季节有很大关系，在科学不发达的时代，无论是播种还是收获，人们往往要祭祀土地神，春天播种时向神祈求丰

---

① ［美］亚伯拉罕·马斯洛：《动机与人格》，许金声等译，北京：中国人民大学出版社2007年版。

② 钟敬文：《民间节日的情趣》，《话说民间文化》，北京：人民日报出版社，1990年版，第57页。

收就有“春祈”（春祀）。八月中旬稻子成熟向土地神报告丰收就有“秋报”（秋祀）习俗。中秋节就是秋报的遗俗。八月中旬，收获在即，家家祭祀土地神，以答谢神的保佑，于是产生了种种习俗活动。另一说源于古代祭祀日月的宗教习俗。《礼记》记载有：“天子春朝日，秋夕月，朝日以朝，夕月以夕”，意思是说天子在春天早晨祭拜太阳，在秋天晚上祭拜月亮。“夕月”就是秋分（中秋节前后），晚上祭拜月亮是对月的原始崇拜。中秋节通过祭月拜月庆丰收，是人们对丰收喜悦的情感表达，是对神恩惠的感恩与感激，更是人与神对自然的馈赠和劳动的成果的共享。

2. 由于家庭和睦的需要，产生了中秋团聚习俗，强化家和万事兴观念

家庭是社会的基本细胞，家庭是社会稳定的重要基础，是社会凝聚力的重要来源。家庭成员的团聚与和睦是家族生活中的大事，中秋节为人们提供了一个回归家庭的良机，从而加强了个人与家人的联系，强化了人们的家庭义务与责任感，有利于提高人的生活质量，实现社会的和谐发展。因此，人们都十分珍惜中秋团聚的机会，亲情在回归家庭中得到强化。

3. 由于群体归属的需要，产生了互赠月饼习俗，强化个人社会认同感

越来越发达的现代信息系统，使人们越来越陷入一种封闭式的生活状态中，容易导致性情变得越来越冷漠、孤僻、狭隘。在这样的背景下，人们不仅需要物质生活的满足，更需要精神生活的满足，尤其是需要在人与人之间的交往中得到社会认同。在中秋节中，月饼作为亲朋好友相互交流的友情与吉祥的象征，彼此馈送“团圆月饼”，将个人与家庭关系进一步扩大到与社会之间的情感联系，从而增强社会对个人的认同。

4. 由于身心愉悦的需求，产生了赏月习俗，强化人与自然和谐理念

赏月对于长期生活在单调沉闷、缺乏生机环境中的人们是一次精神洗礼，人们在明月照天的情境中赏月，享受着回归自然的乐趣。生活在现代社会的人们与传统文化越来越疏离，但当人们欢度传统节日时，就可以脱离日常的时间安排，进入一个个体生活的特殊民俗时空，这不仅对于改善人的精神面貌，焕发人的工作热情具有积极意义，而且生活化

的节日习俗在满足个体需求中使传统文化得到了延续与加强。

二、文化传统是支撑传统节俗延续的深厚基础

文化是一代又一代人传承、积累和发展的结果，它的历史个性和原始价值精神一旦内化为不同部落、种族、民族及区域人们的社会心理，就会像生物的基因一样具有遗传性。特别是当文化积累到一定程度处于相对稳定时，它所维持的经验及其价值形成心理定势，即在人们的心理机制上“沉淀”为特定的价值倾向。民俗是一定历史条件下某个民族、某个地域人类生产和生活方式、群体意愿和时代风尚、道德标准和审美观念的反映，民俗一定程度上表现出那个时代、那个民族、那个地域社会的文明程度和综合水平，以及文化风貌和社会心态。自古至今的民俗传统像是一只看不见的手，无形中支配着人的行为，从吃穿住行到婚丧嫁娶，从社会交际到精神信仰，人们都在自觉和不自觉地遵从民俗的“指令”。

关于传统节俗传承与发展的原因，萧放先生指出：“传统节日之所以能被接受、认同，就看它是否具有认知的价值与生活的意义，传统节日是在数千年的文明传承中形成的时间生活传统，它不仅是一个时间段落标志，在节日之上，人们赋予了丰富的文化意义，节日表达着中国人的情感与信仰。它与中国人的精神联系紧密而强烈。”① 这说明节日习俗的传承与发展的深层动力来自节日习俗中最深厚的文化精神与传统。

1. 中秋节习俗的中国传统文化

中秋节之所以历久不衰，至今为全国上下所重视，主要靠的是团圆的主题，家和万事兴的理念，以及人与人和谐和人与自然和谐的和为贵的传统文化精神。其一，家和万事兴的传统。在中国传统文化中，月亮是柔和与光明、团圆与和美的象征。中秋节民俗活动的主旨体现了深厚中华传统文化内涵：祈盼阖家团圆。中秋节，秋高气爽，花好月圆，“海上生明月，天涯共此时”，全家团聚——“人月共圆”，人月两圆的意境，所以中秋节又被称为“团圆节”。明人田汝成云“八月十五谓之

① 萧放：《传统节日与非物质文化遗产》，北京：学苑出版社 2011 年版，第 167 页。

中秋，民间以月饼相遗，取团圆之义”①。对中国人来说，家庭圆满是人们希冀的生活目标，家和万事兴是人伦境界，合家团圆，珍惜家庭和睦是所有人共同的追求。其二，人与人和谐的追求。传统的赏月习俗主要在亲朋好友之间，乃至更大的社会关系中进行，明月印证着亲情和友情，赏月它是人们获得身心愉悦的方式之一，更是实现人际关系有效沟通的良机，达到人与人和谐的途径。其三，人与自然和谐的精神。拜月习俗，敬奉自然，是人与自然对话，体悟自然与人生和谐之理，表达着人们对幸福生活的向往与追求，也是追求人生与自然和谐的特有情感。

2. 中秋节俗在当代传承的文化价值

在社会工作联系日益紧密、人心却日渐疏远的今天，中秋节应成为和谐家庭关系和凝聚社区民众的机缘。尤其是当代社会，中国人口处于大流动、大迁移的状态，成千上万的人离开熟悉的故乡前往陌生的异地，由于对故乡的依恋使他们产生一种强烈的团圆情感渴求。中秋节使无数游子油然而生思乡之情，培植着落叶归根的心理。在这个团圆的文化中，包含着对家庭的眷恋和对故乡的思恋的深深情感。期盼团圆和追求和谐是人类永恒的精神需求，这就决定了中秋节长久存在的价值。

3. 中秋节在未来传承的文化意义

文化凝聚功能是中秋节最核心的文化功能，在当代社会中，中秋节的圆月、月饼作为团圆的象征已深入人心，中秋节也已成为人们广泛文化认同的重要节日。中秋节的拜月、赏月、家庭团聚等习俗中所体现的中国传统的和谐精神，在未来社会依然有符合民众精神追求的意义，在强化家庭和睦、增加社会认同感、加强民族凝聚力方面有着不可替代的作用。今后，如果能够进一步挖掘中秋节日习俗的传统文化蕴涵，激活隐藏在各种仪式中的人文关怀与生态智慧，传承和谐发展理念，使之成为人的永恒的精神追求，一定可以在凝聚人心、融洽社会、推进和谐发展方面起到积极的重要的作用。

① 田汝成：《西湖游览志馀》第20卷，上海：上海古籍出版社1980年版，第361页。

三、社会变迁是促进传统节俗变革的外部条件

文化世界是一个开放体，一种文化体系的价值和意义永远处于量的积累与质的变化状态中，文化世界又是有自组织能力的，这种自组织能力主要是通过社会有机体来实现的，具有根据自己的需要，对外部的文化世界的价值意义进行选择、吸取和整合的能力，各种文化及其特质在这种竞争与选择机制中不断被创造和淘汰。人类的需求是不断发展、变化的，各种需求得到满足后还会产生出另一种新的需求，他们在特定的“文化场”中进行经验积累，不断进行文化的选择与创造。马克思指出：“人们自己创造了自己的历史，但是他们并不是随心所欲地创造，并不是在他们自己选定的条件下创造，而是在直接碰到的、既定的、从过去继承下来的条件创造。”① 每一个民族的节日都是一定历史时期内的产物，都有它自身的发生、发展变化的历史与规律，就社会发展变化对中秋节日习俗的影响来说，最大变化主要体现在世俗化和娱乐化两个方面。

1. 世俗化：从神圣祭典走向世俗生活

中国传统节日的产生往往与人们的原始宗教信仰有着密切的联系。如前所述，中秋节产生于古代秋分祭月和祭祀先农的古礼，随着社会的发展，尽管信仰成分在现代中秋节中仍存在着，如祭月和拜月活动现在许多地方仍在进行着，但人们已经将传统信仰重心转移到社会人事方面，宗教色彩的庄重祭典已经世俗化为娱乐色彩的民俗活动。在各种仪式中，人们更看重情感与人伦，如家庭团聚，亲友往来。如在陕西西安和山西泽州等地的乡村，现在老人们在中秋节虽然也祭月，但只是摆上少量供品献月，象征性地烧烧香而已，有些家庭也没有燃香炉，拜月仪式较为简单随意。在青海西宁市南村，一些汉族和藏族家庭虽然按传统习俗由年长的女性进行“完月”（即祭月），但汉族祭月的女性并没有穿传统的蓝布衫，藏族家庭也没有穿藏袍，仪式也简化了许多。因时代的发展，以“拜月”和“祭月”为中心的神话性和宗教性传统减弱，世俗的情

---

① ［德］马克思：《路易·波拿巴的雾月十八日》，《马克思恩格斯选集》第1卷，北京：人民出版社1995年版，第79页。

感、愿望构成普通民众中秋节拜月和赏月的主要形态。

2. 娱乐化：从个人雅趣走向大众娱乐

据有关资料记载，中秋节本脱胎于唐初文人雅士赏月吟诗习俗，到中唐到宋代已发展成民众在农历八月十五竞相买酒团聚和登高赏月的狂欢节了，成为民众亲近自然愉悦身心的娱乐性节日。这些节俗原有的宗教性、审美性功能逐渐丧失，而娱乐性、商业性功能逐渐居于主导地位，中秋节俗在融入现实文化生活、为民众所享用中获得了新的生命。比如，中秋节日文化与旅游结合已成为国人当下的时尚行为，这不仅为传统节日文化的活态传承与发展提供了新的土壤和空间，传统节日民俗在旅游场域中得到复兴与发展，而且旅游产业也在与传统节日文化的融合中文化品位得到了极大提升、市场得到了拓展。

在全球化语境下，传统节日文化正经受着外来文化和新型工业文化的强烈冲击，传统节日习俗发展变化十分正常，这符合民俗文化传承变异规律。社会的发展，文化的赓续是人类社会的正道，对那些不合时宜，甚至是阻碍社会发展的陈规陋习，必然因势改易。但这些变化都是在传承和弘扬传统文化精神内核基础上实现的，无论如何变，以人为本的核心、服务大众生活和社会的宗旨、世俗化和娱乐化的趋势不变。2016 年 5 月 17 日，习近平《在哲学社会科学工作座谈会上的讲话》中指出："要加强对中华优秀传统文化的挖掘和阐发，使中华民族最基本的文化基因与当代文化相适应、与现代社会相协调，把跨越时空、超越国界、富有永恒魅力、具有当代价值的文化精神弘扬起来。"① 这为中华优秀传统节日文化的传承与发展指明了前进的方向。

四、经济发展是影响传统节俗重构的关键因素

在当代社会中，文化与经济越来越密不可分，彼此相互交融，形成共生互动的关系。一方面经济已不是单纯的物质活动，而是越来越多地渗入文化因素，经济活动借助文化力量增加竞争力，成为当代社会生产力发展的基本推动力量；另一方面，文化也已不再是单纯的精神存在，

---

① 习近平：《习近平谈治国理政》（第二卷），北京：外文出版社 2017 年版，第 34 页。

其经济功能也不断在增强。文化通过经济活动和物质产品来传播，文化产品和服务作为商品进入市场从而渗透更多的经济因素①。郑新安在《节日文化流行风尚的调查与思考》一文中指出，当代节日有多种发展趋势，如讲究综合效益，即体现社会风尚、参与热情、文化娱乐和经贸商品四个方面的总体效益；突出节日文化气氛，以文化娱乐活动文化产品和服务及宣传为主体，以欢庆、团结、祥和为特质，多种供需关系共存，以丰富文化娱乐生活为主；加强文化联系、形成新的传统节日②。这表明以文化消费为主要特征的文化经济正逐渐成为社会的强势文化，这种文化经济充分发掘文化资源的潜在价值，通过商业化运作和市场化机制作用，将社会文化与经济关联起来，将每一个社会文化现象的经济性价值开发出来，从而形成文化与经济繁荣的社会局面。

1. 节日习俗与经济发展的积极互动

传统节日因其负载的特殊文化内涵，较一般公众节日更能激起人们的消费欲望。节日是消费旺日，在向人们提供消费时间的同时也提供了消费需求，节日文化的商业化拓展已成为当今发展节庆经济的重要策略，节庆经济就是依托特色鲜明节庆活动或节会形式吸引大量消费者参与并引起相应的消费，这种发展节庆经济已成为各地弘扬传统节日文化，促进经济发展的一种较为普遍的做法。在中秋节等重大传统节日，人们对物质享受和社会交往等方面往往有着超常的消费需求。比如，中秋节已经被概念化地移植到商品促销活动当中，借节日之风，大搞商品促销成为城市商家的生意经。中秋节月饼的消费已成为一种特殊的节日经济活动。月饼是中秋节的必备食品，与日渐衰落的传统家庭自制月饼相比较，市场上售卖的月饼备受欢迎，无论是自己食用还是送礼，都是人们首选的节令食品。早在中秋节来临之前，各种月饼宣传广告就开始在大街小巷、商场超市、电商平台积极备战。如在香港，早在中秋前两个月，各家月饼店便展开攻势，荣华、大班、天心等大月饼公司的广告铺天盖地，地铁、大巴和商场随处可见。再比如，中秋节各地的饭店、娱乐场所、

---

① 秦淑娟、李邦君：《文化经济规律研究》，上海：上海财经大学出版社 2013 年版，第 62—63 页。

② 郑新安：《节日文化流行风尚的调查与思考》，《民俗研究》1994 年第 4 期，第 49—51 页。

公共休闲活动中心等则为群众提供了消闲场所，消闲游玩的节日人群成了各地中秋节公共空间中的一道热闹景致，节日消费让商家赚得钵满盘盈。传统节日经济的发展，一方面有效地刺激了商品消费、活跃了商品市场，促进了经济发展；另一方面，节日经济也为传统节日文化发展提供了巨大推动力，以前所未有速度和范围传播了节日知识和信息、扩大了节日活动的空间、增加了节日文化的新内涵，传统节俗在当代传承得到空前的扩大和加强。

2. 经济发展对节日习俗的消极影响

当代文化的急剧转型，人们观念的自由与多元重构，以及越来越严重的物化价值取向，导致传统节日习俗在过度的市场化、商业化中越来越趋向形式化、表层化、商业化、庸俗化，传统节日文化的传承面临严重的危机。就中秋节文化传承现状来说，其丰富的节日文化内涵正在被忽视，节日所蕴含的团圆观念与和谐精神日益淡化，中秋节有简化为月饼节的趋向。比如，过去中秋节月饼包装一般都比较简单朴素，但负载的美好愿望和生活理想却很真诚和珍贵，而现在的月饼虽然包装得越来越精美豪华，然而它们却渐渐变成了纯礼品，这些礼品又被负载了另外的内容，比如利益交换的功利性越来越重。尽管近年出台了一些规定，比如八项规定、六项禁令、反对“四风”等，在一定程度上遏制了公款购买月饼、天价月饼的现象，但在实际生活中追求奢华讲排场的过度包装、高价月饼的现象依然存在。同样材质的月饼，加上一个礼盒包装，根据不同的包装程度，售价便提高许多。这种过度包装成为当下中秋节的一项陋俗，也是中秋节商业化的典型现象之一。

在当代保护中华优秀传统文化和发展文化产业的背景下，如何在利用商业文化形态优势的同时有效传承文化，平衡传统节日文化项目的经济价值和社会价值取向，在节庆经济开发与传统节日保护之间形成一种良性的互动循环，实现文化传承与经济发展的双赢，正是当下应当引起各界关注的一个重要问题。

五、科技进步是促进传统节俗创新的重要引擎

马克思指出：“随着资本主义生产的扩展，科学因素第一次被有意

识地和广泛地加以发展、应用并体现在生活中，其规模是以往时代根本想象不到的。”① 科学技术是人在对自然界探索中取得的成果，但是它的应用并不限于处理人与自然的关系，更是成为与生产关系、文化状况密切相关的社会结构的重要组成部分。20 世纪 90 年代以来，以互联网、数字技术为核心的新媒体迅速发展，为传统节日文化传播注入了新的活力，拓展了节庆活动的发展空间，丰富了节日活动的内容和形式，吸引了更多的群体参与传统节庆活动，有效地推动了传统节日文化的传承与发展。

1. 科技丰富了传统节俗的内容

电视、网络等媒体的运用为传统节日增添了信息时代的色彩。中央电视台自 1983 年推出首届春节联欢晚会，1991 年推出首届中秋文艺晚会，另外还有元宵晚会、中秋诗会、网络春晚等文艺节目轮番上演，各大电视媒体也会在每年的重大传统节日推出大型文艺演出，在重大传统节日通过电视、网络直播等收看文艺晚会俨然已经成为人们欢度佳节的固定仪式。每逢传统佳节，在人们进行传统习俗活动的同时，全家人总会不由自主地围坐在电视机前，对春节联欢晚会、元宵晚会、中秋文艺晚会投入极大的审美期待。这种作为现代事物特征存在的现代媒体带来的文艺大餐，已经穿越了时空，形成了新的公共领域，获得了现代人们的文化认同。这种电视、网络媒体中的晚会套餐自觉地承担了展现民俗、突出各传统节日文化主题的任务。在节目设置上和创作中，则力图将民俗元素和传统文化元素融入，以创造民族传统节日文化语境，同时，实现全世界华人的民族认同及文化认同。从区域性的地方传统节俗来看，也同样在现代科技推动下获得了进一步发展。博饼是一项流行于以厦门、漳州、泉州为核心的闽南地区的中秋民俗活动之一，它讲究的就是一个开心，是博一个好兆头，大多数人都愿意相信，博中状元的人，一年运气总是会特别好，这当然是因为博饼活动里倾注了人们的感情寄托。所以，当地人总是对中秋节格外重视，甚至有“小春节，大中秋”的说法。传统中秋博饼活动是“实人实战”方式，而如今新科学技术尤其是

① ［德］马克思：《机器、自然力和科学的应用》，上海：人民出版社 1978 年版，第 208 页。

网络媒体和通信手段的进步，也给人们创造了在虚拟空间展开博弈的可能，“网上博饼”“微信博饼”活动借助互联网平台突破了传统民俗活动的时空限制，成为中秋博饼的一大亮点。从某种程度上来讲，现代科技创造了传统节日的新习俗，这些新习俗中包括大量新的内容，从发展民俗学观点来看，这些新习俗可以被看成一种“现代民俗”。

2. 科技增加了传统节俗的形式

现代科技不仅为传统节日文化带来了内容上的变化，而且更多更重要的是带来了表现形式和手段上的巨大变化。比如现代声光电科技及影像技术等多媒体技术的飞速发展，极大地创新了传统中秋节活动的表达手段，使之获得了强大的艺术魅力和空前的吸引力。开封市政府将高科技光影成像技术运用于铁塔燃灯这一中秋节传统民俗的创新，推出铁塔光影秀。铁塔光影秀运用3D成像、全息技术、建筑投影、水幕电影、激光造型等手段，通过香雾等机械手段，以空灵圣洁的主题音乐为背景，使观众的嗅觉，在一瓣心香的作用下，感悟佛法，品味甘苦。为观众呈现美轮美奂、超级震撼的视觉效果。剧目共分“听禅、夏荷、秋露、万佛归宗”四个篇章，整体勾画出铁塔灵秀、智慧、光明的佛国乐土色彩，所现梦境禅缘，展示了优雅大气安详的铁塔高品质夜间形象，是古典与现代、传统与时尚结合的典范①。铁塔光影秀已成为开封民俗文化中新的标志性符号。再比如，传统中秋花灯借助新材料新技术等改良了制作工艺，使得传统工艺品有了现代的转型，给观灯者一种全新的美的感受。2017年9月15日晚，2017海峡两岸中秋灯会在苏州昆山周庄古镇试亮灯，120多组灯组与江南水乡的小桥流水人家相映成趣。本届灯会充分吸收利用两岸同根同源的文化基因、民俗传统和最新灯艺科技，并选址水乡周庄，将江南美景融入整体规划设计中，打造出具有深刻文化内涵、浑厚艺术效果、超强视觉震撼的四大主题特色灯区。比如“宝岛风情灯区”的主灯“莲穹”，以昆山特有的并蒂莲为主体造型，内部的蓝色星空灯组绚丽多彩，中间立柱象征海洋，闪烁五彩光芒；外装饰整体以江南伞骨为造型，搭配七彩变光灯，顶部为月亮立体造型，配有

---

① 杨静：《铁塔光影秀》，2014年4月21日，http://go.kf.cn/2014/0421/90736.shtml。

船和浪花，寓意明月照耀海峡两岸，诠释了灯会“两岸情一家亲”的主题[①]。这些现代科技与古老习俗的结合拓展了传统节俗活动的开展空间，赋予了传统节日习俗更多的活力和时代感，这种新的形式吸引更多的人参与其中，使传统节日文化得到更好的传承与发展。

六、政府行为是主导传统节俗生存的强大力量

民俗文化的本质是民众自我服务和自我规范，在传统社会，民俗节庆活动主要由相应的民间组织推动。然而与传统社会不同，在相当长的时间内，我国民间社会组织活动受到抑制，人们变得不大习惯自主的民俗庆典行为。所以在当前及今后一段时间内，对传统节庆活动进行自上而下的政府主导将是必要和有效的。近些年，我国政府出台了三项重要法规制度和政策，对传统节日文化的保护传承发展产生了十分积极的作用。

1. 出台《中华人民共和国非物质文化遗产法》，为传统节日保护提供了法律保障

2011年2月25日中华人民共和国主席令第四十二号予以公布，自2011年6月1日起施行《中华人民共和国非物质文化遗产法》，该法对非物质文化遗产的调查、代表性项目名录、传承与传播和法律责任作了明确规定。规定“国务院文化主管部门负责全国非物质文化遗产的保护、保存工作；县级以上地方人民政府文化主管部门负责本行政区域内非物质文化遗产的保护、保存工作”。“国家鼓励和支持公民、法人和其他组织依法设立非物质文化遗产展示场所和传承场所，展示和传承非物质文化遗产代表性项目。”“国家鼓励和支持发挥非物质文化遗产资源的特殊优势，在有效保护的基础上，合理利用非物质文化遗产代表性项目开发具有地方、民族特色和市场潜力的文化产品和文化服务。”[②] 该法确立了非物质文化遗产在国家社会生活中的法律地位，增进了非物质文化

① 《2017海峡两岸（昆山）中秋灯会20日正式开幕》，2017年9月20日，www.xyl.gov.cn。

② 《中华人民共和国非物质文化遗产法》，2011年2月25日中华人民共和国主席令第四十二号予以公布。

遗产保护体系的完整性，对非物质文化遗产保护工作以至整个文化建设具有重大而深远的影响。目前，许多传统节日已被列入国家级非物质文化遗产名录（中秋节于2006年5月20日被国务院列入首批国家级非物质文化遗产名录），《中华人民共和国非物质文化遗产法》的出台为传统节日文化的保护提供了强有力的法律保障。

2. 将中秋节等传统节日定为国家法定假日，为传统节日传承提供了时间保障

我国历史上非常重视节日，民俗节日放假也是中国历来的传统。据北宋庞元英《文昌杂录》卷一载："祠部休假岁凡七十有六日"，可见宋代节日放假多达70多天。新中国成立以后的相当长时间内，传统节日没有得到应有的重视，大都被视为"封资修"残余而废除，中国传统节日除了春节放假以外，其他无一为法定假日。直到2007年12月14日《国务院关于修改〈全国年节及纪念日放假办法〉的决定》出台，才将清明、端午、中秋等传统节日升格为法定全民休假日。目前，全体公民放假的节日有：元旦放假1天，春节放假3天，清明节放假1天，劳动节放假1天，端午节放假1天，中秋节放假1天，国庆节放假3天，全年共11天。此外，还有部分公民放假的节日及纪念日[①]。春节、清明节、端午节、中秋节等传统节日作为国家法定假日的确立，这不仅仅是让大家在传统节日有休息娱乐的时间，它表明政府对优秀传统文化的高度重视，是政府对新时期社会文化政策的重要转向，对于国家文化传承来说，提供时间保障有助于恢复民族文化的美好记忆和传承文化价值。

3. 出台《关于实施中华优秀传统文化传承发展工程的意见》，为传统节日传承发展提供了政策保障

2017年2月6日中共中央办公厅、国务院办公厅正式公布《关于实施中华优秀传统文化传承发展工程的意见》，《意见》中指出："中华文化源远流长、灿烂辉煌。在5000多年文明发展中孕育的中华优秀传统文化，积淀着中华民族最深沉的精神追求，代表着中华民族独特的精神标

① 国务院：《关于修改〈全国年节及纪念日放假办法〉的决定》，2007年12月14日公布。

识，是中华民族生生不息、发展壮大的丰厚滋养，是中国特色社会主义植根的文化沃土，是当代中国发展的突出优势，对延续和发展中华文明、促进人类文明进步，发挥着重要作用。”文中还特别提出要“实施中国传统节日振兴工程，丰富春节、元宵、清明、端午、七夕、中秋、重阳等传统节日文化内涵，形成新的节日习俗”①。深入开展“我们的节日”主题活动和“实施中国传统节日振兴工程”将为中华优秀传统节日文化的保护和传承提供具体政策保障。

4. 政府在传统节日文化保护、传承与发展中应有的功能

传统节日文化的保护、传承与发展是一个系统工程，需要全社会的共同努力，只有政府、社会、学校、民众多方面参与共同合作，才可能将传统节日文化传承变为现实生活的组成部分。古今中外关于传统节日保护有两条基本经验：一是民间办会，政府支持，商家赞助；二是重大年节政府主办，普天同庆。在中国特色的文化管理体制机制下，“政府主导、社会参与”，在一段时间内仍将是传统节日文化保护的一种常态。但从民间文化长远发展趋势和民俗文化的本质特征来看，政府应放手让民间社会经营自己的民俗文化，努力培育城乡社区的民间自组织，启发民众用自己的智慧传承、创新和发展民俗文化，只有做到了民间节日民间办，中国传统节日文化才能真正复苏与发展。

综上所述，传统节日的产生与发展主要受以下因素的影响：人的需求创造了传统节日，传统节日的产生满足了人们的需求；传统节日传承的根基是传统文化精神，节日的发展又进一步丰富了传统文化内涵；社会变迁促进传统节日的变革，传统节日变革适应了社会发展；经济借助传统节日发展文化产业，节日文化市场的兴旺也促进了传统节日深入人心；科技进步有力推动传统节日的创新，极大丰富了节日的内容与形式；政府积极主导行为促进了节日发展，但节日发展的真正主体是人民大众。未来节日文化的发展仍将在人的需求、文化传统、社会变迁、经济发展、

① 中共中央办公厅、国务院办公厅：《关于实施中华优秀传统文化传承发展工程的意见》，2017年2月6日公布。

科技进步和政府行为等多种力量的博弈中前行，文化的整合调适机制，将有力地推动节日文化发展。有学者将节日文化的总体发展趋势总结为：节日活动与时代精神结合得日益紧密，节日活动与经贸活动结合得日益紧密，节日活动与旅游活动结合得日益紧密，节日活动与平时开发与民族资源结合得日益紧密①。这一总体发展趋势表明了节日文化与文化精神价值、日常生活需求、文化休闲娱乐、经济发展的密切关系。传统文化精神的传承，将增强节日文化的现代适应力；传统节日文化资源的利用，将有力推动文化产业的发展；现代科技在传统节日中的运用，将极大丰富传统节日习俗的内容和形式，有力推动传统节创新发展，这就是传统节日未来发展的方向。

第二节　重阳节的传承与重构*

重阳节作为中国七大传统节日之一，在我国民俗文化体系中占有重要的地位。萧放梳理古代文献中关于重阳节俗的记载后指出："重阳登高活动也经历了从实际践履郊野的登高到象征性的仪式表演登高，从民众共享的避忌登高到主要是文人、市民的娱乐登高的历史变化。"② 在全球化、城市化、市场化和信息化等现代化语境下，重阳节文化变迁速度超过历史上的任何时期。董晓萍认为，传统节日可以按时间节点含有不同的节日要素，如"整合社会""整合资源"以及"带有不同历史时期、不同社会阶段和不同人生文化观念"三类③，它们分别起到凝聚国家、祈祀天地和满足民众需求的作用。从传统节日的传承演变来看，节日要素随着社会历史的发展而转换或消亡，其隐含的节日功能也随着节日要素的变化而变化。基于上述维度的观察，可以说，重阳节的当代变迁集

---

* 本节原题《要素传承与功能重构：中国传统节日重阳节的当代变迁》（与邓清源合作），原载《节日研究》2021 年第 1 期；本节略有修改。

① 高占祥：《中国民族节日大全》序，《民族文化的盛典》，北京：知识出版社 1993 年版，第 1—3页。

② 萧放：《传统节日与非物质文化遗产》，北京：学苑出版社 2011 年版，第 171 页。

③ 董晓萍：《全球化与民俗保护》，北京：高等教育出版社 2007 年版，第 321 页。

中体现在节日要素的传承和节日功能的重构两大方面。

笔者曾主持国家社会科学基金特别委托项目“中国节日志·重阳节”的研究和编撰，组织团队对天津、上海、湖北、广西、云南等全国十余个代表性地区的重阳节作传承现状的深入调研。基于这些重阳节习俗的调研报告，本节从现代民俗学的视角分析重阳节在节日要素和节日功能两个层面上的传承与重构问题，以之管窥中国传统节日习俗的发展趋势。

一、重阳节节日要素的传承

重阳节历史悠久、影响广泛，经过千年的传承演变，形成了丰富的节俗传统。重阳节在全国各地有晒秋节、老人节、菊花节、茱萸节、登高节、女儿节等称谓，这些名字呈现出重阳节习俗在不同民族或地域的价值旨归。虽然各民族和各地的重阳节风俗存在差异，但是它们都包括文化空间、节俗物品、节日仪式以及民俗心理等四方面的节日要素。这些节日要素相互关联、相互补充，共同构成了当下重阳节的节俗体系。

（一）作为节日文化“记忆时空”的节日空间的变化

亨利·列斐伏尔在其著作《空间的生产》中最早提出了“文化空间”的概念，“空间”不再是一个地理的或物质的，而是一个社会的、历史的概念[①]。之后“文化空间”进入联合国教科文组织“非物质文化遗产保护”项目的关键概念，“文化空间”被界定为“一个可集中举行流行和传统文化活动的场所，也可以定义为一段通常定期举行特定活动的时间，这一实践和自然空间是因空间中传统文化表现形式的存在而存在的”[②]。2005 年《国家级非物质文化遗产代表作申报评定暂行办法》的相关定义是：“文化空间，即定期举行传统文化活动或集中展现传统文化表现形式的场所，兼具空间性和时间性。”[③] 这与联合国教科文组织的理念保持了一致性。有学者认为“文化空间从其自然属性而言，必须

---

① 陈桂波：《非遗视野下的文化空间理论研究刍议》，《文化遗产》2016 年第 4 期，第 81—86 页。

② 乌丙安：《非物质文化遗产保护中文化圈理论的应用》，《江西社会科学》2005 年第 1 期，第 105 页。

③ 关昕：《文化空间构建与传统节日保护》，《文化学刊》2009 年第 5 期，第 55 页。

是一个独在的文化场，即具有一定的物理、地理空间或场所”，“文化空间从其文化属性看，往往具有综合性、多样性、岁时性、周期性、季节性、神圣性、族群性、娱乐性等等”①。对于传统节日而言，公共的时间性、空间性和特有的节日传统使其构成了一种公共文化空间，进而发挥了构建身份认同，传承文化传统，加固乃至重构文化记忆的功能。在这其中，重阳节的节俗内容、节日意象和文化记忆的主导主体均发生了变迁。重阳节的文化空间主要有民众自发组织形成和由政府或组织精心设计构建两种形式，在城市大多是以政府或组织构建的文化空间为主，而在乡村大多是以民众自发组织形成的文化空间为主，但随着社会的发展，由政府和组织建构的文化空间越来越多，而民众自发组织的文化空间越来越少，其文化空间的核心价值和主体象征也发生了变化。

1. 核心价值从民俗传统转向社会公益

传统的重阳节重点在于庆祝丰收、祈求健康长寿，地点也主要在当地比较出名的公共空间，如天津市民登高祈福主要在玉皇阁、天后宫，南京市民主要在紫金山，南昌市民主要在滕王阁、西山梅岭等。有些习俗如做重阳糕、酿菊花酒的传统主要集中在家庭这种私人化的文化空间，到目前基本上都消失了。当下的重阳节以“孝老敬亲”的情感倾向为主，政府在全社会倡导关爱老年人的行为，重阳节的节俗增加了许多有组织性的公益行为。例如，天津天后宫内重阳节有企业提供经费赞助，为当天来天后宫的市民免费提供菊花饮和菊花盆栽；与此同时，天津的社区内举办由社区或街道工作人员组织的重阳节庆典活动，老年人在这一简单却又隆重的节日庆典里收获了政府的祝福和问候以及各年龄层民众的关注与赞赏，获得了心理上的满足。由此，重阳节的文化空间从传承民俗为主逐渐转向公益关爱老年人。

2. 核心象征从主体突出走向多元并行

高丙中认为文化空间的关键意旨为“具有核心象征的文化空间”，核心象征指的是一种区别于其他文化的文化独特性呈现出的某种象征物

---

① 向云驹：《论“文化空间”》，《中央民族大学学报（哲学社会科学版）》2008年第3期，第85页。

或意象，通过这种象征物或意象可以把握一种文化的基本内容，并且核心象征具有集体认同的特点。传统的重阳节文化空间主要以菊花和茱萸、菊花酒和重阳糕等为主，具备观赏性和可食用性，而当下的重阳节因文化内涵的丰富、民俗心理的转变，出现了众多围绕老年人的象征物，如菊花摄影展、重阳主题邮票展、金婚庆典等。核心象征的多元并行，一方面是由于民众的共同选择赋予了物体和空间以意义，另一方面也是重阳节俗本身的变异造成的。变异是民俗文化机能的自身调适，也是民俗文化生命力的所在[①]。

（二）作为节日文化“物质载体”的节俗物品的变化

重阳节的节俗物品是节日文化的物质载体，节俗物品可能是本来既有但被节日文化赋予特殊意义的，也可能是因节日文化的需要而被改造或创造出来的。节俗物品的发展演变与节日文化的内涵基本保持一致，也存在节俗物品基本不变但节日文化发生变化的情况。

重阳节正值菊花盛开的金秋时节，菊是重阳节重要的节日元素之一。东汉“桓景避祸”传说中桓景因饮菊花酒、佩茱萸叶避开灾祸，在《西京杂记》中记载宫女贾佩兰所言宫中事：“九月九日佩茱萸，食蓬饵，饮菊花酒，云令人长寿。”[②] 这表明菊花、菊花酒在重阳节俗最初是辟邪消灾、延年益寿的重要载体，表达了古代人们对平安和长寿的朴素愿望。随着历史的前进，历代文人墨客因菊花在深秋开放的风骨而称赞不已，陶渊明的一句“采菊东篱下，悠然见南山”千古传颂，菊花逐渐成为重阳节重要的观赏景观，人们观赏菊花、酿制菊花酒，在悠悠菊香里享受节日的盛景。在工业化、城市化的社会背景下，人们观赏菊花不再需要奔赴野外、也不仅限于重阳节当天；囿于时间和精力的限制，人们也不再酿制来年的菊花酒。菊花对于当代民众来说，辟邪消灾的意义已经逐渐隐退，祈福长寿的意愿依然留存，盛开的菊花成为节日影像留念的重要角色，菊花的观赏性被民众放在了节日文化要素的第一位。

民间歌谣唱道，“一片茱萸叶，一杯菊花酒，一块重阳糕，活到九

① 钟敬文：《民俗学概论》，上海：上海文艺出版社 2009 年版，第 18 页。

② 葛洪著，周天游校注：《西京杂记》卷三，西安：三秦出版社 2006 年版，第 146 页。

十九”。茱萸雅号“辟邪翁”，与菊花“延寿翁”并称“二翁同出”，是重阳节传统节俗的重要物品。与菊花不同的是，茱萸成为重阳节日元素之初就是以佩戴香囊方式辟邪消灾，观赏性不及菊花的茱萸在节日习俗演进中逐渐被淡化，生活在城镇中的居民没有办法去采摘、佩戴茱萸，茱萸驱虫防蛀的作用也被更加先进的居家用品代替。没有了生活实用性，茱萸只能作为药材入药使用，最终的隐退是历史和民众的必然选择。

民以食为天，我国地大物博，日常的饮食就因地域、民族之别而存在较大的差异。传统重阳节有一重要的节日食品称“重阳糕”。重阳糕是重阳节又一重要的文化载体，古人取“糕”同“高”之意，祝福吃“糕”之人“步步高升”或以吃“糕”代替“登高”。当下的重阳糕没有固定品种，各地在重阳节吃的松软糕类都称作重阳糕，重阳糕与平日所吃的糕没有明显的区别，不如端午节的粽子、中秋节的月饼一样极具辨识度，民众对重阳糕的文化记忆正在逐渐消散。

重阳节从最初的辟邪消灾、祈福长寿逐渐演变成以孝老敬老、保健娱乐为主的节日文化，相应的节日载体也发生了变化，有的节俗物品逐渐退出，有的节俗物品依然保留，还有的节俗物品专为节日文化创造而生。在当下的重阳节，孝老敬老是节日文化的重点内容，民众在节日文化的引领下更加关注家庭长辈以及社区老人的生活感受。因此，民众在重阳节为父母、为老人准备过冬衣物、生活必需品和保健品成为新的节日习俗，这些节俗物品也因为民众的意愿而被赋予了重阳节独特的孝老文化内涵。

（三）作为节日文化“表达形式”的节日仪式的变化

节日活动是与节日仪式相辅相成的节日要素，它们共同构成了节日表达的外在形式。仪式是一个包含丰富的社会观念和社会实践的象征体系，是一种文化建构起来的象征交流的系统[①]。节日仪式作为一种节日文化表现具有象征意义，而它的象征意义是由其组成所决定的。任何节

① ［英］鲍伊：《宗教人类学》，金泽译，北京：中国人民大学出版社 2004 版，第 17 页。

日的符号与仪式，都存在着两个基本的方面：一是它们所蕴含的精神文化的内涵因素；二是体现这些精神文化内涵的符号与仪式的外在形式与物化的载体①。重阳节的节日文化内涵不断演变着，民众选择的节日物品迭代更新，节日仪式相应地也发生了诸多变化。

1. 仪式取向从神圣高雅走向世俗娱乐

重阳节俗产生的初始之义，乃与祓禊、趋避的观念有关，随着岁月流逝，重阳节中的信仰成分日渐淡薄，人民更加注重节日的休闲、保健、团聚等内容。浙江金华磐安县的东坑村至今流传着重阳“炼火”仪式②。田野调查发现，炼火起源于远古时代先民对火的崇拜，是古代“祓除”的遗存。炼火最初是为了达到驱逐晦气、妖魔、灾难和疾病的目的，而对于当下的东坑村民来说炼火一方面表达了保佑平安、祈免火灾之意，另一方面因为这一仪式许多出外打工的年轻人都纷纷赶回村子，大家一起参与或观看炼火，达到了娱乐健身、家人团聚、邻里联系情感的目的。

2. 仪式内容从单一仪式转向复合仪式

由于社会主义文化建设必须具有开启民智、凝聚民心、纯化民风等多重现实需求，当下的节日仪式不再只是单一的仪式呈现，而是伴随着多主题的表达形成了复合仪式。以陕西黄陵县的重阳祭祀黄帝仪式为例，几千年来，老百姓都会在重阳节这一天通过敬献三牲（牛羊猪）、蒸花馍等形式进行祭拜，而目前的重阳祭祀除了形成了一套完整的仪式程序外，还根据每年的文化主题增加不同内容的系列活动。如 2018 年重阳恭祭黄帝就包括书法创作笔会、联谊晚会、参观文化中心以及敬老活动等。复合仪式的生成是现代社会文化发展的必然要求，也是重阳文化多视角、多侧面的表达。如果说节日仪式承担着民众对节日的神圣想象，那么节日活动则是普通民众能够身体力行的，让广大民众更有参与感与满足感。

---

① 李心峰：《当前专家学者关于中华传统节日符号与仪式的探讨》，《艺术百家》2012 年第 4 期，第 34—47 页。

② 浙江金华的东坑村“炼火”仪式，包括请神游神、生火堆、降幢请神、开水火门和炼火几个部分的活动，一场“炼火”往往要动员全村。“炼火”仪式的高潮就在于仪式当天晚上的炼火，勇士们一个接一个赤脚迅速跑过炭火堆，如此往复，直到把火山踏得平平的，火山被踏得越平就预示着越平安。

3. 活动主体从个人化走向群体化

节日活动的主体也是民俗传承的主体，民俗一旦形成，就与创造和享用这种民俗的民众或个人密不可分。没有民众，民俗不可能创造也不可能传承。对于创造初期的重阳节而言，节日活动例如登高、赏菊、吃重阳糕等基本上是个人化或家庭化的行为，而当下重阳节的活动更加丰富，活动主体也形成了群体化倾向。例如，逛庙会、看菊花展、开办敬老联谊晚会等，活动主体的每个个体之间有了更多沟通与交流，通过参与节日活动人与人之间形成了精神链接与文化认同，更有利于重阳节俗的传承发展。

4. 活动目的从精神满足转向文化经济

在市场化、商业化的社会发展趋势下，传统节日无不充溢着商业活动，并且节日活动中的经济因素被逐渐强化。实际上，文化与经济之间的积极互动对传统节日的发展充满利好，但过度趋利则会使节日习俗趋向形式化、商业化和庸俗化。上海的颛桥重阳糕会精心设计了包括重阳糕售卖、赏菊、非遗展示以及传统游戏体验等丰富的节日活动，通过重阳糕的售卖唤起了民众对重阳节的舌尖记忆，通过非遗展示为民众了解传统文化、增强节日记忆提供了新的途径。

(四) 作为节日文化“原生动力”的节俗心理的变化

民俗借助个体的心理认同和群体的价值取向保持长久的传承与稳定。而民俗心理就像是一只看不见的手，无形中支配着人的行为。马雷特曾说：“心灵的判断力远比大脑的判断力更普遍更持久，首先应该归属于心灵判断力的是那些惊人相似的习俗，在任何社会制度体现着多数人情感而不是少数人意愿的地方，相似的习俗就自发地显露出来。因此，通过富有同感的感悟力……我们才有希望认识到沉淀在习俗中的许多模糊不清的信念之真实面目。”[①] 节日民俗的形成最根本的原因就是民众在心理上形成一致的民俗认同，进而形成群体性的节日民俗行为。这种在心理上形成的共同的价值观、世界观、人生观是节日生成的最原始的动力，

---

① ［英］马雷特：《心理学与民俗学》，张颖凡等译，济南：山东人民出版社 1988 年版，第 116 页。

也是群体维持节日传承与发展的最顽固的力量。重阳节背后的民俗心理经历了自发形成、民众选择到官方引导的变迁过程，这在传统节日的发展中是比较少见的。

首先，重阳节节日的形成来自民众“避灾趋吉”的心理。在古代天灾多是人们无法预料的，因而人们通过各种方式如易经卜卦、天文历法的方式，算出农历九月九日是一年之中邪恶最盛的日子，但人们与这种虚幻的没有实体的灾祸无法对抗，只能选择“避祸”“辟邪”的方式登上高处、远离地面，从而得到一种心理或精神上的庇护。

其次，重阳节在传承过程中民众逐渐形成了“祈福感恩”“娱乐身心”和“孝老敬老”的多维心理特点。随着重阳节在底层民众中不断传播传承，古老的避灾辟邪诉求逐渐淡化，娱乐化、世俗化因素不断加强。人们在重阳节登高远游，既是感恩自然的馈赠、祈福来年的丰收，又是团结亲人、放松身心的好机会。与此同时，因“九”和“菊花”都有“长寿”“长久”的寓意，民间也逐渐将重阳佳节作为孝敬老人、家庭团聚的时日。

最后，在政府官方的倡导下“敬老孝亲”的价值认同逐渐深入人心，并一跃成为重阳节最重要的节日心理元素。2005 年 6 月 17 日，中央宣传部、中央文明办、教育部、民政部、文化部发出《关于运用传统节日弘扬民族文化的优秀传统的意见》规定“重阳节期间，要突出敬老孝亲的主题，大力弘扬尊老敬老的传统美德”[①]；《中华人民共和国老年人权益保障法》第十二条规定“每年农历九月初九为老年节”。据此，2013 年的重阳节（10 月 13 日）成为中国第一个法定的老年节。政府将重阳节命名为老年节，从法律意义上确立了重阳节“敬老孝亲”的重要性和合法性，民众自觉或不自觉中形成的群体性心理认同，反过来会影响其在节日民俗中的行为与表达。

综上所述，传统节日本身就是一个整合的系统。当下重阳节的节日空间、节俗物品、节日仪式活动以及节俗心理等四种要素共同构成了重阳节的

① 中央宣传部、中央文明办、教育部、民政部、文化部：《关于运用传统节日弘扬民族文化的优秀传统的意见》，2005 年 6 月 17 日，http://www.moe.gov.cn/jyb_xxgk/gk_gbgg/moe_o/moe_495/moe_1079/tnull_12331.html。

节俗体系，它们互相关联、互相影响。每一个节日要素都对重阳节的节俗体系有种功能的贡献，伴随着节日要素的变化，节日功能也会发生重构。

二、重阳节节日功能的重构

钟敬文曾说：“民俗文化的传承是由它的功能决定的。”① 节日民俗作为民俗文化的一种，其传承延续的动力也来自节日功能，但是节日功能并不是从节日诞生至今就保持不变的。重阳节是我国重要的传统节日之一，最突出的特点就是“活态性”，最直观的表现就是节日元素随时代和社会的变迁而变化，更深层的变化还在于节日功能的重构。当代民众面对的是工业化、城市化、市场化和信息化复杂交织的现代化社会环境，安东尼·吉登斯曾言，“现代性在消解传统的同时又在不断重构传统”②。可以说，重阳节节日功能的重构是节日本身发展的客观规律，同时也是被现代性裹挟向前的。重阳节节日功能当下最突出的特点就是功能从单一性趋向复合性，其变化的内驱动力就在于当下民众对节日功能的需求更加多元，于是仅有加强思想道德的教育功能还不够，还需要有拉动消费的经济功能，除了促进代际的和谐功能外，还应当有更深层、更强有力的文化认同的凝聚功能。

（一）公民道德修养下文化教育功能的建构

2001 年，党中央颁布《公民道德建设实施纲要》，对在社会主义市场经济条件下加强公民道德建设提供了重要指导，有力促进了社会主义精神文明建设。2019 年，中共中央、国务院印发的《新时代公民道德建设实施纲要》指出：“中国特色社会主义进入新时代，加强公民道德建设、提高全社会道德水平，是全面建成小康社会、全面建设社会主义现代化强国的战略任务，是适应社会主要矛盾变化、满足人民对美好生活向往的迫切需要，是促进社会全面进步、人的全面发展的必然要求。……坚持在继承传统中创新发展，自觉传承中华传统美德，继承我

① 钟敬文：《民俗学概论》，上海：上海文艺出版社 2009 年版，第 14 页。

② ［英］安东尼·吉登斯：《现代性与后传统》，赵文书译，《南京大学学报（哲学·人文·社会科学）》1999 年第 3 期，第 30 页。

们党领导人民在长期实践中形成的优良传统和革命道德，适应新时代改革开放和社会主义市场经济发展要求，积极推动创造性转化、创新性发展，不断增强道德建设的时代性实效性。”① 重阳节在2006年被列为第一批《国家级非物质文化遗产代表性项目名录》（民俗类）②，获得了来自官方的认定和民间的支持。在加强公民道德建设新形势下，以往重阳节为满足民众避灾驱邪、祈求丰收心理需求的功能被弱化，而传播和传承传统思想道德文化的教育功能成为主导。

节日民俗是由人创造出来的，它不仅记载着祖先对自然运动规律的认识与把握，也显示了不同历史阶段的社会、经济、文化的发展水平，同时也反映了民众对人生和世界的理想诉求。民俗传承既是某一社会或民族的群体行为，也是该社会或民族群体中的个人行为。人们在参与节日的过程中同时存在着个体寻求和集体濡化两种状态，个体的过节有族群作背景，就获得了集体的力量。对节日来源、节日文化、节日习俗的追问是人类与生俱来的探索欲望，在这一过程中人们通过享用节日物品、参与节日活动、体验文化空间不自觉地受到节日文化潜移默化的教育和影响。经过漫长的传承，也许节日习俗的原因已被人遗忘，但是参与节日活动却形成了周期性的行为。就如调研组在湖北恩施询问当地居民所了解到的那样，人们不清楚重阳节为什么要打粑粑更深层次的原因，只记得有句话叫“重阳不打粑粑，老虎拖走妈妈”。这句简单易懂的民间俗语教会了民众一个简单的道理，那就是要在重阳节打粑粑孝敬老人，当地民众很好地继承了这种孝老敬老的文化基因。

传统节日具有浓郁的文化特性，蕴藏着深厚的思想道德内涵，无论是对启蒙阶段的孩童、成长阶段的少年，还是进入社会的成年人都具有不同意义上的教育功能。当节日习俗传承延续时，人们从幼时的文化萌芽到成年后的主动践行，这种贯穿人生、血脉延续的文化符号是本民族人们共同的文化记忆。

---

① 《新时代公民道德建设实施纲要》，北京：中国法制出版社2019年版，第1—5页。

② 《国家级非物质文化遗产代表性项目名录》（第一批），2006年5月20日，http://www.ihchina.cn/project.html#target1。

（二）精神满足需求下文化经济功能的建构

需求是人类的原始本能，马斯洛将人的需求分为五个层次，由较低层次到较高层次排列依次为生理需要、安全类型的需要、归属与爱的需要、自尊需要、自我实现的需要[①]。在封建社会，人们常常会因害怕天灾发生影响来年的庄稼丰收，于是产生了重阳节祭祀祈求丰收的习俗；会因恐惧医疗卫生水平的落后影响人的健康和寿命，于是产生了重阳节祈福健康长寿的习俗。到了当代社会，人们不再缺衣少食，传统的朴素信仰也被科学知识所取代，但是同质性、单调性的都市生活使得城市居民更青睐与一种不同于城市生活的方式，更加渴望精神上、文化上的满足，因此寻求多种认同，追求多样化的物质与精神的享受，于是一系列文化旅游相结合的休闲项目应运而生。

在重阳节期间，各地的节日活动都不再仅限于当地居民的互动参与，而是通过现代传媒技术手段扩大节日活动的影响力，吸引更多外来人员的参与，为节日习俗提供对外交流的窗口。如浙江金华磐安县重阳节东坑村炼火习俗，现在每次炼火现场的最佳观看位置都会留出来给民俗文化摄影爱好者。同时，为了游客能亲身感受到炼火的惊险刺激，炼火仪式结束后会特地在火堆中间划出一条通道来供他人行走体验。在贵州茅台镇，历史上有着重阳节投料下沙[②]的传统，人们选择重阳节当天投料下沙主要是顺应高粱收割季节以及当地的气候特点，且九月九象征天长地久，体现中华民族传统文化。从2004年开始，茅台集团就把每年的重阳节作为茅台酒节，赋予了重阳节新的民俗文化意义。当地各大酒厂也都顺势而为，在每年的重阳节前后开展类似的民俗活动。重阳节下沙是古老而传统的技艺，记录和再现了民族深厚的传统文化，但是这种从注重“工匠精神”到商贸交流、旅游观光和品牌推广的转变后，呈现出明显的商业化过重而民众参与不足的问题。

---

① ［美］亚拉伯罕·马斯洛：《动机与人格》，许金声译，北京：中国人民大学出版社2007年版，第15—29页。

② 投料下沙，是茅台镇白酒从业者为下一年的酿造做准备。重阳节下沙生产的出酒率相较于其他时节最高，且出酒具有酱香突出、细腻丰满、酒体醇厚、回味悠长的风格特点，具有酱香型白酒的典型风格。

在市场经济飞速发展的今天，重阳节的经济功能建构应当更注意维护商业经济效益与民俗文化效益的平衡，良好的经济效能对节俗的传承与发展产生积极的促进效果。一旦无视本民族、本地区的节日文化特色而只注重商业收益，很可能会造成两者皆空的尴尬局面。

（三）时代精神要求下文化和谐功能的建构

我国是一个贵人伦、重亲情的国度，尤其注重孝文化的传承。孙中山认为孝，“中国尤为特长”，讲的最“完全”，“《孝经》所讲的孝字，几乎无所不包，无所不至”[①]。孝文化作为中国流传广泛、影响深远的传统文化之一，“涉及到家庭、个人情感、社会道德规范，也可以理解为社会的语言和行为模式”[②]。在“孝”字出现的最初，甲骨文字形像一个曲背的老人用手抚摸幼子的头，展现了父祖与儿孙之间的亲爱关系。《尚书·尧典》说“克谐以孝”[③]，“孝”有了下对上的孝顺之意；《尔雅·释训》中讲“善事父母为孝”[④]，“孝”又有了侍奉父母的含义。孔子则将“孝”的诠释构成了完整的理论系统，并且“孝”从此开始突破血亲的限制；孟子对此做出了进一步论述“老吾老，以及人之老”[⑤]。后来，孝亲道德演进为具有普遍意义的尊老爱老的美德。这在中国的伦理思想发展史上具有里程碑意义。后来，孝文化成为重阳节民俗精神的一部分，人们在这一天为老人祈福，老人尽享天伦之乐。

传统的孝文化精神到了当代社会拥有了新的时代性特征。其一，新时代孝文化是和谐理念的重要组成部分。孝文化的核心是“尊老敬老”，一方面指的是年轻人对老年人的尊重照顾，另一方面就是指老年人对年轻人的爱护和提携，两方面的结合形成了新时代家庭伦理向社会伦理延伸的和谐的代际关系。其二，新时代孝文化极具人道主义关怀。传统的孝道主要强调孩子对父母、祖辈的顺从和照顾，而当下随着社会经济的

---

① 孙中山：《三民主义·民族主义》，《孙中山全集》（第9卷），北京：中华书局1986年版，第244页。

② 陶立璠：《论孝文化与当代生活的衔接》，《民间文化论坛》2015年第3期，第21页。

③ 林之奇著，陈良中点校：《尚书全解》上册，北京：人民出版社2018年版，第18页。

④ 胡奇光、方环海：《尔雅译注》，上海：上海古籍出版社2004年版，第187页。

⑤ 方勇译注：《孟子·梁惠王上》，北京：中华书局2010年版，第12页。

发展，很多家庭选择请保姆或护工照顾长辈，却很大程度上忽视了老年人的精神需求，新时代的孝文化更强调人要从“爱”出发。其三，新时代孝文化具有强烈的社会现实意义。中国自2000年起进入老龄化社会，20年来老龄化步伐日益加快，老龄化加剧了家庭成员的生活压力，一方面，许多年轻人迫于经济压力外出打工，“空巢老人”由此出现，另一方面，社会上也出现了许多歧视和虐待老人的行为。对老人的赡养、孝敬不仅是每个家庭的责任，也是全社会的责任。因此，政府将重阳节命名为“老人节”，从法律层面肯定重阳节作为新时代孝文化载体的重要性，以官方力量发动社会各界开始了走近老人、了解老人、关爱老人的公益行动。

这种时代精神的要求使得重阳节成为促进代际沟通、和谐关系的重要节点，因此，在当下的重阳节里全国各地的民众除了参与传统的习俗活动，还增加了很多关爱老人、帮扶老人的新民俗。河南上蔡作为中国的“重阳文化之乡”，自2006年起一直坚持举办“重阳文化节”，在重阳节这天当地民众不仅坚持了登高、赏菊的传统习俗，还成为新民俗的“重阳文化节”的参与者，人们参观书画展览、参与文化研讨、评选孝心模范和孝道家庭，参与到志愿者行动中去帮扶留守老人、散居老人和困难老人，用实际行动传承着新时代的孝文化。

（四）工业化城市化下文化认同功能的建构

中国拥有源远流长的农耕文化，以农为本、靠天吃饭的思想影响深远。相较于世界其他发达国家，我国的工业化起步晚、底子薄，并且在工业化初期城市和农村的比重相差太大，在发展规模和水平等方面极不平衡。改革开放以来，随着社会主义市场经济体制的建立和完善，中国的工业化和城市化飞速发展，中国也开始融入世界，与全球接轨。面对全球严峻的经济竞争环境，各国间的文化竞争更为复杂、更具有挑战性。因此，党的十八大以来，习近平总书记阐释了“文化自信”，为中华优秀传统文化的传承与发展坚定了信心、指明了方向。重阳节作为中华优秀传统文化的代表之一，是“展示和传播优秀民族文化的重要阵地，弘扬和培育伟大民族精神的重要载体，满足人民群众精神文化生活需要的重要渠道"[1]。重阳节在传承与发展中逐步构建起文化认同凝聚功能，在团结社会各界、各代际人群中发挥着重要的作用。

事实上，文化认同对个人而言是个体识别重要标志之一，是个体寻求同类和融入群体的标准和依据；对社会群体而言，是群体特性的表现，是区别“我们”和“他们”的依据[2]。而文化认同的依据主要有使用相同的文化符号、秉承共同的文化理念、遵循共同的思维方式和行为规范以及追求共同的文化理想。当下的重阳节虽然在节日空间、节俗物品、节日形式、节俗心理上发生了一些变化，但是核心的节日元素（菊、登高）仍然延续，核心的节日理念（孝老敬亲）得到了广泛的社会响应，形成了工业化、城市化背景下历史感与现代感并存的文化认同机制。具体说来，这种由节日激发的社会效应主要体现在以下几个方面：

1. 强化家庭意识，团结血缘亲情

在传统的儒家“孝文化”盛行的封建社会里，家庭的长者具备绝对的话语权和支配权，人们的思想意识教化大部分来自家庭。在如今平等自由的现代社会里，家庭成员都拥有平等对话的权利，长辈对后辈没有了强有力的约束，人们放任自流，过度的逐利使得人们的心理开始异化，形成了“一切向钱看”的异化准则，忽视了自己身边的亲人、父母。重阳节为各个家庭提供了团结、交流的契机，在传统文化的熏陶下，在民俗活动的互动中人们重新权衡着金钱与亲情的重量。

2. 强化社会意识，拉近城乡距离

每位社会公民都在社会中承担着一定的社会职能，在城市化迅猛发展的同时，城乡差距越来越大，造成了城市与乡村之间文化的二元对立，总有人把城市文化与乡村文化用先进与落后、文明与愚昧等标签简单地对立起来，除了城市居民甚至有的农民本身也持有这种观点。在重阳节的节日民俗中无论是城市还是乡村都是平等的参与者，许多来自乡村的非遗项目通过重阳节的集会走到了城市里，越来越多的城市居民也倾向

---

① 习近平：《在哲学社会科学工作座谈会上的讲话（2016年5月17日）》，《人民日报》2016年5月19日。

② 佐斌、温芳芳：《当代中国人的文化认同》，《中国科学院院刊》2017年第2期，第175—187页。

于在重阳节前往山清水秀的乡村感受民俗风情，重阳节俗在潜移默化中拉近了城乡之间的距离，强化了社会文化认同。

3. 强化国家意识，凝聚民族认同

马克思曾说，“社会结构和国家总是从一定的个人的生活过程中产生的”①，个人参与到节日民俗活动中来，也在一定程度上形成了群体性的文化认同。重阳节极具中华民族优秀传统文化特质，民众在丰富的节日活动中见证到国家的强大，民族文化的魅力，增强了民众的文化自信心，凝聚起时代性的民族精神认同。政府在重阳节俗进行的过程中也发挥着重要的作用，推动国家、社会、个人三个层次的交往互动，凝聚社会价值共识，形成公认的社会价值行为准则。

英国人类学家拉德克利夫-布朗认为任何文化都是一个整合的系统，“在这个统一体或系统中，每一个元素都有与整体相联系的特定功能”②。这种文化整体观为民俗学研究提供了新思路，那就是将民俗事象置于民俗生活进行研究，对于节日民俗而言也是如此，节日民俗是整个民俗生活的一个组成部分，我们应该关照节日民俗在民众生活中的位置、节日民俗中要素和功能的发展变化，进而阐释节日民俗的意义。传统节日以其独特的文化基因濡化着、感染着、团结着本民族的民众。虽然历经沧桑变化，但是当代传统节日的复兴重建是传统发明与文化再生的过程。因为传统节日只有经过现代社会的变异和重构，才能被民众所辨识、所珍惜，然后才能回到人们的深层关爱中。在现代文明的全新环境中，植根于农业社会的传统节日要适应当代社会，其内在功能与外在形式的变化及调整是必然的选择。我们强调节俗传统保护，主要在于保护它的节俗功能与文化象征意义。同时，我们也有责任与义务继承与更新节日传统。传统节日犹如一江春水，它的流向与民族文化的生命未来息息相关。

---

① ［德］马克思、恩格斯：《德意志意识形态》，《马克思恩格斯选集》第 1 卷，北京：人民出版社 1995 年版，第 71 页。

② ［英］拉德克利夫-布朗：《社会人类学方法》，夏建中译，北京：华夏出版社 2002 年版，第 67 页。

第三节　端午节的起源与发展

农历五月初五为端午节。“端午”原本是端五，“端”字有“初始”的意思，“端五”即“初五”。按照中国农历以地支纪月的方式，五月正是“午”月，“五”与“午”通，“五”又为阳数，因此“端五”也称“端午”“端阳”“重五”“重午”。端午节作为与春节、清明节、中秋节并称的中国四大传统节日，是一个深受民众喜爱的传统节日。研究其发展历史，阐释其文化意义，挖掘其文化精神，可以让我们更加懂得它的历史价值和现实意义，进而更加积极主动地传承和发扬光大端午文化，把端午节过得更加有意义。

一、端午节的历史渊源

端午节在我国由来已久，可上溯至远古时期夏至恶月驱瘟禳疾和龙图腾民族祭祖祈福的习俗，到春秋后，人们把禳疾和祭祀习俗与纪念屈原、伍子胥、越王勾践、曹娥等历史人物联系起来，形成了历史上对端午节习俗起源的多种解释。

（一）“恶日”禁忌与禳毒驱疫

端午节始于对“恶日”的禁忌。上古时期，由于生产力发展水平和医学知识所限，人们普遍对瘟疫和疾病缺少正确认识，往往把“流行病看作是四时恶气所致”。如先秦时代，人们普遍认为时值仲夏、瘟疫流行的五月是“恶月”，五日是“恶日”。因此，关于“恶月”的禁忌也特别多，如东汉应劭著的《风俗通义》载：“俗说五月五日生子，男害父，女害母”“俗说五月到官，至免不迁”① 等当时的禁忌。东汉时期王充《论衡》也记述：“讳举正月、五月子；以正月、五月子杀父与母，不得举也。”南朝萧梁时期宗懔所著的《荆楚岁时记》也载，五月五日在当时俗称“恶日”，禁忌繁多，忌晒晾床、草席等用品和忌

① 吴树平：《风俗通义校释·佚文二十》，天津：天津人民出版社 1980 年版，第 436 页。

盖屋。东晋大将王镇恶五月初五生，其祖父便给他取名为“镇恶”。先秦时期齐国贵族孟尝君田文，因在五月初五日出生，他的父亲靖郭君田婴就嘱咐田文的母亲，孩子生下来后，务必要弄死他，以免妨害父母。宋徽宗赵佶五月初五生，从小寄养在宫外。可见，古代以五月初五为一年中最不吉利的日子，因此要驱疫避邪。自上古即有不少辟邪禳毒的措施。据《吕氏春秋》中《仲夏记》一章规定，人们在五月要禁欲、斋戒。中国古代农事历书《夏小正》中记：“此日蓄药，以蠲除毒气。”西汉《大戴礼》中还记“五月五日蓄兰为沐浴”，以浴驱邪。《岁时广记》卷二十二“采杂药”引《荆楚岁时记》佚文：“五月五日，竞采杂药，可治百病。”由此可见，上古之时人们于五月已有储存兰草作沐浴之用，以及采药治病的习俗。这样，端午节最早由除毒避邪的节令习俗由此顺理成章发展为此日的插菖蒲、艾叶以驱鬼，薰苍术、白芷和喝雄黄酒以避疫的习俗。因此，端午节对于中国人来说最早是一个禳毒驱疫辟邪除灾的节日。

（二）百越民族与龙图腾崇拜

据考证端午节起源可能与古代百越人的龙图腾祭祀活动有关。中国古代南方地区有一个崇拜龙的图腾部族——史称百越族，又称为越族、古越族、越人。《汉书·严助传》：“越，方外之地，劗发文身之民也。”《淮南子·齐俗训》：“越王勾践，劗发文身。”《说苑·奉使篇》：诸发曰：“彼越……处海垂之际，屏外蕃以为居，而蛟龙又与我争焉。是以剪发文身，烂然成章以像龙子者，将避水神也。”《汉书·地理志下》应劭《注》：“（越人）常在水中，故断其发，而文其身，以像龙子，故不见伤害也。”《淮南子·泰族训》许慎《注》：“越人以箴刺皮为龙文，所以为尊荣之也。”由此可见，古越人生活于水乡，有断发文身（打扮得像龙，以免被龙伤害）的习俗，并认为自己是龙的传人。直到秦汉时代尚有百越人每年五月初五都要举行盛大的祭图腾仪式——这是一种半宗教半社会的娱乐节日，娱神、悦神、向龙献媚，以获得保佑。他们把食物裹在树叶或装在竹筒中，投到江里去，以求来年风调雨顺、大丰收。闻一多的《端午考》和《端午的历史教育》认为，五月初五是古代南方吴越地区“龙”的部落举行图腾祭祀的节日，叫作“龙子节”，距今已有四五千年的历史。其主要理由有三：其一，端午节两个最主要的活动吃粽子和竞渡，都与龙相关。粽子投入水里常被蛟龙所窃，而竞渡则用的是龙舟。其二，竞渡与古代吴越地方的关系尤深，况且吴越百姓还有断发文身“以像龙子”的习俗。其三，古代五月初五有用“五彩丝系臂”的民间风俗，这应当是“像龙子”的文身习俗的遗迹。在数千年的历史发展中，大部分百越人已经融合到汉族中去了，其余部分则演变为南方许多少数民族，因此，端午节也成了全中华民族龙的传人共同的节日。

（三）纪念屈原与爱国情结

把纪念屈原融入端午习俗始于汉代。东汉应劭《风俗通义》云：“五月五日，以彩丝系臂者，辟兵及鬼，令人不病瘟，亦因屈原。”比较早的权威说法还见于南朝梁人吴均的《续齐谐记》和宗懔写的《荆楚岁时记》中。《续齐谐记》云“屈原五月五日投汨罗而死，楚人哀之。每至此日，竹筒贮米，投水祭之”。《荆楚岁时记》载：“五月五日竞渡，俗为屈原投汨罗日，伤其死，故并命舟楫人以拯之。”据《史记·屈原贾生列传》记载，屈原是战国时期的楚国诗人、政治家，早年间受楚怀王的信任，他倡导举贤授能，富国强兵，力主联齐抗秦，后来因遭贵族的排挤，被流放到汉北和沅湘流域。他在流放中，写下了忧国忧民的《离骚》《天问》《九歌》等不朽诗篇，独具风貌，影响深远。公元前278年秦军攻破楚国京都。屈原眼看自己的祖国被侵略，心如刀割，于五月初五，抱石投汨罗江自尽，以自己的生命谱写了一曲壮丽的爱国主义乐章。据说，当楚国人得知屈原投江自尽的消息后，纷纷涌到汨罗江边，渔夫们划起船只，在江上打捞他的真身，但最后没有捞到。大家担心屈原尸体被鱼虾吃掉，就直接用竹筒装米扔进水里，既起到防止鱼虾破坏他身体的作用，也能起到祭奠他的效果。《隋书·地理志》载：“屈原以五月望日赴汨罗，土人追到洞庭不见，湖大船小，莫得济者，乃歌曰：‘何由得渡湖！’因尔鼓棹争归，竞会亭上，习以相传，为竞渡之戏。”有唐代文秀《端午》诗为证：“节分端午自谁言，万古传闻为屈原。堪笑楚江空渺渺，不能洗得直臣冤。”为了寄托哀思，人们荡舟江河之上，此后才逐渐发展成为龙舟竞赛；由为怕屈原尸体被蛟龙所食，人们想出用楝树叶包饭，外缠彩丝，发展成粽子。此后，在每年的五月初五，就有了龙舟竞渡、吃粽子的风俗，以此来纪念爱国诗人屈原。自唐代以后，端午节纪念屈原便成为流传最广的主流说法，因为屈原死于忠君爱国，发扬屈原的爱国精神成为端午节重要的文化精神。

（四）纪念伍子胥、勾践和曹娥与忠孝精神

端午节作为综合各种历史文化因素的重要节日，其起源涉及的历史名人除屈原外，主要还有吴将伍子胥、越王勾践、孝女曹娥等。

关于端午节起源于纪念春秋时期吴将伍子胥的传说，在浙江一带流传很广。其实，在《史记》中并没有记载屈原的忌日，而宗懔所著《荆楚岁时记》第卅节却记载东吴地区的端午竞渡是为了迎接已被当时人们视为河神的伍子胥，与屈原无关：“邯郸淳曹娥碑云，五月五日，时迎伍君。……斯又东吴之俗，事在子胥，不关屈平也。”有文献资料认为，春秋时吴国忠臣伍子胥含冤死后，化为涛神，世人哀而祭之，故有端午节。《苏州府志》也指端午的粽子是为了供奉伍子胥，而非屈原。伍子胥楚大夫伍奢之子，春秋时吴国的大夫、军事家。公元前 522 年，其父伍奢被楚平王杀害，他取道宋、郑等国逃往吴国。帮公子光（即吴王阖闾）刺杀吴王僚，夺取王位，整军经武，国势日盛。不久攻破楚国，以功封于申，又称申胥。在吴越争霸之中，吴军击败越国。伍子胥提议“鸡犬不留”，但吴王夫差赞成议和。随后越国收买奸臣陷害伍子胥，夫差听信谗言，赐他死罪。据《吴越春秋》记载，伍子胥自刎后，吴王夫差派人将他的尸首装入皮革袋，于五月五日投入江中。然而伍子胥的尸首却不沉没，而是“随流扬波，依潮来往，荡激崩岸”。当地百姓以为是伍子胥显灵，便尊他为“涛神”“波神”“伍神”。每逢夏历五月五日，众人合力划船，逆流而上，迎接“伍神”。由于伍子胥尸首沉江之事比屈原投江早，而浙东一带的历史文献，认为五月五日吃粽子也与屈原无关：“乡俗午日以粽奉伍大夫，非屈原也。”

据历史文献记载，端午节与越王勾践相关。据史书记载，越王勾践战败被吴王软禁三年，回国后立志报仇雪耻。于是“缮甲兵，治须虑”，准备伐吴。“须虑”是当时越人对船的称呼。《越绝书》云：“越人谓船为须虑。”传说越王勾践把“须虑”造好后，于五月五日以“竞渡之戏”为名操练水军，而竞渡所用之船正是龙舟。宋代高承的《事物纪原》载：“竞渡之事，起于勾践，今龙舟是也。”《吴越春秋》认为：“（龙舟）起于勾践，盖悯子胥之忠作。”这说明尽管龙舟起源于勾践，但真正的原因还是为了纪念忠臣吴将伍子胥。

江浙一带还有将端午节视为纪念孝女曹娥的节日。自伍子胥被尊为“涛神”后，五月五日划龙舟便相沿成习。此后不久，又发生了一件事。据《后汉书·列女传》记载：“孝女曹娥者，会稽上虞人也。父盱，……汉安二年五月五日，于县江溯涛婆娑迎神，溺死，不得尸骸。娥年十四，乃沿江号哭，昼夜不绝声，旬有七日，遂投江而死。……”继而相传至县府知事，令度尚为之立碑。后人为纪念曹娥的孝节，在曹娥投江之处兴建曹娥庙，她所居住的村镇改名为曹娥镇，曹娥殉父之处定名为曹娥江。此外，东汉邯郸淳《曹娥碑》、晋《会稽典录》等也有类似记载，并说明曹娥之父所迎之“神”就是“伍君”，即伍子胥。这一习俗的根本在于人们有感于曹娥对父亲的一片孝心以示纪念。

节日文化内涵的发展变化往往是与社会时代的进步同步的。端午节的起源、发展、演变无疑是一个潜移默化的历史积淀过程，它体现出一定社会时代人们的心理特征、审美情趣和价值观念。秦汉以前，端午节的文化主题主要是驱邪祛病和祭祀祈福，有着浓厚的民间生活和信仰色彩，因此它既是世俗的也是神圣的。随着时间的推移，其驱邪祛病的实用功能和图腾祭祀的神圣意蕴日益淡化，其纪念历史名人的政治色彩和民众娱乐休闲的狂欢色彩日益凸显，从而发展为政治文化和世俗文化的融合。从国家立场来看，为了加强全社会的忠君爱国教育，端午节已发展成为以纪念屈原为主题的爱国主义教育的节日；而从民众的角度，随着端午节日法定放假日的确立，端午节娱乐休闲内容项目大大增加，从而演变成为大众休闲娱乐狂欢的节日。

二、端午节的文化阐释

节日文化是民族文化的重要组成部分，是各民族普遍传承的显性文化事象，它在从远古至今传承的过程中，不断延续、变异、丰富和发展，体现着不同民族和不同时代的文化特征与记忆。中华民族地大物博，全国各地的端午节文化源远流长、博大精深，经过千百年的岁月洗礼中代代相传，其民俗活动逐渐演变为：挂菖蒲、艾叶，熏苍术、白芷，喝雄黄酒，吃粽子，赛龙舟等传统节日活动。这些节日活动中清晰地记录了中华民族丰富而多彩的社会生活文化内容，折射出中华优秀传统文化的澎湃生机和强劲活力。如今端午节期间传统民俗活动展演红红火火，凸显了中华儿女对于优秀传统文化的重视与弘扬。

（一）作为世俗文化：端午节挂菖蒲、艾叶，戴五彩线、香囊，喝雄黄酒等民俗活动，由驱瘟禳灾逐渐演变成卫生保健，而其珍惜生命和重视康养的重要文化内涵未变

中国传统节日通常与民众日常生活生产紧密相连，是一种世俗文化。在中国古代人的生活中，节日是农历历法体系的一个组成部分，它是通过对天候、物候和气候的周期性转换的观察与把握而逐步约定俗成的。端午节时值初夏，气候变得炎热，又是多雨潮湿季节，蝇虫飞动，细菌繁殖快，毒气上升，是各种流行性传染病易发和多发期。由于古人缺乏现代卫生防疫知识，把高温天气造成的各种疾患看作邪杂之气所致，因此认为五月是“恶月”。关爱生命、讲求卫生保健是中华民族的优良传统，为了达到这一目的，人们很早就开始了同疾病和邪恶进行疾苦卓绝的斗争，在许多传统节日中形成了一系列驱邪祛病的节日内容。如前所述，端午节就有挂菖蒲、艾叶，熏苍术、白芷，喝雄黄酒，挂香囊，戴五彩线等民俗活动，这些民俗活动或以心理暗示为旨归，或以药物预防为要义，或以健身强体为目的，或以讲究卫生为关键，最终都是希望达到驱邪祛病的功效。

随着时间的推移，有些端午风俗渐渐淡出人们的生活，但有些依然

被保留了下来。比如吃粽子、挂菖蒲、熏艾叶，这是因为这些习俗确实有着防疫治病的作用。比如挂菖蒲，是因为菖蒲是一种中草药。菖蒲叶片具有浓郁的香气，含有大量的芳香油，能起到提神醒脑、杀虫灭菌，使空气更清新的作用。同时，菖蒲形似宝剑，具有斩妖除魔、驱邪避灾的作用，正所谓“手执菖蒲招百福，门插蒲剑斩千魔”。同样，艾草也是一种药用植物，艾叶味苦，微温无毒，有温气血、逐寒湿之功。端午时节空气潮湿，而艾叶的芳香清新，能祛除毒气，除污浊，净化空气，保持室内清洁卫生，起到消毒预防疾病的作用。因此，端午节人们将菖蒲和艾叶挂在门上，一来防病防灾，二来驱魔辟邪。端午节还有喝雄黄酒的习俗，《本草纲目》云：“雄黄味辛温，有毒，具有解虫蛇毒、操涅、杀虫，驱疾功效。”《清嘉录》记载，“研雄黄末，屑蒲根，和酒饮之，谓之雄黄酒”，雄黄酒是端午节的美酒。由于雄黄可入药解病毒，旧时端午节江南人家用雄黄浸水蘸书“王”字于儿童额上，俗称作“画额”。另外，端午节还有给小孩洗“百草浴”的习俗。农村人在田野里采百草，主要有车前子、水蓼、蒲公英、野草莓、金花菜、枸骨、野苋菜、野胡萝卜、野鸡冠花、野菊花，野葱等，晒干作端午节的“百草浴”料，在大人的心目中给孩子洗了“百草浴”，今后孩子会“百毒不侵”“百事顺遂”的。端午节还是“踏百草”“斗百草”“采杂药”的节日，一些习俗蕴藏着丰富的中医药卫生和养生保健内容。因此，端午节被称为古代的卫生节，是民众有意识与疾病、毒虫斗争，专门进行家庭、个体清洁卫生的节日。

在端午节的知识体系中，以药物为中心的一系列节俗内容，本质上都是人与自然的互动过程。端午节对自然界药草的集中采集不是简单地索取，而是具有神圣的意义。人们通过一系列药物采集和制作过程，让自然草木的药用价值得到最大程度的发挥，最终满足民众驱邪避祸、祈福禳灾的精神需求。端午节俗中所表现出的人对自然的敬畏以及人与自然的和谐共生，正是时下提倡的习近平生态文明思想的核心要义，唯有从端午节俗中汲取中国传统文化的生态智慧，才能让传统节日绽放出时代的光芒。

（二）作为祭祀文化：端午节吃粽子习俗传承至今，尽管神圣祭祀色彩日益淡漠，甚至逝去，但其祈福纳吉的核心文化未变

在中国最初“粽”属于“粑”的一种，而粑则是人们在逢年过节时用来拜神祭祖的贡品。粑有很多品种，不同的节日会做不同的粑。《礼记·曲礼上》云：“凡以弓剑苞苴箪笥问人者，操以受命，如使之容。”孔颖达疏：“苞者以草包裹鱼肉之属也，苴者亦以草藉器而贮物也。”“苞苴”可以看作最早的“粽类食品”。春秋时期，中国大地上出现了粽子的直接前身，当时的人们用菰叶（茭白叶）把黍米（糜子米）包裹成牛角状，然后蒸熟或煮熟后祭祀祖先和神灵，因其外形像牛角，因此称为“角黍”。除了用菰叶（茭白叶）包裹黍米外，人们还会将米放入竹筒内密封烤熟，称其为“筒粽”。汉代时，人们以草木灰水（水中含碱）浸泡黍米，然后用菰叶包黍米成四角形，煮熟后食用，这已经与后世的粽子外形差别不大了（它的嫡系后代，就是如今的碱水粽子）。在汉代许慎的《说文解字》中，也已经将“糉”（粽）解释为“芦叶裹米也”。而到了晋代，粽子更是变成了端午节的节庆食物，西晋新平太守周处所写的《风土记》中就有记载：“仲夏端五，方伯协极。享用角黍（粽子），龟鳞顺德。”唐代时，人们形容粽子的用米“白莹如玉”，粽子的形状也出现了锥形、菱形等不同的形状，派遣唐使来唐的日本人在自己的文献中也记录了粽子，称其为“大唐粽子”。

如今，在中国许多家庭仍然会在端午节这一天浸糯米、洗粽叶，然后制作出种类繁多的各类粽子。端午这一天家家户户都会吃粽子，但花色品种千品百种应有尽有，根据各地特产和风俗而定。北方人的粽子是甜的，一般由糯米、大黄米、红枣作为原料，有的地方还会用果脯、豆沙等作为原料。包出来的粽子形状，一般是大三角形与小斜四角形。蘸点白糖，味道更好。南方粽子以咸为主，馅料有五花肉、咸蛋黄、冬菇、虾米、绿豆等，种类要比北方的多，但个头也会较小一些。现在的粽子种类很多，其做粽子的原料除糯米外，还会添入各种馅，有桂圆粽、肉粽、水晶粽、莲蓉粽、蜜饯粽、板栗粽、辣粽、酸菜粽、火腿粽、咸蛋

粽，甚至还有香辣小龙虾粽、红烧排骨粽，等等。

端午节粽子的文化，春秋时期就已经流行起来，主要是拿来祭祀水神。后来爱国诗人屈原投江之后，粽子被作为祭祀屈原的祭品之一。现在粽子作为美食除了自己吃外，还成了亲友间相赠的礼品。尽管现在端午节粽子的神圣祭祀功能日益淡漠，但以粽子为载体祈求农业丰收、风调雨顺，个人事事如意、吉祥安康的祈福纳吉的核心文化基因未变。

（三）作为纪念文化：端午节纪念屈原已经成为节日的重要主题，弘扬伟大的爱国主义精神也成为这一节日的精神价值所在

端午节的起源蕴含着时代需要的传统伦理道德规范，体现出民族精神。民间社会曾把它与屈原、伍子胥、曹娥等真实或者传说中的历史人物结合起来，赋予其道德情感色彩，使这一节日富于多种历史人文精神色彩，而在后世的流传中其忠君爱国精神被不断强化和凸显。端午节历经千年岁月淘洗，传承至今，凝结着博大精深的中华优秀传统文化。

1. 端午文化中的家国情怀

端午节的起源传说尽管存在着时代和地域差异，但其中蕴含的传统道德伦理是共通的。端午的节日物语里，处处可见“家国”，浸透着家国情怀。在历史演变过程中，端午节的思想精神内涵也悄然发生着变化，由探索自然的智慧结晶衍生出对至亲的孝道和对国家的忠诚。如曹娥的传说包含着深厚的孝道思想，伍子胥伸张正义、刚烈不屈，勾践卧薪尝胆、发愤图强，屈原投江殉国、九死不悔……这些感人故事共同形成了端午节历久弥新的精神内核，凝结成中华民族宝贵的爱国主义家国情怀。孝道和忠诚正好代表着从国家到个体的两种高尚道德品格，家国一体借助于端午节的多个起源传说得到了生动的诠释。

2. 屈原爱国精神不断被强化

历史上有关端午节起源说法很多，但至今流传最广的还是纪念屈原说。汉代以降，人们就认为端午节是因屈原而起的。正如唐代文秀在《端午》诗中所言：“节分端午自谁言，万古传闻为屈原。”作为中国历史上第一位伟大的爱国诗人，屈原所表达的英雄气节和家国情怀，是中

华民族灿烂精神篇章中的重要组成部分。无论是“长太息以掩涕兮，哀民生之多艰”的人文理想，还是“亦余心之所善兮，虽九死其犹未悔”的大任担当；无论是“路漫漫其修远兮，吾将上下而求索”的理想追求，还是“众人皆醉我独醒，举世皆浊我独清”的特立独行。屈原被人们长久地纪念，当然不只是因为他高超的艺术造诣，更是因为他伟大的灵魂和深沉的爱国之情。在屈原故里秭归，至今传唱着《粽子歌》：“有棱有角，有心有肝。一生清白，半世熬煎”，隐喻了屈原的人格和命运。端午节本不是为了纪念屈原而起，但是在发展过程中，逐渐与屈原和爱国主义紧密联系在一起，并成为人类文化遗产。

不论端午节的起源在哪里，作为纪念屈原、伍子胥、勾践、曹娥等历史人物的节日，它都在歌颂中华民族的传统美德：富贵不能淫，贫贱不能移；忧国忧民、刚正不阿、尊亲重孝。尤其是屈原爱国忧民的精神及其坚持真理、宁死不屈壮的高尚情操，深深根植于历史的土壤中。千百年来，中华民族之所以能够历经磨难而不衰、饱尝艰辛而不屈，屈原所传扬的爱国精神和高尚情怀，不啻是中华儿女精神上的重要支撑。

（四）作为狂欢文化：端午节龙舟竞渡已成为最具代表性的活动之一，而其体现的愉悦身心功能和团结奋斗精神是其存在的文化根基

端午不仅是防疫祛病、祈求健康、弘扬中国传统美德的节日，同样还是追求身心愉悦、倡导合作奋斗精神的节日。其中的龙舟竞渡，不仅是一种强身健体的群众性竞技运动，也是极具培养团队合作拼搏精神的活动。

追求娱乐享受是人们的天性，是节庆文化中永恒的主题。随着时间的推移，很多节日习俗的许多功能日渐淡漠，但其娱乐功能则更加凸显。赛龙舟是端午节最具代表性、广泛性的民间活动，也是最富刺激、最为壮观的群体活动。龙舟竞渡起源传说是因为屈原投江后，百姓害怕鱼虾食他的肉体，所以通过投粽子、赛龙舟等方式，把鱼虾赶跑。事实上，赛龙舟这项民间活动早在远古时代已经形成，是一个愉悦水神的节日。

古时赛龙舟前会举办一些祭祀仪式，点香烛、供水果粽子等，是古时人们为了祈求农业丰收、风调雨顺所举行的祭祀活动。随着时代的发展，龙舟竞渡从最早的以水中保护神龙开道竞相追逐的禳五月之恶的活动，在发展过程中将游戏引入竞渡之中，现在形成了一个以娱乐狂欢为主调的游戏竞技性节日。唐代诗人张建封的《竞渡歌》对此有生动的描写："五月五日天晴明，杨花绕江啼晓莺。使君未出郡斋外，江上早闻齐和声。使君出时皆有准，马前已被红旗引。两岸罗衣破晕香，银钗照日如霜刃。鼓声三下红旗开，两龙跃出浮水来。棹影斡波飞万剑，鼓声劈浪鸣千雷。鼓声渐急标将近，两龙望标目如瞬。坡上人呼霹雳惊，竿头彩挂虹蜺晕。前船抢水已得标，后船失势空挥桡。疮眉血首争不定，输岸一朋心似烧。只将输赢分罚赏，两岸十舟五来往。须臾戏罢各东西，竞脱文身请书上。吾今细观竞渡儿，何殊当路权相持。不思得岸各休去，会到摧车折楫时。"这首诗描写了唐代这场由官方主持的赏赢罚输的竞争激烈的龙舟竞渡活动，按照"热闹场面—竞渡情景—发生斗殴—作者观感"的思路，该诗将竞渡的场面写得绘声绘色、高潮迭起，把江中的竞赛和岸边观众的气氛写得如火如荼、扣人心弦。唐代诗人刘禹锡的《竞渡曲》也记叙了沅江一次赛龙舟的活动。"沅江五月平堤流，邑人相将浮彩舟。灵均何年歌已矣，哀谣振楫从此起。杨桴击节雷阗阗，乱流齐进声轰然。蛟龙得雨鬐鬣动，螮蝀饮河形影联。刺史临流褰翠帏，揭竿命爵分雄雌。先鸣馀勇争鼓舞，未至衔枚颜色沮。百胜本自有前期，一飞由来无定所。风俗如狂重此时，纵观云委江之湄。彩旂夹岸照蛟室，罗袜凌波呈水嬉。曲终人散空愁暮，招屈亭前水东注。"在州刺史的主持下，各队龙舟决一胜负。胜者欢欣，败者沮丧。赛后女子在水中嬉戏，与岸边彩旗相映生辉，为节日增添了无限的生趣。诗的结尾笔锋一转，"曲终人散空愁暮，招屈亭前水东注"，由此前龙舟比赛的热闹场景变为因屈原事引发的惆怅。由这两首诗可以看出，唐代因纪念屈原而在端午节开展的龙舟竞渡实际上已经成为一种全民狂欢活动。

已流传两千多年的赛龙舟，现在已成为中国民众最富有激情的民间传统水上体育娱乐项目。它是多人集体划桨竞赛，需要众人密切配合，一起划桨，只有大家团结一心奋力拼搏，才能最快到达终点。龙舟竞渡发展到今天，已经不是一项单纯的竞技运动，由于它能较好地表达大家团结协作积极向上的奋斗精神，不仅有趣好玩，而且锻炼身体的效果非常好，还有助于培养团结合作和奋斗精神。该项目先后传入日本、越南、英国等地，在2010年还成为广州亚运会正式比赛项目。

三、端午节文化的创造性转化与创新性发展*

2017年11月，习近平总书记在中国共产党第十九次全国代表大会的报告中指出："文化是一个国家、一个民族的灵魂。文化兴国运兴，文化强民族强。没有高度的文化自信，没有文化的繁荣兴盛，就没有中华民族伟大复兴。"并且提出："深入挖掘中华优秀传统文化蕴含的思想观念、人文精神、道德规范，结合时代要求继承创新，让中华文化展现出永久魅力和时代风采。"① 在新的历史时期，一方面要加大对端午节文化保护的力度，使之历久愈新，不断传承下去；另一方面，要结合时代发展不断创新，全方位地开发端午节在物质、精神、文化、娱乐、审美等方面的综合功能，不断创造出多姿多彩的节日文化，使之更好地满足广大人民群众精神文化生活的新期待和新需求。

（一）保护端午文化遗产，增强中华文化自信心

2021年11月，党的十九届六中全会通过的《中共中央关于党的百年奋斗重大成就和历史经验的决议》指出："中华优秀传统文化是中华民族的突出优势，是我们在世界文化激荡中站稳脚跟的根基，必须结合新的时代条件传承和弘扬好。我们实施中华优秀传统文化传承发展工程，推动中华优秀传统文化创造性转化、创新性发展，增强全社会文物保护意识，加大文化遗产保护力度。"

时至今日，端午节这个在我国有着2000多年历史和深厚文化底蕴的传统节日，大多是建立在对节日文化外在形式的消费和满足上，对于不

---

* 本部分原题《端午节文化的创造性转化与创新性发展》，原载《创意世界》2022年第6期。

① 习近平：《决胜全面建成小康社会，夺取新时代中国特色社会主义伟大胜利（2017年10月18日）》，《习近平谈治国理政》（第三卷），北京：外文出版社2020年版，第32—33页。

少现代人来说，只是简单等同于吃粽子、挂菖蒲、赛龙舟等民俗活动。因此，人们感叹端午节的文化味越来越少。相比情人节、圣诞节、愚人节等被年轻人追捧的西方“洋节”，我们对民族传统节日文化的传承和发展还不够，尤其是对传统节日的文化内涵继承和弘扬得不够。

1. 深入研究端午节日文化

端午节的起源、发展、演变无疑是一个潜移默化的历史积淀过程，它体现出一定社会时代人们的心理特征、审美情趣和价值观念。秦汉以前，端午节的文化主题主要是驱邪祛病和祭祀祈福，有着浓厚的民间生活和信仰色彩，因此它既是世俗的，也是神圣的。随时间的推移，其驱邪祛病的实用功能和图腾祭祀名人的政治色彩及民众娱乐休闲的狂欢色彩日益凸显，从而发展为政治文化和世俗文化的融合。

从国家立场来看，为了加强全社会的爱国主义教育，将端午节发展成为以纪念屈原为主题的爱国主义教育的节日；而从民众的角度，随着端午节法定假日的确立，端午节娱乐休闲内容项目大大增加，从而演变成为大众休闲娱乐狂欢的节日。

中华民族地大物博，全国各地的端午节文化源远流长、博大精深，经过千百年的岁月洗礼代代相传，其民俗活动逐渐演变为：挂菖蒲、艾叶，熏苍术、白芷，喝雄黄酒，吃粽子，赛龙舟等传统节日活动。这些节日活动中清晰地记录了中华民族丰富而多彩的社会生活文化内容，折射出中华优秀传统文化的澎湃生机和强劲活力。

研究端午节发展历史，阐释其文化意义，挖掘其文化精神，可以让我们更加懂得它的历史价值和现实意义，进而更加积极主动地传承和发扬光大端午文化，把端午节过得更有意义。

2. 大力宣传端午节日文化

随着人们对中华优秀传统文化的历史意义和价值认识的提高，端午节的地位也不断上升。2008 年 5 月，端午节从民间节日提升为法定假日；2006 年 5 月，端午节被列入第一批国家级非物质文化遗产名录，2009 年 9 月，联合国教科文组织正式批准将端午节列入人类非物质文化遗产代表作名录，端午节从一国之传统节日成为人类社会共同享有的精神财富，这使得端午节具有了超越固有内涵的价值和使命。

当前，保护传统端午节不仅仅是恢复几项传统民俗活动，最重要的是留住端午节的“文化记忆”。要通过举办与端午节日相关的非物质文化遗产展览、展演、论坛、咨询、讲座等，并通过新闻媒体广泛开展宣传，让大众在端午佳节里充分感知端午节民俗文化的事与物，体会端午节特有的中华传统文化底色，增强人民群众保护民族传统节日的意识，营造传统文化保护的良好氛围。

3. 积极传播端午节日文化

现代科学技术的发展，为端午节文化的传承传播提供了新载体和新手段。我们应结合当前新兴技术的特点，让科技有针对性、有目的性地与端午节日文化融合。

一是利用数字技术建立端午节文化数字化资源数据库，为相关主体的端午节文化资源的保护和利用提供便利；二是重点从呈现可视化、传播互动化、体验沉浸化、共享便捷化、消费多元化等方向着手，积极探索利用虚拟现实、增强现实技术和人工智能技术，建立端午节文化数字博物馆和网上展览馆，加强对端午节日文化的传播。另外，还可充分利用短视频、网上直播等手段加强端午节日文化的宣传教育，使更多的人，尤其是年轻人学习了解端午文化，做端午文化的传承人。

4. 不断创新端午节日文化

保护和传承节日文化的重要方法是为传统节日注入新的内涵与活力，使之更合乎文化发展的时代精神。当前，端午节日文化既要发扬民族传统、弘扬民族精神，也要与时俱进，不断创新传统端午节文化的现代内涵和时代精神。让传统端午节文化与现代社会生活紧密结合，让其更深地影响群众生活，以此唤醒广大民众的节日情感，使端午节等传统节日生生不息。不断创新节日文化活动，使人们在参与的过程中渐渐地与传统亲近，这是确保我国众多传统节日历久不衰的法宝。

（二）弘扬端午文化精神，铸造中华民族凝聚力

端午节凝结着中华民族的文化血脉和思想精华，端午节的起源蕴含着中国传统伦理道德，体现着民族精神品格。历史上，端午节曾与屈原、

伍子胥、勾践、曹娥等真实或者传说中的历史人物联系起来，赋予其道德情感色彩，通过他们歌颂中华民族的传统美德——富贵不能淫、贫贱不能移，忧国忧民、刚正不阿、尊亲重孝，从而使这一节日凝结着博大精深的中华优秀传统文化。“端午”二字已成传承、弘扬、激发民族精神和爱国情感的载体。

1. 通过端午节不断铸造中华民族凝聚力

民族精神植根于民族生活的土壤，鲜活地体现在传统的民族节日中。端午节是全世界华人共有的节日，可以通过纪念屈原等一系列活动培养中华儿女对中国文化的价值认同，增强敬祖意识、亲情意识、家庭观念、爱国精神，从而形成中华民族的凝聚力和向心力。以端午节等传统节日为载体，把跨越时空、超越国度、富有永恒魅力、具有当代价值的传统文化精神弘扬起来，使之成为不断增强中华民族团结一心的精神纽带、自强不息的精神动力。

2. 通过端午节大力弘扬伟大的爱国主义精神

历史上有关端午节起源说法很多，但至今流传最广的还是纪念屈原说。人们之所以怀念和纪念屈原，就在于他的爱国。爱国始终是千百年来端午节最鲜亮的文化元素。爱国主义是中华民族最为伟大、最为悠久的精神传统。我们要从端午文化中挖掘爱国主义的深刻内涵，高举爱国主义旗帜。尤其是在实现中华民族伟大复兴的今天，端午节所承载的这种对祖国、对民族赤忱的爱，有助于点燃中华儿女的爱国热情，将为破浪前行的中华民族汇聚起持续拼搏的磅礴力量，将在创造更美好的明天、书写更精彩的未来中，迸发出新的活力。

（三）研究端午植物药理，发展中华传统医药文化

中国传统节日通常与民众日常生活生产紧密相连，是一种世俗文化。在中国古代人的生活中，节日是农历历法体系的一个组成部分。它是通过对天候、物候和气候的周期性转换的观察与把握而逐步约定俗成的。

端午节时值仲夏，气候变得炎热，又是多雨潮湿季节，蝇虫飞动，细菌繁殖快，毒气上升，是各种流行性传染病易发和多发期。由于古人缺乏现代卫生防疫知识，把高温天气造成的各种疾患看作邪杂之气所致，

因此认为五月是“恶月”。

关爱生命、讲求卫生保健是中华民族的优良传统。为了达到这一目的，人们很早就开始同疾病和邪恶进行疾苦卓绝的斗争，在许多传统节日中形成了一系列驱邪祛病的节日内容。如端午节就有挂菖蒲、艾叶，熏苍术、白芷，喝雄黄酒，挂香囊，戴五彩线等民俗活动，这些民俗活动或以心理暗示为旨归，或以药物预防为要义，或以健身强体为目的，或以讲究卫生为关键，最终都是通过中草药达到驱邪祛病的功效。

随着时间的推移，有些端午风俗渐渐淡出人们的生活，但有些依然被保留了下来。比如挂菖蒲、熏艾叶、喝雄黄酒等，这是因为这些习俗确实有着利用中医药防疫治病的作用。如菖蒲是一种中草药，它的叶片具有浓郁的香气，含有大量的芳香油，能起到提神醒脑、杀虫灭菌、使空气更清新的作用。艾草也是一种药用植物，艾叶味苦，微温无毒，有温气血、逐寒湿之功效。端午节还有喝雄黄酒的习俗，雄黄酒是端午节饮用的一种药酒。因此，端午节还是“踏百草”“斗百草”“采杂药”的节日。

在端午节的知识体系中，有一系列以药物为中心的节俗内容。人们通过这一系列药物采集和制作过程，让自然草木的药用价值得到最大程度的发挥，最终满足民众驱邪避祸、防疫治病的需求。

我们要从端午节俗中汲取丰富的中医药卫生和养生保健知识和智慧，发扬端午节中医药文化，为加快发展中医药产业，实施“健康中国”战略服务，让传统中医药文化绽放出时代的光彩。

(四) 发展端午文化经济，提升中华文化软实力

端午节是一座等待被挖掘的“文化富矿”。对端午传统文化最好的传承，就是在加大保护力度的基础上，有目的地进行创新性开发利用，即挖掘其经济价值，拓展经济功能，形成更多适合当今民众消费的新业态、新产品和新服务，让端午节文化资源真正活起来、火起来，为民众享受美好生活，提升获得感、幸福感服务，为发展地方文化经济服务。

1. 大力发展端午文化旅游，创造快乐生活

追求娱乐享受是人的天性，是节庆文化永恒的主题。随着时间的推

移，很多传统节日习俗活动的原始功能日渐衰退，但其休闲娱乐功能更加凸显。在新的历史时期，要充分利用端午节中娱乐休闲文化功能，大力发展文化旅游。

首先，当今国家大力发展文化旅游产业为发展端午文化旅游提供了机遇。要抓住机遇多开发端午文化旅游项目，让更多端午文化元素融入旅游产业。其次，端午节法定假日为发展端午文化旅游提供了时间保障。统一的节日和假期，是民众放松身心和寻找快乐的最佳时机，要充分利用端午节黄金假期开展各种游乐活动，让端午节的经济效益与社会效益得到充分体现。再次，丰富多彩的端午节俗为文化旅游产业发展提供了优质资源。传统节日伴随着中国农耕文化而发展兴盛，具有让劳动者定期进行精神享受和身心调整的重要功能。

端午节的身体实践性主要体现在以游乐为目的的节俗活动，包括龙舟竞渡、户外踏青、采药、斗草等，其本质是倡导民众在这一时节到大自然中开展各种户外活动，强身健体、放松身心。我国地大物博、民族众多，各地端午风俗差别较大，包含了丰富的传统文化元素。如湖北秭归端午的公祭屈原的系列文化活动、河北省赵县端午的“踏柳”活动、浙江省桐庐县端午的“衣丝”习俗等，这些独具地方特色的端午节庆活动可以成为端午节独特的旅游资源。

2. 开发创意产品，丰富审美生活

文化产品是文化的重要承载和表现形式，借助端午文化资源，开发丰富多彩的文化创意产品，加快打造中华节日文化产品品牌，是焕发中华文化生机活力、提升中华文化软实力的必然要求。

要充分挖掘端午节的文化底蕴，并积极赋予其新的时代元素，将传统文化进行现代转化，引导它们与现代生活相结合，不断创造出多姿多彩的节日文化艺术，以吸引更多的人来主动感受和亲近传统节日，从而让人们从内心重新捡拾起对传统节日的憧憬。

要着重开展具有鲜明地方特色的端午节游园会、医药庙会、踏青等活动，以及传统工艺、美术、音乐和民间习俗展示等为当地群众所喜闻乐见的节庆活动，增添节日魅力。

要充分运用现代传媒手段，提供良好的节日文化消费体验，如在网络游戏、电视卡通节目等中注入端午节日文化资源，增强对青少年的吸引力和感染力，把传统端午节打造成为广大青少年所喜爱的节日。

要讲好端午节日故事和传说，增加传统节日的文化内涵，使其更加富有文化魅力。近年来，有些地方大力发展粽叶经济、艾草产业、菖蒲产业，以“文化搭台，经济唱戏”使传统节日文化焕发生机，其做法值得学习推广。

当今，端午节正在逐步与现代社会生产生活接轨，并以其传统文化的价值理念释放新的影响力。大力发展端午节文化产业，不仅能唤起人们追求美好生活的愿望，而且能拉动消费促进社会经济的发展。

第四节　村规民约的治理功能

村规民约作为一种村民约定俗成、达成共识和默契的治理制度，它以自治和德治的方式，在传统乡村治理中发挥了重要作用。当今，党和政府高度重视发挥乡规民约等基层自治规范在社会治理中的重要作用，2018 年 12 月 27 日，民政部召开新闻通气会，发布民政部、中央组织部、中央政法委、中央文明办、司法部、农业农村部、全国妇联等 7 部门联合出台的《关于做好村规民约和居民公约工作的指导意见》，提出“到 2020 年全国所有村、社区普遍制定或修订形成务实管用的村规民约、居民公约，推动健全党组织领导下自治、法治、德治相结合的现代基层社会治理机制”。这是新时代深入挖掘中华优秀传统文化资源，进行创新性转化和创造性发展，充分发挥村规民约积极作用，创新乡村社会治理内容与手段，打造共建共治共享乡村社会治理格局的重要举措。这对推动乡村形成多维度依法治理，不断提升治理能力和治理水平具有重要意义。本节将探讨村规民约治理功能形成的历史，分析传统习俗文化与现代法治文化在乡村治理中的共存与冲突，论述村规民约治理体系与现代法治体系的关系，阐释村规民约的德治功能及当代价值，探索法治、自治、德治相结合的乡村治理模式，为乡村振兴提供和谐稳定的社会保障。

一、村规民约治理与现代法治的关系*

（一）村规民约治理的功能形成和作用发挥

村规民约，也称乡规民约，它是一种由乡村民众集体制定、进行自我教育、自我约束、自我管理、自觉履行的乡村社会公约。它产生和形成在一定历史时期和时代背景下，在传统乡村社会治理中起到了重要作用。

1. 村规民约产生的礼俗和制度基础

其一，村规民约起源于远古公共礼俗活动。在远古社会，人们常常在公共场所举行祭祀、集会、歌舞、庆典等公共仪式，人人都是仪式的参加者。此时，所有的能量在瞬间聚集、释放，人们在那时融为一体，而整合、调适和规范社会群体行为的内在机制就是依靠约定俗成的民间习俗的规范功能，大规模的集体性活动使得民俗规范功能得到极大的发挥，这种民俗规范机制就是最原始的“村规民约”形态。

俗是什么？《说文解字》云：“俗，习也。”《释名》曰：“俗，欲也，俗人所欲也。”郑玄《周礼注》解释说：“土地所生习也。”《周礼·地官·大司徒》认为：“以俗教安，则民不偷。”贾公彦疏：“偷，苟且也。”享受生活是人类本能欲望，个体的欲望既可以成为推动社会前进的动力，也可以成为滋生危害社会罪恶之源。因此，必须对个体欲望进行规范和约束。俗是人们在长期的日常生活和社会实践中形成的风俗习惯，是民间依靠道德教化和制度管控约束个体欲望、规范个体行为的准则。在中国广大的传统乡村，千年百年来乡民们“依礼而行，循俗而做”，“按礼俗而治”。民间习（礼）俗由于重道德教化功能，而成为乡民为人处事的准则，调解人际关系的一种手段，以及有效维持乡村稳定的工具。在传统乡村社会中，民间习俗作为一种治理手段具有多种表现形式，而最直接、最具代表性的表现形式就是村规民约，它具有地方性、实践性、道德性和自发性特征。

其二，村规民约旨在构建乡村区域社会责任共同体。在古代中国，

---

* 本部分原题《论村规民约治理的形成及其与现代法治的关系》（与袁渊合作），原载《湖北民族学院学报（哲学社会科学版）》，2019 年第 2 期；本书略有修改。

村规民约最初是村民以相互帮助救济为目的、互相劝勉共同遵守的一种规则约定。村规民约构建的是区域内人人有责、人人平等社会体系，通过乡民受约、自约和互约而保障乡村社会成员的共同生活和共同进步。大约在周代，底层社会就开始有制定“村规民约”的习惯了。《周礼·地官》还记载有西周乡里敬老、睦邻的习俗：“令五家为比，使之相保；五比为闾，使之相受；四闾为族，使之相葬；五族为党，使之相救；五党为州，使之相赒；五州为乡，使之相宾。”这其中的“相保”“相受”“相葬”“相救”“相赒”“相宾”就是比较典型的“村规”，只是尚未以村规命名而已。《孟子·滕文公上》就有“出入相友，守望相助，疾病相扶持”的记载。由此可见，当时制定村约的目的在于让生活在一起的人们形成一个共同体，大家平时相互约束、相互规劝；遇到庆赏喜事，大家共同分享；面对刑罚危机，大家则一起承担，分解责任。这可能是最早社会责任共同体的形态记载。

其三，村规民约填补了国家“政不下县”制度对乡村管理的缺位。在中国封建社会的管理系统中，“政不下县”的郡县管理体制是历代统治者大致遵循的一个准则，这给县以下的基层乡镇、村落治理留下了很大的自治空间。秦晖教授概括为：“国权不下县，县下惟宗族，宗族皆自治，自治靠伦理，伦理造乡绅。”① 社会控制管理系统分为两种类型：一种是以法律和政令为代表的“硬性”管控；另一种是以民间习俗为代表的“软性”约束。我国幅员辽阔，各地乡村的人文、历史、经济等因素复杂多样，国家机构很难做到全覆盖的管理。因此，底层乡民社会生活不可能完全进入“机构”管理范围，于是乡村社会的运行主要靠民间习俗这种不成文的“软控”系统，即“村规民约”来进行调控。乡村社会秩序的维系不以强制的行政命令为手段，依靠的是传统民间习俗的“调整”这种软性自控系统。所谓“官为民计，不若民之自为计”，植根于乡民思想意识的“村规民约”成为乡民共同制定并遵守的道德规范和行为准则，成为广大乡村自治的重要手段，其作用往往比法律来得更加

---

① 秦晖：《传统十论——本土社会的制度文化与其变革》，上海：复旦大学出版社 2003 年版，第 3 页。

直接和有效。

2. 村规民约治理功能特征和作用的历史记载

其一，北宋《吕氏乡约》建构了以道德为中心的治理模式。在中国已发现的文献记载中，最早成文的村规民约可能是北宋陕西蓝田吕大钧（1031—1082）制定的《吕氏乡约》。它是将当地乡村正在实行的一些民间礼俗习惯条款收集起来，加以整理，简化为若干条规约，并见诸文字，其目的是使乡民在自我教育、自我约束中进行自我管理与完善，从而形成乡村社会良好的风气。《吕氏乡约》由民众自己制定，采取自愿原则"其来着也不拒，去者也不追"，内容涵盖四个方面："德业相劝、过失相规、礼俗相交、患难相恤。"其中"德业相劝"定为首目，"德谓见善必行，闻过必改。能治其身，能治其家，能事父兄，能御童仆，能事长上，能睦亲故，能择交游，能守廉介，能广施惠，能受寄托，能救患难，能规过失，能为人谋，能为众集事，能解斗争，能决是非，能兴利除害，能举官职。凡有一善，为众所推者，书于籍，以为善行"[①]。《吕氏乡约》的基本主张是树立共同的道德标准，使个人行为有所遵循，可谓是以道德建设为中心全面构筑的乡村自治秩序的蓝图。可惜在关中推行没有多久，北宋就被金人所吞灭，没能推广下去，但《吕氏乡约》作为村规民约的鼻祖，对后世影响很大。

其二，南宋《增损吕氏乡约》加强了道德礼仪的治理功能。南宋时期，朱熹（1130—1200）感叹当时德丧礼废，影响到了社会的安定："呜呼！礼废久矣。士大夫幼而未尝习于身，是以长而无以行于家。长而无以行于家，是以进而无以议于朝廷，施于郡县，退而无以教于闾里，传之子孙，而莫或知其职之不修也。"于是，由儒家倡导的"尊祖、敬宗、收族"扩展到"严宗庙、重社稷"的家国意识。他在吕大钧《乡约》和《乡仪》的基础上，进行重新补改编写，合并了《乡约》和《乡仪》的相关内容，并且增加了大量礼仪内容，后称之为《增损吕氏乡约》。朱熹增改的乡约把礼仪条规集中到乡约中，根据长幼尊卑的顺序，列举了造请拜揖、请召送迎、庆吊赠遗等诸礼节，各项礼仪的规定都非

① 牛铭实：《中国历代乡规民约》，北京：中国社会出版社 2014 年版，第 105 页。

常具体，这一增订大大增加了道德礼仪培育的成分。由于朱熹的学术地位很高，他提倡的乡约通过礼制的仪式感，促进了乡约的传播和发展，为后世乡村道德体系的形成奠定了精神内核和形式架构①。

其三，明代《南赣乡约》实行政府推行与民间约束结合的社会治理。宋代官方对乡约组织采取的是一种不反对也不鼓励的态度，而到了明代朝廷则大力提倡和推广乡约，王守仁的《南赣乡约》便应运而生，影响也最广。王守仁（1472—1528），字伯安，学者称阳明先生，明代名臣大儒。他45岁时升任都察院左佥都御史，巡抚江西赣州、福建汀漳等地，次年改为提督。出于“剪除盗贼”的防务需要，他曾强制推行过《十家牌法告谕父老子弟》，其目的是各家“务要父慈子孝，兄爱弟敬，夫和妇随，长惠幼顺，小心以奉官法，勤谨以办国课，恭俭以守家业，谦和以处乡里，心要平恕，毋得轻意忿争，事要含忍，毋得辄兴词讼，见善互相劝勉，有恶互相惩戒，务兴礼让之风，以成敦厚之俗”②。王守仁在平定福建、江西、广东等地数十年的祸乱后，为了对初定的社会进行有效治理，正德十三年十月，特颁布了《南赣乡约》，其内容主要包括强调相互帮助、维护社区治安、进行社会监督和移风易俗等方面。其目是“故今特为乡约，以协和尔民。自今凡尔同约之民，皆宜孝尔父母，敬尔兄长，教训尔子孙，和顺尔乡里”。通过加强以自我约束和控制为主的基层社会治理，使乡民“死丧相助，患难相恤，善相劝勉，恶相告戒，息讼罢争，讲信修睦”，从而“为善良之民”，“成仁厚之俗”，实现社会的长治久安。与《十家牌法告谕父老子弟》相比，《南赣乡约》呈现出去官方化、去军事化的倾向，更符合百姓日常生活的基本要求。但与《吕氏乡约》相比，其政府性更强，成为政府督促推行的一种制度。王守仁推行的乡治，使当时南赣地区风气焕然一新，“民无重赋，家有田耕，城郭乡村，一派清明”③。

村规民约有效地填补了国家对乡村管理的空白，经历代儒者与统治

① 刘志松：《乡规民约与乡村振兴》，《光明日报》2018年5月2日。

② 《王阳明全集》全译本，北京：北京燕山出版社1997年版，第96—97页。

③ 刘志松：《乡规民约与乡村振兴》，《光明日报》2018年5月2日。

者的提倡，逐渐普及到全国，在传统乡村社会治理中发挥了独特的作用。

（二）传统习俗文化与现代法治文化的冲突

如前所述，传统的村规民约治理是基于民间习俗制度和道德伦理文化的治理模式。在当代乡村社会转型过程中，一方面现代乡村民主法制建设需要传统习俗制度和道德伦理文化的支持；另一方面传统习俗制度和道德伦理文化培育了中国社会文化顽强的延续力，酿成了不能与时更进的历史惰性，阻碍了现代乡村民主法制社会的自发形成。这种传统习俗制度与现代民主法制文化在角力过程中的张力，无论是在组织形态上，还是在思维逻辑和执行方式方法上都程度不同地表现出来，并影响着乡村社会治理。

1. 乡村治理组织的宗族化问题

有学者认为："在传统中国社会，事实上存在着两种秩序和力量：一种是'官治'秩序或国家力量；另一种是乡土秩序或民间力量。前者以皇权为中心，自上而下形成等级分明的梯形结构；后者以家族为中心，聚族而居形成'蜂窝状结构'的村落自治共同体，连接这两种秩序和力量的是乡绅精英阶层。"① 乡村礼俗制度是建立在以血缘关系为纽带的宗法制度基础上的、与每个家庭和个人的利益和情感密切相关的乡村治理制度。它历经几千年而不变，维持着乡村社会结构稳定和秩序井然。新中国成立以后，国家在乡村走集体化道路、建设人民公社政权，强化党组织的领导，这使乡村原有的以宗族长老所主导的礼俗治理制度失去了合法性基础，而逐步消失。改革开放后，农村家庭联产承包责任制的推行，使乡村集体组织解体，撤社建乡使国家政权力量从基层村庄回撤到乡镇，导致基层组织的管理权威和服务能力弱化。在这样的乡村基层组织缺失的背景下，乡民以血缘为纽带的家族观念得以强化，遇到纠纷通常首先想到的往往不是去找乡村基层党政组织，而是寻找亲友关系或家族势力帮助，这使得原本已经销声匿迹的宗族组织在中国乡村开始复活。同样，传统村规民约制度所形成的以广大乡民自愿参与公共事务的组织

① Vivienne Shue，*Sketches of the Chinese Body Politic*. Standford University Press，1998：178.

模式，在当今有些地方被异化为以某一宗族为主体、以血缘和家庭为纽带进行局部管理的民间组织形式。对这类宗族性组织在团结村民抵御个体难以承担的自然和经济风险，以及开展公益事业方面的作用，要根据不同情况予以客观评价，但是宗族文化与民主政治毕竟是两种性质截然不同的文化，宗族势力的发展对乡村民主政治建设具有的消极影响不可低估。一些地方宗族组织由于法制观念的严重缺失在逐步强大后，成为与政府和法律相抗衡的一种“法外组织”和显性权力，严重阻碍了村民依法民主自治的顺利推进。

2. 乡村治理思维的情感化问题

中国自古就是人际关系极其发达的社会，人们一向信奉“礼之用，和为贵”。在熟人社会，人们主张讲情面，倾向于“无讼”。传统村规民约制度治理是基于熟人社会环境，以相互信任为前提，以约定俗成公认合适的行为规范来调整各种社会关系，维护社会秩序。因此，在传统乡村社会，人们常常以宗法、习惯和伦理等方式化解彼此之间的纠纷，除重大刑事犯罪之外，人们并不关心其纠纷的适用法律。这种根深蒂固人情关系传统深刻影响着现代法治理念的树立，法律规则的执行。比如，乡村中若发生伤害案件、财产案件甚至类似强奸的刑事案件，当事村民往往是通过家庭和一定的组织成员出面进行“和平谈判”以求“私了”。因为村民认为提起诉讼是一件劳民伤财的事情，它不仅要花费时间和经费，还有可能达不到自己想要的结果，而且还会影响人际关系。在农村，人与人之间的关系相对比较近，大部分有亲属血缘关系或是邻里同村的“熟人”，“私了”既能够使事情得到永久性的解决又能够维持自己原有的那份邻里、亲情等社会关系。正如有学者指出的那样：“在各种社会关系当中，纯粹的伙伴型关系不适应与法律调整。在伙伴型关系中，各个成员之间的态度、情感是由彼此之间的信任、情感所保证的，而不是由正义、由绝对遵守明确的义务等方法所保证的。”① 如四川某村村民代表会议以村规民约“否决”了法院判决，集体反对两位外来的但已经与

---

① ［美］莫迪斯·艾德勒、查尔斯·范多伦：《西方思想宝库》，西方思想宝库编委会编译，长春：吉林人民出版社 1988 年版，第 943 页。

本村男子离婚的女子继续拥有村民户口和领取土地补偿金。村民代表的理由是保护村庄公共财产免受“外人”的贪图。这一案例令人深思：国家法律是国家专门机关制定并由国家保障实施的行为规则，是全国人民利益的整体表达，体现了国家权力与意志。而村规民约是在村民地域范围内调整人与人之间权利义务关系的非国家强制性的行为规范，是一定区域内乡民共同利益（对国家法律利益而言是微观利益）的表达，这种表达根据有地域性和情感型特征。因此，国家法律与村规民约在法与情方面的矛盾冲突在现代社会将更加突出。当今乡村社会正由一个典型的“传统乡土社会”向“现代乡村社会”过渡，农村人口流动性的增强，使乡土社会的血缘性和地缘性逐渐减弱，乡村正由熟人社会向“半熟人社会”加快演化。为了防范这种“陌生人”之间的相互侵害，有必要预设相关的法律规则，使社会生活能够统一于人们共同服从的法制规则之中，避免“熟人社会”情感因素的影响，真正实现法律面前人人平等。

3. 乡村治理模式的经验化问题

费孝通先生在《乡土中国》一书中指出：“传统是社会所累积的经验……在乡土社会中，传统的重要性比现代社会更甚，那是因为在乡土社会里传统的效力更大。”[①] 几千年的农业文明传统，形成了中国农民不思改进、知足常乐、小富即安，以及对各种革新有一种恐惧和拒斥心理，往往凭借着传统、风俗、习惯、经验而自在自发地生存与活动。这种消极的、被动文化心理深刻地影响着现代社会的创新，包括现代法治社会的形成。例如，遗产继承权是我国宪法、民法、婚姻法和继承法规定的公民的一项基本权利。国家相关法律规定了已出嫁的女子特别是久已出嫁的女子可以回娘家继承其父母的遗产以及继承方式。但在农村地区，按照以往传下来的“规矩”（即经验模式），已出嫁女子基本上是不能回娘家继承遗产的。尽管这种继承“规矩”在许多地方得到了普遍认可，并且现在仍在实行，但它显然违背了我国现行的相关法律规定。在现实乡村社会生活中，这种法制原则与“老规矩”的矛盾冲突还比较普遍。比如，受传统宗族社会家长统治下的财产共有制“老规矩”的影响，家

① 费孝通：《乡土中国》，北京：生活·读书·新知三联书店 1985 年版，第 48—51 页。

族和家庭财产处置一般由族长或家长说了算，民众一般都缺乏个人产权观念和维权意识；受“小人言利，君子言义”的“传统观念”影响，中国古代尽管有高额的商业资本，却没有经济法。在传统乡村社会处理违规违约者时，往往通过经验和习惯去协商解决。笔者认为，中国社会由人治走向法治的最大阻力之一来自传统文化的习惯势力，传统经验和习惯作为潜在规则至今还强有力地影响着中国民众的交往行动，影响着社会的政治和经济活动的健康发展。因此，在当今建设法治社会的过程中，必须充分认识“礼治秩序”所造成的习惯势力对法律建设和执行可能发生的阻碍，在继承中华优秀传统礼俗内核的基础上，打破过分强大的传统日常习惯和经验治理模式，发展理性化法治思维，以科学精神、民主理念和法治体系维护乡村社会的和谐与稳定。

（三）村规民约治理体系与现代法治体系的关系

乡村振兴，治理有效是基础，秩序稳定是保障。现代乡村社会治理手段，既包括以法律为依据的法治，也包括以村规民约为特征的村民自治等。尽管这两者治理方式不一样，但它们都是通过规范乡民行为，达到维护乡村秩序、保障乡民权益的目的。当前，在乡村振兴战略背景下，我国乡村治理必须在大力推进依法治理的前提下，推进乡村治理创新和转型，整合乡村治理资源，重塑村民自治管理组织体系，推动社会治理重心向基层下移，提升乡村治理能力。正确认识并处理村规民约治理体系与现代法治体系之间的关系，充分发挥彼此不同的治理功效，实现善治与法治互补统一，达到既能满足国家治理的现实要求，又能够切实维护人民群众的基本权益需求的目的。

1. 村规民约治理是依靠民间习俗，现代法治是依照法律法规

恩格斯在《论住宅问题》中指出：“在社会发展到某个很早的阶段，产生了这样一种需求，把每天重复着的产品生产、分配和交换用一个共同的规则概括起来，借以使个人服从生产和交换的共同条件。这个规则首先变现为习惯，不久便成了法律。”① 这段话深刻揭示了共同规则与习

① 《马克思恩格斯选集》第 3 卷，北京：人民出版社 1995 年版，第 211 页。

惯和法律的关系，即习惯、禁忌、约定等民间规则是法律的雏形，法律是民间规则的升华。村规民约类似国外的习惯法，作为一类社会规范，它是村民共同认可的“公约”，是村民自治制度化、规范化的存在形式，是实施村民自治的基本依据。

我国《村民委员会组织法》（1998 年）第 20 条规定：“村民会议可以制定和修改村民自治章程、乡规民约，并报乡、民族乡、镇的人民政府备案。”这是乡规民约在现代乡村存在的法律依据。现代村规民约的制定与执行必须遵循以下法治原则：其一，村规民约治理必须“依法而治”。这里的“法”，首先是指国家的宪法、法律、法规，以及国家的相关政策制度。它虽然是由村民通过村民会议自主制定的，但这并不意味着村民们想怎么制定就怎么制定，而“合法性”是对村规民约最基本的要求。村规民约是基于法律授权而制定的，是用来填补法律空白的，而不是用来替代法律的。因此，村规民约中规定的事项不得与正在实施的国家宪法、法律、法规和国家的政策相抵触，不得含有侵犯村民的人身权利、财产权利、民主权利等合法权利的内容。其二，村规民约的有效性受到法律限制。一方面，现代村规民约是村民基于法律的授权，按照法治精神，适应村民自治的要求，依照村民集体的意愿，由共居同一村落的村民在生产、生活中根据风俗约定俗成的自我约束规范，是独立于国家制定法之外，依据某种社会权威确立的、具有强制性和习惯性的行为规范。另一方面，村规民约中的内容，凡是违反法律强制性规定的或与现行法律相冲突的，均不具有法律效力，不能够用来约束村民。在实践中必须对于村规民约特别是一些惩罚性规定，要进行严格仔细的法律审查，不能出现越出法律规范的一些规约条目。如果规约中含有侵犯村民法定权利的条款，即使已经过村民会议的同意，在法律上也是无效的。其三，村民不仅要遵纪守法，而且要履行村规民约的权利与义务。村规民约强调村民除依法享有国家宪法和法律赋予公民的基本权利外，还享有本村规定的权利；村民除了履行宪法和法律规定的义务外，还必须履行本村规定的各项义务。

有法可依是依法治国的法律前提，也是依法治国的首要环节。现代乡村治理要采取符合乡村社会特点的方式，既要注重运用现代法治理念和方式，更要注重发挥乡村传统治理资源和经验的作用，实现传统礼俗治理与现代法治治理的统一。

2. 村规民约治理是内心道德自律，现代法治是外在权力约束

传统村规民约的内容既包括了与村民生产生活密切联系的某些具有法律因素的内容，同时也结合本村的实际进行了适度的延伸和发展，它从人情和道德伦理出发，制定出合情合理的行为准则，它既非纯粹的道德规范，也不是完全的法律规范，而是介于道德与法律之间的准法规范[①]。它熔法律、道德、礼仪等要素于一炉，既有替法惩戒效果，又有道德教化作用，成为农村社会治理的重要方式之一，其社会整合力具有不可替代性。村规民约治理是基于每个乡民都能自觉做到自我约束、自觉遵守规矩基础上的以道德为主的治理方式，但这只是一种理想化的治理。就现代乡村社会状况而言，乡村治理离不开法治。违法必究，严格追究违法犯罪行为人的法律责任，这是依法治国的必要保证，是法律威严的重要体现，也是保持乡村社会良好秩序的根本保障。

村规民约德治与现代法治并非对立关系，德治和法治相辅相成、相互促进。法治是一种基于国家力量和法律制度，对公民行为进行强制性约束的治理方式，是靠权威性的法律制裁的“他律”，具有暴力性和强制性特征。德治是以社会伦理道德来规范全体成员的行为，通过提高整个民众的道德水平，到达社会和谐的治理方式。法治是外在的法律约束，道德是内在的意识自律；法治治于行，德治治于心。道德是立法的基础，也是执法、守法的基础。现代乡村社会远不是传统民风淳朴、人心向善的乡村社会，道德的滑坡，利益的诱惑，使一些乡民铤而走险，以身试法事件时有发生。2018 年 1 月 2 日，中共中央、国务院发布的《关于实施乡村振兴战略的意见》中指出：乡村治理“坚持自治、法治、德治相结合，确保乡村社会充满活力、和谐有序”[②]。现代乡村治理，一方面，

① 李可：《习惯法——一个正在发生的制度性事实》，长沙：中南大学出版社 2005 年版，第 86—87 页。

② 《中共中央、国务院关于实施乡村振兴战略的意见（2018 年 1 月 2 日）》，http://www.gov.cn/xinwen/2018-02/04/content_5263807.htm。

必须以理性的眼光重新审视村规民约，发掘其合理内核，去其糟粕，取其精华，推陈出新，加以利用。深入挖掘其中所蕴含的优秀思想观念、人文精神、道德规范，并进行创造性转化、创新性发展，不断赋予新的时代内涵，不断丰富其表现形式，充分发挥其凝聚人心、教化群众、淳化民风的重要作用。另一方面，现代乡村社会治理必须实现传统道德治理与现代法治的统一，每一个公民，既要不断增强法律意识，又要不断提高道德修养。在享受法律所赋予权利的同时，还应履行应尽的义务，对家庭、社会、国家乃至全人类负责。使道德规范与国家法律等其他社会规范协调、互补、互动，共同在乡村治理中发挥自律、互律的作用。

在依法治国的今天，要在乡村积极探索自治、法治、德治相结合的治理模式，在加强法治的同时，注意发挥村规民约德治功能，促进“三治”相结合①。对善良者施之以德，在褒扬中受推崇；对恶者绳之以法，在制裁中受惩处。以法治“定纷止争”、以德治“春风化雨”、以自治“消化矛盾”，以党的领导统揽全局，加快形成自治为基、法治为本、德治为先“三治”结合的治理格局，是乡村走向善治的必由之路②。

3. 村规民约治理靠民间力量自治，现代法治靠国家机构执行

中国农村幅员辽阔，人口众多，国家不可能真正将管理触角伸入乡村社会的方方面面，更不可能事无巨细地来解决村庄层面的各种问题，国家法律所调整的只是一部分社会关系，有许多社会关系不是靠法律，也不需要靠法律去调整，诸如一般赌博、斗殴和迷信活动，一般邻里、家庭、婚姻纠纷或轻微的虐待、遗弃等不道德行为和不良现象。然而，这些行为如不及时制止，让其发展，就有可能成为违法犯罪的行为，危害社会治安。于是，民间组织和制度可以发挥类似法律的作用，能将国家法“有所不为”与民间法“有所为”合理地结合，弥补国家立法在乡村社会的“规则缺席”。村规民约制度就其本质来说是一种乡民自治制度，所谓“官为民计，不若民之自为计”，在国家法律无法触及的生活

① 周尚君：《乡村治理的法律规制及其限度——兼以云南德宏某村“村规民约”为参照》，《甘肃政法学院学报》2008 年第 6 期。

② 韩俊：《关于实施乡村振兴战略的八个关键性问题》，《中国党政干部论坛》2018 年第 4 期，第 19—26 页。

规则和道德伦理领域里发挥重要作用，填补了法律管不着的真空地带。

制定和实施村规民约的组织力量不是国家权力机构，而是民间自发组织的力量。传统村规民约的制定和实施靠民间组织，如《吕氏乡约》中“主事”的具体做法是：“约正一人或二人，众推正直不阿者为之。专主平决赏罚当否，直月一人，同约中不以高下、依长少轮次为之，一月一更，主约中杂事。”即村民共同推选办事公道且有威望者做约正主事，另选一人为“直月”轮流执事，月终如有善行者则加以奖励，有过者则加以劝改①。这种依靠民众自愿参与、民主推荐产生主事机构的村规民约组织，实行了乡村民主管理，带有明显自治色彩和民主因素。

法律制度是指国家或地区运用法律规范来调整各种社会关系时所形成的各种制度，是对全体公民具有普遍约束力的一种特殊行为规范（社会规范），通常由社会认可、国家确认的立法机关制定，并靠国家的权力（主要是司法机关）来强制保证实施，是国家意志的体现，是国家的统治工具。这里“国家”是指政治的权力，在现代国家没有形成前，部落也是政治权力。依法办事，执法必严，这是依法治国的中心环节。现代法治是指执法机关和执法人员严格依照法律制度的规定办事，坚决维护法律的权威和尊严，保证裁判的公平、正义，维护社会秩序，满足社会成员对效益的需求，真正做到依法治国具有重要的意义。

村规民约组织的民间性与自发性与国家司法机构的官方性（政府性）与强制性有着明显的区别。前者是民众自己的组织施行自我管理和自我约束，而后者是官方权力机构颁布和强制执行。现代乡村治理只有民间自治与国家法治两者形成合力，共同作用于社会治理，才能真正实现乡村社会的稳定与和谐。当今更应当重视乡村社会中自下而上的内生性自治组织的培育，并通过自治组织的建设，如善于利用乡村红白理事会、村民理事会、议事会等民间组织进行基层治理，使其能够成为乡村基层政府的有力帮手，起到重构乡村社会伦理、增强乡民对于乡村社会的认同感和归属感、重建乡村社会团结、提升乡村社会的治理能力作用，

① 牛铭实：《中国历代乡规民约》，北京：中国社会出版社 2014 年版，第 108 页。

最终实现乡村治理和谐有序进行。当今，我国推进国家治理现代化就是要坚持民主与法治的统一，在这样的背景下，具有民主因素的村规民约治理与现代法治在乡村获得了一种共存共谋共治的关系。

4. 村规民约治理在熟人社区推行，现代法治在全民社会实施

就村规民约治理来说，它面对的是一个相对封闭型的社会，是一个以熟人为主与人情浓烈的传统乡村社会。村规民约是由村民们日常生产、生活中的认知渐渐发展成清晰明确的规则，逐渐被乡民群体内部共约、共信共行的村社区的公共行为规范。这种是基于传统与经验进行自发管理模式，使得乡村社会具有超强的稳定性。村规民约不是“法定”而是“群定”的，村规民约是村民会议基于《村民委员会组织法》授权而制定的，因此，只要其遵循了法定程序且内容合法，就具有法律效力。它不仅是村民自治的依据，也是村民组织对当地农村进行管理的依据，村民都应当受其约束。因此，那些驻在农村的机关、团体、部队、全民所有制企业、事业单位的人员，以及不属于村办的集体所有制单位的人员，都应当遵守有关的村规民约，自觉地约束自己的行为。

就国家法治来说，它面对的是一个纷繁复杂的开放式社会，不仅包括广大的传统乡村，更包括发达的现代都市。在这样的社会中，人们之间缺乏交流，彼此陌生。由于每个人的理想不同、追求不同、社会职业分工不同等，各自的发展方向各异，人际关系也受到不同社会情境中角色的主导。对这样庞大复杂多样化社会进行治理，必须依靠针对全社会所有公民都必须遵守的法律制度治理来完成。法律制度是现代性“规则之治”的一种权力话语表述，它体现出现代的社会整体结构受到来自“法律的社会控制”（外部关系视角）与法律自身的形式理性（内部规范视角）的双重规定。这种规定不仅要求社会在法律规则的治理范围内，事无巨细的有法/依法而治，而且规定该治理是一种形式理性化的抽象活动。它不会因为具体事件的情态变化而忽略自身的追求及其对社会生活的规制：形成普遍性规则以及规则性生活格式[①]。在依法治国的今天，

① 周尚君：《乡村治理的法律规制及其限度——兼以云南德宏某村“村规民约”为参照》，《甘肃政法学院学报》2008 年第 6 期，第 79—84 页。

任何组织、机构、单位和个人都必须在法律范围内活动，都必须以法律为行为准则，依照法律维护权利或权力、履行义务或职责。

综上所述，村规民约治理是一种局部的、特殊的、有条件的社会治理方式，而法治是一种全局的、普遍的、无差别的社会治理手段。熟人社会的村民对村规民约的遵守往往是本能的、非理性的；而法治社会的公民对法律规章的遵守往往是习得的、理性的。村规民约治理是将传统礼俗规范生活化和具象化，依据传统道德精神维护传统乡村社会秩序的一种传统治理方式；而法治是依仗现代国家权力、依据现代法律精神管理现代社会全体公民的一种现代治理方式。因此，村规民约治理必须在依法依规原则下的治理，而这种治理也只能是法治的一种重要补充，而不能代替法治。

现代村规民约是建立在村民自治权基础上的村民民主管理制度，通过群体自我管理与监督起到维护乡村社会秩序的和谐稳定的作用。现代乡村社会仍具有熟人社会和人情社会的特征，现代乡规民约的制定依然要遵循熟人社会规律。首先，要尊重农民的主体性，提升农民参与乡村治理的积极性，将农民群体的主体性权利置于乡村社会治理逻辑中，从农民的主体性需求出发改善当前乡村治理的困境。其次，要深入挖掘优秀传统农耕文化蕴含的思想观念、人文精神、道德规范，特别要善于利用人情、道德、习俗等优秀传统文化要素，弘扬主旋律和社会正气，培育文明乡风、良好家风、淳朴民风，改善农民精神风貌，提高乡村社会文明程度，焕发乡村文明新气象①。加强农村思想道德建设，引导形成与法治相辅相成的德治。

二、村规民约的德治功能及其当代价值*

党的十九大提出了“加强农村基层基础工作，健全自治、法治、德治相结合的乡村治理体系”。2018 年 1 月 2 日，中共中央、国务院发布

---

* 本部分原题《论村规民约的德治功能及其当代价值——以建立“三治结合”的乡村治理体系为视角》（与高艳芳合作），原载《社会主义研究》2019 年第 2 期；本书略有修改。

① 郑会霞：《构建新时代乡村治理体系》，《学习时报》2018 年 8 月 31 日。

的《关于实施乡村振兴战略的意见》进一步强调：乡村治理“坚持自治、法治、德治相结合，确保乡村社会充满活力、和谐有序”，提出要“提升乡村德治水平”①。2018 年 12 月 27 日，民政部、中央组织部、中央政法委、中央文明办、司法部、农业农村部、全国妇联等 7 部门联合出台的《关于做好村规民约和居民公约工作的指导意见》进一步指出：“村规民约、居民公约是村（居）民进行自我管理、自我服务、自我教育、自我监督的行为规范，是引导基层群众践行社会主义核心价值观的有效途径，是健全和创新党组织领导下自治、法治、德治相结合的现代基层社会治理机制的重要形式。”建立“三治结合”的现代乡村治理体系，以法治“定纷止争”、以德治“春风化雨”、以自治“消化矛盾”，以党的领导统揽全局，加快形成自治为基、法治为本、德治为先“三治”结合的治理格局，是乡村走向善治的必由之路②。德治是乡村治理的思想道德基础，是建立“三治结合”治理体系的关键。村规民约以发挥对民众进行道德教化的基本功能为特征，使礼法规范转化为民间风俗习惯，从而在乡村社会形成稳定延续的道德认同，达到规范社会行为，实现乡村和谐稳定的目的。当今实施乡村振兴战略，村规民约德治功能可以为现代乡村德治建设提供资源和智慧，充分挖掘村规民约传统道德文化资源的当代价值，用现代治理理念实现现代化转换，通过村规民约把社会主义核心价值观融入民心，转化为人们的道德情感认同和行为习惯，为乡村振兴提供强大精神支撑。

（一）村规民约的德治功能及其特征

村规民约是“村规”和“民约”的组合体。村规，即乡村社会成员共同行事的规定；民约，则是乡村社会成员共同达成并遵守的一种“约定”。德治，就是发挥道德的调节作用，用道德引导和规范社会成员行为和调节社会关系的一种社会治理方式。村规民约是一种由乡村民众集

① 《中共中央 国务院关于实施乡村振兴战略的意见（2018 年 1 月 2 日）》，中央人民政府网，http://www.gov.cn/xinwen/2018-02/04/content_5263807.htm。

② 韩俊：《关于实施乡村振兴战略的八个关键性问题》，《中国党政干部论坛》2018 年第 4 期，第 19—26 页。

体制定，以伦理道德为主要内容，进行自我教育、自我约束、自我管理、自觉履行的乡村社会公约。在中国，村规民约经历了一个发展转型的过程，既有传统社会中的“村规民约”，也有适应新的治理需要的现代“村规民约”。千年百年来，中国广大村民“依礼而行，循俗而做”“按礼俗而治”，民间习俗作为一种治理手段具有多种表现形式，而最直接、最具代表性的表现形式是村规民约。村规民约古已有之，《周礼·地官》中记载的西周乡里敬老、睦邻的习俗，以及《孟子·滕文公上》中“出入相友，守望相助，疾病相扶持”的记载，就是典型的“村规”，只是没有以村规命名而已。在中国已发现的文献记载中，最早系统成文的村规民约是北宋陕西蓝田吕大钧制定的《吕氏乡约》，吕大钧将当地乡村正在流行的一些“礼俗”条法收集起来，加以整理，简化为若干条规约，并见诸文字，其目的是使村民能够“德业相劝、过失相规、礼俗相交、患难相恤”，在自我教育、自我约束中进行自我管理与完善，从而形成乡村社会良好的风气①。村规民约经历代儒者与统治者的提倡，逐渐普及到全国，在乡村社会治理中发挥了独特的作用，为乡村和谐稳定永续发展提供了保障。

1. 村规民约以传统家教文化形成家庭美德

村规民约治理是村民在自然状态下、基于相互信任与依赖，源自他们内心信念和道德情感，而形成的一种共识与默契的礼俗治理模式。柳诒徵在《中国礼俗史发凡》中认为，以礼俗治国“博言之，即以天然之秩序（即天理）为立国之根本也”②。村规民约通过传统的道德伦理教化民众，使道德礼法规范转化为民间的风俗习惯，从而在乡村社会形成稳定延续的道德认同，进而在道德教化方面去规范社会的行为，谋求大众的利益。

家庭是社会关系的特殊形式。在社会生活中占据重要地位，家庭的和睦稳定，对整个社会的安定有着重要意义，因此古人重视“齐家”，并以此作为治理好国家的前提。中华民族历来重视家庭、家教、家风，

① 牛铭实：《中国历代乡规民约》，北京：中国社会出版社 2014 年版，第 108 页。

② 柳诒徵：《中国礼俗史发凡》，《学原》1947 年第 1 期。

有“天下之本在家”的古训。村规民约重视德育，是规范乡村家庭的道德准则。在传统乡村社会，血缘关系和自然情感是维系这个社会存在的重要基础，在这里传统起着极为重要的作用，人们遵从传统习俗，相互关照，善良淳朴，礼尚往来，生存发展。村规民约产生于以血缘关系为纽带，以家族为中心的乡村社会关系中，是土生土长的中华传统道德规范，是乡村在法律之外规范千家万户的道德准则。它通过规约的形式来宣扬忠孝节义、修身自重、与人为善等传统文化教化内容和思想道德规范，倡导孝父母、敬师长、睦宗族、隆孝养、和乡邻、敦理义、谋生理、勤职业、端教诲、正婚嫁、守本分、尚节俭、从宽恕、息争讼、戒赌博、重友谊等道德和行为。村规民约是一个从家扩展到国、从孝扩展到忠，有价值观基础、有内在灵魂的道德文化谱系。

村规民约是家庭道德教育的重要内容。村规民约在家族教育中占有十分重要的地位，成为家族教育的重要内容。大多数“乡约”都记载在族谱中，如湖北来凤县《来凤卯峒向氏族谱》、重庆市酉阳县后溪乡白氏《南阳族谱》等族谱中都记录了一些村规民约，其目的是更好地教育子孙后代与人为善、和睦乡邻，这有利于底层社会秩序的确立和稳定。在河北省井陉县于家石头村民俗博物馆里陈列着石锁、石碗、石瓮、石锤、石臼、石像等众多石头制品，但让村民最骄傲的还是其中的30多块刻有历代村规民约的石碑，既有节水碑，也有护林碑、禁赌碑，它们世世代代作为道德规范支撑着这里的村民生活[①]。这为乡村区域性小共同体的人际和谐、交往以礼，乃至风俗净化，形成良好的社会公德，奠定了重要的基础。

2. 村规民约以日常生活伦理培育个人品德

实行德治就是通过加强道德教化，提高人的道德修养，让社会和谐稳定建立在较高的道德水平之上。有学者指出，乡村社会的“日常生活是以个人的家庭，天然共同体等直接环境为基本寓所，旨在维持个体生存和再生产的日常消费活动、日常交往活动和日常观念活动的总称，它是以传统习俗、经验、常识等经验主义因素为基本活动图式，以生存本

① 陈原：《乡规民约家训，传承文化基因》，《人民日报》2017年2月9日。

能、血缘关系、天然情感等自然主义关系为立根基础，以家庭、道德、宗教为自发的调控者和组织者，以重复性思维和重复性实践为本质的存在方式的类本质对象化领域”①。村规民约是从农耕文明自身生长出来的规则，是传统礼俗规范的生活化和具象化，产生于乡村这个特定社区民众日常生活的具体情境，形成、生长于村民日常生活逻辑之中，由村民们日常生产、生活中的知识渐渐发展成为清晰明确的规则，具有内生性特点。

王安石在《周官新义》中说：“礼俗，以驭其民者。其民所履唯礼俗之从也。”村规民约使礼法规范通过乡村民间社会践行转化为社会风俗，逐渐形成被村民群体内部共约、共信共行的乡村社区的公共行为规范。村规民约重在通过道德教化及其约束和激励作用，培育个人良好的道德修养，促进良好的社会风气形成。如广西金秀《大岭村村规民约》第1条即为有关道德风貌、文明礼貌的总体要求：“讲文明、讲礼貌，对人态度和气，不打人，不骂人，不讲粗口话，培养良好的社会风气。”②浙江省庆元县黄田镇《台湖村村规民约》第1条明确规定孝敬老人：“严禁虐待老人，违者向老人当面赔礼道歉，通报全村，情节严重的上报司法机关依法惩办。”③侗族的村规民约中要求人们加强道德修养，提倡为人要正直正派，“见人落水要扯，见人倒地要扶”“会做人栽甜瓜，不会做人栽苦瓜”等。再如，云南省澜沧县糯福乡南段老寨（拉祜族）于1995年制定的“寨规”就规定：“……（2）不赌博，抓获者给予罚款处理。（3）不调戏妇女。（4）不偷盗、不打架，要团结友爱。（5）不欺骗人，要诚实。（6）要孝敬父母，尊重长辈，尊重头人，对头人要有礼节，要听老人的话，要永远保持自己民族的礼。……（10）恋爱自由，婚姻自己做主张，但在农忙季节不能串姑娘。”④这些村规民约条款

---

① 衣俊卿：《现代化与日常生活批判》，北京：人民出版社2005年版，第100页。

② 陈寒非、高其才：《乡规民约在乡村治理中的积极作用实证研究》，《清华法学》2018年第1期，第73页。

③ 陈寒非、高其才：《乡规民约在乡村治理中的积极作用实证研究》，《清华法学》2018年第1期，第73页。

④ 王月峰：《当代乡规民约语词三题》，《甘肃政法学院学报》2009年第4期，第56页。

以简洁明确的语言，教育村民要遵规守，团结互助，注重个人的品行修养，维护民族成员间正常的人伦关系，具有较强的操作性和执行力。这种基于村民道德传统与经验，在日常生活中进行自我管理、自我教育、自我服务的自发管理模式，对促进社会和谐发展具有十分重要的作用。

3. 村规民约以扬善惩恶弘扬社会公德

费孝通先生在《乡土中国》中认为，所谓“乡土”是指进行小农业生产的广大乡村。在乡村社会，民众依附土地，自耕自食，自织自穿，遵循日出而作，日落而息的生产和生活规律。受交通条件限制，人们生活的圈子较小，人与人之间非亲即故，从而形成了熟人社会。在这种熟人社会中，人们从熟悉得到信任，从信任造就信用，并形成行动的规矩。村规民约是人们日常生活和生产习惯规则经验的总结，是人们亲身体验利弊得失后自发订立的行为规范，其认同感发自内心，自觉遵守成为理所当然。一方面，村规民约是在这样一种熟人社会中形成和推行的、以信任为基础的治理制度，作为一种传统，其本身就是生活的寄托、情感、准则和参照，它强调村民之间以礼相待、和谐共处，在很大程度上满足了村民对传统的依恋，给人一种社会安定感和相互亲近感，从而形成了一种自然地甚至本能地遵从，并竭力加以维护。另一方面，村民除依法享有国家宪法和法律赋予公民的基本权利外，还享有本村赋予的权利；除了履行宪法和法律规定的义务外，还必须履行本村规定的义务。因此，那些不遵奉村规民约的个人，必将受到习惯力量制约、道德舆论谴责乃至经济制裁，从而形成了弘扬正气与惩罚邪恶相结合的治理模式特征。

如贵州锦屏《文斗村规民约》第 2 条规定：“以礼相待和谐共处。村民之间及村民与来客之间以礼相待，与人为善，与人为伴，凡家庭内部及邻里之间因生产生活产生矛盾处理不当，引发谩骂、争吵、打架行为，由此引发矛盾纠纷的家庭承担相关的费用，同时写悔过书 10 份张贴。”第 4 条又规定：“坚持履行节约，反对浪费。提倡婚丧嫁娶一切从简，反对浪费，提倡厚养薄葬；树立尊敬长者、孝顺老人之风。有不赡养老人、虐待老人者作公开批评，责令改正，并交违约金 50—200 元。”[1] 又如贵州省荔波县玉屏镇水葩古寨，全村男女老少都以《水葩寨规》作为自己的行为规范。其具体内容：“一要弘扬美德，尊老爱幼，夫妇和顺。不准虐待儿童、妇女、老人。查实有虐待行为的以四个一处罚：给予全组每人一斤酒、一斤肉、一斤大米、一斤豆腐，情节严重的报司法部门处理。二要孝顺父母。对失去劳动能力的父母必须无条件尽赡养义务。子女与父母分居的要签订赡养协议书。对不尽赡养义务并造成恶劣影响的除责令补交赡养费外并报司法部门处理。三要团结互助。严禁聚众赌博、严禁打架斗殴惹事，行凶伤人的除付给受害人全部医药费交通费和误工费，情节严重的报司法机关处理。……寨规已立，望诸乡邻严格遵守。”[2] 寨规的制定和施行，使得寨子环境优美、民风淳朴，村民都注重讲伦理、守规矩、重诚信，邻里关系和睦、社会和谐，多年来古寨无偷盗、无赌博、无犯罪等不良现象，最终实现了安居乐业的目标，被玉屏镇表彰为文明村寨典范。村规民约是建立在村民自治权基础上的村民民主管理制度，通过群体自我教育、管理与监督，促进了乡村社会美好公德的形成，起到了维护乡村社会秩序和谐稳定的作用。

村规民约是乡村地区法治国家、法治社会建设的重要内容，是国家法律在乡村实施的重要载体，村规民约是其他社会规范的重要基础，现代村规民约是传统乡约制度的当代延续。关于现代村规民约在乡村治理中的积极作用，有篇专题实证研究报告指出：“乡村治理规范不仅包括国家法律，而且还包括乡规民约等其他社会规范。乡规民约能够较好地实现国家法对乡村的治理，满足村民的法律需求，教育和推动村民履行法律规定的义务，又能吸收保留传统习惯法中的有益内容，实现村治在传统与现实之间的赓续。……通过调查发现，当前乡规民约在乡村治理中的积极作用集中表现在发扬基层民主、管理公共事务、分配保护资产、保护利用资源、保护环境卫生、促进团结互助、推进移风易俗、传承良

① 陈寒非、高其才：《乡规民约在乡村治理中的积极作用实证研究》，《清华法学》2018 年第 1 期，第 73 页。

② 滕晓梅：《水族村寨乡规民约在培育社会主义核心价值观中的功能与作用——以荔波县玉屏镇水葩村为例》，《品牌研究》2018 年第 6 期，第 52、54 页。

善文化、维护乡村治安、解决民间纠纷等方面。”① 由此可见，村规民约作为乡村社会的一种治理手段，无论是过去还是现在都发挥了积极的重要作用。

（二）构建“三治结合”乡村治理体系中的重要作用

随着改革开放的深入和社会主义市场经济的推行，广大乡村呈现出一种前所未有的社会变革和转型，社会的经济成分和组织形式，人们的思维方式、生活方式和交往方式都发生了极大的变化，这些变化导致作为乡村社会发展与建设的主体——农民的道德观念的变化。特别是在市场化和城镇化的现代化进程中，乡村集体组织解体，基层组织作用弱化，传统伦理道德被边缘化，受极端个人主义、拜金主义和享乐主义的消极影响，一些村民集体认同弱化、伦理道德模糊，社会责任、公德意识、家庭观念淡漠，见利忘义、唯利是图现象时有发生，道德滑坡现象严重，加强乡村道德建设已成为当前社会主义乡村建设必须解决的现实问题。党的十九大报告指出，要深入挖掘中华优秀传统文化中蕴含的思想观念、人文精神、道德规范。在新时代的乡村振兴中，应充分挖掘包括村规民约在内的中华优秀传统道德文化资源，建设以社会主义核心价值为支撑的乡村道德体系，让村规民约的德治功能在构建“三治结合”乡村治理体系中发挥积极的作用。

1. 发挥村规民约民间组织作用，健全乡村道德教育组织体系

中国农村幅员辽阔，人口众多，国家治理不可能真正将管理的触角伸入农村社会的方方面面，事无巨细地解决村庄层面的具体问题，此时以村规民约自治组织为代表的乡村民间组织，有效地弥补了国家在乡村治理中的“组织缺席”和“制度缺席”，起到了维持乡村社会秩序的重要作用。当今，在推进法治社会建设中，依法治国的主体是多元的，它既包括国家、政府、政党，也包括社团、自组织，以及作为自然人的社会成员，它们之间体现出多重互控关系。在乡村多元秩序并存的

① 陈寒非、高其才：《乡规民约在乡村治理中的积极作用实证研究》，《清华法学》2018 年第 1 期，第 88 页。

背景下，我国乡村治理和道德重建，必须重塑乡村治理组织体系。充分发挥乡村民间组织在保障社会秩序方面的重要作用，推动社会治理重心向基层下移，这是现代乡村治理的必然要求。《中华人民共和国村民委员会组织法》第二十条规定："村民会议可以制定和修改村民自治章程、村规民约，并报乡、民族乡、镇的人民政府备案。"中共中央、国务院印发的《关于实施乡村振兴战略的意见》中进一步强调："发挥自治章程、村规民约的积极作用。全面建立健全村务监督委员会，推行村级事务阳光工程。依托村民会议、村民代表会议、村民议事会、村民理事会、村民监事会等，形成民事民议、民事民办、民事民管的多层次基层协商格局。"这是村规民约在现代乡村存在的法律依据和政策基础。

《关于做好村规民约和居民公约工作的指导意见》指出，村规民约的制定"要坚持党的领导，党组织全程主持制定或修订，加强领导和把关，保证正确方向；坚持合法合规，不得违背宪法和法律精神，不得侵犯国家、集体利益和群众合法权益；坚持发扬民主，集中群众意见，最大限度体现全体村（居）民意愿"。我国依法治国的主体是人民，即中国共产党领导下的广大人民群众；依法治国的客体是以权力为基点的权力组织、权力活动以及由此产生的权力关系。村规民约实际上是一种社会契约，它的社会整合力是全体村民对自身部分权利和自由的让渡而形成的公共权力，其社会整合力量来源于村民的整体利益，是一种内生的公共权力①。乡村道德建设虽然可以由政府主导，也可以由民间自发，但民间自发的力量似乎更具有作用和效力。"道德自治是民间社会组织自主化解道德难题、消除道德冲突、增进道德团结的行动机制。"②

作为一种内生公权的民间自治组织，既是村规民约的制定和执行者，更是改善乡村的礼俗和道德文化环境的重要组织力量。通过这种源于村民整体利益的民间组织的建立，可以让原子化的村民重新回到集体事务中来，让村民从内心认识到集体的力量，增强他们的乡村认同，强化集

① 李龙：《依法治国方略实施问题研究》，武汉：武汉大学出版社 2002 年版，第 52 页。
② 孙春晨：《社会管理创新与公民道德发展》，《唐都学刊》2014 年第 1 期，第 4 页。

体主义精神和社会公德。就现阶段中国国情来说，乡村道德建设，只有把乡村党支部的核心作用、自治组织的基础作用、集体经济组织和合作组织的纽带作用、其他社会组织的补充作用充分发挥出来，让农民受到各种组织的道德引导、教育和监督，乡村社会道德秩序的重建才有可能真正实现。

2. 发掘村规民约现代价值，构建乡村社会道德价值体系

习近平总书记指出："中华优秀传统文化是中华民族的文化根脉，其蕴含的思想观念、人文精神、道德规范，不仅是我们中国人思想和精神的内核，对解决人类问题也有重要价值。"① 《关于做好村规民约和居民公约工作的指导意见》明确指出："坚持价值引领，践行社会主义核心价值观，弘扬中华民族传统美德和时代新风。"一方面，中华优秀传统文化是涵养社会主义核心价值观的重要源泉，另一方面，现代村规民约道德体系的建立必须以社会主义核心价值观为引领，从不同方面建立最重要、最基本的道德规范。

其一，用社会主义核心价值引领村规民约道德体系重建。加强社会主义新农村道德体系建设，必须在遵循《公民道德建设实施纲要》的前提下，充分挖掘村规民约中所蕴含的优秀思想观念、人文精神、道德规范，以社会主义核心价值观为引领，进行创造性转化、创新性发展，不断赋予村规民约新的时代内涵，不断丰富其表现形式。社会主义核心价值观既讲究个人德，也是讲究国家德和社会德。富强、民主、文明、和谐是国家之德，自由、平等、公正、法治是社会之德，爱国、敬业、诚信、友善是个人之德。村规民约的道德价值取向体现在讲文明、讲礼貌，爱国家、爱集体、爱家庭，讲诚信、讲友情，敬业勤俭、敬老爱幼等内容中，这些内容与社会主义核心价值观内容完全一致。在重建具有正确价值观支撑的现代村规民约道德体系的过程中，一方面要继承村规民约的道德精神，另一方面要将社会主义核心价值观内化为村规民约的基本价值理念，注重从国家、社会、个人三个层面进行建构，做到既符合当

① 习近平：《在全国宣传思想工作会议上的讲话》，2013 年 8 月 20 日，http://www.wenming.cn/specials/zxdj/xcss/? a=ds。

地实际，又契合社会主义核心价值观。因此，新村规民约制定应维护公民利益，主张平等对待每个村民；应坚持法治底线，共同打击违法行为，维持公共生活秩序；应加强对村民爱国精神的培养，鼓励村民脚踏实地，忠于职守，讲求诚实与信誉、友善与团结、合作与互助、公平与效率。

其二，用现代法制治理理念实现村规民约的现代化转换。乡村振兴，治理有效是基础，秩序稳定是保障。新时代的村规民约只有用现代治理理念实现现代化转换，才能有效地发挥在乡村治理中的重要作用。如前所述，村规民约是一种基于民间习俗制度和熟人社会的治理模式。在当代乡村社会转型过程中，这种传统礼俗和习惯以及根深蒂固的人情关系传统作为潜在规则，至今仍影响着村民的交往行为，并与现代民主法制文化形成冲突，深刻影响着现代乡村法治理念的树立和法律规则的执行。因此，在当下建设法治社会的过程中，必须充分认识这种乡村礼俗所造成的习惯势力对法律建设和执行可能发生的阻碍，在继承中华优秀传统礼俗的内核基础上，打破过分强大的传统日常习惯和经验治理模式和人情关系思维，发展理性化法治思维，以科学精神、民主理念和法治体系维护乡村社会的和谐与稳定。在实施乡村振兴战略和大力推进依法治理的新形势下，正确认识并处理村规民约治理体系与现代法治体系之间的关系，充分发挥彼此不同的治理功效，实现德治与法治互补统一，整合优化村规民约道德治理文化资源和自治组织特点，重塑村民自治管理组织体系，推进乡村治理创新和转型，推动社会治理重心向基层下移，提升乡村治理能力，达到既能满足国家治理的现实要求，又能够切实维护人民群众的基本权益需求的目的。

3. 发挥村规民约道德教育作用，培育乡村民众道德文化素质

一个社会是否和谐，很大程度上取决于全体成员的思想道德和文化素质，没有良好的社会道德建设，没有积极向上的价值取向和社会伦理道德的遵守，就没有社会文明大厦的基石。《中华人民共和国宪法》第二十四条规定：“国家通过普及理想教育、道德教育、文化教育、纪律和法制教育，通过在城乡不同范围的群众中制定和执行各种守则、公约，加强社会主义精神文明的建设。”使广大农民群众成为符合社会主义新

农村建设要求的新型农民，加强乡村道德建设，提升农民道德素质是首要的任务。

其一，以村规民约中优秀传统道德文化精神培育农民道德精神。中华民族是一个崇尚道德、重视操守的民族。高尚的道德情操是中华民族的传统美德，村规民约植根于中华优秀文化，传承着中华优秀文化的DNA，紧贴民众生活，是村民根据自身实际制定的关于生产、生活的行为规范，是一种超越家族规范的社区公共道德规范的表现形式。2018年1月，中共中央、国务院发布的《关于实施乡村振兴战略的意见》中特别强调："深入挖掘乡村熟人社会蕴含的道德规范，结合时代要求进行创新，强化道德教化作用，引导农民向上向善、孝老爱亲、重义守信、勤俭持家。建立道德激励约束机制，引导农民自我管理、自我教育、自我服务、自我提高，实现家庭和睦、邻里和谐、干群融洽。"① 现代村规民约作为村民自治的规约，必须深入挖掘并创造性转化中华优秀传统道德文化资源，在借鉴村规民约的基础上，适应现代农村社会发展和治理要求，科学规范其内容，用先进文化武装广大村民，让村民树立科学精神，增强法制意识，消除小农意识、宗族观念、封建迷信，破除陈规陋习；树立正确的世界观、人生观、价值观，做到讲文明、讲道德、讲诚信、讲风格，爱国家、爱集体、爱家庭、尊老爱幼，使新农村成为村风正、民风好的社会主义新农村。

其二，以村规民约喜闻乐见的文化活动形式推动乡村道德建设。村规民约是由乡村特定的物质生活条件决定的，是村民在长期的生产生活和社会交往中共同确认和信奉的行为规范。村规民约作为传统乡村社会的重要治理手段，重在通过强化个人品德修养和道德教化规范社会行为，促进社会和谐。加强社会公德、职业道德、个人品德、家庭美德教育是一项长期而持久的工程。村规民约的道德教育方式具有广泛的群众基础，值得学习借鉴。通过设置道德讲堂、德育基地，开展德行礼仪教育、家风家规建设，教育引导农民移风易俗，倡导社会主义新风尚；通过开展

① 《中共中央 国务院关于实施乡村振兴战略的意见（2018年1月2日）》，2018年2月4日，http://www.gov.cn/zhengce/2018-02/04/content_5263807.htm。

“星级文明户”“好媳妇”“好公婆”等群众性精神文明创建活动，让那些依然富有时代价值的伦理道德思想走进寻常百姓生活。近几年，一些地方村规民约中出现了开展文明家庭建设活动，显示了村规民约在提振乡村道德精神和提升乡风文明水平方面所发挥的重要作用。道德教育要和道德建设活动有机结合起来，开辟道德建设的多种渠道，积极探索农民喜闻乐见和热心参与的道德文化建设的多种形式，引导农民参与到自我学习、自我提高、自我养成的道德活动中来。

4. 利用村规民约道德激励约束机制，建立现代乡村社会道德秩序

村规民约是中华传统文化的有机组成部分，它以扬善惩恶、广教化而厚风俗为己任，重在通过道德教化形成良好的社会风气和通过道德褒贬规范社会行为，即通过道德舆论引导、舆论监督和赏罚机制维持乡村共同体伦理关系、促进家庭和睦、邻里友好、单位融洽、社会和谐。我国《公民道德建设实施纲要》强调：“建立健全有关法律法规和制度，把公民道德建设融于科学有效的社会管理之中。逐步完善道德教育与社会管理、自律与他律相互补充和促进的运行机制，综合运用教育、法律、行政、舆论等手段，更有效地引导人们的思想，规范人们的行为。”如前所述，当前个体劳作的生产方式，大量农民外出务工，基层组织管理职能弱化，导致乡村传统制度监督、舆论监督、道德监督不断弱化，而新的乡村道德体系和约束机制又没有形成，使得村民道德行为越来越不受约束。

当今，我们应该当充分发挥村规民约道德教化引导、舆论监督和赏罚机制的作用，推进现代乡村道德秩序的重建。

其一，重视村规民约道德教化引导。中共中央颁布的《公民道德建设实施纲要》强调：“要广泛进行道德教育，普及道德知识和道德规范，帮助人们加强道德修养。”在中国传统社会，道德不仅是人们的一种生存规则，更是一种占据统治地位的文化模式。村规民约通过传统的道德教育内容去引导和强化农民的道德观念，提升村民道德水准，并使之转化为道德自律。《关于做好村规民约和居民公约工作的指导意见》指出：“村规民约、居民公约内容一般应包括：（1）规范日常行为。爱党爱国，

践行社会主义核心价值观，正确行使权利，认真履行义务，积极参与公共事务，共同建设和谐美好村、社区等。（2）维护公共秩序。维护生产秩序，诚实劳动合法经营，节约资源保护环境；维护生活秩序，注意公共卫生，搞好绿化美化；维护社会治安，遵纪守法，勇于同违法犯罪行为、歪风邪气作斗争等。（3）保障群众权益。坚持男女平等基本国策，依法保障妇女儿童等群体正当合法权益等。（4）调解群众纠纷。坚持自愿平等，遇事多商量、有事好商量，互谅互让，通过人民调解等方式友好解决争端等。（5）引导民风民俗。弘扬向上向善、孝老爱亲、勤俭持家等优良传统，推进移风易俗，抵制封建迷信、陈规陋习，倡导健康文明绿色生活方式等。”新时期公民道德建设，要继承村规民约重教化、厚风俗的精神理念，将中华传统的优秀道德精神内容融入其中，形成新的道德教育内容，促进农民新的道德观念形成。

其二，完善村规民约道德评价机制。道德既可以通过自身修养作用于人的内心，更可以通过舆论褒贬端正人的行为。实行德治，既要重视道德的自我教化作用，更要重视道德舆论褒贬的社会监管作用。村规民约作为一种道德规范一经产生，就成为一种善恶评价标准。一方面，通过舆论和教育的方式，影响人们的心理和意识，形成人们的善恶观念、情感和意向；另一方面，又通过社会舆论、传统习俗等形式，在社会生活中确立起来，成为约束人们相互关系和个人行为的原则和规范，形成一种有效的评价监督机制。《关于做好村规民约和居民公约工作的指导意见》在“监督落实”措施中明确指出：“乡镇党委、政府（街道党工委、办事处）要加强村规民约和居民公约工作落实情况的督促检查，作为基层组织建设的经常性工作，纳入村（社区）‘两委’班子目标责任考核内容，防止流于形式、成为摆设。村（居）务监督委员会应加强对村规民约、居民公约遵守情况的监督，村（社区）‘两委’成员、人民调解员、村（社区）妇联执委和德高望重、办事公道的群众代表共同参与监督。充分发挥村（居）民议事会、人民调解委员会、道德评议会、红白理事会、禁毒禁赌会等群众组织的作用，强化村规民约、居民公约的遵守和落实。”要加强新时期乡村道德规范建设的力度，必须借鉴村规民约评判村民的道德价值标准和监督机制，形成与新时代和社会主义新农村建设相适应的道德评价标准体系和监督机制，促进村民良善品格和良好道德情操的形成，引导乡村道德良性发展。

其三，建立村规民约道德奖惩机制。道德有一个从他律转向自律的转化过程，加强乡村道德建设，离不开道德约束机制的建立和完善。村规民约实行的是扬善惩恶治理机制，对善良者施之以德，在褒扬中受推崇；对恶者绳之以法，在制裁中受惩处。即对村民高尚道德行为给予荣誉或者物质上的奖赏，从正面起到道德示范作用。比如通过开展模范村（居）民评选、文明家庭创建等活动，促进村规民约、居民公约的遵守和落实；对违反村规民约、居民公约的情形，要加强批评教育，并通过合理的处理方式，使违反者受到教育、改正错误。针对滥办酒席、天价彩礼、薄养厚葬、攀比炫富、铺张浪费，“等靠要”、懒汉行为，家庭暴力、拒绝赡养老人，侵犯妇女特别是出嫁、离婚、丧偶女性合法权益，涉黑涉恶、“黄赌毒”等突出问题，提出有针对性的抵制和约束内容。对于不道德行为给予名誉或者物质上的处罚，从反面警醒他人，以遏制不道德行为的再次发生。对可能构成违法犯罪的事件，及时提请司法机关认定处理。需要特别说明的是，村规民约的最终目的不是惩罚，而是通过扬善惩恶，促使道德由他律向自律转化，推进乡村道德秩序确立，实现乡村发展和村民善治。现代乡村道德建设可以借鉴村规民约所形成的社会道德赏罚机制，激励农民形成良好的社会道德风尚，打击不良歪风邪气，真正使良好的社会道德在乡村得到践行。

振兴乡村文化的意义，在于造福乡民，提升他们的生活品质，拓展他们的发展空间，引领他们的文明进步。应当以更加开放性的思维，去充分激活乡土传统的文化精华，积极探寻乡土文化的现代表达，充分释放乡村文明的核心价值。有学者提出：“乡村礼俗重建的路径，就长远而言，在观念层面上，有赖于社会健全的现代化理念的生长生成，乡村社会合理想象的重新激活及其在现代化理念中的合理序位；在实际层面，则有赖于乡村社会的整体建设，尤其是和谐社会乡村人文生态的建设，建设和谐乡村人文秩序的一个极为重要的方面。”[1] 在乡村文化振兴中，要保持清醒头脑，汲取历史教训，务必尊重中国特色乡情，尊重文化演进规律，尊重农民发展意愿，切实保持文化自信的定力，坚守乡土文化的本真，把握文化发展的方向。

① 刘铁芳：《乡土的逃离与回归：乡村教育的人文重建》，福州：福建教育出版社 2011 年版，第 12 页。

第四章　城市文化

第一节　传统文化与现代城市文化价值建构*

当今世界，国家间的竞争正转化为城市间的竞争，城市间的竞争也从单纯的经济层面上升到文化层面。我国城市发展正处在一个新的十字路口，传统与现代、继承与发展、保护与创新均需要以文化战略的眼光进行审视，人们对待城市文化的观念和方式，决定着城市未来发展的走向与步伐。只有深刻认识城市文化的特征与价值，准确理解城市文化的继承与发展的辩证关系，科学分析城市文化的现状与未来，才能充分挖掘和发挥城市文化对于现代城市发展所具有的内在社会政治与经济功能，使其真正成为城市发展的精神引导和不竭动力。

一、传承：传统文化是现代城市发展的根基

城市是人类文明的产物，文化是城市的灵魂。城市文化是城市各个要素相互作用的总和，几乎涵盖整个城市人类的所有生产、生活方式，它不仅包含了城市的人文地理和历史、文化传统、价值准则，公民的生活和行为方式、文明素质，以及城市的创新能力、精神品格、政务环境、商业氛围等非物质实体内容，而且还包括城市的建筑艺术风格、街景美化、广场规划和设计、雕塑装饰、公共设施、环境卫生状况等物质实体。

---

* 本节原为“第八届海峡两岸文化创意产业高校研究联盟论坛”2013 年 10 月 16 日主旨报告。

城市文化既有现代的创造，也有历史的继承，现代城市文化是建立在对传统文化扬弃基础上的，传统文化精华与现代文化灵气相结合，在不断碰撞、交融、发展和提高中，化为一种强大的正能量，推动现代城市的发展。

（一）文化是城市发展个性的形成土壤

美国著名城市学家、社会学家刘易斯·芒福德曾有句名言：城市是文化的“容器”。另一名社会学家帕克更强调：城市“绝不仅仅是许多单个人的集合体，也不是多种社会设施——诸如街道、建筑物、电灯、电车、电话等——的聚合体；城市也不只是多种服务部门和管理机构如法庭、医院、学校、警察和多种民政机构人员等的简单聚集。城市，它是一种心理状态，是各种礼俗和传统构成的整体，是这些礼俗中所包含并随传统而流传的那些统一思想和感情所构成的整体。换言之，城市绝非简单的物质现象，绝非简单的人工构筑物”①。城市是一种文化形态，它根植于人类一定时期的文化土壤之上，某一座城市的个性是其独特文化的表现，如巴黎的浪漫时尚、伦敦的绅士优雅、罗马的大气恢宏、威尼斯的神秘浪漫、香港的浮华、北京的雍容、苏州的精致、成都的休闲、昆明的内秀等。表面上看，城市个性是通过城市的建筑、颜色、形态和标识等外部特征表现出来的，但深层次分析，城市个性是其历史文化长期积淀的产物，一脉相承的历史文化传统铸就了城市个性。如法国的巴黎圣母院、英国的伦敦塔桥就是以其传递着的深厚历史文化信息而成为巴黎和伦敦的个性形象标识。随着知识经济时代的到来，以及政治、经济、文化一体化的发展，文化力作为一种精神动力，成为构建一座城市形象特色不可缺少的基础，独特的城市文化有助于一座城市在都市群落中快速地被识别出来。

（二）文化是城市发展方向的精神指引

一座城市的根本是文化，没有文化积淀的城市只是一座没有灵魂、缺乏凝聚力的躯壳。在城市不断演进与更替过程中，城市通过自身聚集

① ［美］R.E. 帕克等：《城市社会学》，宋俊岭等译，北京：华夏出版社1987年版，第1—2页。

的物质和文化的力量推动着人类交往活动的发生，并使活动的产品变得可贮存和可复制，即通过各种有形的物质形态载体（如城市空间、街道、广场、建筑物、石碑、书籍）和无形的意识形态载体（如城市精神、制度、风俗等）形成了被称为“城市灵魂”的城市文化，并代代相传。城市的历史愈悠久，历史遗存愈多，它的文化积淀就愈深厚。积淀深厚的城市文化凝聚成城市精神，城市精神是城市之魂，它是对城市市民的理想、信念、价值取向等多方面因素的概括与凝练，代表着城市人民的精神追求，在一个更高的层次上引领、约束、激励市民的行为规范，并把市民素质引领到促进城市现代化发展的作用轨道中，起到凝聚人心、统领行动、唤起斗志、催人奋进的作用。现代城市的发展必须弘扬城市的优秀传统文化精神，并以这种精神为指引，激发市民奋发向上，提高城市的凝聚力。正如十七届六中全会指出的：文化越来越成为民族凝聚力和创造力的重要源泉、越来越成为综合国力竞争的重要因素、越来越成为经济社会发展的重要支撑，丰富精神文化生活越来越成为我国人民的热切愿望。作为精神的文化力开发，既为城市无形资产开发创造条件，更为城市发展指引方向。

（三）文化是城市发展力量的不竭源泉

城市精神是一座城市独具特质的文化品格，是一座城市的精、气、神，是一座城市“软实力”的核心。城市精神是一座城市市民在长期共同生活和社会实践中形成，为大多数市民所认同和接受的思想观念、价值取向和道德规范，它源于城市文化的培育。良好的城市精神可以极大地激发市民的主动创造精神，形成城市发展的强大“软实力”，起到对外树立形象、对内凝聚人心，使全体市民上下团结一致、共谋发展的积极作用。在人类文明发展史上，那些培育出独特文化和精神气质的城市，往往能形成强大的凝聚力，长期保持领先地位。纽约的“梦想和创造”、伦敦的“不屈不挠”的精神，以及东京的“干练、优雅、合作”等，绵延不衰的城市精神，使它们跻身于世界大都市之列。现在我国的城市也十分注重城市精神的塑造与提炼，如北京、上海等一批国内较发达的城市都将城市精神的塑造视为培育经济发展“软实力”和提高综合竞争力的一个新生长点，作为推动经济和社会发展的新动力。2011 年北京市公布了“北京精神”——“爱国、创新、包容、厚德”，它是首都人民长期发展建设实践过程中所形成的精神财富的概括和总结，体现了首都历史文化的特征，体现了首都群众的精神文化追求，已成为推动北京发展的巨大正能量。2007 年上海最终确定了“上海精神”——“海纳百川、追求卓越、开明睿智、大气谦和”。这一指向表明了上海城市未来的发展方向，已经成为塑造上海城市精神文化魅力的行动指针和力量源泉。

（四）文化是城市发展经济的新增长极

目前，世界文化发展正处在一个全球化同构性与地方差异性同步发展的时代，传统生活还存在，本土文化也并没有消失。如果说以往人们是通过自然来创造文化，而现在的人们则是通过“文化”来“重构文化”。过去人类社会在建构其物质生活基础时，所要加工的原料和所要开发、利用的对象是自然资源。而在人们通过“文化”来“重构文化”的今天，人们发现我们面对的不仅仅有自然资源，还有以前不为人们所注意到的人文资源。利用文化资源发展经济，这不仅仅是源于人类文化上的需要，也同样是源于人类生活上的需要，以及市场经济上的需要。在一个社会系统内，经济和文化从来都是共生互动的，一方面文化生活为经济生活所制约，另一方面文化资源又是经济建设的宝贵财富。文化发展与繁荣对增强城市经济发展动力、促进产业升级、调整经济结构、转变经济发展方式起着重要作用，将文化优势转化为经济优势，是现代城市可持续发展的必由之路。努力把文化基因融入城市变革，将丰富的文化资源转化为创意资源和文化产品，整合进现代城市文化发展体系，城市才能在新环境中获得新生命力。综观国际上所有有影响的大城市，无一例外都是文化创意产业集中发达的地区，这些地区以富有特色的创意产业闻名世界，国际大都市的地位之所以能够建立起来，都跟他的文化创意产业的发展密切相关，如美国的纽约、法国的巴黎、英国的伦敦和日本的东京都是文化产业发展领先的世界大都市。我国一些重要城市，如北京、上海、杭州、广州、深圳等，已经把推动文化创意产业发展作为城市的一项重要任务，文化产业已经成为支柱产业。现代城市以文化论输赢，未来城市智慧的因素、知识的力量会越来越突出，一个城市文化产业的新时代即将来临。

二、断裂：传统文化在现代城市崛起中失落

近些年来，随着经济全球化趋势和现代化进程的加快，中国城市文化生态发生了巨大变化，传统文化在现代城市崛起中受到前所未有的冲击：城市的历史文化记忆日益碎片化，甚至逐渐走向消失，其历史文脉面临断裂的危险；现代城市建筑越来越同质化、模型化，个性特征越来越模糊；平庸低俗的新的城市文化符号正毁损着城市的形象，造成了对城市文化空间的破坏。

（一）城市记忆的碎片化

城市历史文化是城市的记忆，是城市文化可持续发展的保证。在现代经济和社会快速发展过程中，由于对城市本质缺乏深刻认识，对传统文化在城市发展过程中的作用缺乏有效判断，当今各地不同程度存在“重经济，轻文化”的流弊，片面追求短期经济效益，急功近利搞建设，推倒了许多含有特殊意义的古迹，泯灭了部分很有特色的地域文化。导致一部分本来充盈着文化密码的城市特色逐步消融、褪失，城市文化记忆不同程度上被碎片化，甚至面临消失的危险。如20世纪90年代以来，为了尽快改变城市面貌，中国许多城市都加快了中心城区建设速度。随着古旧城区改造和安居工程的开展，老城区在不知不觉中渐渐消失，取而代之的是一幢又一幢现代化建筑。城市的这种“现代化”致使人文信息丰富、具有地域文化的历史街区、传统民居、古老城墙、先祖牌坊、百年寺庙、名人故居，在顷刻之间化为烟灰。如自1980年以来，天津已经被拆毁的文物保护单位4个、区县文物保护单位16个、文物点160

个，约占全市文物保护单位的1/6[①]。再如具有浓郁山地风情的重庆，沿山两侧清爽宜人的吊脚楼已拆毁殆尽，山东潍坊国家重点文物单位“十笏园”，也被孤单单地埋没在高楼群中[②]。具有城市个性的历史记忆在大拆大建的灰尘中湮没，不仅涂销了城市历史，割裂了延续的城市文化，同时也造成了城市文化空间的破坏、历史文脉的割裂、社区邻里的解体，最终导致城市记忆的消失。

正如2012年普利兹克建筑奖得主（第一个荣获该奖项的中国人）中国美术学院建筑学院院长王澍所言：“中国的城市在过去20多年的发展里面，传统（文化）的这部分被破坏得很厉害，有非常多的高层建筑出现，可是发展太快，思考太少，不认为这里面有太多的文化的问题。实际上它直接冲击到中国的传统文化。在中国的城市建设中，我觉得还是比较缺乏一种原创性的带有思考的探讨。”他明确反对一味拆除老建筑的“忘祖”做派，提出“让这些老建筑用智慧的方法复活，能够让它在新的建筑中延展生命”。同济大学国家历史文化名城研究中心主任阮仪三认为：“历史建筑的保护不仅是为了供人们观瞻、旅游、开展文化活动，更是要留下一些历史的精粹来引导我们建设现代新城市。”他多次疾呼“叫停拆除历史建筑!”[③] 我们应当切记：科学保护这些历史建筑，便是赓续了一座城市的内在文化底蕴。

（二）城市建筑的同质化

一座城市文化发展越成熟，历史积淀越深厚，城市的个性就越强，特色就越鲜明。然而在很多城市，追求经济发展的热情，导致了“千城一面”的风潮，建构出千篇一律的“现代”生活和风格，不仅打破了城市生态的平衡，更是对城市文化的一种毁灭和打击。改革开放以来，中国城市的建筑首先陷入同质化、模型化的泥沼中。城市建筑越来越趋于

① 翟媛、王嘉军：《天津市加大建筑文物保护力度 合理开发利用》，2006年10月27日，http://www.sina.com.cn。

② 《十笏园拆迁收尾》，2008年6月18日，http://www.sina.com.cn。

③ 《城市：文化的“容器”》，2012年4月1日，http://www.wenming.cn/wmpl_pd/shzt/201204/t20120405_595453.shtml。

同一，都市变成了高楼大厦、钢筋混凝土的森林，很多城市的传统街区被大广场、CBD、商业街、外国名字的城市小区取代。不少城市在建设中抄袭、模仿、复制现象普遍，导致“南方北方一个样，大城小城一个样”的个性与特色危机。摩天大楼、立交桥、玻璃幕墙作为现代化城市的重要标志被竞相复制。现在只要业主愿意，可以任意挑选来自南美的木材、欧洲的大理石及英国的石板，也可以向建筑师预订“欧陆风情”“现代主义”，或者是“高技派”的设计。这种情况的出现，很重要的原因来自对西方现代建筑风格的盲目崇拜，使一些城市建筑设计消除了民族风格和特征，割裂了民族文化传统与现代设计的关系①。关于现代城市建筑同质化的原因，以下一段话击中要害，发人深省：

> 我们的城市，各式新颖的建筑正在兴奋而热烈地比高、比大、比奇特，但是我们的城市越来越像一个模子做出的“豆腐”，同质化趋势日趋强烈。以至于有言辞激烈者言：除了换名字，我们的城市面貌都一样。
>
> 为何如此？因为我们的建筑设计基本上还停留在赶工、赚钱等技术和利益计算的层面，能再考虑一些与环境匹配、建筑节能就已经很了不起了，我们会去考虑建筑的设计、艺术哲学问题吗？在设计实践中思考我们的设计是否恰当，我们设计的作品是否冒犯了这里原生的场所氛围？是否与这里的风俗习惯、居民的习俗相冲突？是否与已有的建筑相生相得、和谐共处？正因为很少思考功利目的以外的东西，正因为没有很好地吃透附生于钢筋、水泥、玻璃等材料中的“衍生”潜质，我们看到的建筑常常很嚣张地就“矗”在那里，与环境格格不入，因为我们只知道“冲”和“突”，而不去想“融”（入环境）和“化”（出新境界）。②

① 王建：《重构城市文化空间，助推城市复兴》，http://www.xzbu.com/2/view-501512.htm。

② 刘艳、陈守文：《设计，“退”出艺术新天地》，《新民晚报》2013年3月9日。

（三）城市形象的低俗化

罗马万神庙、仰光金字塔、维也纳金色大厅，让人们感觉到城市是从历史中走来的。而现在我们身边有些令人忧虑的东西：越来越多的高层建筑逼迫北京紫禁城，重庆标志性的朝天门码头、吊脚楼、石台阶被拆除。不少中小城市盲目模仿大城市，把高层、超高层建筑当做现代化的标志，千篇一律的城市建筑显得是如此平庸、俗气，没有特色，传统建筑文化仅仅只象征性地被简化成建筑的拼贴符号。过去有很多城市文化符号让人过目不忘，其思想性和艺术性俱佳，寓意隽永，能美化城市，甚至会成为城市的标志，如黄河母亲、珠海渔女、郑成功雕像；而现在大量新建筑不是增强而是削弱了城市的文化身份和特征，使城市景观变得生硬、浅薄和单调。如很多城市的形象标识是那些不锈钢钢柱上顶着或多或少的球，起个“腾飞”或“飞跃”的名，看不出城市的人文和历史。照此速度发展，半个世纪后，众多的城市将会是现代简单克隆的产物，这样的结果只能是城市个性的模糊。

低俗、平庸的城市雕塑因缺乏独特的思想内涵和别具一格的艺术造型，不仅起不到美化城市环境的作用，甚至有可能成了城市景观中的累赘物和垃圾。比如2009年重庆洋人街擅自建设以性为主题的“性公园”，该公园以裸体雕塑招揽游客，张贴裸体人像、壁画，介绍国外性习俗、性文化等，此事当即引起了媒体和公众的热议，事件发生后，重庆市委、市政府高度重视，立即拆除整改①。广告标语也是城市形象的一种体现，但有些城市广告标语“低俗得太露骨”。如2013年3月16日，宜春一楼盘在城区繁华的高士路，打出了巨幅滚动广告：“一个叫做爱的香巢”，这则被网友斥为“低俗”的广告迅速被相关部门叫停。几年前，宜春市某政务网打出一条广告：“宜春，一座叫春的城市”，引发市民和网民指责，并被迅速叫停②。如此哗众取宠、媚俗甚至是低俗的城市广告标语，不仅不能增加城市的美感与魅力，相反只会玷污和毁

① 秦力文：《重庆洋人街“性公园”被拆除 相关人道歉承认欲低俗炒作》，《法制日报》2009年5月19日。

② 张凌：《宜春叫停低俗广告语“一个叫做爱的香巢”》，《江南都市报》2013年3月19日。

损城市的形象。

三、创新：文化价值在现代城市建设中重建

在20世纪末，英国城市学家P. 霍尔在写了《明日之城市》之后，又撰写《城市文明》一书，提出“城市黄金时代”的概念，即在特定的时期，城市可以凸现独特的创造力，成为人类文明建设的灯塔。他在进一步选择西方2500年文明史中的21个城市细评其发展源流、文化与城市建设特点之后，指出城市具有四个方面的独特表现：一是城市发展与文化艺术的创造；二是技术的进步；三是文化与技术的结合；四是针对现实存在的问题寻找答案。他指出，从人类文明史角度看，这些所谓处于“城市黄金时代”的窗口城市，都是世界文化城市，也就是世界文明之花。它们都曾是世界文化地图上令人瞩目的地标，而人类文明史上的各种文明则是这些伟大城市的底色；它们都有自己的文脉、自己文化的根，但同时又都曾是开放度很高的国际化文化城市。它们一方面能够吸收世界上各种各样的优秀文化，另一方面能够让自己的文化精华为世界所了解、所接受、所喜爱①。中国城市未来发展除了经济社会等方面努力外，更要注重文化上的行动，把发展的重点引导到塑造城市文化形象、提高公众文化生活水平和发展城市文化经济上来，为中华文化复兴注入时代的内容。

（一）保护城市文化遗产，为现代城市发展保存原动力

对于一座城市来讲，保护文化遗产不仅仅是为了保存珍贵的物质遗存，用作展览、旅游和开展文化活动等，而且更是为城市的未来保存历史、保存文化资源，为现代城市的发展提供强大的原动力，以便今后从中滋养出具有鲜明传统文化与地域文化特色的文化城市来。一座城市经济越发达，社会文明程度和现代化水平越高，保护文化遗产就越显重要，文化遗产价值作用的发挥就越大。当今中国正处于转型期，人们对于文化遗产的品位和价值等还普遍缺乏正确认识，这是因为人们对文化遗产

---

① 单霁翔：《从“功能城市”走向“文化城市”》，《南京日报》2011年11月10日。

所凝聚的历史文化内涵的认识有一个逐步提高的过程。随着城市市民生活水平和综合素质的不断提高，他们从文化遗产中所获取的文化信息就会越多，对文化遗产的理解将越来越深刻，得到的艺术享受就会越多，随之便会越来越喜爱文化遗产，于是文化遗产所发挥的价值作用也将越来越大。

从世界历史性城市的发展趋势看，文化遗产保护与城市现代化发展并不矛盾，处理得好反而相辅相成、互相促进。历史与现代是继承与发展的关系，城市现代化的方方面面都不可能凭空而降，它的每一项因素都离不开文化。城市的文化遗产构成一座城市的文化资源，成为跨越历史与时代的精神主题。一座文化本位的城市，是有价值的城市，同时，这座城市的经济社会发展也必然充满活力。因此，文化遗产应该作为城市发展的文化资源，作为创造文化城市的基础①。只有让历史与现实相得益彰，让历史与未来和谐共生，文化遗产对现代城市发展的原动力才体现得越充分。现在不少城市还保存着百余年前甚至更久远的古老民居，这些民居既是百姓的住所，也是城市民风民俗的展示、城市历史变迁的见证，还是城市特色文化的延续。然而这些民居历经数百年风雨后大多破旧不堪，建筑特色与文化风韵难以展现。如何对这些古建筑进行修缮和改造，并通盘考虑其综合开发与利用，既能使其中丰厚的文化积淀重现光彩，成为沟通历史与现代的文化名片，又能改善居民的生活环境，推进旧城改造的步伐，这是当今城市改造与建设过程中值得高度重视和深入探索的理论与实践问题。我国部分城市在这方面获得了一些经验，如历史悠久的成都宽窄巷子、福州三坊七巷，就是通过合理改造而成为城市的文化寻根之旅、游客探访之旅的必游之地②。这种合理改造的做法既保护了文化遗产，又发展了城市经济，值得总结推广。

（二）提炼传统文化精华，为现代城市建设提供创新力

保护城市个性并不是一味地怀旧和复古，那些片面强调民族性、地

① 单霁翔：《城市文化遗产保护与文化城市建设》，《城市规划》2007 年第 5 期，第 9—23 页。

② 《福州“三坊七巷”古街区 保护与发展并重》，2012 年 6 月 4 日，http://china.cnr.cn/ygxw/201206/t20120604_509792326.shtml.

域性，固守“中国固有民族形式”和“夺回古都风貌”，并企图通过一成不变的传统形式来保持地域性建筑，用本土文化被动抵制全球文化趋同趋势，这种做法极为幼稚、极其消极，也极不现实。我们要做的不是守陈，而是推陈出新，是通过提炼传统文化精华，融合现代创造，为现代城市建设服务。比如，城市建筑中传统文化具有的历史感和神秘感，建筑与环境所散发的原始与古朴的气息，才是当今保护城市个性所追求的目标。今天的创新就是明天的传统，未来的文化在今天的创造活动中诞生，而不是来自传统的滞留。

日本城市建筑的现代化很好地处理了文化传统与现代化的关系，能给处于彷徨之中的中国城市建筑美学有所启发。日本现代建筑绝不复古，却能传日本悠久文化之神。它们既携带了日本民族文化的基因，又用国际性的建筑语言来阐释，散发出浓郁的地域性和民族性，以及清新的现代性和时尚感。如日本著名建筑师黑川纪章设计的和歌山现代美术馆，用抽象的屋顶形式以及建筑外部色彩的灰色和黑色与附近的和歌山城得以协调。这里既有日本传统建筑的非对称手法，又有现代建筑的几何形状，将日本传统建筑中的“奥”与“轻”的传统精神在现代建筑中由表及里地反映出来。黑川纪章所创作的建筑中丝毫没有任何模仿传统表面形式的痕迹，而只有体现在建筑设计中对传统精神的深化与提炼。

从本质来说，城市的建筑语言不能成为简单的建筑美学的符号，而应当是展现城市特有的文化底蕴、文化理念的文化符号。理想的现代城市建设，必须实现行为文化、人文景观文化、自然景观文化三个系统文化有机的统一，三者之间要在相互辉映中实现所要表达内容的聚焦，在聚焦中实现文化理念传神的表现。比如英国伦敦在泰晤士河滨河区改造中，并没有拘泥于条条框框，其千年“眼”、千年穹顶和千年桥等建筑在体现其地区传统文化特色和理念的同时，采用了新的材料、新的结构和新的形式，以它们张扬的姿态，为古老的城市平添了现代的气息，焕发出勃勃生机。

（三）发挥文化精神力量，为现代城市发展提升软实力

加快现代城市经济发展必须是经济、政治和文化统一体的发展，这

三方面相辅相成、相互作用。“软实力”更多是一种精神性力量，是一座城市在文化、价值观念、发展模式等方面的国际影响力与感召力。与追求 GDP 的硬实力不同，城市软实力是建立在城市文化、城市环境、人口素质、社会和谐度等非物质要素之上的，这些看起来很“软”——不像 GDP 那样可以量化，但在和谐社会与科学发展的大目标下，它们却构成了一座城市永葆魅力、生生不息的“硬道理”。文化作为一种软实力，有利于提升城市的竞争力。不同城市有着不同的城市文化，它是一座城市独有的创造，作用于城市价值和发展方式，更深刻地激发和引导城市独特的创造力，从内在的意义上规定和推动了城市朝着自己形成独一无二的城市文化发展方向前行。

由城市文化凝聚的城市精神是这座城市的一面旗帜，是城市历史风云和传统所凝聚的民风和市民精神的写照，具有对内凝聚人心、对外树立形象的强大“软实力”作用。如果一座城市具有标新立异、开放宽容、民主自由、无拘无束的文化氛围，这有助于城市创新思想的形成；如果一座城市具有敢于冒风险、勇于进取、不怕困难、百折不挠的精神，这将有利于新企业，特别是高新技术企业和产业的创立和发展，有利于城市创造更高的产业价值。2009 年 6 月 26 日“中国大陆最具软实力城市”评选在上海揭晓，共有 14 个城市入选。获此殊荣的直辖市有北京、上海、天津、重庆；非直辖市城市是成都、杭州、苏州、西安、长沙、青岛、昆明、大连、武汉、南京。尽管有人对这一评价有不同看法，但笔者认为这一评价对推动城市文化发展具有积极意义。

值得注意的是，城市个性文化也是推动这座城市发展极重要的“软实力”，它在很大程度上独立于单个企业和政府的行为，是单个企业和政府决策的外生性变量。在全球化环境中，城市个性文化和国际性文化可以相互转移和补充，一方面优秀的个性文化可突破地域限制而转化为国际性文化，另一方面国际文化和其他外来民族文化也不断被吸收，融合为本地域文化的一部分。积极地面对全球物质文明，对其进行分析取舍，在保留本地区地域文化精髓的前提下，充实和发展本地域的地域文化，将极大地丰富城市的个性，提升城市发展的软实力。

（四）促进文化品牌形成，为现代城市发展增强向心力

城市文化品牌源于生活而又高于生活，具有鲜明的文化特征，能包容所代表的城市文化性格，代表这个城市在社会公众中的总体印象和评价，并容易为人们所记忆和指认。好的城市文化品牌是城市的内在素质和文化内涵的外在表现，同时也是城市的整体风貌和特色，以及城市文化价值的体现，可以起到升华城市形象，凝聚城市精神、提升城市竞争力的作用。深厚的文化积淀是形成城市文化品牌的重要源泉，一座城市的文化品牌要享誉全国，走向世界，先决条件是对那些能够体现城市特色的文化资源进行有效的挖掘、集聚、整合和利用，使其以独特的魅力获胜。因此，城市文化品牌的确立，一定要维护好历史传承，留住城市的“命脉”，在保护中弘扬，使城市的历史文化积淀再现时代人文之光。

城市形象是城市品牌最直接的表现，主要由城市视觉形象、城市风情形象、城市经济形象，城市市民形象等构成。现代城市的视觉形象，是城市形象最直接的表现形式，城市建筑物、商业环境、绿地、广场等都是城市形象特色展现的基础，如巴黎的埃菲尔铁塔、上海滩的万国建筑群和北京的故宫等，这些视觉景观无不让人对这些城市印象深刻。现代城市的风情形象，不仅包括了这个城市的风俗习惯、文化传统、人文风采，而且也包括名胜特产、人情往来、男女情怀、俚语方言等，这是城市特定形象的风韵所在，是城市个性色彩最浓烈部分。现代城市的经济形象，包括城市的经济状况、经济类型、经济特征，是城市最重要的象征和经济支柱，如我国的青岛海尔、长春一汽、西安杨森、芜湖奇瑞。现代城市市民的形象，是市民整体素质的表现，是城市形象的窗口，是城市形象核心之所在，城市人的精神风貌、思想观念以及政府的管理模式和行政效率等是构成城市形象最关键的要素。

关于中国城市形象网上流传这样一种说法：最大气的城市是北京，最奢华的城市是上海，最幽默的城市是天津，最火爆的城市是重庆，最具欲望的城市是深圳，最说不清的城市是广州，最伤感的城市是南京，最悠闲的城市是成都，最具流动感的城市是武汉，最有活力的城市是长沙，最精致的城市是苏州，最女性化的城市是杭州，最美丽的城市是昆

明，最古朴的城市是西安，最灰色的城市是太原，最宽容的城市是济南，最中庸的城市是郑州，最粗放的城市是沈阳，最清新的城市是大连，最富激情的城市是哈尔滨。这些对城市形象的概括尽管不一定全面和科学，但也能在一定程度上反映这座城市的某些特征，是一种广泛认同的体现。城市的这种形象品牌，在扩大城市知名度、发挥城市扩散效应，乃至在整个城市的发展中起到重要作用。我们应深度挖掘和开发城市的文化内涵，塑造良好的城市品牌形象，以提升城市品位，提高市民归属感、自豪感、荣誉感和使命感，从而增强城市的凝聚力。

（五）利用文化资源优势，为现代城市发展创造经济力

赛迪顾问认为，以文化为载体构建的“产品”“经营平台”乃至“空间结构”是21世纪的主题。谁创造新的“主宰”，谁就成为未来世界的“弄潮儿”①。对于一座有理想有追求的城市来说，就是要坚持文化引领经济与社会创新，敢于进行文化创新，不断创造出与现代城市发展相适应的文化创新体系，以文化推动城市经济转型升级。

城市文化折射着一座城市的文明进程和文化积淀，是一座城市中最具价值的资源，它们像散落在城市各个角落的珍珠，每一颗都闪烁着不同的光彩，聚合为一座城市的氛围和力量，无声地展示着城市的本色和魅力。它们既是历史留给城市的无形资产，又是当代人们创造的精神财富。城市文化需要经营，经营城市文化是现代文化与经济发展的有效途径与方式，就是将城市文化的传神魅力变成城市品牌和城市竞争力，就是选定最能表示城市内涵和传神魅力的文化标识作为核心，在有限资源的条件下，充分利用各种文化载体和多种媒体手段，使整个城市最有效的文化信息不断在城市文化标识上积聚，使城市文化标识在高度聚焦中闪光发亮，成为看得见、感受得到的城市魅力和城市竞争力。随着城市化的推进和城市经营的发展，中国城市经营者越来越认识到城市的文化理念定位和创新在城市经营中的作用。城市经营中，必须在城市产业、城市文化特征、城市风格类型等问题上有一个比较明确的定位，在未来

① 王建：《2011年终盘点：城市战略升级中的文化守望》，2012年7月3日，http://www.ccidconsulting.com/cn/whcy/fxs/webinfo/2012/07/1341277826547875.htm。

的世界城市之林中，城市将以什么形象出现，这是城市文化经营的一个很重要的前提。

当今城市文化产业正在逐步成为支柱产业，对于文化产业未来发展来说，如果没有丰富的文化资源作基础，就会成为无源之水。将文化优势转化为经济优势，是现代文化产业可持续发展的必由之路。因此，我们要正确认识城市传统文化资源的历史意义和现实价值，根据取其精华、去其糟粕的原则，合理利用这些宝贵的文化资源，与时俱进，不断创新，挖掘其中符合时代发展要求的内容，汲取合理的思想内核，赋予新的时代内涵，创造出富于时代气息、能满足现代都市人审美情趣的优秀文化产品，形成具有中国都市特色的文化产业，这将是我国城市文化产业未来发展的方向。

第二节　中国城市建筑的审美异化*

在改革开放40多年的城市化进程中，中国城市建设得到了前所未有的高速发展，无论是大城市，还是小城镇，都日新月异、旧貌换新颜。但是，当下我国城市建筑文化正在走向审美偏失，或者追求各种各样“之最”的名号，或者模仿国外建筑营造假洋景观，或者以奇为美寻觅另类表达，等等，这样的建筑缺乏审美理想与价值，既影响了城市整体风格的塑造，又损害了城市建设个性的形成。如何走出城市建筑建设文化的审美误区，使我国的城市化进程更加健康有序，无疑是一个值得关注的课题。本节在深入分析当今中国城市建筑审美误区及其形成原因的基础上，提出了通过文化救赎提高城市建筑美誉度和城市发展竞争力的基本方略。

一、当今中国城市建筑审美异化的主要表现

目前，我国城市建筑建设正在陷入盲目复制模仿、标新立异、贪大

---

* 本节原题《反思当代中国城市建筑追高崇洋逐奇现象》，原载《武汉宣传》2014年第12期；本节有修改。

求洋的误区，热衷于建造摩天大楼，以“高、大、洋、怪”为美为荣，严重偏离实用、坚固、美观、自然、和谐的基本原则。有关人士把这种现象概括为“四远四近”：与自然越来越远，与官场越来越近；与生活越来越远，与逐利越来越近；与文化越来越远，与浮华越来越近；与传统越来越远，与西化越来越近①。

（一）千城一面，城市建筑面貌同质化

改革开放以来，中国城市建筑建设首先陷入同质化、模型化的泥沼中，舍弃了地域特色，忽视了建筑文化，背离了建筑审美，导致城市面貌越来越趋同。钢筋混凝土的楼群林立，大体量、超高层的新特建筑拔地而起，都市变成了高楼大厦的森林。城市的很多传统街区也被大广场、CBD、商业街、外国名字的城市小区取代，各个城市几乎是一模一样的方块建筑。“南方北方一个样，大城小城一个样”，城市建筑面貌的同质化，导致了城市特色危机和城市记忆的消失，在千篇一律的高楼大厦中我们仿佛已找不到回家的路。

（二）复旧仿古，城市建筑风格古典化

近年来，与“千城一面”相对应，在文化复兴口号下的复古主义风起云涌时，大量山寨中国古典建筑不断兴起。一是仿制古建筑。从北京天安门到天坛，从故宫到万里长城等都遭遇不同程度的仿造。在辽宁绥中、山西临汾、宁夏银川等地就有山寨版的天安门。在江苏华西村还建有天安门、山海关、长城等中国古代建筑精华的“山寨景点”。二是复建古城。比如西安再造“八水绕长安”、湖南再造“凤凰古城”、云南昆明再造“古滇王国”、山西大同启动“回到明朝”古城修复工程，河南开封拟斥资千亿重造“北宋汴京盛景”。这些古城复建工程往往名义上是保护历史文化遗迹，或通过古城复建打造地方文化新名片，实质上是打着“文化搭台，经济唱戏”的功利算盘②。

---

① 赵昂：《中国城市建筑丢了“中国味”》，《工人日报》2012 年 1 月 8 日。

② 汤嘉琛：《古城复建：文化幌子难掩功利底色》，《中国青年报》2012 年 11 月 20 日。

(三) 崇洋媚外，城市建筑形式西洋化

一些城市建筑设计者片面追求西化，缺乏注重民族化、个性化的意识。无论是市府建筑还是住宅设计，无论是游乐园的规划还是影剧院的布局，都充满着西化色彩：盲目克隆国外经典建筑，从“大本钟”、埃菲尔铁塔、伦敦塔桥，到美国国会大厦、法国凯旋门、澳大利亚悉尼歌剧院、英国白金汉宫等世界著名建筑，都可以在中国找到“孪生兄弟”。从雅典式的装饰到罗马式的雕塑，从拜占庭式屋顶到哥特式框架，从豪华的巴洛克、洛可可风格到英国式的风情，在中国城市建筑中比比皆是。这样的山寨建筑，实际上只是粗陋的仿制品，原建筑的风格和美感荡然无存，以致形成一种不伦不类的城市风貌。西方山寨建筑在中国大量涌现的现象，折射出对当下中国社会文化自信与认同感的缺乏。

(四) 追高逐大，城市建筑高度摩天化

在当代中国城市建筑“摩天情结”泛滥，盲目追求全市、全省、全国、亚洲、世界“第一高度”。摩天大楼的发展正在进行高度的较量，大有展示“欲与天公试比高”的气魄。据有关资料显示，全球300米以上的超高层建筑目前在建的有125座，其中78座在中国，占比达到62.4%[①]。超高建筑早已被异化——高度比功能重要，名气比造价重要，形式比内容重要。超高的摩天大楼在其所处的环境中显得突兀而缺乏美感，逐渐失去与城市之间的联系，失去了社会性，成为某些人追求政绩和荣耀的象征。

(五) 标新立异，城市建筑造型奇葩化

当下中国城市建筑设计盲目追求个性，力图通过标新立异的“突破”，追逐奇葩路线，产生“一鸣惊人”的效果，因此，千奇百怪的建筑越来越多。从国家大剧院“鸭蛋”到北京奥运会主体育场“鸟巢”，从央视大楼“大裤衩”到苏州东方之门“低腰秋裤”，从杭州奥体博览城大楼“比基尼”到上海LV大厦“靴子楼”，从北京兴创大厦“大肠

① 《摩天大楼热地方政府成推手：在建78座占全球62%》，2014年10月9日，http：finace.people.com.cn/money/n/2014/1009/c42877_25794828.html。

塔”到重庆“方便面桶楼”，从广州南丰汇“积木大楼”到福建厦门“拧麻花大楼”，从湖州喜来登温泉度假酒店“马桶盖酒店”到辽宁抚顺标志景观建筑“生命之环”，等等，不胜枚举。一个又一个竞相建造的奇葩地标建筑，一次又一次地冲击着城市景观空间，挑战人们的视觉极限。这种新奇特怪的造型虽然能实现少数建筑设计者的独特的审美理念，但却不符合中国大众的审美欣赏习惯。

（六）拆旧建新，城市建筑文化空心化

20 世纪 90 年代以来，在“改造旧城区、建设新城市，发展城市经济”旗号下，中国许多城市都开展了大规模的旧城区改造工程。由于人们对那些历史街区的文化价值缺乏深刻的认识，对传统文化在城市发展中的作用缺乏有效判断，所谓的旧城区改造实质成了拆掉旧城建新城搞经济开发。这种“拆旧建新”的结果是，使许多本来承载着特殊地域文化意义的历史街区、传统民居，百年寺庙、名人故居、古老城墙、先祖牌坊等在顷刻之间化为灰烬，如襄阳宋明城墙一夜之间被夷为平地，遵义会议会址周围的历史建筑一拆而光，福建的三坊七巷名存实亡，等等。现代城市在不同程度上面临着文化记忆消失的危机，城市建筑文化空心化将有可能丧失发展城市个性的良好基础。

二、中国城市建筑审美异化的重要原因

（一）文化自尊自信失落导致建筑发展方向盲目化

近一百年多来，在西方现代文明的冲击下，中国社会发展陷入危机，中国的精英，无论是政治人士还是知识分子，其解救中国社会发展危机的方案几乎都以打倒或清除中国传统文化为要务。特别是在经历五四运动和“文化大革命”大规模系统的破坏后，中国文化传统的传承出现了断层。及至 20 世纪 80 年代国门再次打开后，从精英阶层到平民百姓，在惊羡西方丰裕的物质文明的同时，开始怀疑进而发展到全盘否定中国文化传统和道路的选择，中国的文化自信更是降到了谷底。表现在建筑领域就是盲目模仿国外，迷信国外设计大师。在大量复制国外建筑的同时，更是让外国建筑设计师们把中国变成他们设计理念的实验场。像北

京的国家大剧院、国家体育中心“鸟巢”、央视新大楼等现代建筑都与中国设计师无缘，全是外国人的作品。这些造价昂贵的新标志性建筑缺乏对中国文化传统的尊敬之心，体现的是一种和中国文化传统一刀两断的心理。当今的城市建筑由于地域文化和环境特色的缺失，大量模仿导致“千城一面”的雷同，眼下的大多中国建筑创作不仅仅缺少地域文化的自信，而且在多元化和跨文化的大背景下，中国建筑在面对西方建筑思潮时也缺少中华文化自信，这导致本土建筑文化话语权的弱势，在全球化过程中面临被边缘化的危险。

（二）社会经济科技发展导致建筑价值取向炫富化

近些年的改革开放，大大促进了中国与世界各国间的政治、经济和文化的广泛交流，与此相伴的生活观念、文化观念，尤其是生活方式的日益趋同，也促进了中国城市建筑的文化审美趋同。在中国经济社会迅速发展，物质财富积累大大增加的同时，也滋长了从上至下的拜金主义倾向和暴发户意识，体现在建筑上就是力图通过搞最高大、最豪华、最奇葩的地标式建筑来炫富，以彰显自己的经济实力。与此同时，科学技术的进步也促进了现代建筑材料、建造技术的发展，这些都为现代建筑超越以往许多限制，走向广泛趋同和炫富成为可能。事实上，我国很多城市兴起的建筑地标热往往成为一种商业炒作手段，目的是吸引更多人的眼球以赚取更多的利润。这些商业性地标建筑，让城市产生的不是更多亲切感，而是日益强烈的陌生感和浮躁感。

（三）官员政绩意识驱动导致建筑审美追求功利化

城市建设和经济发展是目前政府工作考核的重要指标，而城市建设相对经济发展来说往往见效更快。因此，长期以来一直是很多地方政府工作的重点。当地政府官员从政绩意识出发，过多考虑的是建筑物经济方面的因素，即如何让“这座建筑更吸引别人的眼球”，引起更多游客和投资者的注意，最大可能地产生经济效益，而并不重点考虑建筑物的艺术因素和对城市建设发展的真正益处。于是以“奇特”为美，以“标志性”为荣，提高建筑的知名度，成为某些领导“特殊”的审美需求。再加上“短平快”的建设节奏、领导长官意志，难免导致决策失误，出现一批“非正常建筑”——开工快、建设快，忽略公共美丑标准的奇葩建筑。

（四）设计人员趋利迎合导致建筑文化品位低俗化

当建筑物被简单视作商品时，部分建筑设计师为了争取设计项目的经济利益，刻意迎合领导、投资方，完全按照他们的要求进行设计。在经济利益和行政压力下，有些建筑师不管建筑风格和建筑传统文脉，只顾上级领导或者开发商的喜好，背叛建筑学的基本原理和规则，缺乏对建筑人文精神的表达，设计出品位不高的建筑物。事实上，建筑物并不能简单等同于商品，在未来很长一段时期，它都要矗立在公共空间上供大家欣赏和评判，因此，在城市建筑设计和建造问题上，中国的建筑师应该具有独立的思辨精神和创造精神，坚守职业操守，以科学的态度设计出有深度和品质的建筑物，只有这样，中国的建筑低俗问题才会有较大改观。

（五）城市规划设计失范导致建筑空间格局模式化

一是整体规划的模式化造成了城市建设千篇一律。目前，我国许多城市是以成功的大城市建设规划模式来打造自己城市新形象的，“地标建筑+中央商务区+步行街+高新开发区+创意产业园区+主题公园+广场”则更成为其与国际接轨的万能模式，这种跟风模仿最终造就了一批没有凝聚力、没有认同感、没有竞争力的失忆城市。二是地标建设的“奇幻化”造成了城市建筑千奇百怪。建筑设计的根本原则是实用、经济、美观，但由于设计者缺乏对于所在城市发展历史与现状的深入研究，不顾实际需要和大众审美感受，过分追求标新立异，使建筑远离这座城市所向往的精神气质，游离生活在城市时空中的公众文化心理，以致成为奇葩建筑甚至是丑陋建筑。

三、中国城市建筑文化提升的基本方略

城市是人类文明的象征和标志，人类文明正是由一座座富有个性的具体城市构成，城市建筑反映了这座城市的价值取向和文化追求。一旦城市不再是艺术和秩序的象征物时，城市就会发挥一种完全相反的作用。

面对着中国城市建筑文化审美的严重异化，我们拿什么来拯救呢？我们认为唯有文化才是拯救当今城市建筑审美异化的良方。

（一）提高文化自信自觉，弘扬中华建筑文化

所谓文化自信，主要是指一个国家、一个民族对自身文化价值的充分肯定，对自身文化生命力的坚定信念。所谓文化自觉，主要是指在文化上的觉悟和觉醒，以及对文化的地位作用、发展规律和建设使命的深刻认识、准确把握和实践运用。英国哲学家罗素在谈到中国传统文化时就认为："中国至高无上的伦理品质中的一些东西，现代世界极为需要。"在中华民族久远的历史长河中，积累了丰富的传统文化资源，包括艺术方面的元素、符号、语汇、肌理、文脉、概念、理念、思想、精神和意象，这些资源举世无双，过去、现在和将来都足以显示其深邃的艺术魅力。同时，中华文化具有开放性、包容性的鲜明特征，这使中华文化在世界文化多元竞争发展格局中能够博采众长而生生不息。

培养高度的文化自信，就是要深刻认识中华文化的源远流长和博大精深。培养高度的文化自觉，就是要自觉传承和弘扬中华文化。中国的建筑文化是中国历史上最悠久、博大精深、保存最完整的文化之一。充分汲取中国传统建筑文化中的精髓，始终坚持与自然、与城市以及与人的和谐精神，是增强民族自尊心、自信心、自豪感，促进建筑文化大发展大繁荣的应有之义。只要我们做到不断继承和弘扬这些优良传统，古为今用、推陈出新，为传统文化注入现代元素，就能使中华建筑文化成为发展社会主义建筑文化的深厚基础，这是我们培养高度文化自信的深厚底气。

（二）科学编制建设规划，凸显城市文化地位

城市建设规划是城市建筑建设的前提，城市建设规划必须稳妥切实。编制一个城市的城市规划必须高瞻远瞩，立足现实，放眼长远。在城市规划指导思想上，要继承和弘扬中国古建筑文化以人为本的精神，要把满足和服务于人的生活需要作为规划的基本思想，把为人创造和谐的宜居的人与自然和谐相处的生活环境作为重要的任务，在城市规划功能定位时，要充分考虑人居功能的需要。在城市的功能确定和空间的划分上，

人居功能是第一位的，因为发展经济最终是为了提高人民的生活水平，改善人民的生活环境。城市建设规划是现代都市人们生活的意志表达，除了满足人类的物质生活需求，还表达了人类的精神追求。安排各项建设都要从为人的全面发展和需要出发，最终实现提高人的生活环境质量和生活水平的目标。切忌为了上项目、为了发展当地经济而牺牲人居环境。

城市文化是城市的灵魂，城市特色是城市文化的标志，是其在全球舞台上立足的资本。在城市建设过程中，必须突出城市文化的地位价值和特色与优势，必须有一个清晰的保护规划，及早把该保护的先都保护起来。如重点文物、历史街区、各种人文遗迹、代表历史文化名城的标志性建筑乃至大的城市格局，等等，都要在规划中予以保留，从而形成一个突显的保护主线。城市建设规划必须从本地的自然地理条件、历史文化、民风民俗等出发，在挖掘自身的文化特色和优势上做文章，让厚重的历史文化，成为城市建设的坚实基础。反对一味以欧化为美的审美追求，提倡注重城市建设的民族化和个性化；反对一味以高大新奇为好的建筑设计，提倡以人为本、以民为本的思想；反对一味破旧立新的建设思路，提倡文物保护、善待历史的意识；反对片面理解现代化，提倡生态平衡的前瞻意识。只有这样，我们的城市建设才能真正走上有序健康的发展之路。

（三）保护城市发展文脉，彰显城市建设个性

城市的面貌是当地自然、社会和历史演变的综合体现，是城市发展的客观选择。城市特色是历史的构成，是生活的反映，是文化的积淀，是民族的凝结。城市发展要有自己的文脉，保住了这个文脉，自然就会形成自己的特色，就能增加城市的厚重感。城市文化和城市特色在很大程度上要依赖城市建筑载体才能得以存在和发展，载体是它们外部功能的体现，也是城市景观的核心要素。新建筑应当既是时代的产物，也是对传统的延续。在保护建筑古迹遗产、凝聚千百年审美观照的自然景观的同时，这些宝贵的文化积淀也是城市建筑个性传承与创作的起点。必须立足现实，勇于创新，打造城市建筑的个性风格，让它体现人对美的

追求，体现人与自然的和谐。

城市建筑要契合城市性格，城市魅力要通过鲜明的文化和个性来体现。要探索在尊重环境，尊重历史，寻找地域文化根源，突出城市个性的基础上保护和利用现有的文化资源。通过保护来继承传统，寻求特色，在协调过去和现在、改造和利用等多方面矛盾中良性地发展。如四川成都的“宽窄巷子”，经过300年的历史演变，是老成都“千年少城”城市格局和百年原真建筑格局的最后遗存，也是北方胡同文化和建筑风格在南方的“孤本”。作为成都凸显个性的宝贵文化资源，“宽窄巷子”的改造注重传统，将其与当地文脉和社会环境相结合，改造过程中遵循了“循序渐进，有机更新，居民参与，动态保护”的原则。尤其是根据功能业态的需要和风格，居民进行的二次再创造，很好地保持了历史的延续性，形成了传统与现代的结合①。

（四）寻求多元文化融合，创新城市发展理念

多元文化的融合是现代城市的基本特征，只追求所谓传统的纯净性，是不利于城市建筑发展的。反之，在同异文化的交流与冲撞中发展完善自己，才能凸显建筑的个性，形成独特的城市文脉。因此，在“多元化”和“全球化”趋势中，必须坚持建筑文化的多元包容性，把创造既现代又富有当地特色的新建筑文化作为城市建筑发展方向。有特色的现代城市，既要认知和保护具有历史文化传统的旧建筑，又要在新时代充分挖掘其价值进行有效的利用。在继承民族特色建筑的同时，又汲取借鉴西方建筑文化的精粹，采用东西建筑相互渗透、相互结合的创作手法，把国外建筑流派的风格融入民族传统建筑之中，创造出中国特有的建筑样式。

当今，保护好历史文化名城，延续城市历史文脉，凸显城市个性和特色，满足人们物质和精神文化需求，正越来越受到重视。尊重历史，保护老房子、老建筑的目的不是用来像古董般的陈列欣赏，而是要合理地利用，使其发挥出智能的作用，就像笔者前面所说中国建筑的特色可

---

① 郑植：《浅析宽窄巷子的空间形态》，《中国建筑装饰装修》2011年第10期，第198—199页。

以借鉴提升运用到今天的新建筑中。在西安“大唐不夜城”的打造中，中国传统的中轴对称规划布局、正南北向的棋盘里坊和道路系统，以及密檐楼阁式塔都体现了传统的文化。过去传统高台建筑主要为了烘托高大雄伟的气氛，在打造四个主体建筑的基础上，为满足实际功能所需从而发展为两层建筑表皮设计手法，完美地把传统建筑和现代功能结合，用现代的设计手法完善了城市历史建筑的延续发展①。

（五）增强领导者文化意识，强化设计师职业精神

城市的领导者虽然不直接设计建筑，但他们的文化意识和审美观可以决定城市建筑的发展方向。要防止城市建筑审美异化，杜绝建筑垃圾的产生，城市的领导者尤其是主管城市建筑的领导者首先必须认真学习和研究中国历史文化，树立正确的文化观，拥有高度的文化自觉和文化自信。在城市建设理念上做好继承与发展、传统与时代的结合，坚持以人为本，在尊重和保护自然生态和文化遗产的基础上，努力探索和实践中国特色社会主义城市建筑文化道路。此外，领导者还要认真学习和掌握建筑设计、城市规划方面的专业基础，应该具有正确的审美观、价值观、历史观和生态观，并不断更新，从而能正确区分建筑的“美”和“丑”，不被世俗审美观左右。只有这样的城市建设领导，才能为城市建设做出高明决策，避免建筑垃圾的产生。

在当今社会，人们对一些丑陋建筑文化熟视无睹，而职业建筑师是能判断一个作品的好坏的。如果建筑师或完全出于个人的喜好，或盲从于开发商的物质诱惑，割裂历史文脉，忽视周边城市肌理进行设计，是毫无社会责任感的表现。只有从城市和历史出发，最大化利用现实条件，创造美而适用的空间，才是建筑师应有的社会责任感。建筑设计师的责任和历史使命就是本着敬业精神和严谨的科学态度，诠释出更多具有本土特色的城市建筑理论，以富有文化理念的城市设计引领建筑设计方向，用现代手法把中国传统建筑意境和文化融入现代建筑空间。因此，建筑设计师应有为城市建设服务的敬业精神，不断提高自身的素养，包括艺

① 项秉仁、程翌：《古城西安的“文化大殿”——西安大唐不夜城文化交流中心建筑和室内设计》，《建筑学报》2010 年第 2 期，第 50—55 页。

术修养、文化修养，勤于创作，借鉴世界先进的建筑理念和科学技术，找到一种可以同时表达自己城市文化传统和现代性的设计手段。勇于打造建筑精品，提升建筑文化品位，凸显地域特征、民族特色和时代风貌；设计出蕴含中国文化、服务百姓生活的建筑精品，以使城市合乎时代发展趋势和文化发展方向。

（六）提高公众文化素养，坚持建设项目民主决策

大众是建筑真正的主人，他们既是建筑的建设者，也是建筑的受用者。建筑既是物质产品，也是精神产品，是“让艺术与人的生活紧密地联系在一起”的产品。目前，社会公众的建筑审美水平普遍不高，但他们的建筑审美情趣、审美评判在一定程度上却影响着建筑的创作和发展，因而提高社会公众的建筑审美水平是建筑发展、社会进步和人类文明的需要。我们要采取积极的措施营造充满建筑审美的社会环境及氛围，想方设法提高公众的建筑审美水平。首先，要增强公众对建筑的参与意识，使建筑活动作为一种文化理念出现在平常百姓的日常生活之中，让大众对建筑审美原则有一定的了解，关心、关注我们的建筑，学会评析、鉴赏身边的建筑及环境，在积极参与中提高建筑审美素质。其次，要利用媒体普及宣传建筑知识，通过举办建筑理论培训班及专家讲座促进公众去学习建筑知识，不断提高公众的建筑审美水平。

城市建设规划涉及千千万万的城市居民，一项规划的确定、一项建设的实施往往会影响几代人，因此，在城市建设规划上市民应该具有重要的发言权。城市建设规划应该给每一个普通市民以知情权、参与权，使大家共同关心、建设和管理城市。城市规划编制草案要向市民公示，并给以充足的时间供市民发表意见；城市重要建设项目的设计方案要向市民公示；城市规划和重要建设项目实施、管理过程中，鼓励公众全程监督，并通过立法机构组织各界人士参与监督小组监督检查。特别是大规模的工程建设，应该采用专家和民众参与机制，通过投票、评论，集思广益、见仁见智，让专家和群众来共同决定此项工程是否可以通过规划部门的审批。

第五章　农村文化

农村文化是指与农村区域的生产方式和生活方式相联系、适应当地农民群众需要的思想观念、道德伦理、法律意识、科学文化、知识教育、文娱活动的统称，是农村经济、政治、社会生活发展变化的反映。农村文化的发展反映着农村社会文明程度的提高，农村文化的发展推动着新时代农民的全面发展。发展繁荣农村文化，既是农村经济社会发展的内在动力，更是满足广大农民群众精神文化需求的有效途径，也是社会主义新农村建设的重要组成部分。非物质文化遗产与物质文化遗产共同承载着人类社会的文明，是世界文化多样性的体现。我国各族人民在长期生产和生活实践中创造和传承的非物质文化遗产，蕴含着中华民族特有的价值观念、审美追求与情感记忆，凝聚着中华民族的智慧与文明，昭示着炎黄子孙的文化身份，联结着中华文化的过去与未来，是增强民族情感纽带、增进民族团结、维护国家统一和社会稳定的重要文化基础，更是我们当今发展社会主义文化事业和文化产业的重要文化资源。正是基于上述的认识，我们开展了对当代中国乡村文化与非物质文化遗产的研究，我们从当代农村文化发展的历史变迁中，通过成绩的总结，找出其成功的经验，以便再接再厉；通过对存在问题的分析，探寻其产生的原因，以便纠正和改进。我们从理论的角度，阐释乡村文化发展的意义，分析乡村文化建设中应处理好的各种关系，提出乡村文化和非物质保护和利用的建议。本章以广阔的农村文化为背景，以非物质文化遗产为重点，在多种理论视域下，通过宏观历史的回顾与理论阐发，微观现实的观察与实践探讨，较为准确地把握当代农村文化发展的历史脉搏，较为精细地透视了当今农村文化发展的现实状况，较为科学地预测了未来农村文化发展的基本走向，较为客观地提出今后农村文化发展的初步对策。

第一节　当代农村文化发展的现代性探索*

中华人民共和国成立以来的发展历史，以党的十一届三中全会为标志可划分为改革开放前30年和改革开放后40年两个历史阶段。新中国成立初30年，中国在艰难与曲折中奋力前行，取得了历史性成就，为中国的发展奠定了根本的政治前提和制度基础。改革开放后40年，我国创造了符合中国国情和社会发展规律，具有独创性的政治、经济和社会体制，走出了一条中国特色的社会主义道路，为我国长远发展和全面实现现代化打下了良好的基础。伴随着整个国家现代化政策和制度的安排与实施，农村的社会结构、经济行为和文化生活都发生了巨大变化。本节将通过回顾中国农村文化发展变化的历史，分析农村文化制度安排的内在逻辑，探寻国家在农村文化现代化追求中的价值取向和时代特征，以期能为未来中国农村文化现代化建设与发展提供借鉴。

一、改革开放前30年乡村文化发展历程

在中国共产党的领导下，全国各族人民经过艰苦卓绝的斗争，推翻了“三座大山”。1949年10月1日中华人民共和国成立，中国人民站起来了，以当家做主的姿态，走进了社会主义新时代。新中国成立后，为迅速摆脱贫困落后的面貌，我国大规模地开展了政治、经济和文化建设。农村文化建设就是在这样的历史背景下展开的。

（一）土地改革、合作化运动背景下的农村文化复兴（1949—1957）

新中国成立标志着中国社会主义历史阶段的开始。在政治上，中国共产党领导了中国历史上最彻底的社会革命，建立了一个民主政治社会，

---

* 本节原题《新中国70年我国农村文化的历史变迁》，原载《贵州师范大学学报（社会科学版）》2019年第5期，《新华文摘》（网络版）2020年第2期全文转载。

使劳动人民真正享有平等的政治地位和民主权力。为了维护新生的人民政权，从 1951 年底开始到 1952 年 10 月，我国开展了“三反”“五反”运动。“三反”运动是在党政机关工作人员中开展“反贪污、反浪费、反官僚主义”，通过这一运动清除了党和国家干部队伍中的腐化分子，教育了大多数干部，进一步巩固了人民民主专政，同时提高了党在人民中的威信；“五反”运动是在私营工商业者中开展“反行贿、反偷税漏税、反盗骗国家财产、反偷工减料、反盗窃国家经济情报”，通过这一运动打击了不法资本家的违法行为，使广大工商业者受到了一次守法经营的教育，巩固了工人阶级和国营经济的领导地位。

在经济上，在农村实行土地改革，让劳动者占有生产资料。到 1952 年底，约有 3 亿无地少地农民（占当时农村人口的 70%～80%）分到了约 7 亿亩土地和大批农畜、耕具等生产资料，免除了过去每年向地主交纳的约 3000 万吨以上粮食的地租①。国家开始建立对粮食和其他主要农副产品统购统销的计划流通体制，强化了国家对农业经济的调控能力。特别是互助组、初级农业合作社和高级农业合作社等农村社会组织形式相继出现，将绝大部分农民组织在跨家庭的集体组织之中，建立了以全民所有制和集体所有制为主的所有制；社会组织结构的变化，使传统的以血缘为纽带的宗族观念得以瓦解，家族意识被削弱，血缘家族权威向行政权威转变。将过去由少数特权群体所占有的财富释放出来，将广大农民的社会主义积极性调动起来。

在文化上，新执政的中国共产党坚持毛泽东文艺为工农兵服务的方向，建设民族的、科学的、大众的中华民族新文化，从宣传教育、改造旧文艺组织和加强文化建设三方面恢复和发展农村文化。

1. 为政治宣传教育需要，组织开展文化教育运动

新中国成立初期，党在文化领域工作最重要的目标就是让马克思主义被广大人民所认同。为了加强全党全国人民对马克思主义理论的学习和理解，1951 年，中共中央先后下发了《关于加强党的宣传教育工作的指示》和《中共中央关于加强理论教育的决定（草案）》等文件。在农

① 廖鲁言：《三年来土地改革的伟大胜利》，《人民日报》1952 年 9 月 28 日。

村，把广大群众组织、发动起来，广泛参与文化教育运动，向农民灌输社会主义思想，培育社会主义的农村政治文化。由于宣传教育农民的需要，老解放区具有革命传统的大众文化和当地的传统民间文化形式结合起来形成声势浩大的、绚丽多彩的宣传热潮，演出、展览、讲演、广播、黑板报、幻灯片、标语等各种大众文艺形式，以及传统的民间文艺活动得到了广泛开展。社会主义意识形态很快在农村占据了统治地位，广大农民自觉地认同中国共产党和社会主义国家。

2. 坚持双百方针，加快对旧文艺组织的改造

新中国成立之初，旧中国遗留下来的各种民间戏曲团体数量庞大。1951 年 5 月，政务院发布《关于戏曲改革工作的指示》，提出以毛泽东的“百花齐放，推陈出新”作为指导思想，用新戏曲逐渐代替旧戏曲的方针和“改戏、改人、改制”的要求。为了让地方戏更好地为社会主义服务、为新生的人民政权服务、为农民群众服务，党和政府通过对地方戏、民间说唱的改造和民间艺人的教育，将原有旧剧团合并、改组成新的剧团，并增加新的剧团，增建新的剧场。在党和政府政策的激励下，全国剧团数量由 1950 年的 1676 个增加到 1957 年的 3162 个，增长了近 2 倍，剧场数量也增长了 2 倍多①。另外，各地城乡群众文化业余团体如雨后春笋纷纷成立。在中央和各级举办的各种文艺汇演的基础上，先后多次举办全国性的民间音乐舞蹈汇演、观摩演出，使传统的民间文艺经改造后为新时代的民众服务。在此期间，还成立了中国民间文艺研究会，积极开展民间文艺遗产的发掘整理和研究工作。

3. 采取多种形式，进行农村文化建设

新中国成立初期，党和政府采取出版发行大量面向农村的报刊图书、普及农村有线广播网、放映电影、创办农村俱乐部和农民图书室、发展地方戏剧与剧团等形式进行农村文化建设。比如新中国成立后，党和政府大力发展电影事业，充分利用电影这一深受农民喜爱的新媒体对农民进行思想政治文化教育。“在文化部的组织、领导下，摄制了以农村题

---

① 国家统计局编：《伟大的十年：中华人民共和国经济和文化建设成就的统计》，北京：人民出版社 1959 年版，第 183 页。

材为主题的《组织起来》《改造懒汉》等电影。到1953年，全国已有电影院783座。在农村，流动电影放映队给农民放电影，仅1953年，全国在工矿和农村中流动放映的电影放映队就有2254个，电影观众达到7.5亿人次。”①

（二）人民公社和“大跃进”运动时期乡村文化的转变（1958—1965）

1958年5月，中国共产党第八次全国代表大会第二次全体会议召开，会议确立了社会主义建设总路线：“鼓足干劲，力争上游，多快好省地建设社会主义。”1958年7月初，全国第一个人民公社在河南省出现。8月底，毛泽东主持召开中央政治局扩大会议，肯定了人民公社是过渡到共产主义的一种最好的组织形式，作出了《中共中央关于在农村建立人民公社问题的决议》。会后为把建立人民公社运动推向高潮，中央报刊相继发表了《迎接人民公社化的高潮》等社论。到当年10月底，全国农村建立的人民公社达到2.6万多个，入社农户占总农户的99%以上，全国农村实现了人民公社化②。人民公社的建立成为新中国成立以来中国农村发展的一个关键转折点。在经过1959年到1961年三年困难时期之后，中国共产党于1961年下半年开始对农村政策予以调整，并在1962年9月正式颁布了《农村人民公社工作条例修正草案》，文件指出：“农村人民公社是政社合一的组织，是我国社会主义社会在农村中的基层单位，又是我国社会主义政权在农村中的基层单位。”“人民公社的基本核算单位是生产队。根据各地方不同的情况，人民公社的组织，可以是两级，即公社和生产队，也可以是三级，即公社、生产大队和生产队。”这在一定程度上对克服农村工作中的“左”倾错误，促进农业的恢复和发展，起了积极作用。此时，政府在1954年全国户口登记的基础上，逐步建立和推行新的“一国两策，城乡分治”户籍管理制度。1958

---

① 廖义军：《建国初期中国共产党开展农村文化建设的几种形式》，《湖南科技学院学报》2013年第12期，第86页。

② 中共中央党史研究室：《中国共产党历史第二卷（1949—1978）上册》，北京：中共党史出版社2011年版，第496—497页。

年1月《中华人民共和国户口登记条例》颁布实施，到1961年，国家逐渐确立了几十项城乡分治的制度，主要涉及户籍、粮食供应、副食品与燃料供应、住宅、生产资料供应、教育、就业、医疗、养老、劳动保护、婚姻等制度①。城乡二元社会结构造成了中国农民和城市居民不同的生存境遇，对后来农村的发展产生了极为深刻的影响。这一阶段，还开展了反右派斗争和“四清”运动。反右派斗争是中国共产党于1957年发起的第一场波及社会各阶层的群众性大型反击右派分子进攻的政治运动，主要是由于中共高层认为“右派在猖狂进攻”而发起的，但由于反右派斗争扩大化，大量响应党的号召挺身而出仗义执言的知识分子和民主党派人士被划为右派分子。改革开放后，政府给大批错划右派的人予以了纠正。“四清”运动是指1963年至1966年，中共中央在全国城乡开展的社会主义教育运动。在农村中是“清工分，清账目，清仓库和清财物”，在城乡中表现为“清思想，清政治，清组织和清经济”。

在人民公社、“大跃进”、反右派斗争和“四清”等政治运动的推动下，这一时期乡村的文化建设在以下方面取得了较大的成绩：

1. 根据政治宣传和群众文化的需要，加强了文化馆（站）建设

继1953年文化部发布《关于整顿和加强文化馆、站工作的指示》明确文化馆（站）为群众服务的宗旨之后，1956年又下发了《关于群众艺术馆的任务和工作的通知》，对群众艺术馆的性质、任务、编制、经费等做出了明确的规定，并正式成立了中央群众艺术馆，与此同时，一大批文化场馆在各地纷纷建立。到1965年，全国已有县级文化馆2598个，城乡影剧院2943个，县级以上图书馆562个，群众艺术馆62个，乡镇文化站2125个，为人民群众参与文化活动提供了保障②。

2. 加强乡村文化建设，支持和鼓励民间文艺团体活动

在人民公社大集体化的背景下，乡村活跃着一大批业余剧团、自乐班，其活动经费主要“由社内公益金项下解决”和地方自筹经费

---

① 丁元：《中国劳动力市场发育的制度经济学分析》，《特区经济》2008年第10期，第38—39页。

② 蔡武：《走向发展 走向繁荣——新中国成立60年文化建设与发展》，2012年4月11日，http://www.gov.cn/test/2012-04/11/content_2110564.htm。

（常常是自发的社员捐款）解决。乡村民间文艺活动与劳动生产有机结合：农忙季节，生产队可以通过有效控制，保证生产；农闲时候，生产队鼓励文艺活动，举办迎新春、庆丰收等演出活动。生产大队和生产队通过干预机制，实现了农民艺人作为“农民”和“手艺人”两种角色的平衡。

3. 广泛开展民间文学的采录和研究工作

1958 年，毛泽东多次谈到搜集民歌问题，4 月 14 日，《人民日报》发表了《大规模地搜集全国民歌》的社论，指出搜集民歌是“一项极有价值的工作，它对我国文学艺术的发展有重大的意义”。一时间“一场轰轰烈烈的新采风运动席卷全国”，采录和研究民间文学的工作以空前规模展开，成为一股文化热潮。这一期间采录民间文学成果丰硕，据不完全统计，在新中国成立初 17 年间，仅民间文学集就出版 2 400 多种，还编印了大量具有科学价值的内部资料集[①]。

（三）“文化大革命”政治运动对农村传统文化的摧残（1966—1976）

从 1966 年 5 月到 1976 年 10 月的“文化大革命”是毛泽东发动和领导的政治运动，它的“理论基础”是“无产阶级专政下继续革命的理论”。“文化大革命”名义上是直接依靠群众，实际上则脱离了党的组织和广大群众，结果给林彪、江青一伙投机分子、野心分子、阴谋分子以可乘之机，造成全面内斗，天下大乱。

“文化大革命”政治风暴席卷中国广大农村，各种“左”的思想和做法严重冲击了农村传统文化。首先，“以阶级斗争为纲”的政治路线，将社会上的人按所处不同的政治经济地位划分为不同的阶级，一切以“阶级”划线，“亲不亲，阶级分”，这打破了农村固有的依据血亲关系划分亲疏的传统，使许多家庭成员被划为不同的政治派系。在“阶级斗争”的大棒下，父子相斗、夫妻相残、兄弟相煎、朋友相伤，一切天理、人伦、良心都被扭曲了。其次，在破除“旧思想、旧文化、旧风俗、

---

① 刘守华：《中国民间文学研究百年历程》，叶春生主编：《现代社会与民俗文化传统》，哈尔滨：黑龙江人民出版社 2002 年版，第 54—55 页。

旧习惯”的“破四旧”运动中，优秀传统乡村文化被当作“封资修”全在扫荡之列。大批祖宗牌位和家谱被烧，许多祖坟被掘，使在中国延续了几千年的村落家族观念遭遇重创；民间艺人遭到压制和禁锢，大量民间艺术资料散失，乡村传统文化受到严重的摧残和破坏，这从根本上动摇中国传统社会的根基。

受“文化大革命”政治运动的影响，农村与全国一样文化政治色彩浓厚。各级都成立了毛泽东思想文艺宣传队，深入乡村演出。背诵领袖的语录、诗词，学唱样板戏成了群众性文化活动的主要内容和主要形式，使群众文化活动发展成为群众性的政治运动。丰富多彩的中国传统剧种、剧目和文艺形式，大都被当作“封资修”的东西或被打成“毒草”，勒令停止演出，唯有几个“革命样板戏”“一花独秀”，“八亿人民八台戏”成了当时文艺领域的真实写照。在电影方面，除了极少数革命题材的电影被保留外，“文革”前拍摄的电影基本被否定。公共图书馆、博物馆几乎停业闭馆，公共文化设施被挪作他用，大批珍贵文化遗产、图书典籍被当作“四旧”和“文化糟粕”遭到扫荡和摧毁。

（四）新中国成立初30年中国农村文化发展的基本特点

新中国成立初的30年，在中国共产党的领导下，广大农民以翻身做主人的姿态和主人翁精神，怀着对共产主义理想的美好憧憬，以及为社会主义祖国做贡献的豪情壮志，积极开展社会主义农村建设，广大农村一度呈现出欣欣向荣、蒸蒸日上的繁荣景象。这一时期，伴随着中国整体政治制度和经济体制的建立实施和发展进步，农村文化建设获得了相应的发展，取得了一定的成绩。概括这一时期农村文化发展的总体特征主要表现在以下方面。

1. 探索巩固新生政权的政治制度和路径，积极开展以阶级斗争为纲的政治运动，在注重提高广大人民政治意识和思想文化素质的同时，夸大了政治的作用与功能，高估了阶级斗争的复杂性与长期性，导致了在文化建设中的政治化和阶级化倾向严重

新生的中华人民共和国成立后，执政的中国共产党为巩固新生的人民政权采取了一系列措施，在政治上，提出了一系列指导思想、纲领、

制度、法规，开展了一系列政治运动，一方面通过清除政治上的反动分子和经济上的腐败分子，另一方面通过提高全体人民的政治意识和阶级觉悟，达到党的领导地位的稳定和社会主义国家的长治久安。新中国成立初的各种政治运动，从“三反”“五反”运动到反右派斗争，从“四清”运动到十年“文化大革命”的开展，从经济领域到政治领域，从党员干部到工商人士，从知识分子到普通公民，从政治教育，到政治整顿，直至政治斗争，运动步步升级，最终形成政治灾乱。这些运动对于农村文化建设来说，一方面，它们使广大农民受到了一次又一次的思想政治教育，初步树立起共产党的领导意识、共产主义理想意识，社会主义爱国意识、阶级斗争的政治意识，以及无产阶级专政意识，广大民众的政治热情空前高涨，精神面貌焕然一新，生产积极性极大增强，革命文化活动空前活跃，农村发生了翻天覆地的变化。另一方面，由于政治运动不断升级，由政治教育运动最终走向政治斗争灾乱，对农村文化最大的冲击是有着深厚文化根基的农村传统文化被当作封建旧文化遭到批判和抛弃，丰富多彩的民间文化活动被政治化的革命文化所代替，作为中国文化根脉和灵魂的农耕文化濒临消亡的危机。

2. 积极探索农村新型的生产关系，实施集体所有制，在激发广大人民生产积极性和潜力的同时，也为农村文化建设提供了组织制度保障；但高度的集体化和公有化，也在一定程度上挫伤了生产者的积极性

1950 年的土地改革废除封建剥削的土地制度，实行农民土地所有制；1953 年的农业合作化把土地等主要生产资料由私有制变为公有制，并实行集体经营，使农村生产关系发生根本性变革。这些将过去由少数特权群体所占有的财富释放出来，将广大农民的社会主义积极性调动起来。1958 年的人民公社化运动的核心内容是提高公有化程度，扩大公有化规模，结果严重挫伤了生产者的积极性。这一时期，农村生产组织形式由个体到集体的变化，特别是人民公社组织体制与国家权力相衔接，政治权力触及农村生产、生活的方方面面，使农村传统的以血缘为纽带的宗族关系遭瓦解，家族意识被削弱，政治权力和话语占主导地位。表现在农村的公共文化服务由民间文化民间办，向国家和集体共建转变，

这为农村文化发展提供了组织和经费保障，从而使得农村公共文化设施设备不断增加，集体文化活动空前活跃。农村文化活动中心、乡村影剧院、图书室相继建立，宣传队、放映队、业余剧团等群众组织纷纷涌现，农民自发开展各种民间文艺形式也在宣传新时代农村中继续发挥作用。

3. 积极探索发展生产力的总路线，“大跃进”运动在调动广大民众建设的主观积极性的同时，违背了经济发展的客观规律，反映在文化上便是理想主义和浮夸之风盛行

基于迅速摆脱中国积贫积弱局面的急迫感，1958 年 5 月中国共产党第八次全国代表大会确立了“鼓足干劲，力争上游，多快好省地建设社会主义”的总路线。会议号召全党和全国人民，要破除迷信，解放思想，发扬敢想敢说敢做的创造精神，认真贯彻执行社会主义建设总路线，争取在 15 年，或者在更短的时间内，在主要工业产品产量方面赶上和超过英国。会后，在全国迅速掀起“大跃进”高潮。受“大跃进”运动高指标、瞎指挥、浮夸风等不遵循发展规律的错误影响，农村文化建设也出现了严重的浮夸风。要求农民群众做到人人能读书、能写诗，人人会唱歌、会画画、会舞蹈、会表演、会创作，乡村文艺创作也出现了“放卫星”的状况。但由于这种“大跃进”式的乡村文化发展背离了文化自身的发展规律，违背了群众文化活动业余、自愿的原则，最终导致了乡村文化活动形式主义严重，文化发展质量不高、文化建设成果遭到巨大破坏的严重后果。

二、改革开放后 40 年农村文化建设探索

1978 年，党的十一届三中全会决定把全党工作重点转移到社会主义现代化建设上来，实行对内改革、对外开放的政策，这给中国经济建设带来了希望，也给广大农村发展带来了机遇。在推进农村农业现代化建设的历史进程中，广大农村地区迅速发展起来，中国农村从家庭联产承包责任制、城镇化建设、新农村建设到实施乡村振兴战略，农村文化在改革开放中走上一个个新台阶。

（一）家庭联产承包责任制背景下的农村文化恢复（1978—1984）

1978 年 11 月，安徽省凤阳县小岗村开始实行“农村家庭联产承包

责任制”，掀开我国农村改革的序幕。1984年出台的《中共中央关于经济体制改革的决定》明确了建立“自觉运用价值规律的计划体制，发展社会主义商品经济”的目标。实践证明，家庭联产承包责任制和发展农村商品经济，农民的生产经营自主权得到了极大扩展，农村经济再次被激活，农业生产效率大大提高。1984年，我国农业又获得了大丰收。粮食产量达到四亿零七百多万吨，比上年增长5.1%；棉花达到六百零八万吨，增长31.1%。农村多种经营有较大发展，商品经济越来越活跃，呈现出前所未有的兴旺景象①。在这样的经济改革的背景下农村文化建设也获得了长足的发展。

始于1978年的“实践是检验真理唯一标准”的广泛而深入的讨论，让中国重新回到了解放思想、实事求是的思想路线之中。文化战线拨乱反正，正本清源，大胆解放思想，积极改革开放，文化领域万马齐喑的沉闷局面迅速得到改变。1979年10月，邓小平在中国文学艺术工作者第四次代表大会《祝词》中强调：“我们要在建设高度物质文明的同时，提高全民族的科学文化水平，发展高尚的丰富多彩的文化生活，建设高度的社会主义精神文明。”② 1981年8月，中共中央发出了《关于关心人民群众文化生活的指示》，强调进行社会主义建设的根本目的，除了满足人民群众对物质生活的需要，还要满足人民群众对于文化精神生活的需要。1982年1月1日，中共中央批转的《全国农村工作会议纪要》，要求“必须动员各方面力量，采取一切行之有效的方法，在广大农村开展深入的思想政治教育和政策教育，并把这种教育经常化，不断对农民灌输社会主义思想，为建设具有高度精神文明和高度物质文明的新农村而努力”③。1983年1月2日，中共中央印发《当前农村经济政策的若干问题》提出：“要加强农村各种文化、卫生设施的建设”；“要通过制订

① 《1985年国务院政府工作报告》，2006年2月16日，http://www.gov.cn/test/2006-02/16/content_200841.htm。

② 邓小平：《在中国文学艺术工作者第四次代表大会的祝词》，《邓小平文选》第二卷，北京：人民出版社1994年版，第208页。

③ 中共中央党史研究室等：《中国新时期农村的变革·中央卷（上）》，北京：中共党史出版社1998年版，第185—187页。

乡规民约，开展建立文明村、文明家庭的活动”等[①]。1983 年 1 月 20 日，中共中央发出的《关于加强农村思想政治工作的通知》指出：当前和今后一个时期，党在农村的思想政治工作的任务是，根据党的十二大提出的战略部署，围绕使广大农民尽快富裕起来这一农村工作的中心思想，力争用三五年左右的时间，使广大农民对十二大文件精神和党在农村的各项方针、政策有一个全面、深刻的认识，敢于劳动致富，做到国家、集体、个人利益三兼顾；基层干部和党员经过整风学习，面貌一新；党风、社会风气实现根本好转[②]。1984 年《关于 1984 年农村工作的通知》明确强调：“社会主义的物质文明和精神文明一齐抓，是我们党的长期战略方针。”在农村“要进行马克思列宁主义和毛泽东思想的教育，进行爱国主义、社会主义教育，开展‘五讲四美三热爱’和文明村、文明企业、五好家庭活动，增强农民对资本主义、封建主义思想侵蚀的抵御能力，保证党的各项政策的实施和各项经济任务的完成”[③]。

这一时期，我国乡村文化随着改革开放，进入一个新的历史时期。农村传统文化复苏，民俗文化活跃；民族民间文艺异彩纷呈，走向世界；健康的外来文化被吸收、消化；现代化的群众文化设施和器材陆续引进；搜集整理全国民间文化艺术的“十部文艺集成志书”工作顺利开展。这一切都标志着我国乡村文化出现了空前繁荣的局面。

（二）经济体制改革背景下的农村文化探索（1985—2002）

1984 年 10 月，党的十二届三中全会通过了《关于经济体制改革的决定》，从 1985 年起我国经济体制改革全面展开。1992 年 10 月，党的十四大报告明确提出了建立社会主义市场经济体制。在此经济体制改革的大背景下，农村开展了一系列改革。首先是农村管理体制改革。1982 年新宪法规定，在全国范围内有计划地通过试点逐步建立村民委员会。

① 中共中央党史研究室等：《中国新时期农村的变革·中央卷（上）》，北京：中共党史出版社 1998 年版，第 232 页。

② 《中共中央关于加强农村思想政治工作的通知（1983 年 1 月 20 日）》，王振川主编：《中国改革开放新时期年鉴》，北京：中国民主法制出版社 1983 年版。

③ 中共中央党史研究室等：《中国新时期农村的变革·中央卷（上）》，北京：中共党史出版社 1998 年版，第 295—296 页。

1983年，撤销人民公社体制，改公社为乡镇人民政府，改生产大队为村民委员会，改生产队为村民小组。到1985年，原来的“政社合一”的人民公社被乡村政权和各级经济合作组织所取代。1988年10月1日正式实施的《中华人民共和国村民委员会组织法（试行）》，标志着村民自治进入有法可依的阶段。其次是户籍制度改革。1984年国务院颁布的《关于农民进入集镇落户问题》允许具备条件的务工经商农民落户城镇，由此农民开始大规模和跨区域的人口流动，农民行走于大小城市之中，并试图融入城市，于是出现了改革开放以来第一次“民工潮”。2001年公安部印发《关于推进小城镇户籍管理制度改革的意见》，进一步放宽了户口迁移到小城镇的条件。再次是取消统购统销政策。1985年，《中共中央、国务院关于进一步活跃农村经济的十项政策》中明确提出取消农产品统派统购制度。1992年底，全国844个县（市）放开了粮食价格，粮食市场形成。农民群体逐渐适应了依据国家计划组织生产朝自找市场销路的转变，提高了农民的自主性和积极性，激发了农村的经济活力。

在改革的新形势下，农村文化发展面临以下问题：

首先，集体制度的解体，导致农村文化的衰落。以人民公社为标志的集体经济的解体，长期形成的集体经济制度开始碎片化分解，农民“原子化”现象，原来集体时代所发展起来的传统文艺团体，如秧歌队、皮影班，舞狮、舞龙和乐器班子都逐步解散，农民参与传统文化活动的热情大大减少。

其次，农村资源向城市流动，乡村文化的活力锐减。在城市与农村的博弈中，农村资源从乡到城的单向流动不可避免地导致农村凋敝，农村逐渐失去了普遍的价值认同。农村文化的自然韵律和生性灵动不再，农村文化活力锐减，造成了农村文化形落、神散，农村文化日渐衰落。

再次，农村文化消费在对城市的模仿中失去了自我。随着“民工潮”在城乡之间的空前大流动，使得农民有了更多了解城市和参与现代化生产和文化生活方式的机会，他们把这种文化生活方式带到农村，模仿城市人的文化消费模式，随着电视机、影碟机、音箱、广播、图书、报纸、杂志等大众媒体在农村流行，现代化的文化消费需求不断上升，以乡土为纽带的农村文化在现代化的进程中隐匿甚至消逝。

为加强农村精神文明建设，中央多次出台相关文件。1987 年 1 月，中共中央政治局通过的《把农村改革引向深入》提出要搞好农村物质文明和精神文明建设，针对改革开放和商品经济（市场经济）对农村文化思想带来的冲击，提出了农村文化建设和发展的主要任务和基本目标，强调了在农村文化建设中应办好几件实事，促使农村物质文明和精神文明的共同发展[①]。1991 年 11 月，中国共产党十三届八中全会通过的《中共中央关于进一步加强农业和农村工作的决定》指出，社会主义思想教育“是全面推进农村社会主义建设和改革的战略任务，是发动和组织农民实现第二步战略目标的一项基础工作，对于加强和改善党对农村工作的领导，提高干部和群众的社会主义觉悟，密切党与农民群众的关系，促进农村物质文明和精神文明建设，巩固农村社会主义阵地，具有深远的意义”[②]。1995 年 10 月，中共中央办公厅、国务院办公厅发布《关于转发〈中央宣传部、农业部关于深入开展农村社会主义精神文明建设活动的若干意见〉的通知》，文件从加强农村社会主义精神文明建设的意义、内容、方法等六个方面提出了指导性意见，并且系统明确提出“积极推动农村文化发展和繁荣”[③]。这个政策文件反映了农村、农民发展的新要求，标志着中国共产党的农村文化政策取向开始转为“重在建设”[④]。1996 年 10 月，中国共产党十四届六中全会通过的《中共中央关于加强社会主义精神文明建设若干重要问题的决议》指出：“要以提高农民素质、奔小康和建设社会主义新农村为目标，开展创建文明村镇活

① 中共中央党史研究室等：《中国新时期农村的变革·中央卷（中）》，北京：中共党史出版社 1998 年版，第 465—466 页。

② 中共中央党史研究室等：《中国新时期农村的变革·中央卷（中）》，北京：中共党史出版社 1998 年版，第 734—737 页。

③ 《中共中央办公厅、国务院办公厅关于转发〈中央宣传部农业部关于深入开展农村社会主义精神文明建设活动的若干意见〉的通知》，1995 年 10 月 20 日，中办发〔1995〕19 号。

④ 王盛开、孙华雨：《改革开放以来中国共产党农村文化政策的历史考察》，《新视野》2012 年第 4 期，第 35—39 页。

动。……继续做好文化科技下乡、扶贫工作。”[①] 1996 年 12 月，中宣部、文化部、农业部、卫生部等 10 个部门联合下发《关于开展文化科技卫生“三下乡”活动的通知》[②]，把文化下乡进一步引向深入，组织开展了文化科技卫生“三下乡”活动。1998 年 10 月，《中共中央关于农业和农村工作若干重大问题的决定》明确了农村文化政策的总方针和总要求：“在文化上，坚持全面推进农村社会主义精神文明建设，培养有理想、有道德、有文化、有纪律的新型农民。加强思想道德教育，倡导健康文明的社会风尚；……建设农村文化设施，丰富农民的精神文化生活。”[③] 1998 年 11 月，文化部出台《关于进一步加强农村文化建设的意见》[④]，这是第一个比较系统地针对农村文化建设的专门性文件。随后，文化部、教育部、建设部、共青团中央、全国妇联等联合或单独发布了关于加强农村文化工作、加强基层文化建设、加强农村青年文化建设、做好基层文化教育资源共享工作、活跃基层群众文化生活、做好基层公共文化设施规划和建设工作、加强农村家庭文化建设等一系列文件，它们从不同层次、不同领域以不同内容和方式推动农村文化建设和发展[⑤]。

（三）社会主义新农村建设背景下的乡村文化建设（2003—2012）

这一时期，在集体组织瓦解、城乡发展失衡，农村空心化的大背景下，乡村文化面临一些根本性问题，有学者指出：“（1）乡村文化价值在以物的现代化诉求中的整体贬值，由此而直接导致乡土文化的边缘化，传统乡村文化迅即在当下的乡村生活中随着年长者的逐渐逝去而退却；

① 中共中央文献研究室：《十四大以来重要文献选编（上）》，北京：人民出版社 1999 年版，第 2062—2063 页。

② 中央宣传部等：《关于开展文化、科技、卫生“三下乡”活动的通知》，2017 年 10 月 31 日，http://www.godpp.gov.cn/misc/2007-10/31/content_11545807.htm。

③ 中共中央党史研究室等：《中国新时期农村的变革 · 中央卷（上）》，北京：中共党史出版社 1998 年版，第 5—17 页。

④ 《文化部印发关于进一步加强农村文化建设的意见的通知》，1998 年 11 月 26 日，https://www.lawxp.com/statute/s1031030.html。

⑤ 王盛开、孙华雨：《改革开放以来中国共产党农村文化政策的历史考察》，《新视野》2012 年第 4 期，第 35—39 页。

(2) 由传统乡村士绅所代表的乡村知识人与村民结合构成的乡村社会结构解体，稍微有点知识与素养的乡村知识人呈现出整体的对乡土的逃离，这直接导致乡村社会文化的空心化，即已经失去了乡村文化生产与传播的主体，乡村社会实质上处于一种无文化，甚至反文化的放任状态；(3) 社会整体文化事业的产业化与乡村对精英文化接受能力的欠缺，直接导致精英文化传播在乡村社会中的整体缺席，文化对乡村社会的渗透更多基于市场原则，而迎合村民社会当下的需要，实际上大大减小了对乡村社会文化引导的可能性。既有的文化已经退却，优秀的文化难以进入，这必然导致乡村社会整体文化的虚空。"① 面对上述问题，国家开始重视推进城乡统筹一体化发展，推进社会主义新农村建设和乡村文化建设。

2002 年 11 月 8 日，江泽民在党的十六大上作了《全面建设小康社会，开创中国特色社会主义事业新局面》的报告，指出"统筹城乡经济社会发展，建设现代农业，发展农村经济，增加农民收入，是全面建设小康社会的重大任务"②。2005 年 12 月 29 日，第十届全国人大常委会第十九次会议通过《关于废止中华人民共和国农业税条例的决定》，一个在新中国实施了近 50 年、在我国延续两千多年的税种宣告终结，这不仅减轻了农民负担，更改善了农民对中央政府的信任感，家国一体的概念再次走入民心。2006 年出台的《中共中央国务院关于推进社会主义新农村建设的若干意见》强调，必须坚持以发展农村经济为中心，进一步解放和发展农村生产力；坚持"多予少取放活"的方针，重点在"多予"上下功夫，要动员各方面力量广泛参与③。2007 年 10 月，党的十七大召开，胡锦涛作的《高举中国特色社会主义伟大旗帜为夺取全面建设小康社会新胜利而奋斗》的报告中，再次强调统筹城乡发展，推进社会主义

---

① 刘铁芳：《乡土的逃离与回归：乡村教育的人文重建》，福州：福建教育出版社 2011 年版，第 6—7 页。

② 江泽民：《全面建设小康社会，开创中国特色社会主义事业新局面——在中国共产党第十六次全国代表大会上的报告（2002 年 11 月 8 日）》，北京：人民出版社 2002 年版。

③ 《中共中央、国务院关于推进社会主义新农村建设的若干意见》，《中华人民共和国国务院公报》，2006 年第 11 期，第 4—12 页。

新农村建设[1]。

在农村文化政策方面，2005年的中央一号文件中首次提及农村文化建设政策，开启了农村文化大力发展的新阶段。2005年11月，中共中央办公厅、国务院办公厅《关于进一步加强农村文化建设的意见》中特别强调了两个方面：一个是“三下乡”活动以外部实际输入的形式，加强和推动农村文化建设；另一个是侧重于农村内部文化建构，充分发挥农民主体作用，以现实农村生产力为基础，以农村环境条件为依托，促使农村传统文化向现代文化转型[2]。2006年出台的《中共中央、国务院关于推进社会主义新农村建设的若干意见》，提出了农村文化政策新的取向。“生产发展、生活宽裕、乡风文明、村容整洁、管理民主”二十字的要求，明确包含了协调推进农村文化建设的内容。文件第五部分特别强调农村文化建设的具体措施[3]。2008年10月，中国共产党十七届三中全会通过的《中共中央关于推进农村改革发展若干重大问题的决定》总结了农村改革开放30年经验，强调“建设社会主义新农村，形成城乡经济社会发展一体化新格局”。《决定》提出了“城乡基本公共服务均等化明显推进，农村文化进一步繁荣，农民基本文化权益得到更好落实”的文化建设的基本目标任务，并具体阐述了繁荣发展农村文化方针政策：一是坚持用社会主义先进文化占领农村阵地。二是推进广播电视村村通、文化信息资源共享、乡镇综合文化站和村文化室建设、农村电影放映、农家书屋等重点文化惠民工程，建立稳定的农村文化投入保障机制。三是广泛开展文明村镇、文明集市、文明户、志愿服务等群众性精神文明创建活动。四是加强农村文物、非物质文化遗产、历史文化名镇名村保护[4]。

2011年2月，中共中央办公厅、国务院办公厅印发的《关于进一步

---

① 胡锦涛：《高举中国特色社会主义伟大旗帜 为夺取全面建设小康社会新胜利而奋斗》，北京：人民出版社2007年版。

② 《中共中央办公厅、国务院办公厅关于进一步加强农村文化建设的意见》，《中华人民共和国国务院公报》2006年第2期，第5—9页。

③ 《中共中央、国务院关于推进社会主义新农村建设的若干意见》，《中华人民共和国国务院公报》2006年第11期，第4—12页。

④ 《中共中央关于推进农村改革发展若干重大问题的决定》，《人民日报（海外版）》2008年10月20日。

加强新形势下农村精神文明建设工作的意见》指出，按照“生产发展、生活宽裕、乡风文明、村容整洁、管理民主”的社会主义新农村建设，突出抓好群众性精神文明创建活动，着力培育新农民、倡导新风尚、发展新文化，着力提高农民思想道德文化素质和农村社会文明程度，推动农村精神文明建设迈上新台阶①。2011年10月，中国共产党十七届六中全会通过的《中共中央关于深化文化体制改革推动社会主义文化大发展大繁荣若干重大问题的决定》，明确提出“加快城乡文化一体化发展”，阐明了加快城乡文化一体化发展的基本思路和基本政策，强调增加农村文化服务总量，缩小城乡文化发展差距，对推进社会主义新农村建设、形成城乡经济社会发展一体化新格局具有重大意义，并从七个方面强调要加强农村文化建设②。

此间还下发了《关于加强我国非物质文化遗产保护工作的意见》和《国务院关于加强文化遗产保护的通知》等文件，从“历史文化名城保护”“非物质文化名录”“繁荣少数民族文化事业”等层面细化落实农村文化传承等具体事务等。2003年，文化部、财政部、国家民委、中国文联共同实施“中华民族民间文化保护工程”，非物质文化遗产保护进入新的历史阶段。2005年6月，第一次全国非物质文化遗产普查正式启动。国家、省、市、县四级非物质文化遗产名录体系初步建立。多维效应深深触动了村民的乡村认同和文化觉醒，乡村文化开始回归全民视野和村民日常。

（四）加快推进农业现代化背景下的农村文化发展（2012至今）

党的十八大以来，以习近平同志为核心的党中央十分重视“三农”问题。习近平指出，解决好“三农”问题，根本在于深化改革，走中国特色现代化农业道路。党的十八大报告提出要加大城乡统筹力度，并确定了推进公共服务均等化、均享化的建设目标，农村发展从资源基础提

---

① 中办、国办印发《关于进一步加强新形势下农村精神文明建设工作的意见》，2012年9月11日，http://www.china.com.cn/guoqing/2012-09/11/content_26748775.htm。

② 《中共中央关于深化文化体制改革推动社会主义文化大发展大繁荣若干重大问题的决定》，《人民日报（海外版）》2011年10月26日。

升到服务建设的高度。2012 年 12 月，《中共中央、国务院关于加快发展现代农业进一步增强农村发展活力的若干意见》首次强调了新型农业经营主体的重要地位，要求构建集约化、专业化、组织化、社会化相结合的新型农业经营体系，这是我国农业迈向现代化的又一标志①。2014 年，《中共中央、国务院关于全面深化农村改革加快推进农业现代化的若干意见》指出，全面深化农村改革，要坚持社会主义市场经济改革方向，处理好政府和市场的关系，激发农村经济社会活力；要城乡统筹联动，赋予农民更多财产权利，推进城乡要素平等交换和公共资源均衡配置，让农民平等参与现代化进程、共同分享现代化成果②。2015 年，《中共中央、国务院关于加大改革创新力度加快农业现代化建设的若干意见》，突出强调"可持续"，继续全面深化农村改革，全面推进农村法治建设，推动新型工业化、信息化、城镇化和农业现代化同步发展③。2015 年 12 月，《中共中央、国务院关于落实发展新理念加快农业现代化 实现全面小康目标的若干意见》指出，"十三五"时期要加大创新驱动力度，推进农业供给侧结构性改革，加快转变农业发展方式，保持农业稳定发展和农民持续增收，走产出高效、产品安全、资源节约、环境友好的农业现代化道路。2016 年 12 月，《中共中央　国务院关于深入推进农业供给侧结构性改革，加快培育农业农村发展新动能的若干意见》提出，坚持新发展理念，协调推进农业现代化与新型城镇化，以推进农业供给侧结构性改革为主线，围绕农业增效、农民增收、农村增绿，加强科技创新引领，加快结构调整步伐，加大农村改革力度，提高农业综合效益和竞争力，推动社会主义新农村建设取得新的进展，力争农村全面小康建设迈出更大步伐。

---

① 施维，张凤云：《中央一号文件 10 年概要（2009—2018）》，《农村·农业·农民（A 版）》2019 年 3 月 10 日。

② 中共中央 国务院印发《关于全面深化农村改革加快推进农业现代化的若干意见》，新华社北京 2014 年 1 月 19 日电，2014 年第 3 号国务院公报，http://www.gov.cn/gongbao/content/2014/content_2574736.htm。

③ 施维，张凤云：《中央一号文件 10 年概要（2009—2018）》，《农村·农业·农民（A 版）》2019 年 3 月 10 日。

2017年，党的十九大报告指出了中国当前的主要矛盾是人们对美好生活的追求与发展不充分不平衡之间的矛盾，高品质的乡村文化生活成为农村民众追求的美好生活的重要方面。2018年出台的《关于实施乡村振兴战略的意见》按照产业兴旺、生态宜居、乡风文明、治理有效、生活富裕的总要求，对统筹推进农村经济建设、政治建设、文化建设、社会建设、生态文明建设和党的建设作出全面部署。将乡村文化建设放到了乡村振兴战略很重要的位置。在“繁荣兴盛农村文化，焕发乡风文明新气象”部分，从加强农村思想道德建设、传承发展提升农村优秀传统文化、加强农村公共文化建设、开展移风易俗行动四个方面展开，对实施乡村振兴战略中的文化建设进行了具体部署①。在2019年出台的《中共中央、国务院关于坚持农业农村优先发展做好“三农”工作的若干意见》提出：“坚持农业农村优先发展总方针，以实施乡村振兴战略为总抓手……深化农业供给侧结构性改革，坚决打赢脱贫攻坚战，充分发挥农村基层党组织战斗堡垒作用，全面推进乡村振兴，确保顺利完成到2020年承诺的农村改革发展目标任务。”进一步强调加强农村精神文明建设。引导农民践行社会主义核心价值观，巩固党在农村的思想阵地。开展新时代文明实践中心建设试点，抓好县级融媒体中心建设。持续推进农村移风易俗工作，对不良社会风气进行治理②。

（五）改革开放以来中国农村文化建设的基本特征

改革开放以来，在思想解放，深化改革、扩大开放，大力推进政治、经济、文化体制改革的大背景下，中国农村文化建设坚持共产党领导和马克思主义思想指导，摒弃以前以阶级斗争为纲的“左”的错误路线，重点强调社会主义精神文明建设；在继承以往对农民思想道德教育的优良传统基础上，发挥农民的主体作用，采取更加务实有效

---

① 《中共中央国务院关于实施乡村振兴战略的意见（2018年1月2日）》，新华社北京2018年2月4日电，http://www.gov.cn/zhengce/2018-02/04/content_5263807.htm。

② 《中共中央国务院关于坚持农业农村优先发展做好“三农”工作的若干意见（2019年1月3日）》，2019年第7号国务院公报，http://www.gov.cn/gongbao/content/2019/content_5370837.htm。

的措施开展农村文化建设；认识到城乡发展差距的客观存在，克服过去城市发展优先的思维，在发展战略上推进城乡文化一体化统筹；克服过去对农村传统文化全盘否定的错误，大力促进农村传统文化的现代转化和创新发展。此期的农村文化建设与发展，为农村社会现代化提供了思想保证、精神动力和文化环境。

1. 坚持农村文化发展根本方向，加强农村精神文明建设

中国农村文化建设和发展的根本方向就是要造就中国特色社会主义农村文化，从而形成自己独特的政治取向和建设特色。

首先，坚持共产党的领导，以马克思主义为指导，用社会主义核心价值观占领农村阵地。党的十一届三中全会的召开，中国共产党作出了将全党工作的重点从以阶级斗争为纲转移到经济建设上来，实行改革开放。随着农村家庭承包责任制的推行、人民公社管理体制的解体，以及农村市场经济的发展等重大改革的实施，为坚持农村发展的社会主义方向，中央文件反复强调在农村“要进行马克思列宁主义和毛泽东思想的教育，进行爱国主义、社会主义教育，增强农民对资本主义、封建主义思想侵蚀的抵御能力，保证党的各项政策的实施和各项经济任务的完成”①。坚持用社会主义核心价值观占领农村阵地，既凸显了农村文化建设的思想政治意识形态特征，同时与以往相比，少了阶级斗争和无产阶级专政的继续革命的战斗烽火味。

其次，加强对农民社会主义思想教育，开展群众性精神文明创建活动。针对经济制度和管理体制改革带来的农村集体组织的解体，集体意识、信仰价值、制度规则的逐步丧失，以及农民“原子化”的现状，党和国家先后发布了多个关于加强农村思想政治工作的文件，强调要“抓好经常性思想政治工作，加强社会主义精神文明建设，努力造就一代有理想、有道德、有文化、有纪律的新型农民”。着力培育新农民、倡导新风尚、发展新文化，着力提高农民思想道德文化素质和农村社会文明

① 中共中央党史研究室等：《中国新时期农村的变革·中央卷（上）》，北京：中共党史出版社 1998 年版，第 295—296 页。

程度，推动农村精神文明建设迈上新台阶①。各级党委、政府高度重视农村精神文明建设工作，把加强农村精神文明建设与转变农村经济发展方式、加快农民致富步伐结合起来，形成了全党全社会共同关心支持农村精神文明建设的新局面。

2. 不断探索农村文化发展政策制度，围绕农民需求开展农村文化建设

在改革开放大背景下，我国农村文化发展政策制度无论是从实现农村社会现代化长远目标，还是从满足农民现实发展需要来说，都需要实现转型，为此，我国农村文化发展政策经历了从“三下乡”的“送”文化到“以农民需求为导向”的“建”文化的重大转变。

首先，开展文化科技卫生“三下乡”活动。为尽快改变农村发展落后的现状，中宣部、文化部、农业部、卫生部等多个部门联合发起并组织开展了文化、科技、卫生“三下乡”活动，把科普知识送到田间地头，把义诊药箱背进偏远山村，把先进文化带到村村寨寨。其中文化下乡包括图书、报刊下乡，送戏下乡，电影、电视下乡，开展群众性文化活动。“三下乡”活动的常态化、政策化和制度化，标志着党的农村文化政策由过去注重思想道德精神建设开始转向精神和物质建设并重。

其次，围绕农民需求出台农村文化建设政策。“三下乡”作为一种外在“送文化”模式短期内对促进农村文化发展确实能起到一定的作用，但并不能从根本上解决农村文化短缺和发展动力不足的问题，农村文化建设关键要看农民文化的实际需求，关键要激活农民发展自己文化的动力。为此，从 2005 年开始，中央在农村文化建设方面提出了加大农村文化建设力度的新政策取向，包括增加对农村文化发展的人力、物力、财力投入；加强农村公共文化设施建设，构建农村公共文化服务体系；扶持农村业余文化队伍，鼓励农民兴办文化产业等具体措施②。这一政

① 中共中央党史研究室等：《中国新时期农村的变革·中央卷（中）》，北京：中共党史出版社 1998 年版，第 734—737 页。

② 《中共中央、国务院关于推进社会主义新农村建设的若干意见》，《中华人民共和国国务院公报》2006 年第 11 期，第 4—12 页。

策实现了从“送文化”到“建文化”的转变。

再次，农村公共文化服务持续优化。各级政府切实履行在文化领域的公共服务职能，不断加强现代公共文化服务体系建设，关注文化民生，强弱项补短板，努力保障人民群众基本文化权益。制定“读书看报、收听广播、观看电视、观赏电影、送地方戏、设施开放、文体活动”等 7 大基本公共文化服务项目指导标准，农村基本公共文化服务标准化、均等化建设得到加强。认真落实“县有公共图书馆、文化馆，乡有综合文化站”的建设目标，深入实施广播电视村村通、文化信息资源共享、农家书屋等重大文化惠民工程，基本公共文化设施逐渐完善，农村公共文化服务能力和普惠水平不断提高，群众性文化活动日益丰富。

3. 探索城乡统筹协调发展路径，构建城乡文化一体化发展格局

新中国成立至改革开放初期，我国采取的是工业和城市发展优先，农业支持工业和城市发展的战略，在这样战略的指导下，城乡发展差距不断扩大，农村走向衰落、乡土文化走向衰亡。随着改革开放的深入，我国提出了科学发展观，坚持全面、协调和可持续发展，实施城乡统筹一体化发展战略。

首先，探索城乡统筹协调发展路径。江泽民在党的十六大的报告中提出统筹城乡经济社会发展，建设现代农业，发展农村经济，增加农民收入，是全面建设小康社会的重大任务①。《中共中央 国务院关于推进社会主义新农村建设的若干意见》明确指出，统筹城乡经济社会发展，实行工业反哺农业、城市支持农村和“多予少取放活”的方针，协调推进农村经济建设、政治建设、文化建设、社会建设和党的建设②。这些都从制度上改变资源从农村到城市的单向流动格局，并且按照公平原则配置公共资源，旨在阻止农村的凋敝，打造农村发展的资源基础③。

---

① 江泽民：《全面建设小康社会，开创中国特色社会主义事业新局面——在中国共产党第十六次全国代表大会上的报告（2002 年 11 月 8 日）》，北京：人民出版社 2002 年版。

② 《中共中央 国务院关于推进社会主义新农村建设的若干意见（2005 年 12 月 31 日）》，中发〔2006〕1 号，http://www.gov.cn/gongbao/content/2006/content_254151.htm。

③ 高静、王志章：《改革开放 40 年：中国乡村文化的变迁逻辑、振兴路径与制度构建》，《农村经济问题》2019 年第 3 期，第 49—60 页。

其次，加快城乡文化一体化发展。《中共中央关于推进农村改革发展若干重大问题的决定》提出“建设社会主义新农村，形成城乡经济社会发展一体化新格局”，“城乡基本公共服务均等化明显推进，农村文化进一步繁荣，农民基本文化权益得到更好落实”的文化建设的基本目标任务，并具体阐述了繁荣发展农村文化方针政策①。《中共中央关于深化文化体制改革推动社会主义文化大发展大繁荣若干重大问题的决定》，明确提出“加快城乡文化一体化发展”，强调增加农村文化服务总量，缩小城乡文化发展差距，并提出了一系列缩小城乡文化差距的政策和措施②。从“统筹城乡经济社会发展”，到“加快城乡文化一体化发展”，农村文化在农村建设中的作用更加凸显，推进城乡文化一体化发展的政策更加明确和措施更加具体。

4. 高度重视农业农村现代化，努力推进农村文化现代化

中国特色社会主义现代化是一项由经济建设、政治建设、文化建设、社会建设、生态文明建设构成的系统工程，我国在推进农业现代化的同时，大力推动乡村文化的现代化。

首先，构建农村文化现代化的总体目标要求。为适应新时期社会主要矛盾的转化，我国更加注重精神文明与物质文明协调均衡发展。《中共中央国务院关于实施乡村振兴战略的意见》强调：统筹推进农村经济建设、政治建设、文化建设、社会建设、生态文明建设和党的建设，加快推进乡村治理体系和治理能力现代化，加快推进农业农村现代化，并提出“繁荣兴盛农村文化，焕发乡风文明新气象。……提升农民精神风貌，培育文明乡风、良好家风、淳朴民风，不断提高乡村社会文明程度”的乡村现代文化建设的目标和要求③。

其次，探索农村文化现代化的制度和措施。第一，强化乡村文化认

---

① 《中共中央关于推进农村改革发展若干重大问题的决定》，《人民日报（海外版）》2008年10月20日。

② 《中共中央关于深化文化体制改革推动社会主义文化大发展大繁荣若干重大问题的决定》，《人民日报（海外版）》2011年10月26日。

③ 《中共中央国务院关于实施乡村振兴战略的意见（2018年1月2日）》，新华社北京2018年2月4日电，http://www.gov.cn/zhengce/2018-02/04/content_5263807.htm。

同，增强乡村文化自信。随着文化建设成为国家发展战略的重要维度，乡村文化价值受到重视，乡村文化获得了普遍认同，村民的文化自觉和文化自信的意识得到不断增强。第二，坚持以农民为本，村民成为乡村文化振兴的主体。调动农民文化建设的积极性和创造性，努力塑造适应现代社会、具有内在动力的乡村文化。随着文化体制改革的深入，国家正确引导和积极扶持农民自办文化，使农民成为新时期农村文化建设的主要力量。国家支持农民以“自筹资金、自行组织、自负盈亏、自我发展”兴办文化事业和文化产业，积极扶植农民书社、电影放映队、民间剧团的发展，农民自办文化以实体机制灵活、筹资方式多样的优势，在广大农村具有极高的市场占有率和竞争力。

再次，促进农村传统文化的现代转型发展。优秀传统文化的创造性转化和创新性发展，是现代文化发展的一个重要目标。中国农村传统文化资源异常丰富，民间文化、民间工艺、民间风物和民间智慧中，保存着中国农业文明的文化因子，体现着中国传统文化的独特价值和魅力，具有极大的开发潜质。一方面，深入挖掘农耕文化蕴含的优秀思想观念、人文精神、道德规范等精神价值，使其最基本的文化基因与当代文化相适应、与现代社会相协调，充分发挥其在乡村文明建设中的重要作用。另一方面，深入挖掘乡村传统文化的经济价值，鼓励对具有民族和地域特色的乡村传统文化资源进行开发利用，不断赋予新的时代内涵和现代表达形式，大力发展特色文化产业，为增加农民收入提供新途径，为推进农村现代文化建设提供新切入点。

第二节　当代农村文化发展的历史经验*

新中国成立 70 多年，特别是改革开放 40 多年，我国在加强农村政治和经济建设的同时，也十分重视农村文化建设，在中国农村现代化发展的历史探索中，农村文化现代化建设也在曲折中前行。我国努力探索

---

* 本节原题《新中国成立 70 年农村文化的现代性探求及历史经验》（与罗忻合作），原载《民俗研究》2019 年第 5 期，《新华文摘》（网络版）2020 年第 3 期全文转载；本节略有修改。

中国农村文化现代化发展路径，在农村文化建设方面取得了巨大的成绩，并逐步形成了具有中国特色社会主义农村文化建设的历史经验。

一、坚持共产党对农村文化的领导地位

中国共产党是我国社会主义现代化事业的领导核心，党的领导是农村文化建设取得成功的根本保障。2019年初印发的《中国共产党农村基层组织工作条例》强调："农村工作在党和国家事业全局中具有重要战略地位，是全党工作的重中之重。"[①] 2019年6月24日，中共中央政治局召开会议审议《中国共产党农村工作条例》。会议认为，制定《中国共产党农村工作条例》，是继承和发扬党管农村工作优良传统、加快推进农业农村现代化的重要举措，对于加强党对农村工作的全面领导，巩固党在农村的执政基础，确保新时代农村工作始终保持正确政治方向具有十分重要的意义[②]。坚持中国共产党对农村文化的领导地位是做好我国文化工作的重要原则，重视农村文化建设也是我们党的优良传统，是我国文化工作不断进步和取得辉煌成就的根本保障。

（一）重视农村文化建设是党的优良传统

毛泽东早在1940年1月发表的《新民主主义论》中就把大众文化与农民文化摆在同等重要的位置，认为"大众文化，实质上就是提高农民文化"[③]。他在党的七大所做的《论联合政府》政治报告中明确指出："农民——这是现阶段中国文化运动的主要对象。"[④]为此，他还特别强调："重要的问题是教育农民"，"对于农村阵地，社会主义不去占领，资本主义就必然会去占领。"改革开放后，邓小平提出："我们要在建设高度物质文明的同时，提高全民族的科学文化水平，发展高尚的丰富多

① 中共中央印发《中国共产党农村基层组织工作条例》，2019年1月10日。

② 《中共中央政治局会议：审议〈中国共产党机构编制工作条例〉和〈中国共产党农村工作条例〉》，《人民日报》2019年6月25日。

③ 毛泽东：《新民主主义论》，《毛泽东选集》第2卷，北京：人民出版社1991年版，第692页。

④ 毛泽东：《论联合政府》，《毛泽东选集》第3卷，北京：人民出版社1991年版，第1078页。

彩的文化生活，建设高度的社会主义精神文明。”① 新时期，习近平指出：“一个国家、一个民族的强盛，总是以文化兴盛为支撑的，中华民族伟大复兴需要以中华文化发展繁荣为条件。”②关于乡村文化建设，习近平特别强调：“要推动乡村文化振兴，加强农村思想道德建设和公共文化建设，以社会主义核心价值观为引领，深入挖掘优秀传统农耕文化蕴含的思想观念、人文精神、道德规范，培育挖掘乡土文化人才，弘扬主旋律和社会正气，培育文明乡风、良好家风、淳朴民风，改善农民精神风貌，提高乡村社会文明程度，焕发乡村文明新气象。”③

为了加强农村文化建设，党和政府在不同时期发布了一系列文件和政策，近些年出台的主要文件就有：《中共中央办公厅国务院办公厅关于转发〈中央宣传部、农业部关于深入开展农村社会主义精神文明建设活动的若干意见〉的通知》《中共中央办公厅国务院办公厅关于进一步加强农村文化建设的意见》等专门性文件，此外，近 15 年中央关于“三农”问题的一号文件几乎每个文件都强调要加强农村文化建设，其内容包括：建立稳定的农村文化投入保障机制、加大重大文化建设项目实施力度、完善农村公共文化服务体系、鼓励社会力量参与农村文化建设、切实提高农村文化信息资源共享文化建设、实施重点文化惠民项目、支持重要农业文化遗产保护、推进农村移风易俗工作等方面，这对推进农村文化建设起到了十分重要的作用。

（二）提高农民思想道德素质是党文化建设的重要任务

思想道德建设是发展中国特色社会主义文化的重要内容和中心环节，加强思想道德建设，提高人民思想觉悟、道德水准、文明素养，提高全社会文明程度是中国共产党文化建设的重要任务。新中国成立以来，党和政府高度重视农民的教育和农村文化建设，并把它作为农民继续解放

① 邓小平：《在中国文学艺术工作者第四次代表大会上的祝词（1979 年 10 月 30 日）》，《邓小平文选》第 2 卷，北京：人民出版社 1993 年版，第 208 页。

② 《习近平在山东考察时强调 认真贯彻党的十八届三中全会精神 汇聚起全面深化改革的强大正能量》，2013 年 11 月 28 日，http://news.sina.com.cn/c/2013-11-28/183328839122.shtml。

③ 2018 年 3 月 8 日，习近平在参加山东代表团审议时的讲话。《习近平要求乡村要培育这“三风”》，2018 年 3 月 18 日，https://news.youth.cn/sz/201803/t20180318_11517053.htm。

的一个政治任务来对待、来完成。邓小平曾指出："在社会主义国家，一个真正的马克思主义政党在执政以后，一定要致力于发展生产，并在这个基础上逐步提高人民的生活水平。……与此同时，还要建设社会主义精神文明，最根本的是要使广大人民有共产主义理想，有道德，有文化，守纪律。国际主义、爱国主义都属于精神文明范畴。"[①]

新中国成立后，中国共产党由为夺取政权而奋斗的党，转变成为巩固政权而执政的党，为使马克思主义为指导的社会主义意识形态成为新中国社会的主导文化，党更加重视提高农民思想政治文化水平。1954 年 5 月，中国共产党第二次全国宣传工作会议在北京召开，会议讨论了《关于加强党在农村中的宣传工作的指示》，会后经中央批准下发。中央提出要在广大农村有系统地对农民进行社会主义教育，健全党在农村中的宣传网和经常的宣传活动，将广大农民群众的政治觉悟提高到社会主义水平，以便为在农村开展社会主义改造建立必要的思想基础[②]。1996 年《中共中央关于加强社会主义精神文明建设若干重要问题的决议》中强调："努力提高全民族思想道德素质""要以提高农民素质、奔小康和建设社会主义新农村为目标，开展创建文明村镇活动。要以集镇为重点，以镇带村，制定规划，逐步推进。文明村镇建设要同加强党的基层组织建设、巩固基层政权结合起来，同壮大集体经济实力、增强乡村集体经济组织为广大农民服务的功能结合起来，同计划生育、节约土地、环境建设结合起来。"新时期，习近平总书记指出，要加强公民道德建设。"深入实施公民道德建设工程，推进社会公德、职业道德、家庭美德、个人品德建设，激励人们向上向善、孝老爱亲，忠于祖国、忠于人民。"[③] 总之，充分发挥文化教育广大农民群众的重要功能，加强对农民

---

① 邓小平：《建设社会主义的物质文明和精神文明》，《邓小平文选》第 3 卷，北京：人民出版社 1993 年版，第 28 页。

② 中共中央党史研究室：《中国共产党历史第二卷（1949—1978）上册》，北京：中共党史出版社 2011 年版，第 277 页。

③ 习近平：《决胜全面建成小康社会夺取新时代中国特色社会主义伟大胜利——在中国共产党第十九次全国代表大会上的报告》，《党的十九大报告辅导读本》，北京：人民出版社 2017 年版，第 42 页。

进行文化教育，提高他们的思想道德修养是中国共产党社会主义文化工作的重要任务。

（三）坚持以中国特色社会主义理论为指导

新中国成立以来，中国共产党人坚持以马克思主义为指导，积极推动发展面向现代化、面向世界、面向未来，民族的科学的大众的社会主义文化。早在1940年1月，毛泽东就在《新民主主义论》中指出："当作国民文化的方针来说，居于指导地位的是共产主义的思想，并且我们应当努力在工人阶级中宣传社会主义和共产主义，并适当地有步骤地用社会主义教育农民及其他群众。"① 1986年发布的《中共中央关于社会主义精神文明建设指导方针的决议》中指出："坚持以马列主义、毛泽东思想为指导，是我国社会主义现代化事业的根本，也是社会主义精神文明建设的根本。作为工人阶级的科学世界观和全人类精神文明的伟大成果的马克思主义，是社会主义事业和党的领导的理论基础，是社会主义意识形态的最重要的组成部分，对整个精神文明建设起着重大的指导作用。我们的理想建设、道德建设、文化建设、民主法制观念建设，都离不开马克思主义的指导，离不开马克思主义的理论建设。"江泽民曾指出："有特色的社会主义文化，必须坚持以马克思列宁主义、毛泽东思想为指导，不能搞指导思想的多元化，必须坚持为人民服务、为社会主义服务的方向和'百花齐放、百家争鸣'的方针，繁荣和发展社会主义文化。"② 2019年6月，中办国办印发的《关于加强和改进乡村治理的指导意见》指出："通过新时代文明实践中心、农民夜校等渠道，组织农民群众学习习近平新时代中国特色社会主义思想，广泛开展中国特色社会主义和实现中华民族伟大复兴的中国梦宣传教育，用中国特色社会主义文化、社会主义思想道德牢牢占领农村思想文化阵地。"坚持党对文化的领导最根本的就是必须坚持和巩固马克思主义在意识形态领域的指导地位，高举中国特色社会主义伟大旗帜，坚持先进文化的前进方向，

① 毛泽东：《新民主主义论》，《毛泽东选集》第2卷，北京：人民出版社1991年版，第704页。

② 江泽民：《在庆祝中国共产党成立70周年大会上的讲话》，《十三大以来重要文献选编》（下），北京：人民出版社1993年版，第1643—1644页。

坚定不移地贯彻“二为”方向和“双百”方针，把社会主义核心价值体系建设与文化建设的具体任务紧密结合起来。

二、坚持为人民服务的文化建设宗旨

为人民大众服务，坚持以人民为中心，始终是中国共产党人文化发展的根本宗旨和价值取向。1942 年 5 月，毛泽东《在延安文艺座谈会上的讲话》中指出：“为什么人的问题，是一个根本的问题，原则的问题。”[①] 1944 年 10 月，在陕甘宁边区文教工作者会议上，毛泽东作了《文化工作的统一战线》的讲演，他提出：“我们的文化是人民的文化，文化工作必须有为人民服务的高度的热忱，必须联系群众，而不能脱离群众。要联系群众，就要按群众的需要和自愿。一切为群众的工作都要从群众的需要出发，而不是从任何良好的个人愿望出发。”[②] 党的十八大以来，“坚持以人民为中心”多次出现在习近平总书记的系列重要讲话之中。2013 年 8 月，习近平在全国宣传思想工作会议上强调：“坚持人民性，就是要把实现好、维护好、发展好最广大人民根本利益作为出发点和落脚点，坚持以民为本、以人为本。要树立以人民为中心的工作导向，把服务群众同教育引导群众结合起来，把满足需求同提高素养结合起来，多宣传报道人民群众的伟大奋斗和火热生活，多宣传报道人民群众中涌现出来的先进典型和感人事迹，丰富人民精神世界，增强人民精神力量，满足人民精神需求。”[③] 这是在新的时代条件下对中国共产党人文化建设宗旨的重申。

（一）努力满足农民群众日益增长的精神文化需求

我国文化建设坚持以人民为中心，就是一切从人民群众的需要出发，把满足人民群众日益增长的多层次多方面精神文化需求、保障公民的基

---

① 毛泽东：《在延安文艺座谈会上的讲话》，《毛泽东选集》第 3 卷，北京：人民出版社 1991 年版，第 857 页。

② 毛泽东：《文化工作中的统一战线》，《毛泽东选集》第 3 卷，北京：人民出版社 1991 年版，第 1012 页。

③ 习近平：《把宣传思想工作做得更好》，《习近平谈治国理政》（第一卷），北京：外文出版社 2014 年版，第 153 页。

本文化权益、促进人的全面发展作为根本目的和一切工作的出发点和落脚点。习近平指出："满足人民过上美好生活的新期待，必须提供丰富的精神食粮。"他还强调，文艺创作方法有一百条、一千条，但最根本、最关键、最牢靠的办法是扎根人民、扎根生活。2019年6月，中办国办印发的《关于加强和改进乡村治理的指导意见》进一步强调加强基层文化产品供给、文化阵地建设、文化活动开展和文化人才培养。传承发展提升农村优秀传统文化，加强传统村落保护。结合传统节日、民间特色节庆、农民丰收节等，因地制宜广泛开展乡村文化体育活动。加快乡村文化资源数字化，让农民共享城乡优质文化资源。挖掘文化内涵，培育乡村特色文化产业，助推乡村旅游高质量发展。加强农村演出市场管理，营造健康向上的文化环境。新时代中国共产党人坚持以人民为中心、植根人民生活的沃土，准确把握人民群众精神文化生活的新要求新期待，在"双百"方针推动下，不断提高文化产品与服务的供给能力，使文化改革发展成果由全体人民共享，以更丰富高质量的文化产品与服务满足人民群众的精神文化需求。

（二）依法保障农民群众的文化权益

公民文化权益实现的程度，是一个社会文明进步的重要标志之一，也是衡量一个国家一个政党组织文化工作绩效的基本指标之一。我们的党是执政为民的党，政府是为人民服务的政府，保证公民的文化权利是党和政府义不容辞的责任。新中国成立70余年，中国共产党领导全国人民在全国范围内大规模地进行文化建设，积极发展为广大人民群众服务的文化，无论农民还是城市居民，都较以前能更为平等地享受文化和教育的权利。《中共中央国务院关于推进社会主义新农村建设的若干意见》提出，"充分发挥农村基层党组织的领导核心作用"，"健全党组织的充满活力的村民自治机制，让农民群众真正享有知情权、参与权、管理权、监督权"。依法保障农民群众的基本文化权，维护公共文化生活的公平与正义，充分彰显了我国文化的社会主义性质和优越性。

（三）大力发展文化事业和文化产业

近些年，我国提出要坚持文化产业与文化事业"双轮驱动"平衡发展，努力提升农民群众的文化获得感。第一，要面向基层、面向广大群众，推动建立城乡统筹的基本公共服务经费投入机制，完善农村公共文化服务体系和服务标准，加快推进农村基层综合性文化服务中心建设，加强农村文化基础设施建设，在文化资源配置和项目建设上重点向乡村倾斜。第二，要充分调动社会各方面力量参与农村文化建设，开展文化结对帮扶，引导社会各界人士投身农村文化建设，打造人人参与文化创造、人人享受文化成果的文化服务体系，实现文化共享发展。第三，依托丰富多彩的乡土文化资源，积极发展农村特色文化产业，特别是要重点发展适应城乡居民需要的休闲度假旅游、特色餐饮和文化体验等产业。第四，活跃繁荣农村文化市场，丰富农村文化业态，为农民群众提供更多更好的文化产品和服务。

三、坚持以农民为主体的文化发展理念

受西方思想的影响，在中国现代文化发展史上，中国精英阶层许多学者把农民看成是落后阶级，是被改造的对象。如有学者指出，“在传统与现代一系列二元对立的现代性话语的参照系下，农民作为不是那么现代化的人群，合乎逻辑地成了带有落后（相对于‘先进’）、愚昧（相对于‘文明’）、守旧（相对于‘进取’）等传统社会性质的标志。基于中国社会在近代落后于西方的自卑心理，现代化的要求变得迫切，但传统农业社会的很多事实在现代化的眼光下都显得那么的不可救药，而最大的障碍就是传统的文化积习和非常不现代的民众，他们占多数的是农民。可以说，对‘农民’的发现在某种意义上是中国知识分子对国家、民族的一种身份认识，一个多世纪以来对农民的批判和关注显示了我们内心的焦虑和隐痛”①。因此，现代广泛使用的农民一词包含了愚昧、落后、狭隘、浅薄、自私等一系列基于文化分层的贬义色彩。

目前政界乃至学界部分人对农民仍抱有传统偏见，认为农民是封闭保守的、自由散漫的、愚昧落后的，小农意识浓厚，是要被教育、改造

① 吴高泉：《现代性语境中“农民”一词的话语探析》，《社会科学战线》2007 年第 3 期，第 94—97 页。

的对象。以这样的观念看待农民，要搞好社会主义新农村文化建设肯定是不可能的。因此，2018 年出台的《中共中央国务院关于实施乡村振兴战略的意见》指出："坚持农民主体地位。充分尊重农民意愿，切实发挥农民在乡村振兴中的主体作用，调动亿万农民的积极性、主动性、创造性，把维护农民群众根本利益、促进农民共同富裕作为出发点和落脚点，促进农民持续增收，不断提升农民的获得感、幸福感、安全感。"发挥农民在农村文化建设中的主体性作用主要体现在以下方面：

1. 坚持以农民为本的理念

农村建设重点在"村"和"民"，为的是农民，靠的也是农民。农村文化建设必须坚持以人为本的理念，农民既是农村文化的享用者和拥有者，更是创造者和建设者，必须切实尊重农民群众在文化建设中的主体地位，充分发挥农民的主体作用。首先，必须解放与回归农民的文化权利，让他们在建设自己的家园文化时具有发言权和决定权；激发农民的聪明才智，让他们运用自己的文化权利为自身的文化生活做出贡献，促进农村文化建设的发展。其次，农村文化管理机构必须从农民群众的文化生活实际出发，开展符合农民生活需要的切实可行的文化活动，通过群众喜闻乐见又易于接受的各种文化形式，丰富农民的文化生活，激发农民改变生活现状、追求新生活的信心，达到推动新农村文化建设的目的。

2. 尊重农民文化创造精神

在宏观上，尊重农民作为文化持有人的权益，保护他们的一切创新成果，形成引导有力、激励有效、活跃有序、宽松和谐的有利于文化创造创新的机制和环境，调动农民群众参与农村文化建设的积极性、主动性、创造性。在微观上，重视开掘农民所创造的文化的生命力。我国农村文化历史悠久，源远流长，资源丰富，绚丽多姿，民间故事、诗歌、戏曲、美术、舞蹈、音乐等文化活动形式多样、内容丰富，它们来自农民的生产生活，反映了农民的审美心理，体现农民的文化精神。保护和培植具有本土特点的文化活动形式，并予以改造和创新，为农民提供更多的精神食粮，进一步增强农民的家园意识和文化认同感，更好地服务于农村文化建设。

3. 激发农村文化组织活力

在农村有一些由农民自发组织成立的文化活动团队，它们的主体成员主要是乡村文化活动的积极分子，这些民间文化活动组织按照农民的文化需求，提供具有浓郁乡土气息、深受农民广泛认可和喜爱的文化活动和文化服务，广大农民群众很多时候也乐于主动参与其中。新农村文化建设要充分发挥这些农村文化自组织的作用，大力扶持这些民间文化组织，调动其文化建设的积极性，利用这些组织把农村文化活动活跃起来、繁荣起来，努力做到群众文化群众办，为当地的文化建设奠定良好的基础。

4. 调动乡土文化人的积极性

提高农民的文化素质，把农民劳动资源转化为人力资源，是社会主义新农村文化建设的重要环节。在我国农村有一批具有一定艺术专长、有声望、能吃苦的乡土艺术家们，他们生在农村、长在农村，对农村有着天然的情感，他们的艺术滋养和灵感来自农村生活。他们是农村文化事业中最活跃的因子，往往是农村文化活动的倡导者、发起者和参与者，对农村优秀传统文化的传承起到了积极的推动作用。当今，大力开展农村文化建设，他们将是最重要的依靠力量、最积极和最有号召力的组织者，充分调动他们的积极性，激发他们的聪明才智，是加强农村文化建设的关键。

四、坚持城乡统筹协调发展的文化建设观念

早在1945年，毛泽东就在《论联合政府》的政治报告中提出："将来还要有几千万农民进入城市，进入工厂。如果中国需要建设强大的民族工业，建设很多的近代的大城市，就要有一个变农村人口为城市人口的长过程。"[①] 新中国成立之初，为了迅速恢复国民经济，赶上或超过发达国家，我国利用国家政权的力量，集中人力、物力和财力，进行重点

---

① 毛泽东：《论联合政府》，《毛泽东选集》第3卷，北京：人民出版社1991年版，第1077页。

建设，在很短时间内就基本上完成了工业化的原始积累，建立了一个独立的比较完整的工业体系与国民经济体系。新中国成立 70 余年来，我国试图通过乡村人口向城市人口转化以及人们生产生活方式由乡村型向城市型转化来提高城市化率和消除城乡二元结构。中国城镇化特点是早期发展慢、后期发展较快。从 1949 年新中国成立后长达 30 年间，全国常住人口城镇化率从 1949 年的 10.64%上升到 1978 年的 17.92%，仅提高了 7.28 个百分点；改革开放后 40 年，我国的城市化率从 1978 年的 17.92%上升到 2018 年的 59.58%，提高了 41.66 个百分点。另外，2018 年全国农民工数量已经突破 2.8 亿。尽管改革开放以来我国城市化率确实大大提高了，但城乡差距不但没有因此而缩小，反而进一步扩大①。

工业革命以来，现代西方文化发展理念认为城市代表着文明和先进，乡村则代表着愚昧和落后，现代化发展就是农村城市化，即用城市消灭农村，这种错误的发展理念导致城乡差距进一步拉大。2019 年 6 月 24 日，中国社会科学院财经院发布的《中国城市竞争力第 17 次报告》指出：中国正处在迈向现代化关键期，“从传统农业社会向现代城市社会转型的城镇化过程，也是从传统一元乡村社会，到转型的二元城乡社会，再到现代一元城市社会的过程。具体表现为：城乡收入从不均到均衡、产业从排斥到融合、基础设施从分割到一体、公共服务从差异到均等，多种因素决定中国城乡关系及其演化具有一定的特殊性。目前，城乡基本一体远未实现。城乡基础设施与环境建设落差巨大，城乡基本公共服务差距较远，城乡居民收入差距悬殊，法律规定和赋予的公民基本权利在城乡之间还存在差别”②。党的十八大报告指出，中国要走新型城镇化道路，推动工业化与城镇化良性互动、城镇化与农业现代化相互协调，促进工业化、信息化、城镇化、农业现代化协调发展。要形成以工促农、以城带乡、工农互惠、城乡一体的新型工农、城乡关系。中国是一个超级人口大国，这是中国最基本的现实国情，按照现有的人口增长速度，

---

① 黄永林：《乡村文化振兴与非物质文化遗产的保护利用——基于乡村发展相关数据的分析》，《文化遗产》2019 年第 3 期，第 1—12 页。

② 王薇薇、孟飞：《中国城市竞争力第 17 次报告发布》，《经济日报》2019 年 6 月 24 日。

即便未来中国城镇化率达到70%以上，但仍然有将近5亿人口生活在农村。因此，在未来的农村文化建设与发展中，必须处理好城乡之间的关系，实现城乡统筹协调发展。

（一）在发展理念上，充分认识农村文化的重要价值，尊重农村的主体性

工业化与城市化打破了传统农村相对封闭的状态，改变了农民传统的生存方式。当今，城乡的巨大差距，使农民对自己的家乡失去信心，不少农民想方设法离开原来的居住村落，作为农村文化建设的主体丧失了建设家乡的自信和动力，如：民间表演艺人离开孕育其传统手艺的乡村，减少了对传统手艺传承的自发性和积极性；农村社会的“文化精英”远离家乡，这就使得支撑农村文化可持续发展及文明传承的人才、技术、知识等资源大量流失，导致地方传统文化遗产保护与传承后继乏力①；曾经丰富活跃的乡村特色文化逐渐消失，由礼俗礼节、乡贤尊孝、农耕技艺等基因构成的乡村文化被碎片化而瓦解。许多地方出现乡村凋落、乡土文化凋敝的窘境，农民陷入物质和文化上的双重贫困。

农村文化振兴的主体是农民，其核心要义是立足文化民生。农村文化是一个由各种文化要素构成的复杂的综合体，丰富多彩的文化活动是农村文化的重要载体和体现，这些文化活动必须通过农民来开展。农村文化建设必须充分认识农村文化的重要价值和建设主体，充分发挥农民的主体作用，在继承和弘扬农村优秀传统文化的基础上，秉承传承保护和创新发展的原则，找回农村文化之根，铸就乡风文明，打造“有灵魂”“有风骨”和“有活力”的新农村。

（二）在政策导向上，建立城乡统筹发展机制，促进农村文化可持续发展

在中国，城乡二元结构不仅造成了农民与市民泾渭分明的身份差别，而且造成了城乡文化发展上的不平衡。在发展模式上，中国现代农村文化建设基本上是按照城市文化模式进行的，这使农村文化异化为城市文

① 郑芳：《产业化：中国乡村文化振兴的模式及路径》，《农业展望》2019年5月28日。

化的模仿者，农村文化被生硬改造失去了文化内核，从而极大地影响了农村传统文化的生存力。在文化供给上，往往更多地体现为精英文化思维，把农村文化当作被改造的对象，把重点放在“送文化”和教育农民上，由于忽视了农民作为农村文化主体的真实需求，违反了农村文化发展内在规律，往往难以在农村社会扎根，难以形成广大农民群众的文化认同。在经费投入上，长期以来，我国用于农村文化事业发展的经费十分有限，导致文化活动基础设施陈旧，文化公共服务体系无法建设完备，农村文化发展受到制约。

今后，在发展战略上，要坚持城乡统筹、以城带乡的联动发展机制，切实改变经济社会发展的要素从农村向城市单向流动，实行要素在城乡之间双向流动，并向农村倾斜的原则，增强工业反哺农业、城市支持农村的力度，走城乡协调可持续的发展之路。在文化发展上，要合理配置城乡文化资源，公共资源要更多地向农村配置；加快农村公共文化服务体系建设，让农民群众也能共享改革发展成果，获得更好的精神文化享受。鼓励城市对农村进行文化帮扶，通过城市文化支持农村文化，形成城乡文化协同发展的格局。在经费投入方向上，要加大各级财政对农村文化建设的投入力度，尤其要加大对文化基础设施建设投入力度，如文化活动室、图书馆、电影院、综合文化站、文化广场等建设，促进城乡文化一体化可持续发展。

（三）在产业发展上，重视文化资源的保护和利用，大力发展农村特色文化产业

工业化和城镇化的现代发展模式具有鲜明的经济功利特征，在大力发展农村经济的背景下，出现了农村地方特色文化资源过度商业化、市场化和媚俗化开发问题，导致为攫取文化利润而不惜损害传统文化内在价值的情况相当普遍。以各地普遍推崇的乡村文化旅游为例，那些在乡村特定时空中开展的极具文化内涵和价值的民俗节日文化、宗教祭祀文化、生产生活仪式文化等都以表演的形式搬上舞台，被开发成具有经济价值的产品，这些经过人工再造后的“伪乡村文化”的确带来了经济效益，但却造成了乡村文化自身价值的丧失，农民的乡土文化情结在追逐

经济效益中日益淡化，许多乡土文化在产业开发中遭到严重破坏。

农村发展关键在于产业，发展产业应立足自身的资源禀赋和优势，将农村民间文化资源与地方经济发展结合起来，挖掘农村文化作为无形资产的经济效益，利用农村文化优势资源大力发展特色文化产业，如乡村文化旅游产业、民间工艺产业、特色饮食产业，等等，无疑将是农村产业未来发展的方向，但一定要处理好乡村文化保护与开发之间的关系。笔者曾在《农村文化建设》一书中谈到农村非物质文化遗产保护与开发关系时特别强调："在农村文化建设过程中，我们要高度重视非物质文化遗产保护问题，要在继承传统、立足乡土、保护特色的基础上进行生产性保护。……我们既要从整个人类的角度考虑农村文化的建设和优秀文化遗产的保护，同时也要从作为文化遗产传承人的民众切身利益的角度考虑非物质文化遗产的开发，只有将这两方面协调起来，才算得上是真正地、完整地体现了当今时代的乡村文化发展方向。要做到这一点，就必须创新农村非物质文化遗产保护的模式，实现传承发展和开发利用相结合，尽可能地将可开发利用的非物质文化遗产转化为文化资源和经济价值，为发展农村经济服务。"①

五、遵循继承与创新相结合的文化发展规律

农村传统文化在特定的历史时代的政治、经济和社会生活中形成，随着时代的变化而发展变化，传承与变异、继承与创新的辩证统一是其内在的发展规律，农村文化建设一定要遵循这一规律。

新中国成立初30年，一方面，国家通过建立初级合作社、高级合作社和人民公社，实现农村社会主义改造，完成个体所有制向集体所有制的转变，把农民纳入巨大的以集体化和计划经济为基础的国家体制，这为新中国的发展奠定了稳固的政治和经济基础，也为文化建设创造了良好的社会氛围和条件保障。另一方面，国家建立起村级的准政府组

① 罗忻、黄永林：《农村文化建设》，武汉：湖北人民出版社2012年版，第110—112页。

织——村级基层政权，使国家社会主义意识形态和文化以组织和制度的形式在乡村中确立起来，并形成乡村的大政治文化与小传统文化的二元结构形态。新中国成立之初，国家政权改变的主要是国家大政治文化，而乡村小传统文化暂时处于基本稳定状态。其后，为了使乡村小传统文化适应大政治文化，国家通过一系列文化政策对农民的传统文化信仰、风俗和习惯进行改造。最极端的是"文革"期间的"破四旧，立四新"，在农村主要是通过破除农村宗族组织，传统风俗习惯、信仰伦理等"旧"文化，以及对农民进行社会主义思想教育，树立新人、新风、新思想与新文化，达到农村思想意识形态上的社会主义主流化。这一期间我国试图改变农村传统文化的政策从表面上看似乎获得了较大成功，农村传统文化确实因此而大大减少，但实质上只是由显性存在转变为隐性存在，一些传统信仰习俗仍在不断流传，传统价值观念仍根深蒂固。这种不遵循文化规律的失败教训为其后社会主义新农村文化建设提供了警示。

改革开放以来，中国提出要建设社会主义现代化国家，实现物质文明和精神文明两个文明同步发展。从十一届三中全会开始，随着党和国家的工作重点转移到社会主义的经济建设上来，社会主义的民主政治和精神文明建设被逐步地提了出来。邓小平指出："我们要在建设高度物质文明的同时，提高全民族的科学文化水平，发展高尚的丰富多彩的文化生活，建设高度的社会主义精神文明。"① 据此，党的十三大首次明确提出"把我国建设成为富强、民主、文明的社会主义现代化国家"。新时期，习近平在中国文联十大、中国作协九大开幕式上的讲话中强调，"实现中华民族伟大复兴，需要物质文明极大发展，也需要精神文明极大发展。坚定文化自信，是事关国运兴衰、事关文化安全、事关民族精

① 邓小平：《在中国文学艺术工作者第四次代表大会上的祝词》，《邓小平文选》第 2 卷，北京：人民出版社 1994 年版，第 208 页。

神独立性的大问题”①。文化兴国运兴，文化强民族强。随着中国特色社会主义进入新时代，中华民族从站起来、富起来走向强起来，文化需要承担更大的责任和使命。习近平明确提出“兴文化”的使命任务，就是要“坚持中国特色社会主义文化发展道路，推动中华优秀传统文化创造性转化、创新性发展，继承革命文化，发展社会主义先进文化，激发全民族文化创新创造活力，建设社会主义文化强国”②。建设社会主义文化强国，对于农村文化建设来说就是要重点做好以下工作。

1. 要提高对农村文化建设重要性的认识，增强乡村文化自信

中国特色社会主义，必须是政治、经济、文化、社会协调发展的社会。只有经济增长，没有文化的大发展大繁荣，不是全面发展的社会；没有文化的大发展大繁荣，经济社会的发展缺乏智力和道德的支撑，是缺乏生命力的不可持续的发展。只有把文化建设纳入经济社会发展的全局，摆到更加突出的地位，使其与经济建设、政治建设、社会建设整体推进、共同发展，才能提高我国的综合国力和竞争实力，促进社会的可持续和谐发展。中国是一个古老的农业大国，农耕文化是中华文化的根脉基因和精神灵魂。中国传统乡村文化不仅承载着中华民族的历史传统和文化根脉，而且还包含着许多现代文明的因素。要坚定乡村文化的自信，充分认识农村文化的现代性，发挥它对现代社会的价值。比如要深入挖掘和阐发农村优秀传统文化中守诚信、崇正义、讲孝道、尚和谐等丰富的精神内涵，让广大农民群众重树文化自豪感和自信心，继承和发扬传统农村文化的精髓，促进农村社会文化的现代性转变。

2. 以优秀农村文化为滋养，加强对农民社会主义核心价值观教育

社会主义新农村文化建设，必须立足实际，尊重传统，注重优秀传统文化因素在社会主义新农村文化中的精神传承作用。社会主义核心价

---

① 中共中央文献研究室：《习近平关于社会主义文化建设论述摘编》，北京：中央文献出版社2017年版，第16页。

② 习近平：《举旗帜聚民心育新人兴文化展形象　更好完成新形势下宣传思想工作使命任务》，《人民日报》2018年8月23日。

值观作为国家和社会推动的价值体系塑造工程，其对农村文化建设和农民价值重塑具有引领作用。农村社会主义核心价值观教育，应与深入挖掘农村优秀传统文化蕴含的思想观念、人文精神、道德规范结合，用农村优秀传统文化精神来教育农民群众。一是弘扬中华民族爱国主义优秀传统文化。爱国是社会主义核心价值观在农村社会的具体体现之一，通过爱国主义教育，培养爱国情感和爱国意识，增强农民群众对中国特色社会主义道路的认同，树立为中华民族伟大复兴作贡献的志向。二是加强集体主义的宣传教育，营造团结互助融洽的邻里关系和平等和谐共进的乡村氛围，使农民对乡村集体具有认同感和归属感。三是开展讲文明、树新风、扬正气的宣传活动，教育广大村民发扬讲正气、树新风的中华民族传统美德，弘扬社会正能量和追求积极健康的生活方式，对推进农村的健康、文明和谐发展和良好社会风气的形成，具有重要的意义。

3. 大力推动农村优秀传统文化的创造性转化和创新性发展

习近平强调："不忘本来才能开辟未来，善于继承才能更好创新。对历史文化特别是先人传承下来的价值理念和道德规范，要坚持古为今用、推陈出新，有鉴别地加以对待，有扬弃地予以继承，努力用中华民族创造的一切精神财富来以文化人、以文育人。"[①] 首先，要积极挖掘和整理乡土文化中具有浓郁民族特色和独特文化价值的各种物质和非物质文化遗产，关注乡土文化的生存和发展状态，结合新时代要求继承创新，处理好"守"和"变""中"和"外"的关系，为传统文化注入时代精神、时代元素、时代风尚，促进中国传统乡土文化的有机再生和现代性转变。其次，要全面激发全民族文化创新创造活力，在继承的基础上创造更为繁荣多样高质量的精神文化产品，在满足人民群众的精神文化需求基础上，传播思想文化，培育人的价值观，塑造时代精神。

① 《习近平在中共中央政治局第十三次集体学习时强调把培育和弘扬社会主义核心价值观作为凝魂聚气强基固本的基础工程》，新华社北京 2 月 25 日电，http://www.gov.cn/ldhd/2014-02/25/content_2621669.htm。

第三节　当代乡村文化发展存在的问题*

乡村是农耕文明的载体，农耕文化是中华传统文化的根基、灵魂和精髓。近些年来，随着工业化、城市化和现代化进程加快对乡村的巨大冲击，乡村人口大幅度减少，传统乡土建筑和文化快速消失，乡村活力日渐衰退，农耕文明正在衰落。

一、自然乡村，特别是古村落大量消失，农耕文化的根基在动摇

根据国家统计局统计数据分析，全国行政乡从1997年的25966个减少到2017年的10529个，减少59.45%（具体数据见表1）。全国村民委员会从2007年的621046个减少到2017年的554218个，减少10.76%。平均计算全国每天有18个以上行政村消失（具体数据见表2）。

表1　中国1997—2017年行政乡数统计表

年　度	2017	2016	2015	2014	2013	2012	2011	2010	2009	2008	2007
乡数（个）	10529	10872	11315	12282	12812	13281	13587	14571	14848	15067	15120
年　度	2006	2005	2004	2003	2002	2001	2000	1999	1998	1997	
乡数（个）	15306	15951	17451	18064	18639	19341	23199	24745	25712	25966	

资料来源：根据国家统计局1997—2017年度数据制表，http://data.stats.gov.cn/easyquery.htm?cn=C01。

* 本节原题《乡村文化振兴与非物质文化遗产的保护利用——基于乡村发展相关数据的分析》，原载《文化遗产》2019年第3期；本节略有修改。

表 2　中国 2007—2017 年村民委员会数统计表

年　度	2017	2016	2015	2014	2013	2012	2011	2010	2009	2008	2007
村民委员会数(个)	554218	559186	580856	585451	588547	588407	589874	594658	599078	603589	621046

资料来源：根据国家统计局 1997—2017 年度数据制表，http://data.stats.gov.cn/easyquery.htm? cn=C01。

改革开放以来，中国经历了世界历史上规模最大、速度最快的城市化进程，其中乡村的城镇化是提高城市化率的重要途径。然而，在轰轰烈烈的撤乡并村的城镇化运动中，那些“保留着最根性的文化记忆和多元文化发展的可能性”① 的古村落被无情拆毁。这将使中国乡村现代化建立在无根文化之上，并动摇中国农耕文化之根本。

二、农村人口大幅度减少，乡村社会“空心化”严重

当今，中国经济社会结构正在经历深刻转型。这种转型对乡村发展影响最大的是，乡村人口快速减少，农民持续向城镇流动，农业在三产业中的地位及贡献率越来越低。

根据国家统计局统计数据分析：2017 年末，中国大陆总人口由1997 年123626 万增加到 139008 万，增长 12.44%；乡村人口由 1997 年的84177万，减少到 57661 万，减少 31.5%。城镇人口由 1997 年的 39449 万增加到 81347 万，增长 106.21%；农村人口占总人口的比例由 1997 年的 68.09%降低到 41.48%，减少 26.61 个百分点（具体数据见表 3）。

表 3　1997—2017 年全国城乡村人口数统计表　　单位：万人

年　度	2017	2016	2015	2014	2013	2012	2011	2010	2009	2008	2007
乡村人口	57661	58973	60346	61866	62961	64222	65656	67113	68938	70399	71496
城镇人口	81347	79298	77116	74916	73111	71182	69079	66978	64512	62403	60633
总人口	139008	138271	137462	136782	136072	135404	134735	134091	133450	132802	132129

① 《搜狐文化专访冯骥才：古村落消亡速度惊人　一代人当自责》，2012 年 6 月 8 日，http://cul.sohu.com/s2012/diyixianchang54。

续表

年　度	2006	2005	2004	2003	2002	2001	2000	1999	1998	1997
乡村人口	73160	74544	75705	76851	78241	79563	80837	82038	83153	84177
城镇人口	58288	56212	54283	52376	50212	48064	45906	43748	41608	39449
总人口	131448	130756	129988	129227	128453	127627	126743	125786	124761	123626

资料来源：根据国家统计局 1997—2017 年度数据制表，http://data.stats.gov.cn/easyquery.htm?cn=C01。

2017 年，全国第一产业从业人员人数由 2008 年的 29923 万减少到 20944 万人，降低 30.01%。第一产业占全部三产业的增加值比例由 2008 年的 10.2% 降低到 7.6%；第一产业对 GDP 的贡献率由 2008 年的 5.2% 降低到 4.8%（具体数据见表 4）。

表 4　1997—2017 年全国就业人员数和第一产业 GDP 占比统计表

指　标	2017	2016	2015	2014	2013	2012	2011	2010	2009	2008
就业人员（万人）	77640	77603	77451	77253	76977	76704	76420	76105	75828	75564
城镇就业人员（万人）	42462	41428	40410	39310	38240	37102	35914	34687	33322	32103
乡村就业人员（万人）	35178	36175	37041	37943	38737	39602	40506	41418	42506	43461
第一产业就业人员（万人）	20944	21496	21919	22790	24171	25773	26594	27931	28891	29923
第一产业占全部三产业增加值比例（%）	7.6	8.1	8.4	8.7	8.9	9.1	9.2	9.3	9.6	10.2
第一产业对 GDP 的贡献率（%）	4.8	4.1	4.5	4.6	4.2	5.0	4.1	3.6	4.0	5.2

资料来源：根据国家统计局 2008—2017 年度数据制表，http://data.stats.gov.cn/easyquery.htm?cn=C01。

近些年，一方面乡村人口和第一产业就业人数逐年减少，另一方面农民外出务工人数不断增加，农民工总量继续增加。国家统计局《2017 年农民工监测调查报告》显示，2017 年末全国就业人员 77640 万人，其中城镇就业人员 42462 万人。全年城镇新增就业 1351 万人，比上年增加 37 万人。2017 年农民工总量达到 28652 万人，比上年增加 481 万人，增长 1.7%，增速比上年提高 0.2 个百分点。在农民工总量中，外出农民工 17185 万人，比上年增加 251 万人，增长 1.5%，增速较上年提高 1.2 个百分点；在外出农民工中，进城农民工 13710 万人，比上年增加 125 万人，增长 0.9%①。大量农村人口向城镇迁移，青壮年劳动力大量进城务工，导致乡村精英大量流失，农民老龄化程度加剧、乡村空心化问题严重。

三、城乡存在较大差距，农村贫困问题较严重

近年来，在中国社会整体发展的同时，乡村也获得了发展，但与城市发展相比，最直观的是居民收入差距较大，以及公共服务和社会保障方面的不平衡。

（一）城乡居民收入相对差距缩小，而实际收入差距加大

2017 年，农民人均可支配收入 13432.43 元，比 2013 年的 9429.59 元，增长 42.45%。城乡居民人均可支配收入由 2013 年的 2.81∶1 缩小到 2017 年的 2.71∶1。农村居民家庭恩格尔系数从 2013 年的 37.7%下降到 2017 年的 31.2%（具体数据详见表 5）。但城乡居民人均可支配收入差距从 2013 年 17037 元扩大为 2017 年的 22963.76 元，2017 年农村居民人均可支配收入仅为城镇居民人均可支配收入的 36.91%。另外，当前农民增收形势严峻，继续保持较高速增长后劲不足，农民增收已进入“减速带”，从 2013 年的 12.4%到 2017 年下降到 8.6%。

---

① 国家统计局：《2017 年农民工监测调查报告》，2018 年 4 月 27 日，http://www.stats.gov.cn/tjsj/zxfb/201804/t20180427_1596389.html。

表5 2013—2017年城镇和农村居民人均收入及恩格尔系数情况表

指　标	2017	2016	2015	2014	2013
居民人均可支配收入（元）	25973.79	23820.98	21966.19	20167.12	18310.76
居民人均可支配收入同比增长（%）	9.0	8.4	8.9	10.1	10.9
城镇居民人均可支配收入（元）	36396.19	33616.25	31194.83	28843.85	26467.00
城镇居民人均可支配收入同比增长（%）	8.3	7.8	8.2	9.0	9.7
农村居民人均可支配收入（元）	13432.43	12363.41	11421.71	10488.88	9429.59
农村居民人均可支配收入同比增长（%）	8.6	8.2	8.9	11.2	12.4
城乡居民人均可支配收入差距（元）	22963.76	21252.84	19773.12	18354.97	17037.41
城镇居民家庭恩格尔系数（%）	28.6	29.3	29.7	34.2	35.0
农村居民家庭恩格尔系数（%）	31.2	32.2	33.0	37.8	37.7

资料来源：根据国家统计局1997—2017年度数据制表，http://data.stats.gov.cn/easyquery.htm?cn=C01。

（二）农村贫困人口逐年减少，而贫困人口数量仍较大

据国家统计局对全国31个省（自治区、直辖市）16万户居民家庭的抽样调查，按现行国家农村贫困标准［按照每人每年2300元（2010年不变价）］计算，党的十八大以来，全国农村贫困人口累计减少6853万人。截至2017年末，全国农村贫困人口从2012年末的9899万人减少至3046万人，累计减少6853万人；贫困发生率从2012年的10.2%下降至3.1%，累计下降7.1个百分点。2017年，贫困地区农村居民人均可支配收入9377元，按可比口径计算，比上年增加894元，名义增长10.5%，扣除价格因素，实际增长9.1%，实际增速比上年快0.7个百分

点，比全国农村平均水平高1.8个百分点①。同时我们也应当看到，截至2017年末，全国农村贫困人口仍有3046万人，分三大区域看，东部地区农村贫困人口300万人，中部地区农村贫困人口1112万人，西部地区农村贫困人口1634万人。2017年末全国共有4047万人享受农村居民最低生活保障，467万人享受农村特困人员②救助供养③。由此可见，在农村减贫任务仍很艰巨。

（三）乡村文化设施和生活服务条件仍然十分薄弱，且区域间差距仍然较大

据第三次全国农村普查数据统计，从文化设施来看，2016年末，农村只有11.9%的乡镇有剧场、影剧院，而最低的东北地区仅为5.9%；16.6%的乡镇有体育场馆，而最低的东北地区仅为12.1%；70.6%的乡镇有公园及休闲健身广场，而最低的西部地区仅为59.4%；59.2%的村有体育健身场所，而西部地区仅为46.0%；41.3%的村有农民业余文化组织，而西部地区仅为36.7%（具体数据见表6）。

表6　2016年全国乡镇、村文化设施普及率　　单位：%

项　目	全　国	东部地区	中部地区	西部地区	东北地区
有图书馆、文化站的乡镇	96.8	96.2	98.0	96.6	95.2
有剧场、影剧院的乡镇	11.9	18.5	14.4	7.9	5.9
有体育场馆的乡镇	16.6	20.5	19.4	13.5	12.1
有公园及休闲健身广场的乡镇	70.6	83.2	73.9	59.4	84.0
有体育健身场所的村	59.2	72.2	55.5	46.0	62.8
有农民业余文化组织的村	41.3	44.4	40.8	36.7	47.1

① 《2017年末我国农村贫困人口减少到3046万人》，新华社北京2018年2月1日电，http://www.gov.cn/xinwen/2018-02/01/content_5262917.htm。

② 农村特困人员是指无劳动能力，无生活来源，无法定赡养、抚养、扶养义务人或者其法定义务人无履行义务能力的农村老年人、残疾人以及未满16周岁的未成年人。

③ 参见中华人民共和国国家统计局：《中华人民共和国2017年国民经济和社会发展统计公报》，2018年2月28日发布。

资料来源：国务院第三次全国农业普查领导小组办公室、中华人民共和国国家统计局 2017 年 12 月 16 日发布《第三次全国农业普查主要数据》相关数据制表。

从一般生活来看，2016 年，全国农村只有 47.7% 的农户使用经过净化处理的自来水，其中东北地区仅 36.1%；36.2% 的农户使用水冲式卫生厕所，其中东北地区仅 4.1%；17.4% 的村的生活污水集中处理或部分集中处理，其中东北地区仅 7.8%。虽然近年来乡村旅游和农家乐等新产业新业态迅猛发展，但开展旅游接待服务的村占比仅有约 4.9%，有营业执照餐馆的村占比仅有约 30%。还有 10% 村未通宽带互联网等（具体数据见表 7）。很显然农村生活基础设施和基本社会服务较差，并在区域间还存在明显的差距①。

表 7　全国乡村生活基本条件和设施　　单位：%

项　　目	全　　国	东部地区	中部地区	西部地区	东北地区
经过净化处理的自来水	47.7	62.3	43.9	38.2	36.1
水冲式卫生厕所	36.2	54.2	29.2	29.7	4.1
生活污水集中处理或部分集中处理的村	17.4	27.1	12.5	11.6	7.8
开展旅游接待服务的村	4.9	3.8	4.6	6.9	3.2
有营业执照的餐馆的村	30.0	31.3	32.4	26.6	27.1
通宽带互联网的村	89.9	97.1	92.7	77.3	96.5

资料来源：国务院第三次全国农业普查领导小组办公室、中华人民共和国国家统计局 2017 年 12 月 16 日发布《第三次全国农业普查主要数据》相关数据制表。

四、农民和农村被城镇化，乡村文明日益衰落

新中国成立之初，我国有设市城市 136 个，建制镇 5400 多个，城镇化水平仅为 10.64%。从 1949 年到 1999 年这 50 年间，中国的城镇化率从 10.64% 提升到了 30.89%，增幅为 20.25%。近年来，党中央、

① 李国祥：《农村基础设施建设升级　基本社会服务范围扩大》，2017 年 12 月 18 日，http://www.stats.gov.cn/tjsj/sjjd/201712/t20171218_1564195.html。

国务院就深入推进新型城镇化建设作出了一系列重大决策部署，我国城市化水平快速提高，从 1999 年至 2017 年这 18 年间，中国的城镇化率从 30. 89% 提升到了 58. 52%，增幅为 27. 63%。对于传统的乡村来说，中国城市化和现代化的影响不仅仅包括农民身份的被城市化，还包括农民观念的被城市化，以及农村建设的被城市化和乡村文明的被现代化。

1. 农民身份被城市化

在实施农村城镇化过程中，有些地方为片面追求城市化率，将一些不符合城镇化要求的农民城镇化了，出现了一种被称作“具有城市户籍的农村人”。由于城市很难为他们提供适合的工作岗位，而且城里生活开支比农村大得多，加之他们的生活习惯也很难融入城市环境中，因此他们在城市几乎无法生存下去，最终只能实际生活在农村。《国家新型城镇化规划（2014—2020 年）》数据显示，2000 年至 2011 年我国农村人口减少 1. 33 亿人，农村居民点用地却增加了 3045 万亩。这充分说明这种不符农村实际的城市化，既不符合农民的利益，更不符合国家通过城镇化节约土地的初衷。

2. 农村建设被城市化

在城镇化和农村现代化建设过程中，不少人错误地把乡村与城市对立起来，把传统与现代割离开来，用现代化思维、城市化模式建设新乡村。因此，近些年来，我国不少新农村建设基本上是移植中国城市改造和建设的模式，忽视了乡村建设“随形就势、随地取材、随风造景、随遇而安”的观念和特征，生搬硬套城市标准，劈山填水，厚厚的混凝土道路，硬质渠化的河流，高楼大厦、洋房别墅使新农村变成“千城一面”山寨版的城市。在许多地方，城镇化被异化为“大拆大建大手笔，高楼大厦平地起，各种园区扎堆聚，CBD 扮靓 GDP”[①]。其结果是乡村传统文化被边缘化，乡村建筑物失去了文化传承和历史记忆功能，乡村发展失去了个性。

---

① 刘敏、刘元旭：《莫让“乡愁”变“乡痛”——一些地方城镇化沦为“拆旧立新”现象反思》，《农村·农业·农民（A 版）》2014 年第 1 期，第 12 页。

3. 乡村文明被现代化

乡村文化是动态的生命体，传统乡村文化是中华文化的精髓，然而现代乡村文化却急速迷失在轰轰烈烈的现代化和城市化进程中。如现代市场经济发展激发了农户个体发展经济、改善生活的积极性的同时，瓦解了一些传统的经济和社会合作机制，强化了农民个体意识，弱化了农民对村庄生产生活共同体的意识①。传统重义轻利的乡村道德观念日益遭侵蚀被淡化，人际关系日益功利化，人情社会商品化，维系农村社会秩序的乡村精神逐渐解体，乡村社会秩序失范。优秀道德规范、公序良俗失效，陈规陋习盛行，如红白喜事大操大办，攀比之风和过度消费盛行。一些农民社会责任、公德意识、家庭观念日益淡漠，导致不养父母、不管子女、不守婚则、不睦邻里等有悖家庭伦理和社会公德的现象增多。乡村社会中传统的人与自然、人与社会、人与人之间的基本关系遭到了毁灭性的破坏。

第四节　乡村非物质文化遗产的保护

实施乡村振兴战略是党的十九大作出的重大决策部署，《中共中央、国务院关于实施乡村振兴战略的意见》指出："实施乡村振兴战略，是解决人民日益增长的美好生活需要和不平衡不充分的发展之间矛盾的必然要求，是实现'两个一百年'奋斗目标的必然要求，是实现全体人民共同富裕的必然要求。"提出了"产业兴旺、生态宜居、乡风文明、治理有效、生活富裕"五位一体的总要求②。中华民族的伟大复兴离不开乡村振兴，乡村振兴靠文化引领，非物质文化遗产是乡村优秀传统文化的重要组成部分，充分发挥非物质文化遗产的作用是实现乡村文化振兴的重要途径。

---

① 韩俊：《关于实施乡村振兴战略的八个关键性问题》，《中国党政干部论坛》2018年第4期，第19—26页。

② 《中共中央国务院关于实施乡村振兴战略的意见（2018年1月2日）》，《人民日报》2018年2月5日。

一、非物质文化遗产对于新农村文化建设的重要意义*

中国是一个农业大国，农村是中华文化的原生地，我国广大农村地区拥有十分丰富的非物质文化遗产资源，至今大量非物质文化遗产以最传统的方式保留在农村。积淀深厚的非物质文化遗产既是新农村文化建设的重要基础，也是新农村文化产业发展的重要资源，因此，非物质文化遗产的保护利用对于新农村建设具有重要的意义。

（一）非物质文化遗产是新农村文化价值体系建设的重要根基

在数千年农耕社会的历史中，农村是非物质文化遗产产生的原生环境，因此，在我国农村存在大量中华民族的非物质文化遗产。农村中的各类民俗、民族语言、民间文学、民间美术、民间音乐、民间舞蹈、民间戏剧、民间曲艺、民间杂技和各种传统技艺等都属于重要的非物质文化遗产。这些非物质文化遗产保留了各民族原始的行为规范、生产生活方式、道德观念、审美趣味和艺术风格等大量的文化事象，包含了丰富的传统文化形式、文化内容，反映了一个民族经过漫长的历史积淀所传承下来的特有的传统、习惯、精神、心理、情感等，体现了中华民族文化基因、精神特质，是绝无仅有的民族文化瑰宝。农村非物质文化遗产（尤其是民间文化）的本质是和谐，蕴含着深刻的人与自然、人与社会以及人与人之间和谐相处的理念，其终极目的就是追求人与自然的和谐（天人合一），人间的和谐（和为贵）；民间文化中也包含了重诺守信、勤劳勇敢、聪明智慧等中华民族优良传统道德因素，是中华民族历史文化和精神情感之根，体现了民族的认同感、归属感，反映了民族的生命力、凝聚力。党的十七大报告中指出，中华民族应该“弘扬中华文化，建设中华民族共有精神家园”。新农村文化建设既要注入与时代精神密切相关的先进文化内容，也需要发扬中华优秀传统文化精神。农村非物质文化遗产的文化内核是建设社会主义新农村

---

* 本部分原题《非物质文化遗产保护语境下的新农村文化建设》，原载《文化遗产》2010 年第 2 期；本书略有修改。

得天独厚的扎实根基，是当前社会主义和谐文化建设的重要资源，也是社会主义核心价值观建设的重要民族文化基础，它们应该成为新农村文化建设的重要组成部分。

（二）非物质文化遗产是新农村文化特色建设的重要基础

非物质文化遗产是一个民族或区域民众的历史渊源、生活习俗、地理特征及其赖以生存的环境、群体活动等诸多内容的文化艺术表现形式的总和，是本民族本地区人民群众生产生活不可或缺的物质产品和精神食粮。广大农村地区的非物质文化遗产至今仍保持着极其丰富的历史文化记忆，各具特色，它们产生于民间，成长于民间，繁荣于民间，贴近实际、贴近生活、贴近民众，无论其呈现形态还是价值观念上都与民众有着密切的联系。非物质文化遗产历经了千百年来的时空转换，与物质文化遗产最大的区别是它的活态传承特点，经过传承人一代又一代言传身教，其中融入了传承人对生活的独特感悟和个性化的审美情趣。这种独特的传承方式决定了它的文化独特性，而一个又一个独特性的集合凝聚成了鲜明特色的地方文化。所谓“十里不同风，百里不同俗”，指的就是不同的民族、不同的地域都有自己独特的文化风格，加上民族多样，自然条件不同，文化板块众多，形成了缤纷灿烂、风情各异的民族民间文化艺术。新农村文化建设要形成自己的特色，就必须要彰显地域文化特色，保护和发展当地非物质文化遗产，有利于避免新农村文化建设中的千篇一律，有利于传承和构建特色农村文化。在人们的交往越来越广泛，生活方式越来越趋同，城乡差距越来越小，传播渠道、信息来源的日益趋同，地域概念日渐模糊的今天，建设新农村特色文化问题也引起了各级政府和文化部门的关注和重视。农村非物质文化遗产形式和内容独具特质、富于地域文化特色，其意义和价值将伴随着时间的流逝而弥显珍贵，必将成为新农村特色文化建设的不竭源泉和永久动力。

（三）非物质文化遗产是新农村文化产业发展的重要资源

文化与经济从来是一个整体，不可分割。在现代社会中，文化也是重要的生产力和产业资本，把本民族或本地区的多元文化资源转化成文化产业，已成为当今经济和文化发展的双重迫切要求。非物质文化遗产保护工作的开展，可以使我们看到了大量口传心授的宝贵的文化资源，更加深刻地感悟到中华文化的精髓，真正体会到博大精深的含义，这为文化产业的发展营造了一个最为基础的环境。全球经济一体化时代的到来，既使得抢救和保护非物质文化遗产的难度越来越大，也为我们把非物质文化遗产推向市场提供了平台和契机。非物质文化遗产既具有意识形态属性，又具有商品属性，是永不过时的文化资源和文化资本。我们强调对于非物质文化遗产要加强保护，并不意味着不能对其进行合理的开发利用。我们主张在确保基本因素不被破坏的前提下，对其进行适度的市场化开发，合理挖掘其价值，通过切实可行的市场运作，使其成为人们新的消费需求，从而实现其商品价值的转换，推动相关产业的综合发展。在农村对非物质文化遗产的开发和利用可以在以下来两方面展开：一方面，充分利用农村非物质文化遗产丰富和特色鲜明的优势，运用群众喜闻乐见的形式开展多层次的农村文化活动，如开展以展示本村镇民俗风情为主要内容的民俗节日、灯会、庙会活动，在满足农民群众精神文化生活需求的同时，为地方商品经济繁荣搭建交流平台。另一方面，结合农村文化建设，做活文化与经济互动的文章，促进农村文化产业发展。非物质文化遗产的真正价值在于其所蕴含的丰富的文化因子，如果我们能从中获得灵感，创造出体现独特的民族风格和地方特色的优秀文化产品，打造出强大的文化产业，实现文化保护发展和产业经济效益的良性循环互动，那么非物质文化遗产的作用和价值将得到更充分的发挥①。

二、农村非物质文化遗产保护应处理好的几个关系*

对农村非物质文化遗产保护重视与否，不仅关系到我国优秀农村文

* 本部分原题《论新农村文化建设中的现代与传统》，原载《民俗研究》2008 年第 4 期；原题《论民间文化资源与发展文化产业的主要关系》，原载《华中师范大学学报（人文社会科学版）》，2008 年第 2 期；本书略有修改。

① 黄永林：《要重视民间文化在新农村文化建设中的作用》，《光明日报》2006 年 5 月 15 日。

化传统能否薪火承传，而且关系到农村社会是否能够保持协调发展和可持续发展。在农村要保护好非物质文化遗产必须正确认识和处理好以下关系：

（一）农耕文化与民间文化

中国是古老的农业国，中国古代社会经济的主体是农耕自然经济，中华文化以农耕文化为根基和主要特质。农耕与土地、气候、地理环境等自然条件和环境关系十分密切，农耕经济对自然形成极大依赖性。一方面，自然构成了农民生活的物质条件和环境，如土地、阳光、雨水、空气等都是农民生活的命根子，尤其是土地更是农民不可缺少的生产资料，他们“粘着在土地上”，以自己的农耕劳动成果维持生活，生时的吃和用从土里来，死了也得“入土为安”；另一方面，自然又内化为他们的生命节律，他们遵循“日出而作，日入而息”，“春种秋收冬藏”的生活规律，从而形成了直接与土地和自然息息相关的基本生活内容和人生观念，如岁时年节、春种秋收、饮食男女、生老病死、安土重迁、乐天安命等，也形成了人与自然和谐的基本特征。以农业为根基的中国，农业生产的节奏与整个国家政治、经济、文化生活的节奏息息相通。农耕是整个农村文化的经济基础，农耕文化的发展是农村文化形成的主要变量，农耕文化的出现带动了整个农村文化的形成。民间文化是人民的生活文化，包括有形的物质文化（如衣食住行、婚丧嫁娶等生活方式）和无形的精神文化（如民间信仰、民间文艺等）以及制度文化（如民间社群组织、家庭姓氏、宗族、会社等），这些都是人民长期生活及经验的结晶。中国传统民间文化绝大多数根植于农村，流行在山间地头，传承于农夫村妇，生生不息，代代承继。传统民间文化的审美理念、表现内容、艺术手段都是根据农耕时代的生产、生活产生和发展的。因此，传统的民间文化源于农村、农民、农耕文化，它们之间有着天然的联系。

由于我国传统的民间文化源于农耕经济、产生于本土，它的内容适合群众需求，其形式符合人们的审美趣味，它传播的方式也已经成为文化的一部分，早已被群众熟悉和习惯。因此，它们富于活力、渗透力和具有民间狂欢色彩，讲求全民参与、妇孺皆知、代代相传，有些甚至成为千百年人们尊崇的经典。作为在农耕文化背景下产生的传统的民间文化，其社会功能也体现出农耕经济和农村文化的特点。

1. 实用性

民间文化不仅仅是一种文化现象，而且是人民生活的有机组成部分。如劳动歌就是民众为指挥、配合、协调体力劳动而唱的歌，农业生产中的打粮号子、车水号子、薅草锣鼓，水上劳动中的行船号子、捕鱼号子等等，这些歌源于社会的生产实践。又如民俗文化中的各种仪式，比如求雨仪式、祈福仪式、祭祀（祭祖、祭各种神）仪式等，这种仪式是和原始的耕种生产方式，原始的宗教信仰观念相一致的，源于人们对自然的理解和认识。

2. 娱乐性

民间文化不仅是劳动人民群众的智慧结晶和创造，它同时是供广大民众享受和利用，传承于民间的大部分民间文化活动，都带有极其浓厚的娱乐性质。如民间文学中的神话、传说、故事、歌谣、叙事诗等形式，除了在特定的情况下含有较为严肃的内容和形式外，一般来说，大多比较轻松愉快，发挥着不可替代的娱乐作用。在民间文化中，娱乐功能很少有单纯存在的，往往是与实用性功能混杂在一起的。

3. 情感性

传统的民间文化与人们的出生地、父母之邦、民族、国籍等与生俱来之物相关，对人们的情感取向、价值判断和社会选择具有重要影响，可以架起沟通心灵的桥梁，黏合心理裂痕，带去人文关怀和感情抚慰，从而舒缓压力，化解矛盾，增进融合。比如，中国的春节，尽管其内容在不断变化，但它能召唤华夏民族认祖归宗、百脉凝聚、四海同心。传统民间文化中所形成的农民尊崇土地、节约资源的习惯，在现代化的今天仍具有重要的意义。

4. 教育性

民间文化还是民众实施教育的一种重要、有效的工具。优良的民间文化可以陶冶人们的情操，帮助人们辨别真善美与假恶丑，有些民间文化形式还可以帮助人们学会许多关于生产和生活方面的知识。

在现实中，民间传统文化的多种社会功能、情感价值仍然在农村传承，并发挥它的作用。这也是民间文化代代相传、生生不息的原因所在。

（二）传统文化与现代文化

我国现在所进行的新农村文化建设，是在中国农村既定的历史条件下的一种文化创造活动，而传统农村文化则是这种历史条件的重要组成部分，是新农村文化建设的现实基础。要处理好新农村文化建设中的传统与现代关系问题。

农村文化是历史的积淀，它有着深厚的传统，新农村现代文化建设不可能完全脱离农村文化传统。新农村现代文化建设与文化传统之间是一种承传关系，这种承传关系意味着农村文化的传承性不仅是一种发展的过程，而且是继承与创造辩证的统一。一方面“承”与“传”的是前人所积累的农村文化成果即农村文化传统，另一方面又批判地分析和创造性地革新这些农村文化传统，并注入新的内涵。继承是对以往农村文化成果的肯定的一面，创新是对以往农村文化成果的某种扬弃和否定的一面。在这里，没有继承便没有创新，创新中包含着继承的因素。只有这种创新，才不至于使承传成为对农村文化传统的简单重复，也才能使农村文化在历史发展的长河中永葆活力。

中国农村传统文化经过几千年发展，既有中华民族文化传统的精华，又有封建性的糟粕。它曾经是中国几千年来农村民众思想感情的寄托和人际关系的纽带，但也曾在一定程度上阻碍和束缚了中国农村的发展。虽然经过五四运动提倡新文化、新道德、新思想，反对旧文化、旧道德、旧思想，特别是经过中华人民共和国建立以来的社会主义革命和建设，我国社会、经济、文化发生了巨大的变化，但是保留在农村民众中的传统文化，如风俗习惯、伦理道德、社会心理、生活方式等许多方面，还是得到了稳固的传承。传统文化既可以成为孕育文化创新与发展的摇篮，也可沦为社会故步自封和失败的替罪羔羊。因此，在新农村文化建设中，不论是传统还是现代，都不能以霸主身份拒绝和排斥对方，只有在交流中，在相互影响中，在互相杂交、嫁接、移植中进行整合，才能使农村的传统文化和现代文化在追求先进文化过程中得以统一和发展。从这种意义和层次上说，创造性与继承性同样是农村文化的特征，即使在农村文化的传承性之中，作为要素之一的创造性也居于主要地位，因为它决定着承传的活力和发展的方向。

农村的文化传统总是不以人的主观臆断为转移，而在其民众生活和生产中进行延缓。在一定的历史条件下，新农村文化的建立是无法与农村文化传统进行决裂的，明智的态度只能是批判地继承，推陈出新。因此，必须彻底打破过去关于文化传统与现代势不两立的对立思维模式，正确认识文化传统与现代的承传和延续关系，文化传统是民族生存和发展的精神家园和文化创新的源泉，新农村文化建设必然是在对农村传统文化批判性地继承基础上的创新性建设。

（三）城市文化与乡村文化

城市和乡村是两个相对应的概念，从生存方式到文化精神都有着不同的质的规定性，但它们之间是既相互独立，又相互依存、共同发展的关系。在现代化建设中，人们对城市与农村关系的认识却存在两大误区：一是将中国几千年的农业传统和历史悠久的农耕文化全部作为负面遗产，认为在现代化道路上所有这些东西没有任何积极作用；二是认为中国必然而且只能走西方现代化之路、中国农村的现代化也只能走城市化的发展道路。近现代中国对农村的现代化改造，走的是以中国城市的文明观念改造乡村传统社会、以城市所代表的进步文化改造乡村落后文化之路。

在整个 20 世纪中国现代化的过程中，国家官员、知识精英以启蒙者的身份，自上而下地实行国家对于乡村社会和传统文化的改造，一次次地把“城市文明”观念带入乡村。譬如，新中国成立前梁漱溟的乡村建设运动，其具体内容是建设一个新的社会组织构造，即建设新礼俗[①]。梁漱溟所说的“新礼俗”正是以儒家人生态度为根本，“全盘承受”西方“民主、科学”的礼俗。即便是在 1949 年以后一系列对于乡村社会和文化改造运动，都无不体现出把农村当作落后而需要加以教化和改造的地方来对待的。在这个过程中，一些属于乡村民间生活方式的风俗习

① 《梁漱溟全集》，济南：山东人民出版社 1989 年版，第 276 页。

惯被界定为“社会不良风气”而加以批判和改良。尤其是“文化大革命”中大力开展的“破四旧、立四新”运动，对农村传统文化的破坏更是达到了登峰造极的地步。

中西城乡发展历史表明，西方的城乡的分离是一个渐进的过程，它的乡村农业在城乡分离的过程中日益被纳入以城市为先导的资本主义体系中，成为资本主义文明的组成部分；而近代中国的城乡分离是被迫的和突发的，中国农村未被纳入资本主义体系之中，基本停留在传统的封建社会框架下。因此，西方现代文化的实质是城市文化，而中国乡村文化的实质是传统文化。城市与乡村是人类两种最主要的生活境界，城乡之间不可替代、互为循环，各有自己的评价体系和价值标准。这两者不存在谁先进谁落后的问题，也不是谁取代谁的问题。它们本来就应该是阴阳之两仪，是循环系统中的一体两用。只有在城乡循环系统中重新发现乡村文化，才能体现乡村文化的价值，才能重现乡村的活力，才能再现乡村的魅力。

现在的问题是现代化过程中城市发展得很快，而农村的发展相对滞后得多，从而导致了社会整体失衡。一方面，中国的现代化——城市化运动，成为城市对农村的全方位剥夺，从资金到资源，从人才到文化，始终在做农村至城市的单向流动。这样的结果必然是农村越来越衰败，而农村越衰败就越是没有吸引力，从资金到人才就越是加速流失，于是陷入一个无法解脱的恶性循环。另一方面，只占少数的城市因其发达而垄断着广大农村的信息获取渠道，通过铺天盖地的传媒、广告向农村输送大量远离他们的消费信息和“够不着”的生活方式。由于现代媒体对城市和乡村宣传的误导，许多人想当然地因为农村的落后、农民的教育程度低、农业作为原料的低产值而得出农村文化劣于城市文化，需用城市文化来改造农村文化的片面结论。如果能够换位思考，我们必将认识到照搬城市文化和工业思维对广大农村文化生活的改造的无益，对世界文化的多样性、丰富性及其和谐与统一将会产生极大的负面影响。在新农村文化建设中，要彻底改变城市文化中心论的认识，重新思考发掘农村传统文化的价值，以尊重传统注重在沟通中的创造性改造将会是重建乡村和谐文化，展示人类生活新境界的坦途，只有这样社会系统才能走向和谐与完整。

（四）文化继承与文化发展

在新农村文化建设的过程中，我们要历史地、辩证地审视和重视非物质文化遗产保护，既不能脱离历史，更不能割裂历史，要在继承传统、立足乡土的基础上进行保护，特别是要保持当代乡村生活的历史文化的魅力。保护好农村非物质文化遗产，关系到农村文化血脉的传承、农民精神家园的维护、社会主义和谐社会的构建，以及农村先进文化的建设。比如，非物质文化遗产的保护对于和谐社会的构建就有重要的意义，构建和谐社会关键在人，一个国家、一个民族和一个社会，最根本的和谐，其实就是人们在精神上的和谐，非物质文化遗产以人为重要载体，体现了“以人为本”的精神，与人民群众的日常生活息息相关，是建设和谐社会的重要基础。

《中共中央国务院关于推进社会主义新农村建设的若干意见》提出：“村庄治理要突出乡村特色、地方特色和民族特色，保护有历史文化价值的古村落和古民宅。”丰富新农村建设中的文化内涵，必须重视文化遗产的保护和开发利用，包括物质文化遗产和非物质文化遗产，这样才能保持独特的地域特征，保持优秀的文化传统，构建符合当地特色的农村文化。决不允许在新农村建设中任意毁坏不可再生、弥足珍贵的历史文化遗产，绝不允许破坏有重要价值的非物质文化遗产。因此，新农村文化建设既要体现新农村发展的时代特征，体现和谐、开放、可持续发展的时代要求，又要保护、保留作为农耕文明的活态遗存、活态文化的非物质文化遗产。

我国建设社会主义新农村的根本目的是实现广大农民的幸福，保护非物质文化遗产不能妨碍民众对美好生活的追求，而应该有利于农村社会经济的发展，有利于农民的生活水平和质量的提高。我们既要从整个人类和全体人民的角度，考虑农村文化的建设和优秀的文化遗产的保护；同时也要从作为文化遗产传承人的民众个体切身利益的角度，考虑非物质文化遗产的保护。只有将这两方面协调起来，才算得上是真正地、完整地体现了当今时代的人文关怀。要做到这一点，就必须创新农村非物质文化遗产保护的模式，实现传承发展和开发利用相结合，尽可能地将可开发利用的非物质文化遗产转化成文化资源和经济价值，为发展农村经济服务。

正如有学者所指出的："从策略上来讲，在社会的变迁和主流社会的价值观已经让村民看不见传统文化对自己生计有直接意义的时候，如果从精神的层面直接要求他们保护和传承文化遗产是不现实的，这个时候文化保护必须首先与他们的切身利益相结合，通过他们的利益驱动才能实现。而在这么一个基础上，村民才能够有可能在文化遗产的保护过程中，感受到或重新体验到精神上的满足和精神生活质量的提高，从而重新认识传统文化的深层价值。"① 在新农村建设中，应贯彻全面、协调、可持续的发展观，必须坚持农村非物质文化遗产保护开发并重的方针，切实抓好非物质文化遗产保护开发和新农村建设工作。

我们要贯彻"高度重视、保护为主、抢救第一、合理利用、加强管理"的方针，要在保护和弘扬民族优秀传统文化上下功夫，将自身民族的内在精神气质与民族的外在精神风貌有机结合起来。一个以民族习俗为载体，以宗教信仰为寄托，以地域风貌为背景，以古老建筑为陪衬，以传统服饰为焦点，以歌舞表演为看点，以民族节日为热点的较完备的多元文化体系，将会在新农村建设中一并建立起来，这些民族优秀传统文化就会为社会主义新农村建设注入新的活力和内涵。要使非物质文化遗产闪烁出时代的光彩，更好地服务于人民大众，让广大农民群众真正拥有更为丰富多彩的文化生活，享受到更多的文化权益，更好地推动地域经济的快速发展，有力地促进新农村建设。

（五）文化资源与文化产业

农村非物质文化遗产是一个特定区域内的民族在长期的生产生活中自发创造的，并为这个民族世世代代所喜爱和传承，凝聚着这个民族的民族精神和民族智慧，承载着这个民族文化的血脉和思想情感的文化形

① 张晓、张寒梅：《村落民间文化遗产保护的认识、实践和体验》，陶立璠、樱井龙彦主编：《非物质文化遗产学论集》，北京：学苑出版社2006年版，第199页。

态。中华民族历史悠久，各民族非物质文化遗产丰富多彩，它滋养了一代又一代国民的心灵，铸造了中华民族的精神乃至灵魂，也孕育了辉煌灿烂的中华民族文化。对于中国文化产业来说，积淀深厚、博大精深的中华乡村非物质文化遗产是文化创意产业发展的土壤和根基，是大力发展文化创意产业的坚实平台。可以说，乡村非物质文化遗产资源是文化创意产业的重要资源，乡村非物质文化遗产市场是文化创意产业的重要市场，乡村非物质文化遗产产品是文化创意产业的重要产品，乡村非物质文化遗产在当代中国文化创意产业中占有十分重要的地位和具有极为重要的作用。

传统文化重视的是对传统资源的积淀，而文化产业的聚焦点是现代的文化需求、文化消费和经济价值。中国有五千年灿烂的文化，这是中国人引以自豪的“本钱”。我们不能只守着一座金光闪闪的文化资源宝库，面对文化交流与融合的局面茫然不知所措。我们要有把文化“变现”成产品，把文化资源转化为产业，把文化需求转化为市场机制的自信、勇气和能力。目前，我们必须承认的是，我们很难将传统文化资源在整体上和文化市场、产业资本、产业技术、产业人力资源等文化产业要素进行匹配，形成产业链和规模化的产业效益。我们需要考虑的问题是：如何从消费市场和现代产业角度提炼文化资源的市场价值要素，并进行有效的开发和利用。

文化产业的核心是资本，如何让传统文化与资本对接，是我们首先面对的问题。我们缺少的不是资本本身，而是引进资本的创意，有效对接传统文化和资本的核心就是创意，就是自主创新的能力。如借助现代科学技术手段，对进入市场的乡村非物质文化遗产产品进行精心包装和创新改进，从而使乡村非物质文化遗产产品的原有艺术特色和所传达出的乡村非物质文化遗产艺术信息更浓，这就是乡村非物质文化遗产产业的创新。在这方面陕西西安曲江新区的“大唐芙蓉园”就走出了一条成功之路。“大唐芙蓉园”就是在发掘西安盛唐历史文化遗产和非物质文化遗产宝藏的基础上，加以“声、光、电”等现代科技的综合演绎，构成的一幅瑰丽的“盛唐文化奇观”。大唐芙蓉园占地1000亩，其中水面

300亩，总投资13亿元，建于原唐代芙蓉园遗址以北，是中国第一个全方位展示盛唐风貌的大型皇家园林式文化主题公园，包括紫云楼、仕女馆、御宴宫、芳林苑、凤鸣九天剧院、杏园、陆羽茶社、唐市、曲江流饮等众多景点。大唐芙蓉园创下多项纪录，有全球最大的水景表演，是首个“五感”（即视觉、听觉、嗅觉、触觉、味觉）主题公园；拥有全球最大户外香化工程，是全国最大的仿唐皇家建筑群，集中国园林及建筑艺术之大成。他们在对原有的文化进行发掘过程中，注意不背离原有传统历史文化的精神，不忽略文化品牌的地域特征，认真区分所发掘的对象，把握对象的文化个性；并根据原有文化内涵予以创造性的发挥，从而创造一个既富有历史文化、乡村文化特色，又富有现代气息和风尚的文化品牌，受到各方面广泛的好评，也收到了良好的社会和经济效益。

民族文化意识是文化创意中的一个立场问题。当今文化产业的消费与影响具有全球性，借助强大的全球化网络媒介，传播速度极快，无形中产生了文化霸权主义。其传播向度往往是由发达国家流向发展中国家，由强势民族流向弱势民族。本民族的文化产业与世界的文化产业生产之间存在着某种紧张状态，文化产业的全球化使得发展中民族国家的主权弱化和传统文化边缘化。在这样的大背景下，谁拥有个性的、独具特色的文化资源，谁就拥有巨大的发展潜力和主动权。当今，发达国家文化创意产品的大量输出，已经给中国的经济和文化造成了很大的冲击，不仅对我国的民族产业造成巨大的压力，而且他们在把产品投放到中国的同时，也把他们的价值观念、消费观念、审美观念移植到我国，已危及中华民族文化的安全。国内的一些文化产业为了应对这股冲击虽然采取了相应的措施、策略，但是其中有很大部分是对西方的模仿和抄袭。我们的文化产业要想在国际舞台上占有一席之地，不仅需要有先进的科学技术，同时还要有强大的文化背景做后盾，而此前我们显然对后者的重视程度远远不够，这也是我国目前文化产业落后的一个重要原因。

要想改变这一局面，就必须建立我们自己民族文化的话语权，而这一切都有赖于我们对自己民族传统文化的准确定位，并以此为依据而开展的文化创意。由此，民族优秀的传统乡村非物质文化遗产就与文化创意产业取得了直接的联系。一方面，文化创意产业源于传统文化产业。任何一种文化创意活动，都必须在一定的文化背景下进行，离开传统的基础，创意产业就会成为无源之水、无本之木。另一方面，文化创意产业又高于传统文化产业。创意不是对传统文化的简单复制，而是依靠创意人才的智慧、灵感和想象力，借助于高科技对传统文化资源的再创造、再提高。中华传统文化的独特性、多样性是我们丰厚的精神财富，也是当今世界所渴望所需要的东西，而各地的民族非物质文化遗产艺术，不但是各地形象独具魅力的名片，更是经济等综合实力竞争取之不尽、用之不竭的重要资源。应该说，传统非物质文化遗产资源在中国未来的文化产业中占有相当重要的份额，甚至具有一定的导向意义。没有特色又没有文化底蕴的商品在市场上是缺乏竞争力的，而这种特色要得到认可，就必须扎根于民族文化的土壤，在商品消费的同时增强人们的民族文化意识。我们今天面临的是要在文化上取得独立，在这其中，用民族的文化创意来应对全球化浪潮的冲击是极其重要的。充分挖掘中华民族传统文化与非物质文化遗产艺术资源，打造富有创意、适应现代社会的文化产业既具有文化战略意义也具有经济现实意义。

（六）经济效益与社会效益

文化产业既是一种文化行为，也是一种经济行为。作为上层建筑范畴，非物质文化遗产具有社会属性，它蕴含了深厚的文化价值、历史价值以及独特的艺术思维观念，是传统文明的活化石，同时又是现代精神文明的源泉和物质文明的重要资源。非物质文化遗产的发展是文化事业本身发展的需要，它对于丰富人们的精神文化生活，提高文化素养有着潜移默化的作用，同时，由于本地区、本民族的人们对自己非物质文化遗产有着深厚的情感，因此，它在社会的稳定、民族团结方面能发挥重要作用。

市场经济理论认为，市场经济是价值经济、效益经济、营利经济、服务经济。在市场经济社会，凡是不创造经济价值、没有经济效益、不能营利的一切活动，都是无意义的。在全球化的时代背景下，由于经济与文化的互动性在加强，文化的竞争已经成为当今国际社会综合国力的重要标志，世界经济的发展已经把文化要素从边缘地位逐步上升到中心地位。在我国，一方面，随着市场经济体制的确立，在社会分工和市场经济等外部因素的催化下，作为一种追求劳动价值实现的过程和结果，文化产品的商品化已成为一种趋势。另一方面，随着我国对外开放的不断扩大特别是加入WTO之后，非物质文化遗产作为一种宝贵而又具有特色的资源，以其纯真和质朴的特色得到国外人士的格外青睐，非物质文化遗产产品具有广阔的市场前景。商品属性和旺盛的市场需求决定了非物质文化遗产产品必然要自觉不自觉地走向市场化，以其规模效应满足市场需求。因此，我们没有理由将文化与产业对立起来，为保证其“纯正”而死守传统非物质文化遗产，而是应该在保护的基础上做好利用和开发工作。在我国，非物质文化遗产向产业化发展已成为一种趋势，只有按产业化标准形成制作生产、包装运输、展览销售一条龙的格局，才能把非物质文化遗产产业做大做强，使非物质文化遗产焕发出勃勃生机，得以在市场经济条件下继承和弘扬。要确保非物质文化遗产产业的良性发展，就必须在对非物质文化遗产进行产业化运作时，既要遵循市场经济的规律和商品价值规律，又要遵循社会价值规律和非物质文化遗产自身发展规律，在保证社会价值最大化的前提下，正确处理好保护与开发、继承和创新、市场化与个性化之间的关系，致力于二者的平衡，达到社会效益和经济效益的双赢。

前些年，云南省的大型原生态歌舞《云南映象》启动了声势浩大的全球巡回演出，2020年1月《云南映象》在国家大剧院进行了该剧全球公演6000场的纪念版演出；青春版昆剧《牡丹亭》在美国演出成功，使昆曲这个古老的中国文化符号以崭新的形式展现在世人的面前；舞剧《风中少林》出征美国，创造了800万美元收入的同时，更展示了中国人对生命、自然心灵的体悟，展示了自由、自强的“中国功夫”。中国文化产品展示出了中华民族文化的强大而旺盛生命力，为世界塑造出了真实而坚强的中华民族的形象，同时也为国家创造出巨大的经济效益[①]。

---

① 付小悦：《国家形象的文化塑造——文化建设增强国家软实力的伟大实践》，《光明日报》2007年9月26日。

上述成功经验表明，利用丰厚的非物质文化遗产历史积淀，大力发展非物质文化遗产产业，并向“专、精、特、新”方向发展，形成有自己的定位、有自己的品牌、富有活力的非物质文化遗产产业群，大有可为。

总之，非物质文化遗产的价值是综合的而不是单一的，应当看到非物质文化遗产所蕴含的巨大发展潜力，它除了可以产生社会效益外还更能产生巨大的经济效益；应当看到它在当地文化、经济和社会各个方面所具有的综合效益，处理好保护、继承、发展与社会、经济之间的关系，努力使它在文化、经济各方面更好地发挥作用。

（七）政府管理与市场运作

要保护和开发民族非物质文化遗产，使非物质文化遗产产业走向健康的发展之路，必须充分发挥政府和市场的双重作用，既要发挥政府方面的政策保证、正确引导和统筹管理的作用，更要充分利用市场杠杆和竞争机制，努力盘活和积极开发民族非物质文化遗产资源，使之成为一项真正的文化产业。

政府要加快职能的转变，克服非物质文化遗产产业管理政出多门、交叉管理、多头管理、条块分割的局面，应通过制定法律、法规和建立机制等手段和方式，进一步完善文化市场法规体系，健全执法监督机构，逐步实现依据政策、法规对文化市场与民族非物质文化遗产产品的生产与经营进行法制化、规范化、科学化的管理。政府应对民族非物质文化遗产资源的布局、文化产品和产业结构的优化组合，对技术装备和企业分工等进行宏观指导。各级政府要本着“积极保护、合理开发、有利用、鼓励竞争”的原则，制定支持和促进非物质文化遗产艺术产品开发及产业发展的相关法规和优惠政策；鼓励社会各界发展民族非物质文化遗产产业，平等参与竞争，并吸引外资，土洋结合，为非物质文化遗产艺术产业创造与国内外各种文化进行深度交流、对话、互动的外部环境；扶持非物质文化遗产艺术品生产企业走向外向型、规范化、多元化的市场。政府部门还要认真研究非物质文化遗产艺术产品生产的现状、问题和发展趋势，探索非物质文化遗产艺术商品化、市场化规律，及时把握非物质文化遗产艺术产业发展的脉搏，为非物质文化遗产艺术产业的发展提供智力支持；要充分利用宣传手段，为暂时没有进入市场的非物质文化遗产艺术产品，搭建展示的舞台，通过举办非物质文化遗产艺术产品交流、展览等，为它们创造进入市场的条件。政府还可以通过建立和完善信用体系、社会保障体系和公共服务体系等措施，来维护文化经济秩序，加强知识产权保护；并根据文化市场的发展规律及时制定和调整民族非物质文化遗产产品与服务的市场准入标准，以及市场竞争的游戏规则等，从而实现民族非物质文化遗产产业的健康有序发展。

中华民族非物质文化遗产是个无比灿烂、丰富多彩的宝库，具有相当强大的中国文化接受背景和十分广阔的市场。在市场经济社会，非物质文化遗产要借助市场运作的机制和产业运作的力量，充分利用市场杠杆和竞争空间，努力盘活和积极开发非物质文化遗产资源，发展文化创意产业，将具有含金量并可以盘活的那部分非物质文化遗产资源做大做强。努力开发既具普及性、实用性，又具地方特色的非物质文化遗产艺术专项品类，实现适度规模的专项非物质文化遗产艺术企业集团；实行强强联合、强弱互补，建立跨省、市的非物质文化遗产艺术生产基地，扩大非物质文化遗产艺术产品的范围，从战略高度对非物质文化遗产艺术产品进行统筹规划，延伸产业产品链。在非物质文化遗产产业的运作过程中，一定要遵循市场运作规律，在依法经营、公平交易、诚实守信的非物质文化遗产艺术市场秩序的基础上，不断提高非物质文化遗产艺术产品的市场化程度。

三、乡村文化建设中非物质文化遗产保护*

乡村振兴，文化引领。在实现农业现代化和城乡融合发展的历史背景下，只有激活乡村内生动力才有可能实现振兴和持久发展。由乡村的口头传统、传统表演艺术、民俗活动和礼仪与节庆、民间传统知识和实践、传统手工艺技能，及其相关文化空间等构成的非物质文化遗产，是乡村传统文化的核心，在乡村文化中占有极其重要的地位。2005 年至

---

* 本部分原题《非物质文化遗产保护语境下的新农村文化建设》，原载《文化遗产》2010 年第 2 期；本书略有修改。

2009年，我国开展了首次全国性的非物质文化遗产资源普查活动，普查出资源总量近87万项。在此基础上，我国建立了国家、省、市、县四级非物质文化遗产名录体系。目前，中国口头文学遗产数据库已经亮相。该数据库包含116.5万篇（条）神话、传说、史诗、歌谣、谚语、歇后语、谜语、民间说唱等，共8.878亿字，几乎囊括了新中国成立以来我国口头文学收集的原始资料，是迄今为止人类最大的口头文学遗产数据库，堪称“民间四库全书”。国务院先后于2006年、2008年、2011年、2014年和2021公布了五批国家级项目名录（前三批名录名称为“国家级非物质文化遗产名录”，《中华人民共和国非物质文化遗产法》实施后，第四批名录名称改为“国家级非物质文化遗产代表性项目名录”），共计1557个国家级非物质文化遗产代表性项目（以下简称“国家级项目”），按照申报地区或单位进行逐一统计，共计3610个子项。认定了5批共3068名国家级非物质文化遗产代表性传承人，各省（区、市）认定了14928名省级代表性传承人。2007年、2008年、2009年、2012年、2018年，国家文化主管部门先后命名了五批国家级非物质文化遗产代表性项目代表性传承人，共计3068人（后取消了5人资格）。截至2021年12月，国家级非物质文化遗产代表性项目代表性传承人总计3063人。截至2020年12月，中国列入联合国教科文组织非物质文化遗产名录（名册）项目共计42项，总数位居世界第一。其中，人类非物质文化遗产代表作34项（含昆曲、古琴艺术、新疆维吾尔木卡姆艺术和蒙古族长调民歌），急需保护的非物质文化遗产名录7项，优秀实践名册1项。各地各级非物质文化遗产项目及其传承人绝大部分在乡村，它们是乡村文化发展的基础和内生动力。在乡村振兴中，精神振兴的动力大多将来自非物质文化遗产传承的精神文化，经济振兴的新动力也将来自非物质文化遗产的开发利用。挖掘乡村各种非物质文化遗产的潜力，整合农村的生产、生态、生活与文化资源，把非物质文化资源转化为推动农村发展的资本，形成良性互动，是今后乡村振兴的必由之路。

在当前社会主义新农村建设的背景下，农村地区非物质文化遗产的保护正处于关键时期，各级政府和社会各界对非物质文化遗产保护工作越来越重视，“保护为主、抢救第一、合理利用、加强管理”已为非物质文化遗产保护工作的根本原则和出发点。随着新农村建设的进一步展开，农村非物质文化遗产保护应从以下几方面做好工作。

（一）统筹规划，将非物质文化遗产保护纳入新农村建设总体规划之中

社会主义新农村建设是一项涉及经济、文化、建设等各方面内容的系统工程，非物质文化遗产的保护也是关系到我国民族文化建设与发展的巨大工程，我们要从构建和谐社会、建设社会主义小康社会和发展中华民族文化的高度，去认识这两项宏伟工程的重要性。各级政府和有关部门要将非物质文化遗产保护工作列入重要议事日程，国家必须“制定一项总的政策，使非物质文化遗产在社会中发挥应有的作用，并将这种遗产的保护纳入规划工作”①，制定长远规划，有步骤、有重点地循序渐进、逐步实施。地方各级政府要加强领导，将非物质文化遗产保护规划纳入新农村建设总体规划之中，在对农村非物质文化遗产现状进行全面调查了解和掌握非物质文化遗产分布情况、所处环境和保护现状的基础上，有针对性地制定切实可行的本地区农村非物质文化遗产的保护规划和具体的实施方案，明确保护范围、保护措施和目标。在新农村建设规划和非物质文化遗产保护规划的论证和制定过程中，要充分发挥专家的作用，确保能准确地科学地把握保护与开发、继承和发展的关系，确保在制定新农村建设规划的同时，高标准搞好非物质文化遗产保护规划的制定，使非物质文化遗产保护和农村经济发展同步和协调地进行，确保新农村能真正建成具有新时代特征、传统文化底蕴和社会主义精神的经济、政治、文化全面进步和协调发展的新农村。

（二）广泛宣传，充分调动村民保护非物质文化遗产的主动性和积极性

广大农民是新农村建设的主体，也是非物质文化遗产保护和农村文化建设的重要力量。农民是农村非物质文化遗产的传承者和享用者，他

① 联合国教科文组织：《保护非物质文化遗产公约》第三章第13条，2003年10月。

们置身于最直接的保护中心位置，其处境和考虑比较复杂，他们保护自己文化的动力来自利益的驱动，也来自对自己文化的天然感情："一方面，他们对保护对象的传统生态非常熟悉，深怀感情，充满依恋；同时，面对现代经济物质的诱惑，又急切希望改变自己的现实生活；而在心灵深处更期盼两全其美，渴望既改变了生活，又使传统得到传承，却苦于一时不知如何是好……他们是保护实践最终能否成功的关键力量，也是最焦虑、最矛盾，因而是意见、建议、诉求最多的一方。如何保护、发挥好这支关键力量，实际是保护实践中的一个焦点和难点。"①

要做好农村非物质文化遗产保护工作，首先要加强对广大农民的宣传教育，提高他们保护非物质文化的自主意识和能力。通过开展非物质文化遗产保护知识下乡、专题文艺演出、广播电视宣传等多种活动，特别是要加大非物质文化遗产保护相关法规的宣传力度，使农民真正认识到保护非物质文化遗产与自己切身利益的关系，消除他们的顾虑和误解，培养他们尊重和保护自己文化遗产的意识，激发他们参与非物质文化遗产保护的自觉性和积极性。其次，保护农村非物质文化遗产，应建立"政府牵头、民间组织主导、村民配合"的长效保护机制。政府牵头，就是政府发挥领导和协调作用，政府处于决策、组织、统筹的地位，帮助解决新农村建设中非物质文化遗产保护的政策、规划、经费，以及协调等问题。民间组织主导，就是成立村民理事会，通过理事会来贯彻规划思路、加强保护措施的落实、规范文化经营秩序、统筹利益分配。村民配合，就是调动村民的积极性，让村民成为文化遗产的保护者、经营者和受益者。总之，通过各种途径的宣传教育，让农民保护自己身边的非物质文化遗产的意识不断加强、自觉性和积极性不断提高。

（三）全面普查，尽快出台与农村非物质文化遗产保护相关的法规

新农村文化建设需要传统的非物质文化作支撑，认真开展农村非物质文化遗产的全面普查是当今一项最基础也是最紧迫的工作。政府和文化部门要组织有关人员，发动村民，对本地农村的非物质文化遗产做一

① 贺学君：《关于非物质文化遗产保护的几点思考》，载陶立璠、樱井龙彦主编：《非物质文化遗产学论集》，北京：学苑出版社2006年版，第82页。

次“地毯式轰炸”般的全面普查，尤其注意将那些代表本地文化精华的、最著名最优秀的地域标志性的文化钩沉出来。在此基础上，按照标准，甄别有价值的历史文化村镇和传统乡土建筑予以公布并开展保护工作，及时将符合价值标准的历史文化村镇和传统乡土建筑公布为文物保护单位或历史文化名村、名镇开展保护工作。对于符合省级、国家级非物质文化遗产名录申报标准的，应及时组织申报，并加以重点保护。国家文化部也要加快非物质文化遗产名录对广大农村重要文化遗产的认定，对列入名录的遗产实行严格有效的保护。实现对非物质文化遗产的保护，建立有关非物质文化遗产保护的法规体系十分重要，也十分紧迫。白更胜在《民间文化亟待法律保护》一文中呼吁：“在中国的法律建设中，应该有民间文化的一席之地。没有法律的保护是‘无法无天’的保护，依靠法律的保护才是‘合理合法’的保护。” “民间文化呼唤法律保护。”①

当前，由于对农村传统文化认同感的缺乏、保护机制的欠缺、保护方式的单一等多重原因，农村非物质文化遗产正面临消亡的危机，国家以前投入大量人力、物力和财力在农村搜集到的民间文化资料也因保护不力正面临得而复失的危险。为更加有效地保护非物质文化遗产，国家必须让非物质文化遗产获得一种法律的地位，将非物质文化遗产纳入法律保护体系之中，从法律高度建立起非物质文化遗产保护秩序，规范非物质文化遗产保护行为。根据非物质文化遗产的特殊性建立起来的相关法规保护体系，必将成为社会主义新农村文化建设历史进程中非物质文化遗产保护的法律武器。

（四）整体保护，加强对农村非物质文化遗产的固态和活态载体的保护

非物质文化遗产作为人类特殊的精神创造，是一种生命的存在，它们有自己的基因、要素、结构、能量和生命链，具有文化性、活态性、生态性的整体性特征。因此，非物质文化遗产的保护是一个庞大的、系

① 陶立璠、樱井龙彦主编：《非物质文化遗产学论集》，北京：学苑出版社 2006 年版，第 82 页。

统的整体保护工程。在农村非物质文化遗产的保护中，应该把它的本体及其赖以存在的自然和人文环境作为一个整体加以保护。

首先，要全力保护固态载体。非物质文化遗产虽然有它独特的内涵和文化表现，但是又与物质文化遗产紧密相连。在新农村文化建设中，对具有重要历史、文化、科学、审美价值的古村落（村寨）、古建筑、历史民居等具有物质形态载体的非物质文化遗产要列为保护重点，实行整体保护；对具有重要民俗学价值和艺术价值的民间习俗、文学、音乐、美术、曲艺、舞蹈、戏剧和民间技艺等，要分门别类地从民俗学、文学和艺术学角度制定整体保护方案和措施，力求保持其原生态环境。

其次，要全力保护活态载体，即全力保护农村非物质文化遗产的传承人。非物质文化遗产主要靠传承人的口头和行为传授，比如民间传说、歌谣、戏曲、音乐、舞蹈，民间信仰、习俗、节庆，民间工艺美术技艺等主要靠传承人代代相传，如果传承人消失，就意味着这些文化的消亡。因此，非物质文化遗产保护工程的当务之急应当是全力挖掘尚存的传承人，建立传承人保护名录。对列入名录的传承人，采取发给政府艺术津贴、授予民间艺术家称号、在专业技术职称评审等方面享有与国办文化事业单位人员同等权利，激励他们提高技艺，积极鼓励他们带徒传艺。

再次，运用现代科技手段立体多维地保护非物质文化遗产。一方面要及时采用书面、录音、摄像等现代技术手段，全面、系统和立体地记录这些非物质文化遗产；另一方面运用现代数字媒体技术，以声、光、色、电综合艺术形式再现非物质文化遗产的传统神韵，加以活态的全方位的整体保护和再现。

（五）加大投入，多渠道解决农村非物质文化遗产保护与开发投入问题

要建立起政府、社会、集体、个人按比例共同出资承担非物质文化遗产保护与开发经费的投入机制，多渠道解决农村非物质文化遗产抢救、保护和开发经费投入问题。首先，中央财政要加大投入力度，设立保护专项资金，用于全国农村重点历史文化村镇和传统乡土建筑的保护，以

及有重大影响的国家级民俗文化和民间文化遗产的抢救。地方各级政府也要将农村非物质文化遗产保护经费纳入本级财政预算，保障本区域内农村重点非物质文化遗产保护经费的投入。对于那些产权属个人所有的有重要价值的非物质文化遗产，如特色民居、乡土建筑，在文化部门指导下进行保护，政府也应给予适当的经济补助。其次，通过出台相应的优惠政策规定，鼓励、引导社会资金进入。要制定和完善有关社会捐赠和赞助的政策措施，如制定税收优惠政策，鼓励企业捐助非物质文化遗产保护事业；通过发行彩票，筹集非物质文化遗产保护资金；广泛吸纳民间捐赠，建立非物质文化遗产保护基金；采取一切措施调动社会团体、企业和个人参与非物质文化遗产保护的积极性。再次，发挥市场机制作用，充分利用农村丰富的非物质文化资源发展文化产业，用市场的力量解决农村非物质文化遗产保护资金短缺的问题。总之，保护和抢救以政府投入为主，开发和利用以市场化运作为主，从而达到政府落实保护职责，利用市场发展文化产业的目标。

第五节　乡村非物质文化遗产资源的利用*

我国民间文化历史悠久、丰富多彩，优秀的非物质文化遗产凝聚着中华传统文化的精华和生生不息的民族精神，既体现着民族之魂，也象征着民族之根。通过挖掘和发扬优秀非物质文化遗产来激发农村文化自身的活力，对于促进农村新文化的建设，具有重要意义。

一、用非物质文化遗产振奋乡村文化精神

聚焦乡村振兴战略，要重新认识乡村文化的价值和使命。源远流长、博大精深的中华优秀非物质文化遗产，源自农耕文化和民间土壤，是一代代中国各族人民勤劳、智慧和经验的长久积淀，是最深层的精神追求，在提升民族自信心和精神、增进民族文化认同、凝聚力和向心力等方面，

---

* 本节原题《乡村文化振兴与非物质文化遗产的保护利用——基于乡村发展相关数据的分析》，原载《文化遗产》2019 年第 3 期；本节略有修改。

一直发挥着十分重要的作用。如非物质文化遗产中所倡导的孝敬父母、尊敬师长、倡导和睦、崇尚节俭、重视友谊，恪守承诺、讲究诚信、恪尽职守等内容，在乡村发展过程中起着极为重要的作用。这些文化传统不仅赋予中华文化重要特征，也是中华文化之所以绵延不断、长盛不衰的重要原因。

《中共中央、国务院关于实施乡村振兴战略的意见》指出："传承发展提升农村优秀传统文化。立足乡村文明，吸取城市文明及外来文化优秀成果，在保护传承的基础上，创造性转化、创新性发展，不断赋予时代内涵、丰富表现形式。"① 这些为乡村文化振兴指明了方向。乡村振兴，既要塑形，也要铸魂。抓住文化振兴这个魂，这不仅有助于推动乡村振兴，也能助力农村城镇化成为记得住乡愁的城镇化，让农业现代化成为有根的现代化。

实施乡村振兴战略，要以科学的态度、发展的眼光，发掘、继承和弘扬乡村优秀非物质文化遗产的文化价值，并对其进行现代性改造，释放其正能量。非物质文化遗产浸透着乡村生活的规则、意义和价值，引领着村落成员的心理、行为和关系，模塑着社会治理的理念、方式和秩序，要深入发掘其中所蕴含的优秀思想观念、人文精神、道德规范，结合现代生活实际，进行创造性转化、创新性发展。深入挖掘那些普通村民都乐意共享、与时代相适应的非物质文化遗产资源，在保留原始风貌和生态肌理、保护社会价值体系和集体情感记忆的基础上，与乡村社会主义核心价值体系的建设结合，更好地促进当代人的社会价值观念的重构和乡村情感认同，为乡村振兴注入强大精神文化力量，使乡村社会变得更加和谐、更加安定，也更加富有人情味。

王淼在《实施乡村振兴战略非遗该做什么》一文建议："发掘乡村文化资源，使每个村都尽量做到'八个一'：一个生动、精彩、让人印象深刻的民间故事；一个可以展示乡村风采的非遗表演项目；一项传统手工技艺；一个具有特色的传统节庆；一种让人难忘的传统风味小吃；

① 《中共中央、国务院关于实施乡村振兴战略的意见（2018 年 1 月 2 日）》，《人民日报》2018 年 2 月 5 日。

一位让人听过会有点感动或感触的历史人物；一段体现传统价值观的族规家训；一处体现乡村历史的遗址遗迹。这‘八个一’是对所有村的要求。每个村都能够尽量做到‘八个一’，就会挖掘出乡村的历史、文脉、个性和特色，也留住乡村的乡愁和风情，盘活各类资源，让‘乡村振兴’底气更足。”①

（一）传统民间文化是建设新农村文化的根基

农民需要文化，文化也需要农村，农村有取之不尽的文化艺术源泉。作为原生态的传统民间文化，是民族文化的根，是现代农村文化的基，在创建新文化的建设过程中，起到其他文化不可替代的作用。传统的民间文化产生于本土，特别富于活力和渗透力，它们反映了一个地区的文化发展历史，反映了当地群众的审美情趣。从这个角度讲，应该让农村传统民间优秀文化传承下去。我国历史悠久，文化灿烂，丰富的文化遗产来源于人民群众长期的生产生活实践。它产生于民间，繁荣于民间，在基层、在农村蕴藏着珍贵的民间文化艺术遗产资源。民间文化艺术的繁荣，无疑能填补社会转型期农村文化发展不平衡带来的空白，因为诸如戏剧、皮影、泥塑、年画、秧歌等民间艺术和乡村生活有着天然的亲和性。

要注重民族民间文化艺术的挖掘、整理、保护和利用，继续发展民间艺术之乡、特色艺术之乡和民族民间文化生态保护区，继承和发展民族民间传统艺术，充分发掘各地人文资源、传统文化、民俗文化、民间艺术资源，加强地域特色文化建设。授予秉承传统、技艺精湛的民间艺人“民间艺术大师”“民间工艺大师”等称号，开展“民间艺术之乡”“特色艺术之乡”命名活动。对农村传统文化生态保持较完整并具有特殊价值的村落或特定区域进行动态整体性保护，逐步建立科学有效的民族民间文化遗产传承机制。积极开发具有民族传统和地域特色的剪纸、绘画、陶瓷、泥塑、雕刻、编织等民间工艺项目，戏曲、杂技、花灯、龙舟、舞狮舞龙等民间艺术和民俗表演项目，古镇游、生态游、农家乐

---

① 王淼：《实施乡村振兴战略非遗该做什么》，《中国文化报》2018 年 4 月 17 日。

等民俗旅游项目。实施特色文化品牌战略，培育一批文化名镇、名村、名园、名人、名品。充分利用农闲、集市和民族民间传统节日，开展生动活泼的文化活动。

农村文化建设要突出发展“本土文化”，很多原汁原味、具有浓厚乡土气息和民族特色的民间文化遗产，在农村文化建设中有着举足轻重的地位，我们要把这些优秀的传统民间文化继承发扬下去，使之成为农民所享用的丰富精神财富。通过焕发了民间文化艺术的青春，活跃了民间文化艺术的血脉，使具有民族特色、地方特点和时代特征的新农村文化蓬勃兴起。

（二）传统民间文化的创新是建设新农村文化的灵魂

在建设社会主义新农村文化中，我们应该在深入挖掘传统民间文化丰富资源和深刻内涵的基础上，引进、容纳、消化和吸收其他文化的优秀方面，不断加以创新，推出更多富有民族特色、时代色彩的文化产品，打造出中国农村新文化的精品。我们保护传统民间文化的目的就是要建立起一个民族文化基因库，用它来创造更新的文化。如艺术家可以利用民歌民谣，创作出最富现代气息的音乐歌曲。如电影插曲《花儿为什么这样红》、小提琴曲《梁祝》、动画片《百鸟衣》都是根据民间素材创作出来的。从这个角度来说，传统民间文化对于新文化的创造，具有重要意义。没有它，新文化的产生就成了无源之水，无本之木。

要通过深化文化体制改革，充分发挥市场在文化资源配置中的基础性作用，使传统民间文化资源得到充分保护、开发和利用，特别是要把挖掘光大民间文化优良传统与经济发展结合起来，使传统民间文化显现出其固有的多重功能。要充分利用独特的地域文化优势、深厚的民间文化优势以及地方艺术品牌优势，为发展农村文化和地方经济服务。如广西民族文化绚丽多姿，各民族能歌善舞，素有“歌海”之称，音乐舞蹈品类繁多，各具特色；民族传统节日文化也丰富多彩，他们在传统民间文化基础上，通过创新，多年来举办了南宁国际民歌艺术节、“刘三姐歌圩”、桂林山水旅游文化节以及孔雀奖少数民族声乐大赛等，并形成品牌效应，既活跃了农村文化生活，又促进了农村经济的发展。

对民间文化合理开发和利用，使其由人民群众创造的文化财富得以继续为新农村建设服务，为新时代的农民所享用，这是对民间文化生命的延续。航柯的文章说得好："民间文化财产的'第二次生命'的标志是人们想利用它们。"要借助现代高新技术手段，保护传统民间文化瑰宝，弘扬传统民间文化精神，更好地展示中华民族文化的独特魅力。传统民间文化只有与时俱进，不断扬弃、改造和更新，才能保持旺盛的生命力，才能留下我们的民族之根，也才能更好地为建设社会主义新农村文化服务。

二、用非物质文化遗产发展乡村文化产业

乡村振兴战略的核心是产业振兴，通过产业振兴提高乡村居民收入，让农民富起来。目前，农村经济发展要从产业优化的基本战略出发，寻找新的经济增长点。文化产业已经成为当今世界的朝阳产业，发展文化产业已成为我国调整产业结构、促进经济发展的重要途径。农村有着极为丰富的非物质文化遗产资源，通过创新和创造让这些文化资源转化为产业资源，用以发展非物质文化遗产产业及相关产业，是促进乡村文化发展、振兴乡村经济的重要途径。

（一）开展非遗生产性保护

2012年2月，文化部印发的《关于加强非物质文化遗产生产性保护的指导意见》指出："非物质文化遗产生产性保护是指在具有生产性质的实践过程中，以保持非物质文化遗产的真实性、整体性和传承性为核心，以有效传承非物质文化遗产技艺为前提，借助生产、流通、销售等手段，将非物质文化遗产及其资源转化为文化产品的保护方式。"并特别强调生产性保护方式"主要是在传统技艺、传统美术和传统医药药物炮制类非物质文化遗产领域实施"①。非物质文化遗产生产性保护的突出特征就是挖掘非物质文化遗产潜在的经济价值，有效地促进其文化经济价值与资源优势转化成为现实生产力和丰富的产品，实现社会效益与经

---

① 文化部：《关于加强非物质文化遗产生产性保护的指导意见》，2012年2月2日文非遗发〔2012〕4号。

济效益、保护与发展的双赢。

从历史传统来看，人们往往把非物质文化遗产的创造与传承仅仅看成是一种民众日常生活自我满足的生存方式和自娱自乐的文化行为，由于它们是民众自发、自主、自愿、自享的文化，很少作为商品流通，其生产一般也不是为了谋利，因此，绝大部分传统非物质文化遗产活动不但创造不了经济价值，相反还要消耗一定的经济资源。

从现实发展来看，非物质文化遗产不仅是人类文明记忆的载体，是体现中华民族文化特征的鲜活样本，具有重要的社会文化价值，而且还是当代生活的底蕴和滋养，以及文化产业开发的重要资源。特别是非物质文化遗产生产性保护项目具有鲜明的生产实践性和生活实用性特征，具有丰富的物质资源、技术传统、传承人和品牌优势，具有极高的经济开发利用价值。

从实践意义来看，充分挖掘非物质文化遗产资源潜在的经济价值，寻求非物质文化遗产项目与市场经济的新结合点，在充分观照当下社会生产、民众生活和审美观念新变化的前提下，适应时代社会发展需要，用现代产业理念和市场经济法则进行创造性转化，在保留传统非物质文化遗产项目精神内核和核心生产技艺的基础上，将现代精神文化、审美思想和活跃新颖的表现形式融入其中，开发出具有时代气息和地方特色的、为现代大众所喜爱的文化产品，对于传承乡村传统文化和发展乡村现代经济具有双重的意义。

近年来，在国家推行非物质文化遗产生产性保护和大力发展文化产业的大背景下，各地积极探索将乡村非物质文化遗产保护传承与推动特色文化产业发展紧密结合起来，通过保护方式、保护内容和保护机制的创新，拓展文化产业发展的新领域和新途径。非物质文化遗产以其丰富的项目资源、多样的生产形式和独特的传统技艺，被许多地方当作文化名片来打造，当作地方文化产业新的经济增长点来发展，特别是那些适合生产性保护和产业开发的传统技艺、传统美术、中医药制作和饮食文化类非物质文化遗产项目，更是成为文化产业的新宠。它们以传统技艺和现代形式融合重新走进百姓现实生活，满足民众的物质产品和精神文化生活需求，取得了良好的社会和经济效益，使优秀传统非物质文化遗产项目在产业发展中焕发出新的生命力。

王学思在《我国非遗保护工作行稳致远》中介绍：“通过生产性保护，一方面弘扬传承了传统工艺，另一方面实现了群众收入的增长，帮助贫困人口脱贫。一些传承人表示，‘指尖技艺’已真正转化为‘指尖经济’。传统工艺工作站在助推精准扶贫工作中也发挥了重要作用。”新疆哈密建立和完善了231家合作社，成立了刺绣协会，接收订单1.7万余件，近千名绣娘直接参与订单制作，每人月均增收1500元。湖南湘西工作站启动“让妈妈回家”计划，通过提高绣娘收入，吸引外出务工妇女回归家庭。工作站还与济南、深圳等地的公司洽谈苗族刺绣订单2800套（件），金额达50万元，带动农村妇女在家门口就业160余人①。可见，非物质文化遗产在生产性保护中产生了良好的社会和经济效益。

（二）发展乡村文化旅游

中国乡村文化产生于农耕社会，是中华文化的源头，也是中华民族得以繁衍发展的精神寄托和智慧结晶。多姿多彩的乡村文化作为独立的存在，蕴藏着乡民与山水、树木、田园、村落、民居、祠堂等实体产生的敬天、祭地、劳作、居住、交往、互助、依赖等关系与情感。它们有着深厚的群众基础，容易产生共鸣，形成认同感、归属感和荣誉感，是乡村最大的吸引之所在。这种乡村文化，一方面可以最大限度地激发当地农民对乡村的认同感和自豪感，有利于从保护整个乡村文化空间的高度实现乡村文化的复兴；另一方面，自然化、文化化、旅游化的乡村生活是让城市人无限向往，重拾乡愁的最好去处，能为发展文化旅游产业起到良好的支撑作用，将乡村文化中的物质载体、生活风俗开发为旅游产品，有助于区域旅游形象和品牌的塑造，并以此带动当地经济的发展。

乡村文化旅游有别于其他旅游形式，它不追求现代时尚、豪华浪漫，而是在寻找乡愁、回归自然中回归人本。因此，发展乡村文化旅游必须充分利用乡村独特的自然资源和文化遗产资源。一方面，乡村的物态文

---

① 王学思：《我国非遗保护工作行稳致远》，《中国文化报》2018年4月4日。

化层面是有别于城市的显在表现之一。譬如独特的自然山水，田园风光，篱笆墙、山田坳、湖泊溪流、田野草地等自然景物；“日出而作，日落而归”，宁静舒缓的生活节奏；水车灌溉，插秧割稻，薅草摘茶，喂猪养鱼等农耕场面等。这些都以其自然景色优美、生态特色鲜明与城市异质性特征，是塑造乡村旅游吸引力的源泉。另一方面，乡村文化才是乡村旅游发展的灵魂和核心。文化者，以文化人也，而文化旅游无疑是一种潜移默化的“化人”途径。当今世界，文化正成为国家核心竞争力的重要因素，用文化的理念发展旅游，用旅游的方式传播文化，不仅必要，而且可行。农耕文化是乡村文化的根基与灵魂，农耕文化中那些不具物质形态的非物质文化遗产，如农事节日、风俗习惯、乡村礼仪、民间工艺、民间小吃、民族服饰等，都以其独特的文化精神和丰富多彩的形式构成乡村传统文化的重要组成部分。由于它们文化品质原真，能满足现代旅游者求新、求异、求美的旅游动机，是发展乡村文化旅游的重要资源与基础条件。

实践证明，没有乡村文化内涵支撑，乡村旅游就缺少生命力和竞争力。乡村文化旅游必须突出农耕文化特点，农耕文明与现代工业文明反差越大，其田园意味越足，农耕文化越突出、越典型，越贴近城镇居民亲近大自然的“乡愁”情感，越受欢迎。

发展乡村文化旅游要增强项目中游客的参与性和体验感。乡村文化旅游要以旅游者了解乡村历史、感受乡村文化、体验乡村生活为主要目的。乡村文化旅游项目必须将文化性与娱乐性、趣味性和体验性充分结合，使游客获得更多的娱乐和审美体验。非物质文化遗产中有许多项目具有丰富的文化内涵和有趣的文化活动，比如民间节庆、民俗活动、文学艺术、饮食文化、手工技艺、传统体育，以及宗教文化、民族建筑、服饰、婚恋等，从这些非物质文化遗产项目上做文章，推出一批游客可观、可闻、可参与的项目，使他们有新的体验、新的感受和新的收获。

比如，为游客提供“做一天农民，体验农耕辛劳”的项目，提供传统的水车、石磨、石碾等农具让游客亲身体验如何使用这些古老的农用器具；充分利用本地饮食文化，让游客品尝具有农家特色的菜肴，在条件允许的情况下让游客亲自动手参与当地菜肴的制作；充分利用乡村竹编、纺线、织布、刺绣、印染、酿酒等手工技艺项目，让旅客体验手工制作的技艺与乐趣。通过这些体验活动，游客可以直接接触、体验和感受传统乡村生活方式，了解这些活动背后的历史故事、风土人情，使游客置身于自然和谐的环境中，落脚在安然平和的氛围里，回味“乡愁”，感受“乡情”，使乡村旅游成为他们难忘的人生经历。一般来说旅游的快感大多来自参与与体验，乡村文化旅游就是要使老年人在体验传统乡村生活中，找回童年的快乐，寻找到乡愁；使青年人在体验与城里不一样的生活中，感受一种新的生存方式，回味人生的意义；让儿童在体验乡村的自然新奇的快乐中，感受到真正的自由与幸福。发展乡村文化旅游，要以农为本，以人为本，以生态保护、文化传承为主干，打造更多的供游客体验的项目，以提高旅游项目的吸引力和竞争力。

如前所述，我国是农业文明古国和农业大国，农业资源丰富，农耕文化历史悠久，景观类型多样，发展乡村文化旅游的条件比较优越，但目前我国的乡村文化旅游才刚刚起步，处于发展初期和探索阶段，因此还有很多不足。不足点主要表现在文化特色不鲜明、创意和创新不突出，许多乡村文化旅游只是表层开发，既对当地民俗风情等人文资源的挖掘不足，缺乏乡村文化特色内容，又对到乡村旅游的游客心理和需求研究不够，活动缺乏娱乐性和参与性。在乡村，大力发展文化旅游将是今后文化产业发展的重点，乡村文化旅游就是利用乡村自然环境、田园风光、农牧渔业生产、农家生活等资源条件，以非物质文化遗产等传统文化为灵魂，传承农耕文化的理念，通过合理改造、适度开发，以农业生产为依托，使农业与自然、人文景观以及旅游业相结合，为城镇居民提供观光、度假、体验、健身等服务，让人们欣赏独特的田园风光、了解当地的民俗风土人情，感受和体验乡村生活的乐趣，享受农耕文化精神陶冶，通过发展文化产业，促进乡村经济发展。

2017 年 12 月 22 日人民网以《广西乡村旅游带动 142 个贫困村脱贫》为题做了以下报道：“近年来，广西因地制宜，多措并举，打响乡村旅游脱贫攻坚战，取得了显著成效。根据旅游统计抽样调查综合测算，

2017年，广西全区乡村旅游接待游客约2.19亿人次，同比增长约24%；乡村旅游消费约1405.8亿元，同比增长约29%。根据广西14个设区市旅游主管部门直报，预计2017年广西乡村旅游扶贫辐射带动142个旅游扶贫村脱贫摘帽，带动脱贫约33724户14.71万贫困人口脱贫。”广西通过发展乡村旅游，挖掘、整理乡村文化遗存，理顺乡村传统文化和现代文明的关系，取得了积极保护乡村文化和发展地方经济的双丰收，这些经验值得推广。

（三）建设特色文化小镇

进入21世纪，我国的“逆城市化”趋势愈加明显。随着大城市病的出现，污染，拥挤，压力频现，大部分人开始厌倦城市，中高收入者开始迁离城市，向往乡村。在这种“逆城市化”发展的背景下，作为连接城市和乡村纽带的特色小镇建设被提出来。2016年，住房城乡建设部、国家发展改革委、财政部在《关于开展特色小镇培育工作的通知》（建村〔2016〕147号）中明确提出：我国“到2020年，培育1000个左右各具特色、富有活力的休闲旅游、商贸物流、现代制造、教育科技、传统文化、美丽宜居等特色小镇，引领带动全国小城镇建设，不断提高建设水平和发展质量”。还特别要求“彰显特色的传统文化。传统文化得到充分挖掘、整理、记录，历史文化遗存得到良好保护和利用，非物质文化遗产活态传承。形成独特的文化标识，与产业融合发展。优秀传统文化在经济发展和社会管理中得到充分弘扬。公共文化传播方式方法丰富有效。居民思想道德和文化素质较高”①。党的十九大报告进一步提出要以城市群为主体、构建大中小城市和小城镇协调发展的城镇格局。在形成大中小城市和小城镇协调发展的城镇格局中，乡村特色小镇的发展将扮演极其重要的角色和作用。因此，《中共中央、国务院关于实施乡村振兴战略的意见》中特别指出：“实施休闲农业和乡村旅游精品工

① 住房城乡建设部、国家发展改革委、财政部：《关于开展特色小镇培育工作的通知》2016年7月1日（建村〔2016〕147号）。

程，建设一批设施完备、功能多样的休闲观光园区、森林人家、康养基地、乡村民宿、特色小镇。”

2018 年 5 月 29 日中国经济网《近 10 年我国小城镇发展大数据分析》公布的数据显示：2016 年底我国各级城市共计 697 个，县城单位 1544个，建制镇共有 20654 个，除掉部分城关镇，真正属于小城镇的有 18099 个[①]。自 2016 年倡导特色小镇建设以来，国家已公布了两批 403 个全国特色小城镇、96 个全国运动休闲特色小镇。今后全国将会出现近 2000 个特色小镇。但在快速落地的同时，一些地方特色小镇建设主线思路不清晰、发展盲目、地方特色缺失、文化特色模糊，出现了空心化、房地产化等一系列问题。因此，2017 年 7 月住建部发布通知，要求在推进特色小镇的规划建设发展过程中，做到三个“不盲目”：“尊重小镇现有格局，不盲目拆老街区；保持小镇宜居尺度，不盲目盖高楼；传承小镇传统文化，不盲目搬袭外来文化。”[②] 建设乡村特色小镇应遵循以下基本原则：

1. 立足当地产业基础，培育新业态、发展新经济、聚集新动能

特色小镇必须充分挖掘和利用乡村原有的产业基础和资源禀赋，发展特色经济，打造农村新领域、新产业、新业态、新模式和新载体，通过原有产业的转型升级，产业链和价值链的延伸，推动产业结构的高端化，促进乡村经济发展的再提速、再提质，提高当地人民收入水平，走可持续的农业现代化发展之路。

2. 立足当地民众生活，凸显乡村特色小镇建设为生活服务功能

乡村特色小镇建设本质上是一种“完整要素的生活化空间”，是一种新型人居环境和新型城镇化的新空间。因此，它既不同于单一产业功能的粗放型传统城镇，也区别于传统意义上的千篇一律的以房屋建筑为

① 杨军：《近 10 年我国小城镇发展大数据分析》，2018 年 5 月 30 日，http://www.zgcsjs.org.cn/news-news_list-id-4481.aspx。

② 住房城乡建设部：《关于保持和彰显特色小镇特色若干问题的通知》，2017 年 7 月 7 日（建村〔2016〕147 号）。

重点的新农村建设，也不同于简单的农民离乡入城，进市上楼单一手段的农村人身份的城镇化。而是推动乡村小镇通过合理规划和更新改造，打造生产、生活、生态“三生融合”的庄园集群、风景区与风情村镇三位一体的空间结构，因地制宜、因地而异来承载服务业与农业，为居民提供休闲、娱乐、度假等功能的特色新型小镇。

3. 立足于乡村自然和文化特色，将资源优势转化为产业优势

首先，发挥蓝天白云、青山绿水、田园风光等乡村独特的自然生态功能，将天人合一、绿色环保意识植入其中，让游客能真正回归自然，享受自然。其次，发挥包括古村落、历史街区、寺庙、老宅、大院等在内的特色建筑文化的作用，讲好与这些建筑相关的独特的历史和人物的故事，让人们在娱乐中潜移默化受到教育。再次，发挥乡土情怀、精神家园的独特乡村文化功能。乡村中的种植技术、生产工具、劳作习俗、人际生态、风俗习惯、祭祀民俗、饮食文化和手工技艺、景观美学等都是文化资源，他们散发着浓浓历史气息和泥土芬芳，乡村特色小镇建设必须做足文化底色，要在“文化+”上做好文章，找到传统文化与现代社会生活的契合点，增强当地传统文化的感染力并放大其价值，将文化资源转换成特色产业，使其成为推动乡村发展的内生动力。

建设乡村特色小镇要守住文化灵魂、擦亮文化底色。费孝通先生曾说：“文化得靠记忆，不能靠本能，所以人在记忆上不能不力求发展，我们不但要在个人的今昔之间筑通桥梁，而且在社会的世代之间也得筑通桥梁，不然就没有了文化，也没有了我们现在所能享受的生活。”① 我们要怀着敬畏之心，尊重乡村发展规律，深度梳理当地历史文化发展脉络，挖掘提炼出独一无二的文化基因，创造性活用乡村资源的人文和生态价值，通过田野生态风光与特色家居有机结合、民俗文化与现代人文互动融合，努力打造优秀的文化品牌，为发展乡村经济服务。

据 2017 年 3 月 27 日《人民日报》报道，首批 127 个特色小镇建设带动产业和农村发展的效果明显，共新增企业就业人口 10 万人，农民人

① 费孝通：《乡土中国》，北京：人民出版社 2008 年版，第 16 页。

均纯收入比全国平均水平高 1/3。这些特色小镇的传统文化也得到了保护和传承。85%的小镇拥有省级以上非物质文化遗产，80%以上的小镇定期举办民俗活动，70%以上的小镇保留了独具特色的民间技艺[①]。比如江苏宜兴市丁蜀镇，依托紫砂国家级非物质文化遗产宝贵资源，通过构建包括研发设计制作、产品推广营销、创意休闲体验等的产业体系，实现产值 78 亿元，带动文化产业增加值 14.5 亿元，带动就业 10 万多人，从业人员年收入近 8 万元[②]。又如贵州雷山县西江镇是我国认定的第一批中国特色小镇。该镇以千户苗寨依山而建、鳞次栉比，错落有方的吊脚楼特色建筑文化和深厚的苗族歌舞、服饰、银饰、语言、饮食、节俗等农耕文化等作为发展特色小镇资源，在加快发展中提高了经济增长的质量和效益。2015 年，全镇国民生产总值完成 6.68 亿元，比 2011 年增长 2.8 倍，年均增长 25%以上；农业生产总值达到 2.28 亿元，比 2011 年增加 9800 万元，年均增长 6.5%；全镇接待游客将达 250 万人次以上，旅游综合收入预计突破 6 亿元，分别较 2011 年末增长 2 倍多和 1.6 倍；农民人均纯收入达到 7200 元以上，是 2011 年的 2 倍，年均增长 13%以上。农民人均纯收入中有三分之二以上来自直接或间接参与旅游所得，旅游业已成为支柱产业。

第六节　乡村文化发展应处理好的几个方面的关系

近些年来，在现代化、城市化和全球经济一体化的时代背景下，随着农村由于生产、生活方式的深刻变化所带来的农村社会、经济状况的变化，以及农民思想观念和审美趣味的转变，农村非物质文化遗产的传承与保护面临着巨大的冲击。其一，受城市化和现代传媒影响，许多乡村和乡土建筑正在快速消失，一些依靠口传心授传承的非物质文化遗产正濒临消亡，丰富的传统乡村文化正走向衰落。其二，受现代思想和现

---

① 邱玥：《首批特色小镇建设成效明显》，《光明日报》2017 年 3 月 24 日。

② 发展改革委有关负责人就《国家新型城镇化报告 2016》接受记者采访，http://www.gov.cn/xinwen/2017-07/11/content_5209582.htm。

代生活的影响，由于对乡土传统文化在现实精神生活和经济发展中的作用认识不足，造成了丰富的优质民间文化资源的闲置浪费。其三，受市场经济观念和商品意识的影响，在大力发展文化产业中，忽视传统民间文化所承载的知识和情感等深层价值内涵，随意滥用、过度开发现象时有的发生。

目前，乡村活力日渐衰退，文化传统濒临中断的危机。加强乡村文化建设，保护和传承乡村非物质文化遗产，已成为乡村振兴的重要方面。发展乡村文化，做好乡村非物质文化遗产的保护和传承工作，关键是要对农村文化的地位、价值和作用有一个正确的认识，消除过去对乡村的误解和偏见，尤其是要在乡村发展方向上正确认识乡村发展与现代化和城市化发展的关系；在文化发展路径上妥善处理乡村非物质文化遗产保护与开发利用的关系；在发展主体上充分调动广大农民群众参与农村艺人主导两个积极性，真正做到城市和乡村协调、传统和现代同构、文化与经济互动、大众与精英同力，形成共同推进中国乡村发展的局面。

一、处理好乡村发展与现代化的关系

长期以来，有学者认为，中国的现代化之路，必须走以西方文化来改造甚至是否定中国传统文化之路，于是就有了五四运动和 20 世纪 80 年代中至 90 年代初西化的现代化的过程。对乡村文化建设来说，就是以国家的意志以及社会精英的意识形态来改造乡村社会，以彻底地抛弃既有的乡村文化和生活方式为根本目标的文化现代化。这是一种否定乡村既有的文化传统的现代化，其结果是使乡村文化成为一片“废墟”。

在这里我们必须认真反思文化的传统与现代的关系。从历史延续性上讲，传统与现代的关系是不断继承与发展的关系。传统是流动的，而绝不是“静止的”“毫无变化的”。传统社会的改变不是在与“现代”因素碰撞之后才开始的，而是在此之前社会的自然进化之中发生的。这正如英国学者齐格蒙特·鲍曼在《流动的现代性》一书中指出的，现实中的“瓦解传统”是为了新秩序的积淀，传统时刻以“更新的、更加完善、先进的”形式出现[①]。因此，现代绝不意味着是对传统的完全否定，更不会是与传统的彻底决裂，而是在传统基础上不断地建设新秩序。

现代在意味着对于传统的变异和清理的同时，也意味着传统的进一步进化。其实现代性作为一种后传统的秩序，并没有与传统彻底决裂，而是在利用传统和习惯基础上进行的秩序重建。传统的不断发展丰富了现代性的内涵，现代性是作为传统的延续的存在。尽管传统以注重历史为特征，但这并不表明传统就意味着用过去压制现在和将来，而是始终面向现在和未来显示自己。这就像伊凡·瓦岱所说：“即使传统看上去按部就班地在现代性面前不断后退（正如森林在牧场或田野面前，田野和村庄在大都市面前后退时的运动一样），但它并不因此而失去了它在现时和当代历史时期中的作用。……它随时准备在人们意想不到的地方突然重现，首先是通过思想模式的渠道出现在我们每个人的身上，思想模式与我们的潜意识力保持着千丝万缕的联系。另一方面，现代性有时还会依靠最远古的思想模式来战胜最新或较新的思想模式。”[②] 因此，在现代化的社会文化建设中，不同的社会文化有不同的历史个性，它就像社会有机体的“基因”一样，延续为各个民族独特的个性和有特色的社会共同体，人类社会正是在传统文化基础上不断实现新的形成和组合而进步的。

马克思指出：“人们自己创造自己的历史，但是他们并不是随心所欲地创造，并不是在他们自己选定的条件下创造，而是在直接碰到的、既定的、从过去继承下来的条件下创造。”[③] 新农村文化建设是一场农村文化的巨大变革，这场变革不仅关系到农村社会的风俗、宗教、道德、法律、教育、科学、文学、艺术等精神文化的发展，而且将会影响到农村家庭结构、社会结构、人际关系、伦理观念等一系列变化，但是这种具有现代特色的新农村文化历史的创造，同样是在既有的农村文化传统基础上的创造与发展。因此，乡村的现代化绝不是去乡村传统的现代化，

① ［英］齐格蒙特·鲍曼：《流动的现代性》，欧阳景根译，上海：上海三联书店2002年版，第5页。

② 伊夫·瓦岱：《文学与现代性》，田庆生译，北京：北京大学出版社2001年版，第25页。

③ ［德］马克思：《路易·波拿巴的雾月十八日》，《马克思恩格斯选集》第1卷，北京：人民出版社1972年版，第603页。

而是在对既有传统尊重基础上的创新性发展。

二、处理好乡村发展与城市发展的关系

美国学者 L. 沃斯指出："城市和乡村在当代文明中代表着相互对立的两极。二者之间，除了程度之别外，还存在着性质差别，城与乡各有其特有的利益、兴趣，特有的社会组织和特有的人性。它们两者形成一个既互相对立、又互相补充的世界。二者的生活方式互为影响，但又决不是平等相配的。"[①] 现代主义学者认为，都市社会的文明主要是一种现代社会的文明，而乡村社会的文明则主要是一种传统社会的文明，城市是一个有文化的地方，而乡村则被看作是充斥和弥漫着传统风俗和习惯之所，而乡村的这些风俗和习惯等传统文化被归类和界定为现代文化的对立面，即封建的、迷信的，甚至是野蛮的文化。这种界定所强调的是落后的、封建的乡村文化与先进的、科学的城市文化之间的对立，于是对乡村文化传统的改造就成为现代文化建设的重要任务[②]。

在这种城市与乡村对立的两极化的思维模式下，其发展理念是把城市文明凌驾于乡村文明之上，城市代表着文明和先进，乡村则代表着愚昧和落后，发展方向就是要用城市文明覆盖乡村文明，最终以城市消灭农村。现代中国乡村文化发展走过的就是一条以城市的文明改造乡村传统社会、以城市所代表的进步文化改造乡村落后文化之路。这种把城乡二元对立极端化，彻底否定乡村存在的畸形发展模式，忽略乡村客观现实，忽略广大农民根本诉求，非但没有带动广大乡村的发展，相反给乡村带来了极大的破坏，加剧了经济社会发展的不均衡、不充分，进一步扩大了城乡差距。从文化发展角度来看，这种把传统的乡村文化看作"迷信"与"落后"的而加以改造，甚至是抛弃的简单粗暴对待乡村文化的做法，导致了乡村文化传统的断裂和文化认同的危机，也违背了保护世界文化多样性的基本原则。

---

① ［美］R. E. 伯克等：《城市社会学》，宋俊岭等译，北京：华夏出版社 1987 年版，第 275 页。

② 赵旭东：《文化认同的危机与身份界定的政治学——乡村文化复兴的二律背反》，李小云等编：《乡村文化与新农村建设》，北京：社会科学文献出版社 2008 年版，第 321—323 页。

中国传统社会是一个以乡村为主体的社会，只有在现代都市崛起后才打破了传统乡村社会的大一统局面。中国是一个超级人口大国，按照现有的人口增长速度，即便未来中国城镇化率达到70%以上，仍然有将近5亿人口生活在农村，这是中国最基本的现实国情。因此无论中国社会如何发展，城乡二元结构不会变，乡村永远不会全部消失。事实上，城市固然有城市的优点，农村也有农村的优势，城乡之间不是对立的，而是相互依存的关系。一切寄希望把乡村全部改造为城镇的想法是不切实际的，乡村发展必须尊重乡村文化传统和遵守农业发展规律，否则将事与愿违，目标与结果背道而驰。

我们的目的是缩小城乡差距，实现城市和乡村的均衡发展，使乡村独有的传统文明形态和城市文化并存，并呈现出不同的特质和风貌，让城镇与乡村共同发展，相辅相成。当今振兴乡村的意义在于充分认识农村的价值，尊重农村的主体性，尊重农民意愿、切实发挥农民主体作用、提升他们的生活品质，拓展他们的发展空间，促进农民共同富裕，引领他们的文明进步，把乡村建设成为更有乡村特色的农业强、农村美、农民富的幸福美丽新家园。

三、处理好乡村传统文化保护与利用的关系

如前所述，在过去相当长的时间里，我国在非物质文化遗产的保护和利用两方面都重视得不够，出现了许多问题。在保护传承上，听任大量原生态的民族民间文化自生自灭，导致大量乡村非物质文化遗产的消亡；在开发利用上，不尊重乡村文化的发展规律，随意开发和过度开发，导致了乡村传统文化内在特有价值的破坏。

目前，我们正处在一个文化全球化同构性与地方差异性同步发展的时代，传统生活还存在，本土文化也没有消失，它们共同构成了当今世界文化的丰富性和多样性，也为当今文化的现代性发展提供了重要基础和资源保障。在大众媒体、互联网、大数据、云计算已经遍布世界的今天，我们的文化都是在原生文化基础上的再造，这就是说，以往人们是通过自然来创造文化，而现在的人们则是通过“文化”来

“重构文化”。

如果说，人类社会在建构其物质生活基础时，所要加工的原料和所要开发、利用的对象是自然资源的话；在人们通过“文化”来“重构文化”的今天，人们发现我们面对的不仅仅有自然资源，还有以前人们不太注意到的人文资源。这就是说，以往的资本经济，所要开发和利用的对象是主要自然资源，而当今的知识经济所要开发和利用的资源，很大的一部分将要包括人文资源。这不仅仅是源于人类文化上的需要，也同样是源于人类生活上的需要，以及市场经济上的需要。乡村文化及非物质文化遗产正是这类文化资源的重要组成部分。要科学地保护和利用非物质文化遗产资源，必须正确认识其保护与开发之间的关系，坚持保护和开发并重。

加强对非物质文化遗产的保护使其生存下去这是基础，如果生存都成问题，就谈不上传承弘扬和开发利用了。必须正确认识乡村传统文化的价值和作用，彻底改变对传统民间文化的偏见，充分挖掘农村传统民间文化蕴藏的精髓，通过对非物质文化遗产社会价值的挖掘和弘扬，让优秀传统文化凝聚乡村文明精神，增强民众道德意识，提升农民精神风貌，培育文明乡风、良好家风、淳朴民风，为新时代乡村振兴打牢思想道德基础，提供强大精神支撑和坚实的文化保障。在保护好非物质文化遗产和尊重乡村文化价值与规律的基础上，进行合理有序的开发，使其创造一定的经济效益。人们从开发利用中获得了一定的经济效益，其保护的积极性才会上升到一种有目的和有动力的行动。因此，既要反对过度的商业性开发和片面强调经济效益的掠夺式开发，也要反对无作为“死保”的传统观念。必须加大对优秀非物质文化遗产抢救、保护的力度，加强非物质文化遗产保护的法律法规建设，使非物质文化遗产的开发利用建立在牢固的可持续发展的基础上。在对非物质文化遗产进行开发利用时，要坚持“尊重历史、尊重科学、保持原貌、崇尚健康”的原则，在去粗取精、去伪存真基础上，使乡村文化传统在利用中不走样、不变形，让其成为名副其实的文化产业精品。

近些年，随着人们对非物质文化遗产价值认识的提高，我国政府开始重视对非物质文化遗产的保护和利用，并取得了初步的成绩。2005 年至 2009 年，我国开展了首次全国性的非物质文化遗产资源普查活动，普查出资源总量近 87 万项。2011 年，我国颁布了《中华人民共和国非物质文化遗产法》，并建立了“国家—省—市—县”的四级非物质文化遗产名录体系。截至 2021 年底，国务院批准公布了五批共计 1557 个国家级非物质文化遗产代表性项目（以下简称“国家级项目”），按照申报地区或单位进行逐一统计，共计 3610 个子项。文化和旅游部认定了五批 3063 名国家级代表性传承人。我国入选联合国教科文组织人类非遗代表作名录项目 42 项，位居世界第一。

同时，人们还欣喜地看到，一些原本只属于地域性或家族式的传统文化艺术，通过文化产业的广泛传播而走向了社会，走出了国门；一些濒危的民间传统文化艺术品和艺术表演形式，经过科学的论证和抢救、整理，已经复制成精美的文化产品畅销于国内外市场；一些世代相传、凝聚着民族精神与智慧的民族史诗和民间文学，经过精心搜集和整理，已经编纂成多种文字的图书，在国内外市场广为流传，有的还被列入了世界文化宝库……这既保护了地方传统非物质文化遗产品牌，又在传承的基础上向经济市场渗透和延伸，通过发展非物质文化遗产产业，产生了较好的经济效益。

四、处理好农民大众和农民艺人保护主体的关系

过去部分学者甚至是官员对农民抱有传统偏见，认为农民是封闭保守的，自由散漫的，愚昧落后的，小农意识浓厚，是要被教育、改造的对象。以这样的观念看待农民，要搞好社会主义新农村文化建设肯定是不可能的。因此，2018 年出台的《中共中央国务院关于实施乡村振兴战略的意见》指出：“坚持农民主体地位。充分尊重农民意愿，切实发挥农民在乡村振兴中的主体作用，调动亿万农民的积极性、主动性、创造性，把维护农民群众根本利益、促进农民共同富裕作为出发点和落脚点，

促进农民持续增收，不断提升农民的获得感、幸福感、安全感。”① 农村文化建设不仅要服务农民，更重要的是调动农民创造新文化的积极性，使农民成为新农村文化建设的主体。农民既是民间文化的创造者，也是民间文化的传承者。

文化建设自下而上进行远比自上而下命令来得实在、有效，建设新农村文化农民的主角地位不能动摇，他们所发挥的作用不可低估。尊重农民作为文化持有人的权益，重视开掘农民所创造的文化的生命力，保护他们的一切创新成果，形成引导有力、激励有效、活跃有序、宽松和谐的有利于文化创造创新的机制和环境，调动农民群众参与农村文化建设的积极性、主动性、创造性。政府只有引导农民积极参与，让他们成为发展农村文化的主体，新农村新文化的内生性也才能真正解决，农村的文化也就有了生命和活力。农村文化只有深深植根于广大农民群众中，才有旺盛不竭的生命力。

农民不是没有文化的人群，他们中间卧虎藏龙。散布于广大农村的民间艺术家们生在农村，长在农村，是群众中的一员，他们的艺术养分直接来自农村，和农民有着天然的相通性。在民间文化的传承中，他们充分吸收群众创作的艺术养分，集中了集体的艺术才能，他们有超群的技艺，有良好的传承素质，是民间文化传承活动中的佼佼者，是农村文化事业中最活跃的因子，在传承活动中起骨干、桥梁作用，对民间文化的发展做出了特殊的贡献。发挥这些民间艺人在活跃农村文化生活、传承民间文化方面的积极作用，激发农村自身的文化活力，在新农村文化建设中显得尤为重要。对这些民间艺人的重点保护与开发，是农村文化建设向纵深发展的一个重要标志。我们要充分发挥民间艺人、文化能人、文化经纪人在活跃农村文化生活、传承民族民间文化方面的积极作用。大胆选拔、培养和使用农村文化人才，使优秀文化人才脱颖而出，通过他们的作用，带动并促进新农村文化事业的发展。

---

① 《中共中央国务院关于实施乡村振兴战略的意见（2018 年 1 月 2 日）》，《人民日报》2018 年 2 月 5 日。

五、处理好文化与科技融合发展的关系

在科技发展日新月异、传播技术迅猛发展的当今时代，文化与科技的融合已成为不可阻挡的潮流，当前中国文化产业的发展很大程度上依赖技术的推动。进入21世纪以来，中国技术创新能力逐步提升，科学技术发展日新月异。技术的进步，正极大程度改变传统的产业组织模式、经济运行模式和人的思维模式，对文化及文化产业发展起到非常大的推动作用。

文化科技深度融合将大大增强文化资源整合能力。通过技术对不同类型的文化资源进行整合，可以使文化资源以信息化形态存储，大幅度提高文化素材的数量和质量。文化资源整合能力的增强，主要体现在具有符号化意义的文化资源、经验型的技能文化资源、创新型的智能文化资源等方面。随着新一代高新技术如云计算、物联网技术及通信技术的广泛应用，文化资源开发的深度和配置的优化程度将进一步增强，甚至实现文化资源的全球整合，大大提升文化的传播质量和影响力。文化科技深度融合将大大提升文化产业的核心竞争力。第一，文化产业发展离不开共性技术，包括语言文字、声音、图形图像处理技术，以及版权保护、检索等专项技术。第二，文化产品生产的各个环节都依赖技术支撑，包括书、报、刊、音像及电子等各类出版物的生产，广播电视节目的生产，美术及动漫和网络游戏的生产，等等。第三，文化传播的渠道、方式和手段等对科技的依赖更直接。构建覆盖广泛、传输快捷、互联互通的文化传播体系，需要广泛应用高新科技。第四，文化资源的开发、储存以及文化遗产的保护，越来越广泛地采用现代技术手段。此外，文化服务、传统文化产业改造等都需要科技支撑。

立足我国文化科技融合发展实际和要求，科技部印发的《“十三五”现代服务业科技创新专项规划》中明确指出，要深入实施国家文化科技创新工程，推进文化与科技深度融合发展。在民族民间文化资源服务工程中明确提出：“开展中华民族民间物质与非物质文化艺术资源服务平

台研发与应用示范。研究中华民族民间物质与非物质文化艺术资源数字化关键技术，汇聚各类民族民间传统艺术数字化资源，建立中华民族民间文化元素资源池，研究开发民族民间传统艺术资源标识规范与标识管理服务系统，开发民族民间传统艺术数字化文化资源公共服务平台，创新民族民间传统艺术数字文化资源公益服务与商业运营并行互惠的服务模式，为民族民间艺术剧目创作和工艺产品制作提供精准元素内容服务、精准素材内容服务、精准作品内容服务、内容聚类服务、艺术形态聚类服务、内容源流地位置服务等社会化服务。”①这一民族民间文化资源服务工程的实施，通过对乡村文化及文化产业发展所需的核心技术、关键技术、共性技术进行攻关，在文化管理、文化创意、文化生产、文化展示、文化传播、文化交流、文化遗产保护等领域加快文化与科技的深度融合，为文化发展植入更多的创新基因，将加速文化生产方式及发展模式的变革，带来文化传播传承方式的新革命和文化消费方式的新变革，从而推动乡村文化的繁荣和文化产业的新发展。

第七节　乡村文化建设中农民主体意识建构与作用发挥*

2018 年，中共中央、国务院先后印发了《关于实施乡村振兴战略的意见》和《乡村振兴战略规划（2018—2022 年）》，文件指出：“乡村是具有自然、社会、经济特征的地域综合体，兼具生产、生活、生态、文化等多重功能……乡村兴则国家兴，乡村衰则国家衰。”乡村振兴要“统筹推进农村经济建设、政治建设、文化建设、社会建设、生态文明建设和党的建设，加快推进乡村治理体系和治理能力现代化，加快推进

---

* 本节原题《乡村文化建设中农民主体意识建构与作用发挥》（与吴祖云合作），原载《理论月刊》2021 年第 3 期；本节略有修改。

①《科技部关于印发〈“十三五”现代服务业科技创新专项规划〉的通知》，2017 年 4 月 14 日国科发高〔2017〕91 号。

农业农村现代化，走中国特色社会主义乡村振兴道路”[①]。并提出“坚持农民主体地位”的基本原则，明确要求“充分尊重农民意愿，切实发挥农民在乡村振兴中的主体作用”[②]。乡村文化建设是乡村振兴的重要组成部分，乡村是中华传统文化生长的家园，乡村文化是中华优秀传统文化的根基。文化兴，则乡村兴。在推动乡村文化振兴中，必须遵循乡村文化发展规律，高度重视农民主体意识的建构，充分发挥农民的主体作用，发扬“民间文化民间办”的优良传统，调动农民文化建设的激情，激活农民文化建设的积极性和创造性，构建乡村文化建设的内生机制，通过文化建设不断满足农民群众日益增长的精神文化需求，提升农民的获得感和幸福感[③]。

一、乡村文化建设必须坚持以农民为本、服务农民的核心理念

马克思主体性理论认为人始终是主体，“只有当人具有主体意识、主体能力并现实地作用于客体的时候，他才可能成为活动主体，具有主体性”[④]。党的十九大报告提出，人民是历史的创造者，是决定党和国家前途命运的根本力量，必须坚持以人民为中心，坚持人民主体地位，坚持立党为公、执政为民，践行全心全意为人民服务的根本宗旨，把人民对美好生活的向往作为奋斗目标[⑤]。关于中国共产党的文化工作的宗旨，早在1944年毛泽东的《文化工作的统一战线》就提出：“我们的文化是人民的文化，文化工作必须有为人民服务的高度的热忱，必须联系群众，而不能脱离群众。要联系群众，就要按群众的需要和自愿。一切为群众

① 中共中央、国务院印发《乡村振兴战略规划（2018—2022年）》，《中华人民共和国国务院公报》2018年第29号，2018年10月20日。

② 中共中央、国务院印发《关于实施乡村振兴战略的意见（2018年1月2日）》，新华社北京2月4日电，http://www.gov.cn/xinwen/2018-02/04/content_5263807.htm。

③ 黄永林、罗忻：《新中国成立70年农村文化的现代性探求及历史经验》，《民俗研究》2019年第5期，第5—14页。

④ 《马克思恩格斯选集》第1卷，北京：人民出版社1995年版，第116页。

⑤ 习近平：《决胜全面建成小康社会，夺取新时代中国特色社会主义伟大胜利——在中国共产党第十九次全国代表大会上的报告》，《人民日报》2017年10月27日。

的工作都要从群众的需要出发，而不是从任何良好的个人愿望出发。”①新时代乡村文化建设的首要问题就是方向问题，即为什么人的问题，党为人民服务的根本宗旨决定了中国特色社会主义乡村文化建设的目的就是为广大农民服务。乡村文化建设以农民为本、服务农民的宗旨具体体现在以下三个方面：

（一）保障农民群众的基本文化权益

实施乡村振兴战略，应该以促进农民对美好生活的追求为目的，把维护农民群众根本利益、促进农民共同富裕作为出发点和落脚点，不断提升农民的获得感、幸福感和安全感②。在农村经济建设取得巨大成就，农民收入不断增加、生活水平不断提高、生产生活基础设施不断改善的同时，农民对精神文化的需求日益突出和迫切。文化是重要的民生，乡村文化建设最基本的目的就是要大力发展乡村文化、保障农民群众的基本文化权益。推动乡村振兴，突出农民的主体性，不仅要大力发展经济、改善人民的生产和生活条件，满足农民群众的物质生活的需求，而且还必须充分考虑农民群众的精神文化需求，为农民群众提供更多的公共文化服务，提高文化供给能力和水平，切实保证广大农民共享改革开放的成果，享受到应有的文化权益，拥有平等的文化发展机会，促进乡村物质文明和精神文明协调发展。

（二）满足农民群众的精神文化需求

乡村文化建设最重要的任务就是要提供更加丰富的为广大农民所价值认同、情感共鸣和喜闻乐见的文化供给，满足他们日益增长的多样化的精神文化需求。当代农民在精神文化需求方面存在着两种层次的需求：一种是生存性的基本文化需求，这是农民基于日常生产生活必需而产生的文化需要。农民在日常生活和物质生产之中寻求身心放松和精神愉悦

---

① 毛泽东：《文化工作的统一战线》，《毛泽东选集》第3卷，北京：人民出版社1991年版，第1012页。

② 《中共中央、国务院印发〈乡村振兴战略规划（2018—2022年）〉》，《人民日报》2018年9月27日。李卫朝、王维：《依托农民主体性建设，切实推动乡村全面振兴》，《中国农业大学学报（社会科学版）》2019年第3期。

的一种补偿性活动，比如开展各种文艺活动（如唱山歌、讲故事、跳广场舞等）、各种体育健身活动（如打球、赛跑等），以及听音乐、看电视剧和电影等活动，这种文化需求具有生存性和大众性特征。另一种是发展性的高层文化需求，这是农民基于自我发展和自我满足而产生的文化需求，比如为了更好地适应社会为提高自己的工作能力和水平而进行的各种提高性的文化学习就属于发展性需要，比如为更好地愉悦自己的身心所进行的度假休闲旅游和时尚文化消费就属于高层次的精神需求，这种文化需求具有发展性和个性化的特征。从生存性需求角度来说，政府应提供更多的公共文化服务，保障农民的基本文化权益；从发展性需求角度来说，社会应大力发展文化产业，提供更多个性化的文化产品与服务，满足不同消费者的需求。

（三）提升农民群众的良好精神风貌

《关于实施乡村振兴战略的意见》指出："乡村振兴，乡风文明是保障。必须坚持物质文明和精神文明一起抓，提升农民精神风貌，培育文明乡风、良好家风、淳朴民风，不断提高乡村社会文明程度。"[①] 培育乡风文明，提升农民精神风貌必须把握广大人民群众文化需求的兴奋点，不断创新乡村文化服务的内容、方式、手段，提高服务能力，提供更多为广大农民所喜闻乐见的文化产品，满足农民文化需求的新变化。在内容上，要做到"三贴近"，即贴近农村、贴近生活、贴近实际，提供更多描写农民身边的人和事、反映当代乡村精神面貌、表现乡土风情和地方特色，以及传播农村新风尚的健康向上的文化产品与服务。在形式上，要不断丰富和创新文化载体，不仅要用农民最熟悉、最喜欢的传统文化形式和手段，而且还要充分利用现代科技手段，提高文化产品的表现力和传播力，以百花齐放、充满生机活力的乡村文化，活跃群众的文化生活，提高他们的精神风貌与境界。

新时期乡村文化建设，只有真正从建设目的和服务宗旨上确立为农民服务的核心理念，把农民的需求放在首位，在行动上充分保障农民的

① 中共中央、国务院印发《乡村振兴战略规划（2018—2022年）》《人民日报》2018年9月27日。

文化权益，提供丰富多彩的文化供给，把乡村建设成为老百姓的精神家园，才能真正把乡村文化建设中农民的主体地位落到实处。

二、乡村文化建设必须充分调动广大农民的积极性和创造性

历史唯物主义认为，人民群众是社会历史的主体，是物质财富和精神财富的创造者，是进行社会变革的决定力量。中国是个传统的农业大国，农民人口占绝大多数，乡村建设的主体必然是农民。乡村文化建设，既是对乡村优秀文化的传承，也是对乡村文化的时代创造，无论是传承，还是创造，都离不开农民的主体性作用。近些年以来，造成乡村文化发展困境的主要原因之一，就是农民文化建设的主体力量没有得到高度重视和充分发挥。在乡村文化建设过程中，农民成为旁观者、局外人，使乡村文化发展失去活力。在当今乡村文化建设和发展中，唯有紧紧依靠广大农民，尊重农民的主体地位，突出农民的主角作用，发挥农民的首创精神，才能推动中国乡村文化又好又快地建设与发展。

（一）坚持农民的主体性，重建乡村文化的内生机制

在乡村文化建设中必须坚定不移地坚持农民的主体性地位，强化农民的主体意识和主体作用。农民的主体性是农民作为一个群体性主体，在社会发展过程中自身的自主性、目的性、能动性、创造性特点在具体实践中的体现。具体来说，是指农民主动参与乡村建设，并在建设与创造活动中积极表达自己的需求，主动发挥自己的创造力，为乡村发展作出自己的贡献。坚持农民的主体性、发挥农民主体性作用，是马克思主义哲学关于事物发展变化客观规律，事物的内因是推动事物发展变化的根本原因，事物的外因是推动事物变化的外部条件，外因通过内因起作用的基本原理的现实运用。

乡村文化建设是农民创造历史的主体性活动。在新时期的乡村文化建设中，广大农民是内因，而政府是外因。政府是农村文化建设方针、政策的制定者，而农民是文化的实际建设者，政府的作用主要是为乡村建设创造有利的外部环境和提供良好的条件保障，而农民才是乡村文化建设的内在动力和主力军。因此，农民主体性作用发挥的程度的大小是

新时期乡村文化建设能否成功的关键。在乡村文化建设中，只有尊重农民的主体地位，尊重与理解农民的文化观，给予农民更多的文化建设参与权、话语权、表达权，并通过充分发挥农民的主体作用，依靠农民自觉行动，激发农民的自尊和自信，重建乡村文化内生机制，才能真正达到维护和实现农民的文化利益的目的。广大农民只有从参与文化建设的过程中亲身体会到文化所带来的幸福感和满足感，农民文化建设的内在激情和动力被充分激发出来，农村文化大发展大繁荣才有可能实现。

（二）强化农民的自主性，增强乡村文化建设的自觉性

马克思将人作为主体的活动称为“自主活动”，认为“这种自主活动就是对生产力总和的占有以及由此而来的才能总和的发挥”①。农民主体性主要是指农民在生产生活中所表现出来的自主性和自觉性。农民主体性在乡村文化建设体系中的关键问题是使农民充分认识到自己的主体地位，自觉承担起主体角色，从而真正成为新时代乡村文化建设和发展的主体。

自主性是农民主体性的首要内容，标志着农民作为主体对于影响和束缚其生存与发展的自然地理环境和社会历史环境有了独立、自由、自决支配自己生产生活的权利和可能②。在乡村文化建设中农民主体失位和集体失语的情况下，农民的基本文化意愿不可能得到应有的尊重，农民的话语权也不可能得到应有的表达，农民的主体作用更不可能得到充分发挥。因此，在当今的农村文化建设中，当务之急就是要增强农民的文化主体意识，使农民认识到自身的主体地位，培养他们文化主人翁意识，强化他们的文化建设的主体责任。

自觉性是指农民在各项乡村建设中能主动参与、共建共享，体现为农民在建设中不是单向、被动接受，而是主动、积极参与。在乡村文化建设中，农民作为独立的个体，应构建对自身身份和农村社会的认同感，激发参与文化建设的内在热情，发挥和强化主观能动性，实现从文化建设的局外人到局内人，从被动参与者到主动创造者的转变。一方面，农民作为乡

---

① 《马克思恩格斯选集》第1卷，北京：人民出版社1995年版，第129页。

② 李卫朝、王维：《依托农民主体性建设，切实推动乡村全面振兴》，《中国农业大学学报（社会科学版）》2019年第3期，第72—80期。

村文化建设的直接行动者，必须增强自己在建设中的主体意识，明确自己的需求必须由自己来表达，自己的利益也必须由自己来实现，自己的文化由自己来创造，自觉为乡村文化建设作贡献。另一方面，政府作为文化政策的制定者和乡村公共文化的提供者，必须明确农民在乡村文化建设中的主人翁地位，强化为农民文化建设服务的观念，通过制定各种文化政策和采取行之有效的措施，激发农民发展乡村文化的主动性。

（三）调动农民的积极性，激活乡村文化建设的创造性

农民不仅是乡村文化的拥有者、享用者和受惠者，也是乡村文化的组织者、创造者和建设者，是乡村文化建设的主力军，只有让农民主动参与到乡村文化建设中来，最大限度地调动农民群众参与乡村文化建设的积极性和创造性，乡村文化建设才能收到预期的效果。农民的积极性与创造性是衡量农民主体性强弱的显著标志，在农村文化建设中有着不可估量的作用。

发挥农民在乡村振兴中的主体性，首先必须要让广大农民认识到国家实施乡村振兴战略是为了自己创造美好的生活，使他们跳出原来习以为常的被动等待的消极思维窠臼，从而以积极的心态、主动的精神参与到乡村振兴中，充分发挥自己的创造精神，成为创造美丽乡村的主体力量。坚持农民文化建设的主体地位，就是要最大限度调动广大农民参与乡村文化振兴的积极性，提升农民参与文化建设的热情，要变“要我办”为“我想办”和“我要办”，让农民以主人翁姿态参与农村文化建设，并形成强大的参与动力，让农村文化“火起来”，推动乡村文化健康协调可持续发展，实现农村文化大发展大繁荣。创造性是农民主体性的最高体现，是创新性的集中展现。农民通过发挥自身的创造性，自觉调节主体与客体、自身与外在的各种关系，进而确立自己的主体地位。要充分尊重农民的文化首创精神，自觉发挥农民文化建设的主观能动性，大力支持他们积极追求、创造自己所向往的精神文化生活。

在乡村文化建设中，农民主体的自觉性、自主性、积极性与创造性紧密相联、相互促进。自觉性和自主性是农民发挥积极性、创造性的前提条件，创造性是自觉性的高级阶段、是自主性和积极性的最高表现。

自主性、创造性的发挥，有助于强化和巩固自身的主体性，如果说农民发挥主动性是对现实的自觉选择，那么，发挥创造性则是农民对现实的自觉超越[①]。

（四）乡村文化建设必须弘扬“民间文化民间办”的优良传统

农民自己办文化，指的是农民个体或群体依靠其拥有的各类文化资源，而进行的以满足自身或群体的精神文化需求或物质利益需求为目的的各类文化实践活动[②]。农民是乡村文化建设的主体，广大农民群众既有对文化消费的本能和精神的需求，更有参与文化活动的现实愿望和能力，丰富多彩的乡村传统文化为文化建设提供了宝贵的资源，这些共同构成了农民自办文化的前提与基础，只要将农民文化建设的主体作用发挥出来，乡村文化的振兴就一定能实现。

1. 发扬“民间文化民间办”的优良传统

农民历来是乡村文化建设的自发力量，乡村有着“民间文化民间办”的优良传统。在传统乡村社会，农民是办文化的主体，为满足自身的精神文化需求，他们开展了大量的民间文化活动，如民间文学中的讲故事、唱民歌、跳地方舞，民俗文化中的传统节日、宗教祭祀、民间礼仪等活动，这些活动基本上都是老百姓自发组织的。在乡村还产生了一些民间文化自组织，它们形成了较为严格的组织架构、活动规则和职责分工等，正是这些农村文化自组织的存在并形成传统，才使得农村传统文化生生不息、绵延至今。然而，随着社会的发展和乡村的变化，在现代生活和现代文化的严重挤压下，乡村传统文化逐渐走向衰落，乡村自办文化的传统也逐渐消失，乡村文化建设中农民的主体地位和作用也大大降低，这严重动摇了乡村文化的根基，影响了乡村文化的发展。在乡村文化振兴的关键时刻，我们要抓住机遇，重塑农民文化建设的主体地位、发扬“民间文化民间办”的优良传统，将乡村自组织办文化的传统优势转化为发展现代乡村文化的组织优势，推动现代乡村文化发展。

---

① 李卫朝、王维：《依托农民主体性建设，切实推动乡村全面振兴》，《中国农业大学学报（社会科学版）》2019年第3期，第72—80页。

② 肖剑忠：《农村自办文化：被忽略的价值》，《精神文明导刊》2007年第12期。

2. 坚定对传统乡土文化的自信

树立乡土文化自信是推动乡村文化振兴的前提，乡土文化自信是基于对中国农耕文化的历史和价值的深刻认识。作为一个文明古国和农业大国，我国有着悠久的农业发展历史，不同地域的自然条件与不同历史阶段的生产力发展水平，孕育了丰富多彩的农耕文化，这些农耕文化成为中国传统文化的源头和重要组成部分，积淀成中华文化的历史根基和发展基础。中国传统乡村因其地理位置、资源禀赋、历史渊源的差异，以及生产生活方式、心理定势和认知行为模式的不同，经过历史积淀，形成了丰富多彩、千差万别的地方特色文化，如乡村特有的民族文化、民间艺术、民俗习惯和民间信仰等文化现象，它们既是村民们的精神家园，也是现代乡村文化建设的重要基础。然而，在中国现代文化史上，受西方文化的影响，我们曾对自己的传统文化失去自信，妄自菲薄，出现了崇洋媚外“以洋代中”的“反传统”的文化逆流，造成了对中国传统文化的极大破坏，而乡村传统文化首当其冲，遭受毁灭性的打击。近年来，我国开始重视传统文化，提出了弘扬中华优秀传统文化，“要处理好继承和创造性发展的关系，重点做好创造性转化和创新性发展”①。各地兴起了“乡土文化热”，如春节庙会、清明祭祖、端午赛龙舟、重阳登高等传统民俗节日文化日渐复兴，展现了传统乡土文化顽强的生命力和超强魅力。在乡村文化振兴中，我们要坚定对乡村传统文化的自信，更加尊重乡村文化传统，挖掘其当代价值，特别是要把民间特色文化资源作为乡村文化建设的重要资源，在乡村的土壤上，传承和发展优秀传统文化，培育文明乡风、良好家风、淳朴民风，提升农民精神风貌，焕发乡村文明气象②。

3. 调动农民自办文化的积极性

在乡村振兴过程中，乡村文化农民自己办，是富裕起来农民的一种精神需求，是在广阔的田野上，实现以人为本，促进人的全面发展和社会进步的一种精神动力与智力支持。农民自办文化使自己站在了乡村文

① 习近平：《习近平谈治国理政》，北京：外文出版社 2014 年版，第 164 页。

② 庞慧敏：《新时代乡村文化传播研究的路径选择》，《青年记者》2020 年第 6 期，第 26—27 页。

化建设应有的主体地位上，这极大地调动了农民建设乡村文化的积极性。实践证明，农民自办文化扎根于广大群众之中，农民既有办好文化的信心和乐趣，又有办好文化的能力和办法，在自办文化的过程中，农民说自己的话、讲身边的事，也最能体恤民情，温暖民生，离农民最近，可以满足农民多层次文化需求，有广泛的群众基础，具有鲜活的生命力。目前，农民自办文化的主要形式有：农民书屋、农民娱乐室、农民乐队、农民剧团、农民网吧、农民武术队，等等，这些民间文化团队通过自办各种文化活动，活跃了农村文化活动，提高农民的文明素养，为新农村建设注入了新的生机与活力。今后，随着乡村文化振兴，农民自办文化必将进一步发展，它们必将在社会主义乡村文化建设中开出姹紫嫣红的鲜花，为乡村文化的百花园增添绚丽的光彩。

4. 突出农民自办文化的优势

与政府和社会组织办文化相比，农民自办文化具有自己的特色和优势。在内容上，具有鲜明的民间立场、深厚的民众情感和传统的民间文化特色，这些对农民有着先天的吸引力和亲和性。比如民俗节日文化、民间传说故事、民间音乐戏曲等民间文艺形式，以及剪纸、绘画、陶瓷、雕刻、编织等民间工艺项目，既能增强农民自办文化的生机与活力，更能增强民众对民族文化的认同感和凝聚力，激发出他们热爱家乡、建设家乡的热情和积极性。在组织上，农民自办文化具有人员稳定和机制灵活的特点。其人员主要是当地农民，他们生长在农村，对家乡文化有着深厚的情感，他们自发组织起来，自筹资金、自编自演、自娱自乐，深受农民的喜爱，已成为团结当地农民群众的重要纽带。鼓舞民众士气的重要手段。目前农民自办文化形式多样，从性质上来看主要有村办、业余、个体等三种形式。这些性质不同的农民自办文化由于内容上贴近农民和农村生活实际，组织上人员稳定和机制灵活，大大提高了乡村的文化活力与品位，在乡村文化建设中发挥十分重要的作用。

随着改革的全面深入，现在政府独家办文化的体制已经越来越不适应文化发展的需求，这也与乡村文化发展的规律不符合，与广大农民办文化的主体地位不相称。因此，各地政府在努力提供公共文化服务的同时，还应结合乡村文化振兴实际，制定鼓励和扶植本地农民自办文化的相关政策和措施，因地制宜分类指导，促进农民自办文化的健康发展。

三、乡村文化建设必须加强组织建设和人才队伍建设

乡村文化建设，组织是保障，人才是关键。乡村文化建设要靠文化组织机构去组织实施、协调配合，要靠文化建设者的组织能力、业务能力去实现。因此，加强乡村文化组织机构和人才队伍的建设，是发展乡村文化的基层性工作。要立足乡村，从广大农民的生产和生活出发，积极培育乡村民间文化组织，大力培养乡村年轻文化人才，加强乡村文化人才队伍建设，为乡村文化的建设与发展奠定坚实的基础。

（一）积极培育乡村民间自办的文化组织

大力培育和扶持农民自办的民间文化组织，重新激发民间自办文化组织的积极性，充分发挥乡村文化人才的参与热情与聪明才智，使其在乡村文化建设中提供更好更多的精神文化活动和产品。农民文化组织尤其是农民自发成立的民间文化组织，产生于乡村土壤，主体是农民中的文化建设积极分子和骨干力量，他们十分了解农民的文化需求，提供的文化活动具有浓郁的乡土气息和地方特色，深得农民群众的广泛认可和喜爱，且农民也往往乐于参与。目前，要大力支持和积极引导农民自发成立的那些具有地方特色的秧歌队、舞蹈队、器乐队、歌唱队、曲艺队、小剧团、小舞台等半公益性的乡村文化艺术团队，使它们成为乡村文化供给的主力军。特别还要积极引导农民自办的文化社团与时俱进，在继承和发扬乡村优秀传统文化的基础上，适应时代发展和现代生活，在表演的内容和形式上增强时代特色，在紧密契合社会主义核心价值观的前提下，更多地体现乡村建设的新风貌，增加农民对乡村的家园意识和认同感，提升对乡村精神文化建设的作用与效果①。

（二）大力培养乡村文化建设的年轻力量

传统乡村文化建设的主体是农民，新农村文化建设的主体也必然是

① 黄永林、罗忻：《新中国成立 70 年农村文化的现代性探求及历史经验》，《民俗研究》2019 年第 5 期，第 5—14 页。

社会主义新型农民。社会主义特色的乡村文化建设，必须发挥广大农民的积极性，大力发展农民自办文化，让农民真正成为文化建设的主体。目前，乡村农民自办文化仍以中老年人为主要力量，这是因为农村中的大量文化活动仍以传统文化为主体，而传统文化的爱好者和传承者往往是中老年人，他们对建设自己家乡的文化有更高的热情，更强的责任心，也更容易组织起来。而当今农村青年人大部分都外出务工，无法直接参与乡村文化建设，即便是那些留在农村的青年人，他们大多对农村文化认知不足、参与活动的积极性不高。文化是承前启后继往开来的事业，乡村文化建设归根到底是年轻人的事业，这需要更多年轻人的积极参与，培养更多的社会主义乡村文化的接班人就显得极为重要。因此，要千方百计激发广大农村年轻人建设乡村文化的主体意识和主体责任，调动他们参与自办文化的积极性，使年轻人真正成为建设社会主义乡村文化的生力军，使乡村文化后继有人，并焕发出年轻的生命力。

（三）重点加强乡村文化人才队伍建设

加强乡村文化人才队伍建设，必须营造尊重文化、尊重人才的良好环境，建立有利于人才发挥文化才能的人才政策制度和体制机制，确保更多能力强、水平高、有文化特长的人积极参与到乡村文化建设中来，并最大限度发挥人才的积极作用。首先，要培养乡村群众对文化的景仰之情和对文化人的尊重之心，加强他们对乡村文化建设的使命感、责任意识和担当精神，培养他们积极的文化心态，特别要营造有利文化人才提升和发展的环境。其次，要制定吸引文化人才到农村工作的优惠政策制度，鼓励和吸引大学生到农村从事文化工作，引导返乡下乡人员积极参与乡村文化建设，实现文化人才的不断再生。再次，要创新有利于农村优秀文化人才脱颖而出的体制机制，鼓励乡村当地的文体教师、科技人才和文化积极分子等现有乡村文化精英参与文化建设，培养乡村文化领袖，支持当地民间艺人收徒传艺、开厂办店，充分激发乡村现有人才活力。乡村文化建设，必须动员全社会的积极支持和广泛参与，用积极的人才机制激活乡村文化活力，把乡村文化建设推向新的发展阶段。

附录：

黄永林 在文化与经济之间构筑高地*

《中华儿女》杂志记者 李建宇 张月

现代人有"歌迷""舞迷""球迷"和"牌迷"，等等，黄永林自己不会唱歌，不会跳舞，也没有体育运动的爱好，最大的爱好恐怕就是看书和写书了。每每有作品问世，那高兴的劲头犹如中了头彩。黄永林想，他大概可以算是一个忠诚的"书迷"。童年的生活环境和个人兴趣，让黄永林与民间故事和小说结缘，也注定了此后要与故事和小说打交道，索解文化的斯芬克斯之谜成了他一生追寻的梦。任凭前进路漫漫，充满荆棘坎坷，他亦无怨无悔，不改初衷。

自幼故事埋机缘 刚好生平做研究

黄永林出生在江汉平原一个乡村，尽管这里人们的生活并不富裕，但民间故事却异常丰富。那充满神奇幻想而又极富人情味的故事，令他激动、喜爱、痴迷。至今他依然记得小时候在明亮的月光下，缠着奶奶要她讲"野人家家""巧媳妇"的故事，拉着爷爷要他讲"狗耕田""白蛇许仙"故事的情景，直到如今他还能讲出许多小时候听到的美妙

---

* 本文原载《中华儿女（海外版）》2020年5月号（中）。

故事。六岁时，由于村里没有小学，他的父母请了一个私塾先生教他识字，先生很温和，在教他识字之余，还给他讲“孔融让梨”“司马光砸缸”等故事。故事给他的童年带来了无边的快乐，也留下了无尽的遐想……

后来村子里办起了小学，黄永林终于如愿地进入了正规学校学习。也许是孩提时对故事情有独钟的原因吧，当他能看懂书的时候，又爱上读中国古典小说，如《西游记》《三国演义》《水浒传》等。尽管那时的他对其中的内容只是一知半解，但那些生动曲折的故事情节和栩栩如生的人物形象，却令他如痴似迷。

1979 年，黄永林参加高考，进入了文学专业实力雄厚的华中师范学院（现名华中师范大学）中文系。此后，他便有了阅读大量中外小说的机会，尤其是对于外国通俗小说，更是爱不释手。他回忆说，记得他第一次读《十日谈》时，废寝忘食、通宵达旦，一连看了三遍，觉得甚是过瘾！

故事听多了，在他的心中隐隐约约产生一种感觉：民间故事为什么如此有趣？这些故事从何而来？中外小说读多了，也难免会不自觉地进行比较：同是讲述故事（叙事文学），为什么民间故事与小说的“味”就不一样？同是小说，西方小说和中国小说的“味”为什么截然不同呢？或许这正是黄永林最早萌动的研究民间故事、中西通俗小说的念头。

为了从理论上弄清民间故事、中西小说的魅力之谜，大学时，黄永林除了学习文艺理论、中国文学史、外国文学史等必修课程之外，他还特地选修了民间文学概论、美学概论等课程。在著名民间文艺家刘守华教授的指导下，完成了学士学位论文《中国民间故事对中国小说的影响》。黄永林回忆说，尽管这篇论文题目过大，写得也比较幼稚，但由于颇具新意，仍获好评。经修改后很快在省级大学学报上发表，这使他研究民间故事的信心倍增。1985 年，黄永林师从刘守华先生开始在职攻读现代文学专业民间文学方向硕士学位，研究领域转向民间文学与作家文学的关系。那时中国通俗文学异军突起，对中国文化发展产生了很大影响，通俗文学研究遂成了热点问题。在硕士学位论文选题时，他大胆选择了《论通俗文学与民间文学的关系——论郑振铎的俗文学观》进行研究。在硕士学位论文基础上深入研究的专著《郑振铎与民间文艺》，还获得了中国民间文艺学“山花奖”学术著作奖、湖北省政府社会科学优秀著作奖。

1997年，黄永林考上华中师范大学中国现当代文学博士研究生，在导师黄曼君先生的鼓励下，他选择“20世纪中国大众文学的现代转型及其品格”作为博士学位论文选题，尝试着从“现代性”这个特定的理论层面，来探讨20世纪大众文学的现代转型和现代品格等方面的问题。在撰写博士论文的同时，黄永林还参与《民间文学导论》《民间文学教程》和《中国现代文学史》的编写，发表了一系列关于大众文学、大众传媒的论文，出版了《张恨水论》《民间文化与荆楚民间文学》《大众视野与民间立场》等著作。《民间文化与荆楚民间文学》获得中国民间文艺学术著作奖、《大众视野与民间立场》获得武汉市政府社科优秀成果奖著作奖。

2003年，黄永林的“中国民间文化对现代小说创作的影响”项目获得教育部人文社会科学研究立项，结项成果《中国民间文化与新时期小说》鉴定为优秀，2007年由人民出版社出版，2009年获得第四届教育部“高等学校科学研究优秀成果奖（人文社会科学）学术著作奖”二等奖。另外，他还于2009年出版了近50万字的《中西通俗小说叙事：比较与阐释》，从中西通俗小说发展的动态中探求演变规律，从社会文化背景和文化精神上阐释中西通俗小说的异同及其根源，体现了宏观与微观、历史与现实、理论与实际的结合。该书2013年获教育部高等学校科学研究优秀成果奖（人文社会科学）二等奖，2018年德国斯普林格（Springer）出版社出版英文版，在全球发行。

黄永林说，听故事和读小说是他童年时代生活中一种幸福的生活内容，令他如痴似迷；而研究民间故事和中西通俗小说则是他一生中与社会和学界之间的一种文化沟通方式，让他心无旁骛。以故事为伴、以研究为业，他觉得这既有趣味、又有意义，因此他的人生应该算是幸运的。

一肩挑得两重担　文化经济谋周全

令人惊奇的是，黄永林在民间文学研究领域所取得的丰硕成果，竟然是“兼职”完成的。其实早在 1988 年初，黄永林就被选到学校财务处工作，成为“学术行政双肩挑”干部；2004 年初，他通过参加副校长公选，成为分管学校财务工作的副校长。在行政管理岗位工作 30 年，他的文学和文化研究是他每天用心用力地挤时间完成的。从文学领域到经济部门，这样的反差不可谓不大，黄永林面临的挑战可想而知。但他接受住了考验，以最快的时间完成了知识结构和思维方式的转变，实现了从“门外汉”到“行家里手”的转变。在财经管理工作之余，他积极思考和研究有关教育经济问题，先后承担了财政部、教育部教育财务方面的重大课题 10 多项，主编了《学校财务会计手册》《世纪之交的中国教育财务改革与发展》和《教育财务与会计手册》，出版专著《新中国教育财会六十年》《中国独立学院财务管理的理论与实践研究》等，还主编教育财会研究权威刊物《教育财会研究》，受到领导和学界的充分肯定。

很长一段时间，在文化和经济两个领域双面作战，黄永林深刻感受到了其中的劳累与艰辛，所以他开始憧憬有一天能将文化研究与经济研究结合起来。苍天不负有心人，近些年来我国从提高国家文化软实力和综合国力的高度，提出了“推动社会主义文化大发展大繁荣和大力发展文化产业”的重要决策。2006 年，文化部与湖北省文化厅在华中师范大学成立“国家文化产业研究中心”，任命黄永林为中心主任，这给了他将文化与经济融合研究的契机。黄永林说，文化产业既是文化的，因为它必须以文化资源为基础和内核；它更是经济的，因为它以将文化资源转化成为经济资本为目的。因此，研究文化产业必须将文化与经济有机结合。

2008 年以来，黄永林先后主持了国家高等教育“211 工程”重点学科建设项目“中华民族文化保护、创意与数字化工程”、原文化部科技提升计划项目“国家非物质文化遗产保护与传承技术体系的构建”、国家“十二五”科技支撑计划“非物质文化遗产数字化关键技术及示范应用”等重大项目。他还曾主编出版过《“文化：资源与产业”文库·中华文化与产业系列》20种和《湖北省推进学习型党组织建设丛书·文化建设系列》10种，在社会上产生了较大的积极影响。出版过《从资源到产业的文化创意——中国文化产业发展现状评述》《文化产业纵横谈》《文化传承与文化创新探新》《网络舆论监测与安全研究》《三峡库区文物（古建筑）迁建区综合价值评估》《湖北文化与文化产业发展新探》等，为我国各级政府部门的相关文化决策提供了详细的现状分析和发展对策建议。更值一提的是，黄永林主持的“中华民族文化保护、创意与数字化工程”项目，在2012年还获得了“第四届文化部创新奖”。

2012年后，黄永林还兼任湖北省委湖北改革智库·文化体制改革智库主任、武汉文化科技创新研究院院长、武汉文化与科技融合专家委员会主任。近些年，又主持了国家社科基金重点项目“健全坚持正确网络舆论导向的体制机制研究”、湖北省“十四五”文化产业规划预研招标项目“湖北省提升文化产业竞争力的对策措施”、中共湖北省委全面深化改革委员会改革智库项目“推进湖北互联网、大数据和人工智能与文化产业深度融合”等。为湖北省、武汉市成功获批“武汉东湖国家级文化和科技融合示范基地”“武汉国家现代服务业数字内容产业化基地”贡献智慧，发挥了重要作用。在中国文化创意产业网主办的“2014中国文化创意产业最具贡献度的十大名人”提名中，黄永林因为在文化研究方面的突出贡献，排名得以进入前20名；此外，他还获得两岸文化创意产业研究联盟“杰出贡献奖”。

黄永林认为，文化是文化产业发展的核心，文化资源是文化产业发展的重要基础，内容为王是文化产业发展不可颠覆的重大命题，中华优秀传统文化资源的创造性转化和创新性发展，是文化产业发展的必由之路；科技是第一生产力这已成为广泛的共识，科技已成为文化产业发展的最大的驱动力。互联网、物联网、大数据、人工智能等新技术将为中国文化产业发展带来革命性的开拓，文化与科技融合已成为文化与文化产业发展的重要引擎，为文化产业发展带来新动能，文化与科技深度融合是文化产业发展的方向。

回首近30多年的学术之旅，游走在文化与经济两大领域，黄永林以高度的政治敏锐和学术敏感，及时捕捉国家关注的重点和热点问题，体现出文化服务于国家和社会的需求导向。中国文化产业的发展离不开科学的研究与实践，而科学的研究与实践离不开像黄永林这样优秀学人的精诚付出。如何促进文化与科技融合？如何将文化资源更加有效地转化为经济资源？这些问题的解决，仍然任重而道远。黄永林觉得，既然选择了远方，那么只有风雨兼程。

忧思文化多挑战　志为产业储人才

近些年，我国处在经济转型升级、文化产业快速发展的关键时期，高校能否培养出能适应文化产业大发展需求的专业人才，将成为夺取文化产业未来制高点的决胜因素。2006年，作为国家文化产业研究中心首任主任的黄永林把加强文化产业学科建设，培养高层次文化及文化产业专门人才作为十分重要的任务，创建了全国第一个“文化资源与文化产业”交叉学科博士点和硕士点。研究中心现已建设成为集政、产、学、研一体化，跨学科、综合型、开放流动的研究和公共服务平台，从最初四五个教师编制逐渐发展壮大到现在十几名专职教研人员、几十名兼职教授的研究团队；硕博士研究生数也从最初的10来人发展到近300人，人均科研经费多年来名列学校前茅。2019年底，获批文化和旅游部“文化和旅游研究基地”，入选中国智库索引（CTTI）来源智库。

2011年4月上旬，黄永林回家乡看望病重的老父亲，他的父亲曾担任过大队会计、生产队队长，一生行善，德高望重。老父亲在临去世之前拉着已年过半百儿子的手说，人要善，多做善事，要相信好人必有好报的道理；要鼓励孩子们多读书，只有多读书才有好前途；人生很短，名利钱财都是身外之物，并希望黄永林能尽力帮助那些有前途的学生。遵照父亲的遗愿，黄永林无偿出资人民币60万元作为原始基金，设立“华中师范大学黄永林学生文化创新励志奖学金”，宗旨是激发青年学子的文化创新热情，奖励优秀的文化创新学子，资助有影响力的校园文化创新活动。每年评定发放一次，每次奖励10人。最高每人可奖励10000元，目前共奖励8届80位学子。作为留本基金，现在本金已过百万元。

有一位学生在获得此奖学金后表示："作为'黄永林学生文化创新励志奖学金'的荣幸获得者，我心存感激，倍受鼓舞，再次深深体悟到华中师范大学'爱在华师'应有之义，再次深深体会到黄永林教授对于文化创新研究的旷达胸怀和对青年学子的关怀鼓励。"今后将"坚持创新与创意的学术研究意识，致力于文化创意与科技创新研究，努力在这片广阔的学术土地上结出硕果，用自己的实际行动努力回报学校和黄永林教授的殷切期望!"黄永林介绍说，该学生不负众望，发奋努力，毕业后不久由于文化研究科研成果突出，被破格晋升为副教授。

黄永林介绍说，文化是思想创造和精神创造的特殊领域，与其他人才相比，文化人才有两个方面的特殊要求：一是对文化素质有更高的要求。文化生产、文化传播、文化规划、文化教育、文化保护等都要求从业者自身必须具备较高的文化素养；二是对创新精神有更高的要求。理想的文化人才是能够适应当前社会、经济和文化发展的要求，具备较高的文化艺术修养和创新能力，以及将专业知识与其他领域的知识相联系综合运用的创新型、复合型、协作型人才。

文化产业是一个高复合度的产业，现代文化产业发展需要大量复合型人才，尤其需要一大批复合型的经营和管理高级专门人才。理想的文化产业管理人才应当具有较强的综合素质，具备将专业知识与其他领域的知识相联系的综合运用的能力。既通晓文化、熟悉政策法规，又熟谙经济、善于经营；既拥有传统文化的积累，又了解现代文化流行文化；既有艺术的底蕴和修养，又精通市场运作之道；既具有创新意识，又熟知产业运作方式；他们是能综合运用各种知识和能力总领和驾驭文化产业发展的创新型、复合型人才。

2017年，黄永林从华中师范大学副校长的行政职位上退下来，专心从事学术研究与人才培养工作。作为一个文学和文化研究者，黄永林有着传统知识分子的清高孤傲、特立独行的品格；作为一个高校行政人员，他也始终秉持现代管理者严笃务实的作风和开拓进取的精神。回首过往，黄永林将他取得的成绩归结于对丰富人生富矿锲而不舍的钻探，对治学和工作精益求精的要求，以及对自我价值的不断思索、实现和超越，当然更得益于许许多多亲人、领导、师长和朋友们的关心、鼓励与帮助。

在当下全球化的背景下，经济与文化的互动性不断加强，文化的竞争已成为当今综合国力的重要标志。黄永林说，五千年悠久的历史和灿烂文化，是中国人引以为豪的“本钱”，可如何利用好这份“本钱”让国人获得切实的产业利益，仍旧是我们这个时代所面临的一大课题。好在，正有越来越多的敢于担当的学人已走在路上，黄永林并不觉得孤单。中国文化产业，未来可期！

后　记

本书收入的是本人近些年来关于中华优秀传统文化的起源发展、功能价值、传承保护和资源利用方面的部分研究成果，主要涉及文化遗产、民间文学、民俗文化、城市文化和农村文化等五个方面，具体研究内容有：三星堆青铜直目人面像的历史文化意义、故事的起源、神话“元叙事”与中华文化“元基因”、民间荤故事的功能价值与文化意义、荆河戏的文化渊源与传承发展、中秋节的创新与动力、重阳节的传承与重构、端午节的起源与发展、村规民约的治理功能，以及传统文化与现代城市文化价值建构、中国城市建筑的审美提升、农村文化发展的现代性探索及其经验、乡村文化发展现状、乡村非物质文化遗产保护利用以及乡村文化振兴策略等问题。这些研究成果中有部分是与他人合作的（书中均有说明），大部分曾以论文的形式先后发表在《光明日报》《社会主义研究》《民俗研究》《文化遗产》《理论月刊》《创意世界》《武汉大学学报》《华中师范大学学报（人文社会科学版）》《广西民族大学学报（哲学社会科学版）》《贵州师范大学学报（哲学社会科学版）》《湖北民族学院学报（哲学社会科学版）》《贵州民族大学学报（哲学社会科学版）》等报刊上，多篇被《新华文摘》、人大复印报刊资料以及国内重要网络媒体转载，或被有关论文集收录，在学界产生了一定的影响。在此，首先我要向各位合作者、原发和转载报刊及网络媒体表示衷心的感谢！我还要对出版社为本丛书的出版给予的大力指导和帮助，以及付出的辛勤工作致以诚挚的谢意！本书中的大部分成果得到教育部人文社会科学重点研究基地重大项目“非遗数字化保护与传播研究（项目号

16JJD86009）”的支持，本丛书的出版得到华中师范大学中国语言文学一流学科建设项目资金支持，在此一并表示衷心的感谢！

特别需要说明的是，由于本书中有部分文章发表时间有些久远，为了尊重原貌本次集结出版时未作大的修订，因此，部分观点和材料有可能陈旧，敬请各位专家学者和广大读者谅解。由于作者水平有限，书中错漏之处难免，热切期待各位不吝赐教、批评指正。

黄永林

2022年5月26日于桂子山